21世纪

经济管理新形态教材

旅游管理系列

Operation and Management of Visitor Attractions

旅游景区运营管理

（第二版）

郭亚军◎编著

清華大学出版社

北京

内容简介

全书共分为四篇，按照景区运营管理的基本理念、景区运营管理的特征、景区运营系统的运行与控制、景区运营管理的趋势与前沿的逻辑顺序展开。每章的基本构成是引入案例/背景链接+正文+本章小结+本章重要概念+复习思考题+课后案例/专家视角/业界声音，强调紧扣行业实践与热点，以问题为导向学习景区运营管理理论。

第一篇包括两章内容，阐释了旅游景区的内涵、运营管理内容、运营管理的历程与现状、景区产品特点；第二篇包括四章内容，讲解了景区运营管理的特征、景区项目管理、景区服务能力规划和景区容量管理；第三篇包括四章内容，论述了景区营销管理、景区安全管理、景区游客管理和景区体验管理；第四篇包括三章内容，陈述了智慧景区的运营管理、中国景区的治理模式和国外景区管理经验的借鉴。

本书强调理论基础上的实践应用性。相关理论分析完整、原创案例较多，且绝大多数案例是作者实地考察研究后撰写，具有较强的系统性、原创性和实用性。本书既可以作为高等院校旅游管理专业的教材，也可以作为景区经营管理人员的工作参考。

图书在版编目（CIP）数据

旅游景区运营管理/郭亚军编著. —2版. 北京：清华大学出版社，2022.6（2025.1重印）
21世纪经济管理新形态教材. 旅游管理系列
ISBN 978-7-302-60795-3

Ⅰ. ①旅… Ⅱ. ①郭… Ⅲ. ①旅游区－运营管理－高等学校－教材 Ⅳ. ①F590.6

中国版本图书馆 CIP 数据核字(2022)第 075827 号

责任编辑：陆浥晨
封面设计：李召霞
责任校对：宋玉莲
责任印制：曹婉颖

出版发行：清华大学出版社
　　　　网　　　址：https://www.tup.com.cn，https://www.wqxuetang.com
　　　　地　　　址：北京清华大学学研大厦 A 座　　　　邮　　　编：100084
　　　　社 总 机：010-83470000　　　　邮　　　购：010-62786544
　　　　投稿与读者服务：010-62776969，c-service@tup.tsinghua.edu.cn
　　　　质 量 反 馈：010-62772015，zhiliang@tup.tsinghua.edu.cn
　　　　课 件 下 载：https://www.tup.com.cn，010-83470332
印 装 者：北京鑫海金澳胶印有限公司
经　　　销：全国新华书店
开　　　本：185mm×260mm　　　印　　　张：22　　　字　　　数：532 千字
版　　　次：2017 年 5 月第 1 版　2022 年 6 月第 2 版　　印　　　次：2025 年 1 月第 5 次印刷
定　　　价：59.00 元

产品编号：092328-01

第二版前言

肆虐全球的新冠肺炎疫情是近百年来全球最为严重的一次疫情，它深刻地影响和改变了全球的政治、经济、文化秩序，也史无前例地重创了旅游业的发展。旅游景区是旅游业发展的核心要素，是旅游者"游"和"娱"需求实现的物质载体，因此，旅游景区在此次疫情中也遭受了严重冲击：景区关闭或者限流成为常态，经营收入跌至冰点使很多景区负债严重甚至倒闭。但是，因为疫情被暂时压抑的旅游需求并不会消失，世界范围的旅游业很可能随着中国常态化防控和疫苗全程接种的有效举措率先复苏，国内旅游很有可能成为"双循环"发展格局的"排头兵"。在此背景下，旅游景区如何高质量发展，如何从供给侧角度更好地满足人民日益增长的美好生活的需要应该成为旅游景区运营管理的重点。

后疫情时代，中国21.6万个发展不均衡、不充分的旅游景区亟需提档升级：尽快将游客满意度从"基本满意"提升至"非常满意"水平；尽快适应观光游览比重下降、休闲度假比重上升的消费趋势；尽快在特色冰雪旅游、主题公园、旅游（实景）演艺、特色小镇、精品民宿、研学旅游等消费热点中找到自己的比较优势；尽快找到"旅游+""+旅游"、5G、物联网、北斗导航、生物科技、登陆月球、火星探测等领域的国家重大科技工程及其衍生成果在旅游景区的应用场景；尽快融入乡村振兴、生态文明建设、数字经济发展、"双循环"格局构建、碳达峰碳中和等国家发展战略的过程中。实现这些"尽快"是一项艰巨的任务，需要脚踏实地，久久为功。目前，一方面需要旅游景区的运营管理水平向"一流"看齐；另一方面需要大量的懂专业、接地气、能行动的专业人才，这也正是本书编著的基本出发点。

2017年5月本书第一版出版至今，虽然销量和评价（尤其网络评价）都不错，但案例和数据陈旧的缺点已经显现。第二版除了更新案例和数据，还将新的研究成果、国家政策、行业发展趋势融入书中，希望本书能为后疫情时代的旅游景区发展尽绵薄之力。

本书的读者对象建议是普通高等院校旅游管理专业的本科生、研究生及旅游景区的中高层管理者。学习及使用建议如下。

1. 坚持问题导向。建议针对本书中的方法、理论、案例等，不时地问自己："这是什么?""为什么会这样?""它还会有什么变化?""还有什么理论和它紧密联系?"最为重要的是，要从实践的角度问自己："它对我有什么用，我该如何用它，可能会有什么结果?"同时，学不仅仅是为了用。用往往是操作技术，是问题解决的具体方法。要努力沿着由表及里、由现象到本质的分析思路去研究景区运营管理中的问题，逐渐形成自己分析问题、解决问题的能力。

2. 比较研究。由于景区产品的特殊性，其运营管理不是相关理论在旅游景区的简单应用，而是该理论在景区的具象化运用，通过比较研究又能够找到特殊中的一般规律。请注意两个方面的比较：一是不同类型旅游景区运营管理方法的比较研究；二是国内外旅游景区管理方法的比较，尤其要关注宏观管理体制的比较研究。

3. 理论与实践相结合。那些只看了交通规则，听了驾驶课的人是无论如何也跑不好山路的。要想成为一个好司机，一定要在理论学习的基础上多多练习才行。要想在旅游景区运营管理中有些许成绩，"读万卷书，行万里路"也许是一条不算捷径的捷径。因此，建议大学中的学生能够利用一切机会多观察、多实践；建议景区中的中高层管理者能够基于实践经验多进行一些同行交流和理论思考。

如果您是高等院校的本科生，请跟随老师的授课进度按顺序学习本书。基本逻辑顺序是：旅游景区基本理念—运营系统设计—运行与控制—运营管理趋势。如果您是景区的中高层管理者，建议根据自己的实际问题有选择地进行"跳跃式"阅读。例如，项目管理找不到头绪可以阅读第四章，即景区项目管理；游客投诉增加、满意度下降，可以阅读第五章和第十章，即景区服务能力规划和景区体验管理。

如果您是教师，建议在教学过程中采用如下方法。第一，用5~10分钟时间请学生发言讨论引入案例。第二，教师做点评并提出问题导入正文，再以较清晰的框架结构讲述正文内容。第三，正文讲授结束后，可以结合课后案例简单总结本章内容，强调本章出现的重要概念。第四，开课之初，就将学生随机分成几个小组，每个小组可以选择书中案例或其他实践案例完成小组作业，本着"只有真问题才有真学问"的原则分析问题、讨论方案、总结归纳。在课程结束之前，要求各小组给全体同学和老师进行案例陈述，其他同学和教师根据小组陈述情况打分，可以从知识（运用景区运营管理理论分析案例的能力）、技能（组员表达能力、分析能力、组织能力）和学习态度（小组对此次作业的大局观、认真态度）三个维度评选出优秀小组。同时，进行小组内部无记名评分（防止搭便车行为），评选出最优秀组员（必选）和最差组员（选填），结合以上小组成绩和内测评分判定学生的平时成绩。建议本门课程教师尽量多地向学生展示鲜活的资料（包括图片、视频等），多与实践联系，注重案例研讨、课堂内外讨论、探究性学习的方法，提高学生的学习兴趣和分析问题的能力。

在本书第二版的出版过程中，清华大学出版社编校团队细心认真的编辑和审阅工作让本书增色不少。书中还引用借鉴了同行的一些文献资料，在此一并致以最诚挚的感谢！

郭亚军

2022年孟春于古城长安

第一篇　景区运营管理的基本理念

第一章　景区运营管理导论 ·················· 3

背景链接　中国旅游景区运营管理进入新时代 ·················· 3

第一节　旅游景区的概念和类型 ·················· 4

第二节　旅游景区的特征 ·················· 13

第三节　旅游景区运营管理的内容 ·················· 16

第四节　中国旅游景区运营管理的历程与现状 ·················· 22

本章小结 ·················· 28

本章重要概念 ·················· 28

复习思考题 ·················· 28

专家视角　景区未来的十个发展趋势 ·················· 28

第二章　景区产品的特点 ·················· 29

引入案例　宽窄巷子：棚户区里飞出的"金凤凰" ·················· 29

第一节　旅游景区产品的概念 ·················· 30

第二节　旅游景区产品的特点及构成 ·················· 32

第三节　旅游景区运营的环境分析 ·················· 35

第四节　旅游景区运营的生命周期 ·················· 41

本章小结 ·················· 46

本章重要概念 ·················· 46

复习思考题 ·················· 46

课后案例　拈花湾IP是怎么修炼成功的？ ·················· 47

第二篇　景区运营管理的内容

第三章　景区运营的资源基础 ·················· 51

引入案例　云台山传奇 ·················· 51

第一节　旅游景区运营的资源基础 ·················· 52

第二节　人文古迹类景区的运营管理特征 ·················· 64

第三节　自然风景类景区的运营管理特征 ·········· 68

第四节　人造景区的运营管理特征 ·········· 74

本章小结 ·········· 84

本章重要概念 ·········· 84

复习思考题 ·········· 84

课后案例　5A 级崆峒山：由一起"离婚"引起的思考 ·········· 84

第四章　景区项目管理 ·········· 85

引入案例　"印象·刘三姐"开启中国山水实景演出先河 ·········· 85

第一节　旅游景区项目管理 ·········· 86

第二节　旅游景区经营项目选择与价格制定 ·········· 97

第三节　不同类型景区项目设计的案例分析 ·········· 106

本章小结 ·········· 113

本章重要概念 ·········· 113

复习思考题 ·········· 113

课后案例　唐大明宫遗址的"华丽"转身 ·········· 114

第五章　旅游景区服务能力规划 ·········· 115

引入案例　"起死回生"的巴黎迪士尼乐园 ·········· 115

第一节　接待服务管理 ·········· 117

第二节　景区解说服务管理 ·········· 129

第三节　景区商业服务管理 ·········· 133

第四节　改善我国景区服务管理的对策 ·········· 140

本章小结 ·········· 146

本章重要概念 ·········· 146

复习思考题 ·········· 147

课后案例　"三碗茶"的故事 ·········· 147

第六章　景区容量管理 ·········· 148

背景链接　后疫情时代景区容量管理问题依然存在 ·········· 148

第一节　景区承载量的概念体系 ·········· 149

第二节　景区承载量的核定及控制 ·········· 153

第三节　景区的饱和与超载 ·········· 158

第四节　景区的可持续发展 ·········· 164

本章小结 169

本章重要概念 169

复习思考题 169

课后案例 预约制度和承载量管理挽救敦煌莫高窟生命 170

第三篇 景区运营系统的运行与控制

第七章 景区营销管理 173

引入案例 一只38元虾抵掉山东几个亿广告 173

第一节 旅游景区营销的概念与特征 174

第二节 景区营销管理过程 178

第三节 与旅游景区类型相适应的营销管理 200

第四节 旅游景区营销的前沿动向 204

本章小结 213

本章重要概念 214

复习思考题 214

业界声音 如何打造景区IP? 214

第八章 景区安全管理 215

引入案例 阿里山小火车的翻车事故 215

第一节 景区安全问题的形态 215

第二节 景区安全管理的内容 217

第三节 景区安全的危机管理 222

本章小结 223

本章重要概念 223

复习思考题 223

课后案例 伤心的大峡谷——贵州马岭河峡谷缆车坠毁事件 224

第九章 旅游景区游客管理 225

引入案例 老虎为何频频吃人? 225

第一节 游客特征分析与管理办法 226

第二节 正确引导游客的行为 232

第三节 旅游景区游客管理的未来发展 235

本章小结 236

本章重要概念 236

复习思考题 ·· 237

课后案例　砚洲岛游客溺亡事故 ····························· 237

第十章　景区体验管理 ·· 238

引入案例　体验：主题公园的命脉 ·························· 238

第一节　体验经济的概念和特征 ····························· 239

第二节　旅游发展的体验化趋势 ····························· 242

第三节　旅游者体验的塑造与强化 ·························· 246

第四节　体验经济时代下的景区管理 ····················· 252

本章小结 ·· 259

本章重要概念 ··· 259

复习思考题 ·· 259

课后案例　高速服务区变网红景区？ ····················· 259

第四篇　景区运营管理的趋势与前沿

第十一章　智慧景区的运营管理 ······················· 263

引入案例　让景区插上"智慧"的翅膀 ··················· 263

第一节　智慧景区的内涵和建设基础 ····················· 264

第二节　智慧景区建设的框架及路径 ····················· 267

第三节　智慧景区评价体系 ································· 273

本章小结 ·· 278

本章重要概念 ··· 278

复习思考题 ·· 279

课后案例　九寨沟景区的"智慧化"之路 ················ 279

第十二章　中国旅游景区的治理模式 ·················· 280

引入案例　刘永好梦断桂林山水 ··························· 280

第一节　中国旅游景区治理模式研究概述 ················ 281

第二节　中国旅游景区治理模式的实证分析 ············· 286

第三节　中国旅游景区治理模式的探索 ·················· 311

本章小结 ·· 314

本章重要概念 ··· 314

复习思考题 ·· 314

课后案例　"曲江模式"，在争议中落幕 ················ 315

第十三章　国外旅游景区管理经验的借鉴 ……………………………………………… 316

　　引入案例　圆明园铺膜之争 …………………………………………………………… 316

　　第一节　国家公园管理体系 …………………………………………………………… 317

　　第二节　英国的遗产管理体系 ………………………………………………………… 323

　　第三节　日本的公园管理体系 ………………………………………………………… 326

　　第四节　国家公园管理体制的中国方案 ……………………………………………… 331

　　本章小结 ………………………………………………………………………………… 338

　　本章重要概念 …………………………………………………………………………… 338

　　复习思考题 ……………………………………………………………………………… 338

　　课后案例　黄牌背后的思考 …………………………………………………………… 338

参考文献 …………………………………………………………………………………… 339

第一篇

景区运营管理的基本理念

新冠肺炎疫情重创了旅游业的同时，也正在倒逼旅游业加快转型升级。旅游景区正在从传统观光转向观光休闲和度假复合、从关注旅游资源禀赋转向适应高品质需求、从单一门票经济转向收益模式多元化等方向发展。如何适应新形势、新常态，给当前旅游景区运营管理提出了新的要求与挑战。旅游景区从业者要迎接挑战顺应趋势，就必须首先学习理解景区运营管理的基本理念，才能深度思考旅游景区的管理体系、产品体系和服务体系。本篇将围绕旅游景区的内涵、运营管理内容、运营管理的历程与现状、景区产品特点等内容展开。

第一章

景区运营管理导论

 **背景链接**

中国旅游景区运营管理进入新时代

当今世界正经历百年未有之大变局，新一轮科技革命和产业变革深入发展，国际力量对比深刻调整，同时国际环境日趋复杂，不稳定性、不确定性明显增加。而突如其来的新冠肺炎疫情使人类正在遭受第二次世界大战结束以来最严重的经济衰退，各大经济板块历史上首次同时遭受重创，国际旅游业跌入有史以来的冰点。与此同时，中国"十三五"圆满收官，"十四五"全面擘画，新发展格局加快构建，高质量发展深入实施。生态环境根本好转，美丽中国建设目标基本实现；人均国内生产总值达到中等发达国家水平，中等收入群体显著扩大，我国正在加快培育完整内需体系，把实施扩大内需战略同深化供给侧结构性改革有机结合起来，畅通国内大循环，促进国内国际双循环，全面促进消费。

——投资方向：休闲度假、文化旅游是景区旅游投资的新亮点

近年来，各地旅游景区百亿元以上的大项目投资明显增加。社会资本加速进入旅游业，成为旅游投资的最大主体。其中，民间资本成为景区投资的主力，约占 57%；休闲度假类景区成为旅游投资的重点，约占 61%；东部地区成为景区投资的热点，约占 65%。

黄山、西湖、长城、故宫、兵马俑等传统景区在持续吸引广大游客的同时，以华侨城、海昌、长隆等为代表的主题公园越来越受到游客特别是年轻人的欢迎，以乌镇、古北水镇、宽窄巷子、拈花湾等为代表的文化休闲度假景区成为资本追逐的对象，而迪士尼、环球影城等项目也是受到市场强烈关注。

——管理方向：创新型经营管理模式成为旅游景区最为关切的问题

《中华人民共和国旅游法》(以下简称《旅游法》)的颁布和《国家全域旅游示范区创建工作导则》的发布，推动旅游景区的运营管理步入快车道，创新型经营管理模式成为旅游景区最为关切的问题。从景区经营的角度，主要涉及景区的形象设计、产品创新与市场营销；从景区管理的角度，主要包括景区基础管理制度和具体管理模式以及方法等。要从"围景建区、设门收票"向"区景一体、产业一体"转变。另外，以智慧景区建设为手段，互联网、云计算、高性能信息处理、智能数据挖掘等技术在景区运营管理的过程中"生根发芽"，迅速提升了旅游景区运营管理的水平。

——市场方向：大众分化为小众、观光升级为体验

后疫情时代，我国旅游市场正在发生着一些变化。旅游主体正在从大众化发展的初级阶段向中高级阶段小众化的演化进程中，排浪式的大众旅游行为逐渐"退潮"，专题专项的小众旅游方兴未艾；观光旅游逐渐升级为体验旅游，"到此一游"被"到此享受"替代，

旅游者的满意度要求更高。旅游者既担心旅游安全又迫切想外出享受，追求"更健康更卫生"与"更经济更实惠"是其基本心理特征，这就要求旅游景区立足自身资源特点，从新消费需求出发，顺应市场变化，从供给侧构建更加多元、更多层次的景区运营管理体系。

人民对美好生活的新期待为旅游业拓展了新空间，也为包括旅游景区在内产业要素高质量发展提出了新要求。"今天，国民大众的旅游需求已经从'有没有'走向了'好不好'，从'缺不缺'走向'精不精'，从'美好风景'走向'美好生活'。"

（资料来源：作者根据有关材料整理撰写。）

引言

旅游景区是整个旅游产业系统的核心，是中国旅游业发展的物质基础和动力来源，也是旅游目的地发展的核心动力。但就其理论研究来讲，学界相关的理论还处于发展探索阶段，甚至可以说是理论研究落后于实践发展。

本章作为开篇，将围绕"研究对象是什么"展开。通过界定研究对象、阐释景区特征、确定研究内容及梳理现状来厘清旅游景区运营管理的范围、内容和方向，为更深入的学习研究奠定基础。

第一节　旅游景区的概念和类型

旅游景区作为旅游产业的龙头，其产生的吸引力是旅游活动得以展开的关键，它也是旅游系统中最重要的组成部分。旅游景区不仅是旅游者完成旅游体验活动的重要场所，而且也是旅游需求与供给对接的最核心的物质载体，这种需求和供给的关系在互动中产生了旅游产业的相关经济效益。但是，与庞大的旅游产业规模相比，旅游景区管理的相关理论的发展却显得有些滞后。有关旅游景区的定义、分类、特征等问题还处于"百家争鸣"阶段。

一、旅游景区概念梳理

旅游景区有时简称为景区或景点，学者们对有关此概念的理解各不相同。国内外学者在研究中都或多或少进行了一些有益的探索。

（一）国外学者代表性定义

在英语中，旅游景区通常使用 visitor attractions、tourist attractions 或 attractions 等词表述，另外，非正式的用法也有 places of interest、site 等。下面列举的定义大部分是摘自目前英美大学旅游专业中使用较多的旅游概论类和景区管理类的书籍。

①以研究旅游规划著称的美国学者冈恩（C.A.Gunn）认为："旅游景区可以是地球上任何一个独具特色的地方，这些地方的形成既可能是自然力量使然，也可能是人类活动的结果。"

这是学术界最具代表性的较为宽泛的定义。该定义的关键点在于指出了旅游景区是"独具特色"的。

②苏格兰旅游委员会在 1991 年对旅游景区下的定义是：一个长久性的游览目的地，其主要目的是让公众得到消遣的机会，做感兴趣的事情，或受到教育，而不应该仅是一个零售店、体育竞赛场地、一场演出或放部电影。游览地点在其开放期间，应不需要预定，公众可随时进入。游览地点不仅应该能够吸引旅游者、一日游者，而且要对当地居民具有吸引力。

该定义偏重于旅游景区的功能描述，而不能将其称之为严格意义上体现事物基本属性与内容的科学定义。

③英国学者约翰·斯沃布鲁克（John Swarbrooke）在 1995 年提出：旅游景点应该是一个独立的单位、一个专门的场所，或者是一个有明确界限的、范围不可太大的区域，交通便利，可以吸引大批的游人闲暇时来到这里做短时访问。景点应该是能够界定、能够经营的实体。

这个定义的关键点是提出旅游景区应该是"能够界定、能够经营的实体"，它强调景区的区域特定性和可进入性。

④英国学者克里斯·库珀（Chris Cooper）等提出：旅游景区可以由自然馈赠和人工建造两部分组成。前者包括景观、气候、植被、森林和野生动物，后者包括历史和文化，但还包括诸如主题公园之类的人造游乐设施。

可以看到这个定义强调的是景区吸引旅游者的内容，另外将气候类也算作旅游景区的内容，这与定义③有所不同。

⑤英国著名的旅游市场学家密德尔敦教授（Middleton）1998 年在其专著中提出"有管理的景区"是"一个为旅游者提供游览、消遣、娱乐和受教育的，专门指定和专人经营管理的、长久性的地点"。

我们将该定义与定义②和定义③比较，就可以得出它是总结了景区的功能提供并将经营管理性也兼顾在内的定义。

⑥美国著名学者朱卓仁（Chuck Y. Gee）等提出：景区是因天气、风景、文化或活动而满足一个特定顾客群和市场的欲望和喜爱的一个区域。

比较定义④，该定义不仅概括了景区涵盖较广的吸引内容，同时也强调了市场导向性，反映了旅游景观业的发展理念。

此外，西方学者在研究专著和文章中还常将旅游景区视为一个系统，主要的代表性观点有以下几种。

①麦克忏纳在 1976 年提出：旅游景区是旅游者、景观、开发管理者和景观信息的统一体。这可以视为较早的景区系统四要素观。

②随后利玻在 1990 年提出：旅游景区是一个具备三种要素的系统，这三种要素分别是旅游者（人的要素）、核心吸引物和景区整合者，只有三个要素的有机结合才形成旅游景区。比较前一个定义的"开发管理者"，"景区整合者"表达不够明确，理解时也很容易产生偏差。

③佩琦在 1995 年提出自己的观点：景区构成层次可分为意识层（描述性）、组织层

（标准性）和认知层（旅游者的认同感）。这种观点是在抽象和高度概括的层面理解景区系统，其实是将资源陈列、经营管理和旅游者体验进行统一，与前两个定义并不是完全无关。

通过以上的列举和分析，可以看到旅游景区的概念在国外理论界并未统一，各位学者都是仅从自己认为合理的角度给出了解释。

（二）国内学者代表性定义

相比于欧美等旅游业发达国家，中国的旅游理论研究起步较晚，关于旅游景区的概念也没有形成统一的认识，在国内甚至实行统一的称谓都有困难。相关研究多是在引进消化的基础上立足于中国的实际国情展开的，所以具有一定的中国特色。

官方发布的最为常见的定义如下。

2003 年 2 月 24 日国家质量监督检验检疫总局发布的中华人民共和国国家标准（GB/T 17775—2003）《旅游区（点）质量等级的划分与评定》中，将"旅游区"定义为："具有参观游览、休闲度假、康乐健身等功能，具有相应旅游服务设施并提供相应旅游服务的独立管理区。该管理区应有统一的经营管理机构和明确的地域范围。包括风景区、文博院馆、寺庙观堂、旅游度假区、自然保护区、主题公园、森林公园、地质公园、游乐园、动物园、植物园及工业、农业、经贸、科教、军事、体育、文化艺术等各类旅游区（点）。"

此定义所说的"旅游区"就是指旅游景区，它是旅游景区的一种简称。

2013 年 10 月 1 日起施行的《中华人民共和国旅游法》将景区定义为"景区，是指为旅游者提供游览服务、有明确的管理界限的场所或者区域"。

A 级景区评定标准（2016）中阐述为：旅游景区是以旅游及其相关活动为主要功能或主要功能之一的空间或地域。旅游景区是指具有参观游览、休闲度假、康乐健身等功能，具备相应旅游服务设施并提供相应旅游服务的独立管理区。该管理区应有统一的经营管理机构、明确的空间边界和连续的地域范围。

2019 年 11 月中国旅游协会发布的《旅游景区分类》中将旅游景区定义为：具有明确的吸引物，以旅游及其相关活动为主要功能，具备相应旅游服务设施并提供相应旅游服务的独立管理区。该管理区一般有统一的经营管理机构和明确的地域范围[①]。

此外，旅游学术界代表性的定义有以下几种。

①旅游景点、景区是旅游者到达旅游目的地之后的重要活动场所，泛指具有一定自然或人文景观，可供游人游览并满足某种旅游经历的空间环境（杨正泰，1999）。

②旅游观赏业是旅游业的核心成分，以向旅游者提供观赏娱乐产品（核心旅游产品）为其基本产业职能，其典型的企业形式是景区景点和有突出特色吸引力的娱乐场所（谢彦君，1999）。

③旅游景区是以旅游资源或一定的景观、娱乐设施为主体，开展参观游览、娱乐休闲、康体健身、科学考察、文化教育等活动和服务的一切场所和设施（王德刚，2000）。

---

① 中国旅游景区协会《旅游景区分类》团体标准（T/CTAA 001—2019），2019 年 11 月 15 日发布，2019 年 12 月 1 日实施。

④旅游景区是以吸引旅游者为目的，根据旅游者接待情况进行管理，为旅游者提供一种快乐、愉悦和审美的体验并开发潜在市场需求，提供相应设施和服务，有较明确范围边界和一定空间尺度的场所、设施或活动项目[①]。

以上定义阐述的重点和角度各异，分析比较这些定义，主要特点表现在以下几个方面。

①基本都阐述了旅游景区存在的目的或功能，这是从旅游产品供给的角度来界定的。

②强调旅游景区是范围明确、有独立管理机构的单位。

③也有从旅游景区产品供需两方面阐述的。

④服务设施（或设施）是旅游景区的构成要素之一。

综合以上各种定义的内涵，旅游景区（tourist attraction）的定义可以这样阐述：旅游景区是指具有吸引国内外旅游者前往游览的、明确的区域场所，能够满足旅游者游览观光、消遣娱乐、康体健身、求知等旅游需求，有统一的管理机构，并提供相应的服务设施的地域空间。

二、旅游景区相关概念辨析

我们不难发现，在媒体报道、旅游论文、旅游著作等媒介中，经常出现很多与"旅游景区"相同、相关或相近的概念。常见的有：旅游资源、旅游吸引物、景区旅游资源、旅游目的地、旅游景点、风景名胜区、旅游度假区、风景旅游区、旅游景区管理等，在此，我们将逐一对旅游景区的概念进行对比和分析。

（一）旅游景区与旅游资源的辨析

凡是能够造就对旅游者具有吸引力环境的自然因素、社会因素或其他任何因素都可构成旅游资源，大体上可以分为自然旅游资源和人文旅游资源两大类（李天元等，1991）。王清廉（1998）、王湘（1997）指出了旅游资源与旅游景观的区别，认为资源是旅游开发的原材料，而景区是开发的成果或产品。也就是说，旅游资源是构成旅游景区的"素材"，是旅游景区产品的核心内容；而旅游景区是旅游资源要素和其他要素有机组合后形成的地域空间。

另外，旅游资源既包括未被开发利用的，也包括已被开发利用的；既有物质的，也有非物质的（如非物质文化遗产）；既有有形的，也有无形的。而旅游景区必须是已被开发利用的、物质的和有形的。旅游资源只有经过开发并在必要的交通及服务设施齐备的情况下才能形成综合吸引能力，才能对旅游业的发展产生实质性影响。

（二）旅游景区与旅游吸引物的辨析

国外将旅游资源称为旅游吸引物，是指旅游地吸引旅游者的所有因素的总和。在我国，一般习惯上认为旅游吸引物是由已经开发利用的旅游资源形成的，所以旅游吸引物与旅游资源相近，基本上也可以是物质和非物质皆有的、有形和无形兼顾的资源，但景区则是更强调区域特定性和要素组成的多元性。

---

① 张凌云. 旅游景区景点管理[M]. 北京：旅游教育出版社，2004. 有改动。

（三）旅游景区与景区旅游资源的辨析

国家标准《旅游景区质量等级的划分与评定》（GB/T 17775—2003）中对景区旅游资源定义为："自然界和人类社会中凡能对旅游者产生吸引力，可以为旅游业开发利用，并可产生经济效益、社会效益和环境效益的各种事物和因素。"可以看到风景旅游资源作为风景游览对象和风景开发利用的事物，是构成风景环境的基本要素，是旅游景区产生环境效益、社会效益、经济效益的物质基础，是不可缺少的组成部分。

（四）旅游景区与旅游目的地的辨析

旅游目的地（tourist destination）是指一定地理空间上的旅游景区同旅游专用设施、旅游基础设施以及相关要素的有机结合，不仅从范围上包括一个或多个的旅游景区，而且从内容上包括了吃、住、行、游、购、娱等多种要素，一般都包含一个或多个旅游中心城市（镇），成为旅游者停留和活动的目的地，即旅游地或旅游胜地。旅游目的地在内容和范围上一般都比旅游景区大得多，在组合性质和构成特征上也与旅游景区有根本性的区别。从小空间的区域内旅游来看，旅游目的地与旅游景区两者的含义基本相同，都是旅游动机产生的来源。例如，在北京旅游，故宫博物院既是旅游景区也是旅游目的地。

（五）旅游景区与旅游景点的辨析

旅游景区和旅游景点在实践中往往被视为同一个概念，两者经常被混用。一方面，旅游景点常常是指一个旅游产品的单点，如：一处瀑布、一眼泉水、一座古建筑等。例如，陕西的华清池景区内就有海棠汤遗址景点、兵谏亭景点、蒋介石临时寓所景点等。北京故宫景区更是将内部的不同景点按最优线路设计，提供随身携带的一对多讲解器（适合团队）或者自动感应讲解器（适合散客）讲解服务。因此，一般来说，旅游景区应该是由旅游景点构成的，包含服务设施、独立的管理机构的地域系统。另一方面，旅游景点可能就是旅游景区。在日常交流中、在旅行社提供行程单上，旅游景点常常就是旅游景区。从学术研究的角度可以宽泛地认为旅游景点是旅游景区的组成部分，旅游景区包含旅游景点。

（六）旅游景区与风景名胜区的辨析

风景名胜区是指具有欣赏、文化或科学价值，自然景物、人文景观比较集中，环境优美，可供人们游览或者进行科学、文化活动的区域（国务院《风景名胜区管理条例》，2006）。风景名胜区的称号是由建设部门认定、批准并管理的，它被分为市（县）级风景名胜区、省级风景名胜区和国家重点风景名胜区三类。比照旅游景区的概念可知，风景名胜区就是旅游景区，但旅游景区不一定是风景名胜区，因为后者需要行政部门审批。

（七）旅游景区与旅游度假区的辨析

世界旅游组织（World Tourism Organization，UNWTO）的旅游规划专家爱德华·因斯科普（Edward Inskeep）认为："旅游度假区是一个相对自给自足的目的地，是为满足旅游者娱乐、放松需求而提供的可以广泛选择的旅游设施与服务。"同样，比照旅游景区的概念可知，旅游度假区是旅游景区的一个亚类，包含于旅游景区的范畴之内，是以满足旅游者深层度假需求为主要功能的旅游景区。

（八）旅游景区与风景旅游区的辨析

风景旅游区是指以原生的、自然赋予的或历史遗存的景观为载体，向大众旅游者提供的旅游观光对象物，它原则上不包括游乐园、室内博物馆、美术馆等旅游区（崔凤军，2001）。风景旅游区是旅游景区的组成部分，包含于旅游景区的范畴之内，因而也是旅游景区的一个亚类。

（九）旅游景区与旅游景区管理

旅游景区管理（visitor attraction management）是对旅游景区的人、财、物、信息等多种资源进行有效整合，实现旅游景区经济效益、社会效益和环境效益最大化，并推进旅游景区可持续发展的动态创造性活动。所以，此概念与旅游景区的运营联系紧密，景区管理是旅游景区持续发展的保证，也决定着旅游景区的未来走势。

三、旅游景区的分类

国内外不同的专家、学者对旅游景区的分类都选择了自己的标准，这些分类概括起来大致有两分法、三分法、四分法、五分法等几种代表性观点。

两分法的代表是冈恩（C.A.Gunn），他将景区分为短时巡视型和长时聚集型两种。因斯科普指出：这种分类方法是以两种不同的旅游形式为基础的。短时巡视型指那些为每天参观多个景区的旅游团服务的景点，而长时聚集型指那些建在旅游者逗留时间较长的旅游目的地内和附近的景点。随着旅游方式的多样化和散客旅游者的增加，很难再用此分类方法区分所有的旅游景区类型。

因斯科普采取三分法来分类：①以自然环境的特色为基础的自然景点；②以人类活动为基础的文化景区；③人造景区。这种分类方法从理论上比较容易区别和分类，但在实践操作中却比较困难，因为很多旅游景区同时具有优美的自然景观和丰富的人文遗迹。

约翰·斯沃布鲁克（John Swarbrooke）将景区分为四类：①具有特定的自然环境；②并非为吸引旅游者而建造的房屋、建筑群和场所，如宗教活动场所，但是，现在却吸引着大量的旅游者出于休闲消遣的目的前来参观访问；③专门为吸引旅游者并满足其要求而建造的房屋、建筑群和场所，如主题公园；④特殊活动。如体育比赛、节庆活动、民俗活动、宗教礼仪等。同时 J. Swarbrooke 认为前三类景区是长久性的景区，而第四类是暂时的、有存在时间限制的景点。也有学者认为：将特殊活动也归入旅游景区的做法是不太恰当的，因为如果没有长久的、明确地域范围的限制，旅游景区所指的对象几乎可以在时空范围内无限地扩大，这样，对旅游景区的研究也就失去了意义。

C.R.格尔德纳（Goelder）等将旅游景区分为文化、自然、节庆、游憩和娱乐五个大类（见图 1-1），五分法又对每个景区根据五大类进行了详细归类，较为贴近现实旅游景区类型的发展，只是游憩和娱乐界限不是很明确，多有交叉。这种五分法来自 C.R.格尔德纳等 2003 年著的《旅游业：要素、实践、哲学》一书，具有代表性。

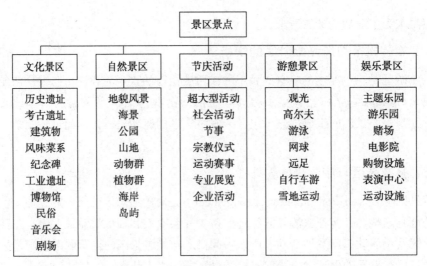

图 1-1　格尔德纳等人的五分法

除上述所列国外理论界的代表性分类外，在实际操作中常见且有效的分类体系主要是美国的国家公园体系和世界遗产体系。

美国的国家公园体系：自从 1872 年建立黄石公园以来，美国一直以国家公园的形式保护资源环境。美国国家公园的建立必须满足"全国性""适宜性"和"可行性"的标准。

世界遗产体系：联合国教科文组织于 1972 年 11 月在第十七届大会上通过了《保护世界文化和自然遗产公约》，形成了一套体系。尽管世界遗产体系的出发点不是旅游而是全人类遗产的保护和发扬，但世界遗产已经毫无争议地成为旅游产品的主角，有力地促进了旅游业的发展。世界遗产包括：世界自然遗产、世界文化遗产、文化与自然双遗产、文化景观遗产、口头与非物质遗产。世界遗产涵盖了具有优势资源的旅游景区，其范畴小于旅游景区的范畴。

而我国理论界所进行的关于旅游景区分类的探索主要有以下几项。

岳怀仁将景区划分为三种类型：①观光体验型，包括观光游览型、古迹寻访型、文化休学型、风情体验型和科考探险型五个亚类；②度假休闲型，包括康体疗养型、运动健身型和娱乐消闲型三个亚类；③综合型，即自然风光、名胜古迹、度假休闲设施都较突出集中的景区（岳怀仁，1998）。

杨正泰旅游景区按照表现形式分为：风景名胜区、森林公园、文物保护单位、博物馆、宗教寺庙、园林、度假区、主题公园、城市建筑、工农业参观点、展览馆和自然保护区。虽然有一定的科学依据，但存在两个突出问题：一是混淆了旅游景区与旅游资源的区别，二是按照这种划分方法难以概括所有的旅游景区类型（杨正泰，1998）。

邹统钎按景区目标与管理方式的不同，将旅游景区分为两类：一类是经济开发型旅游景区，包括主题公园和旅游度假区；另一类是资源保护型旅游景区，包括风景名胜区、森林公园、自然保护区和历史文物保护单位。还依据功能不同，将旅游景区分为陈列式、表演式和参与式（邹统钎，2004）。

旅游业发展初期，学术界从景区产品性质的角度将其分为观光产品、度假产品和专项产品[①]。当时的旅游团也大多被称为观光团、度假团或专业团，早期的外国旅游团还有青年学习团的提法。

另外，由于条块管理形成了事实上的"部门划分法"，就是基于不同部门的管理将我国的公共资源类旅游景区分为以下几种。

①国家级风景名胜区（原称国家重点风景名胜区），由原建设部（住房和城乡建设部）归口管理。国家风景名胜区是指具有观赏、文化或者科学价值，自然景观、人文景观比较集中，环境优美，可供人们游览或者进行科学、文化活动的区域。我国风景名胜区又划分为国家级风景名胜区和省级风景名胜区。截至2019年，我国已经有国家级风景名胜区244处。

②国家自然保护区，由环保部门归口管理。国家自然保护区是指对有代表性的自然生态系统、珍稀濒危野生动植物物种的天然集中分布区、有特殊意义的自然遗迹等保护对象所在的陆地、陆地水体或者海域，依法划出一定面积予以特殊保护和管理的区域。分为国家级自然保护区和地方各级自然保护区。截至2019年，我国已经有国家级自然保护区474处。

③国家森林公园，由林业部门归口管理。国家森林公园最初源自美国的"国家公园"，是各类别森林公园中的最高级。我国的森林公园分为国家森林公园、省级森林公园以及市、县级森林公园三级，截至2018年，我国已有国家级森林公园881处。

④国家地质公园，由国土资源部门归口管理。国家地质公园的计划其实是联合国教科文组织等机构推动的"全球地质景点计划"的试点计划。国家地质公园是以具有国家级特殊地质科学意义、较高的美学观赏价值的地质遗迹为主体，并融合其他自然景观与人文景观而构成的一种独特的自然区域。截至2019年，我国已批准建立国家地质公园219处。此外，被联合国教科文组织列入世界地质公园的我国国家地质公园共计35处（截至2019年）。

⑤国家水利风景区，由水利部门归口管理。国家水利风景区是指以水域（水体）或水利工程为依托，按照水利风景资源即水域（水体）及相关联的岸地、岛屿、林草、建筑等能对人产生吸引力的自然景观和人文景观的观赏、文化、科学价值和水资源生态环境保护质量及景区利用、管理条件分级，经水利部水利风景区评审委员会评定，由水利部公布的可以开展观光、娱乐、休闲、度假或科学、文化、教育活动的区域。截至2018年，我国国共有878处国家级水利风景区。

⑥国家文物部门负责保护管理的旅游景区，其形成基础是4296处全国重点文物保护单位。另外，还有一些旅游景区归宗教部门管理。

2019年中国旅游景区协会制定了《旅游景区分类》团体标准（T/CTAA 0001—2019），该标准依据规模、核心旅游吸引物、功能与产品、运营主体及其目标4个角度进行分类（见表1-1）。

[①] 查阅学术文献可知，该提法最早出现在1994年冯惠群发表在《现代经济探讨》上的《以改革为动力促进江苏旅游业快速发展》论文中。

表 1-1　旅游景区类别代码

分类依据及代码	类别及代码	
依据景区规模进行分类 G	特大型旅游景区　G-1	
	大型旅游景区　G-2	
	中型旅游景区　G-3	
	小型旅游景区　G-4	
依据核心旅游吸引物进行分类 X	综合吸引类景区　X-1	
	自然景观类景区　X-2	山岳型景区　X-2-1
		森林型景区　X-2-2
		湖泊型景区　X-2-3
		河川型景区　X-2-4
		海洋型景区　X-2-5
		沙漠型景区　X-2-6
		草原型景区　X-2-7
		温泉型景区　X-2-8
	人文景观类景区　X-3	古迹遗址型景区　X-3-1
		宗教型景区　X-3-2
		非物质文化遗存型景区　X-3-3
		工业型景区　X-3-4
		科普型景区　X-3-5
		纪念地型景区　X-3-6
		文化园型景区　X-3-7
		度假（存）型景区　X-3-8
		小镇型景区　X-3-9
	乡村田园类景区　X-4	村落型景区　X-4-1
		农业景观型景区　X-4-2
		生产地型景区　X-4-3
		民宿型景区　X-4-4
	现代娱乐类景区　X-5	主题公园型景区　X-5-1
		文化演艺型景区　X-5-2
		购物娱乐型景区　X-5-3
		文化场馆型景区　X-5-4
		特色街区型景区　X-5-5
	其他吸引类　X-6	
依据景区功能与产品分类 C	综合服务型旅游景区　C-1	
	观光体验型旅游景区　C-2	
	休闲娱乐型旅游景区　C-3	
	度假旅居型旅游景区　C-4	
	康复疗养型旅游景区　C-5	
	会奖节事型旅游景区　C-6	
	研学教育型旅游景区　C-7	
	运动体育类型旅游景区　C-8	
	其他型旅游景区　C-9	
依据景区运营主体及其目标进行分类 J	公益性旅游景区　J-1	
	准公益性旅游景区　J-2	
	商业性旅游景区　J-3	

资料来源：中国旅游景区协会《旅游景区分类》团体标准（T/CTAA 001—2019），2019 年 11 月 15 日发布。

除了以上分类方法外，有关旅游景区类别划分的方法还有很多，综合分析以上分类方法，大体上可以将其总结为五种类型：一是按景区资源属性分类，如杨正泰和约翰·斯沃布鲁克的划分方法、世界遗产体系以及我国的部门划分法；二是按景区的功能分类，如岳怀仁、邹统钎的方法和美国的国家公园体系；三是从旅游需求的角度分类，如冈恩的划分方法；四是按所有权类型划分，划分为国有景区、民营景区和私营景区；五是由于归属管理部门不同而形成的分类，如国家风景名胜区、国家森林公园、国家地质公园等。应该说每一类划分方法都有一定合理性，也可能都有其缺陷。相对来说，中国旅游景区协会的四类划分方法简明清晰、系统完整、客观科学、实用可行，应该成为将来有关旅游景区分类表述的统一标准用语。

第二节　旅游景区的特征

一、旅游景区的基本特征

（一）旅游景区的微观特征

美国学者沃尔什·赫伦（Walsh Heron）和特里·史蒂文斯（Terry Stevens）在其著作《旅游景区与节事管理》中提到景区应该具备以下特征。

①吸引旅游者和当地居民来访，并为达到此目的而经营。

②为顾客提供获得轻松愉快经历的机会和消遣的方式，使他们度过闲暇时间。

③尽量发挥其潜在能力。

④按景区的特点进行管理，使顾客满足。

⑤按旅游者的要求、需要和兴趣，提供相应水准的设施和服务。

⑥收取或不收取门票费。

这六点被大多数有关旅游景区的研究所引用，结合旅游景区的定义和经营中呈现的特性，可以总结出旅游景区的微观特征，这些特征是回答"旅游景区是什么"的问题。

（二）旅游景区的中观特征

针对旅游景区定义和经营中呈现的特点，可以总结出旅游景区的中观特征。

1. 旅游景区具有开展旅游活动的特定内容

这种特定内容即指旅游吸引物（attractions），是对旅游资源开发利用的结果，是旅游景区存在的核心要素。无论是自然旅游资源还是人文旅游资源，都必须具有对旅游者的较强吸引力，并以这种特定吸引物的文化内涵和活动内容而区别于其他旅游景区。

2. 旅游景区具有明确的地域空间范围

这种地域空间范围在实践中常常表现为经营管理的地理界线。只有明确的地域空间范围，旅游者的空间位移才能是明确的、稳定的和可以研究的，也才能保证旅游规划设计、开发建设和经营管理的顺利进行。

3. 旅游景区具有满足旅游者需求的综合性服务设施，并提供相应的旅游服务

只有特定的吸引物并不能构成旅游景区，例如，人类对太空充满了好奇与神往，有强烈的旅游动机，也已经有六位特殊的赞助者完成了太空之旅。但由于外太空不完全具备旅游的六要素条件，充其量只能算作潜在旅游资源。旅游资源、设施和服务是构成旅游景区产品基本要素，也是景区功能的载体。

4. 旅游景区具有专门的经营管理机构

从旅游经济的角度来看，任何一个旅游景区都是一个经济单元。内部有一个管理主体，对景区的资源进行开发保护、经营服务、统一管理。它是旅游景区的经营主体，也是旅游景区产品的供给方。它可能是政府机构、行业主管机构、多部门联合的机构或独立的法人管理主体。因此，是否具有专门的、日常性的经营管理机构，是旅游景区与旅游资源最明显的区别之一。

（三）旅游景区的宏观特征

1. 综合统一性

旅游景区构成要素多元，这些要素既包括组成景区内在吸引系统的部分，又整合了景区所在地域的一些独特的文化、民俗、社会和经济因素，内化融合为景区的综合吸引力。这些要素在旅游行为发生时产生联动效应，共同作用于旅游者的出游经历。而统一性体现在构成旅游景区的每一个要素的质量都必须是一致的，任何一个要素质量的降低，都会出现"木桶效应"，破坏旅游者的体验质量，从而影响对整个景区的认知。

2. 多层利益平衡性

在旅游景区运营的过程中，涉及的利益相关者是多元化的，至少包括政府部门、投资者、社区居民、旅游者等。这些利益相关者之间利益一旦失衡就会导致冲突和矛盾频频发生，甚至会断送旅游景区的正常运营。所以，旅游景区比起其他旅游企业更需要平衡与其他利益相关者的关系。这些利益相关者中，旅游者和社区居民应该格外重视。首先，旅游者的购后满意度评价是旅游景区的命脉。由于旅游景区产品消费具有生产和消费同一性的特征，旅游者无法提前"检验"景区产品的好坏，只有在景区消费的过程中才能形成判断，形成购后满意度评价。这种评价是潜在旅游者旅游决策的关键依据。其次，社区居民是旅游体验的来源要素之一。加拿大学者克劳恩（Cronin）甚至将社区参与程度作为评判旅游可持续发展的一个重要标准之一。此外，景区经营与资源保护之间的良性互动关系是一切利益关系存续的前提和基础。

3. 目标多重性

一般旅游景区的资源都具有一定的公共性，为社会成员所共享。因此，旅游景区除了要满足旅游需求的基本功能之外，还应承担研究、科考、教育、保护等多重目标。例如，张家界、庐山、五大连池景区就曾经因为"向公众科普地球科学知识"不力而被联合国教科文组织"黄牌警告"。旅游景区目标的多重性增加了景区经营管理的难度。

4. 特有时效性

旅游景区的这一特征主要体现在以下几方面。首先，一般旅游景区都有其生命周期，景区在其生命周期的轨迹中运行，不同阶段会有不同的表现。其次，旅游景区满足的是当前的旅游需求，能否满足未来变化了的旅游需求是一个未知数。因而，在保持自身的资源特色前提下，如何满足不断变化的旅游需求是景区经营管理的永恒主题。最后，旅游景区的管理模式也需要与时俱进。景区从业人员的年轻化、旅游需求的多元化等变化都要求不断建立新时效的管理制度。

以上四点是景区发展内部性、外部性的特征总结，也是对旅游景区宏观特征的总结。

二、旅游景区管理的特征

旅游景区的可持续发展状态必须以有效的景区管理来支撑，同时兼顾目标的多重性。结合旅游景区的特点，旅游景区管理的特征主要表现在以下五个方面。

（一）关联性

这一特性是由旅游景区自身特征和管理的目的所决定的。旅游景区具有综合统一性，而管理就是要让资源合理配置，发挥最大效用。所以整合各种资源，将各节点进行关联，这就是旅游景区的管理体系，有效使用资源，为旅游者提供周到、舒适、快捷的服务，这一内容和过程都具有综合的关联性。

（二）动态性

旅游景区所具有的时效性使得景区运行中的人、财、物、信息等都是在一种动态的环境中流动，所以管理活动就是要适应各种动态环境，对变动中的组织资源进行有效配置，而旅游景区的管理更是需要在供需不断变化时对管理内容、方法和模式进行适时优化。

（三）科学性

旅游景区管理中会出现程序性事件和非程序性事件，对于程序性事件的管理就是程序化、流程化，而非程序事件就需要边运行边探讨，逐渐项目化。一般而言，旅游景区管理中往往应该对非程序性活动进行规律性的总结，最终项目化。降低管理难度。除此之外，科学性还体现在景区管理不能只从自身主观愿望出发，还必须考虑全面，兼顾各相关主体的利益，从科学理论出发，提高管理水平。

（四）文化性

旅游景区提供给旅游者的体验具有明显的文化特性，现代景区的提升途径就是不断提高文化品位，从而强化吸引力。这就要求在相应的管理活动中注入文化理念，在员工管理中体现人本主义思想，让旅游者在旅游经历中深切体验到一种强烈的文化气息、一种美的享受。

（五）创新性

旅游景区内部每一个具体的管理对象很难用固定模式来进行管理，景区的特定时效性也要求管理必须与时俱进，不断赋予景区吸引物新的诉求点和创意点，对旅游者行为的管理和服务更呼唤人本关怀的创新。管理的创新性来源于管理的动态性，是旅游景区吸引内容和综合统一性在管理过程中的具体体现。

第三节　旅游景区运营管理的内容

一、经营与运营的内涵

（一）理解经营的内涵

经营（operation）是根据企业的资源状况和所处的市场竞争环境对企业长期发展进行战略性规划和部署、制定企业的远景目标和方针的战略层次活动。它解决的是企业的发展方向、发展战略问题，具有全局性和长远性。经营和管理相比，经营侧重指动态性谋划发展的内涵，而管理侧重指使其正常合理地运转。经营和管理合称经营管理。在日本，管理学一般称为经营学，也统称经营管理学。第六版《现代汉语词典》中对"经营"一词的解释：①筹划、组织并管理；②指商业、服务业出售某类商品或提供某方面的服务。经营管理（operating and management）是指在企业内，为使生产、营业、劳动力、财务等各种业务，能按经营目的顺利地执行、有效地调整而进行的系列管理、运营之活动。

（二）理解运营的内涵

第六版《现代汉语词典》中对"运营"一词的解释：①（车船等）运行和营业；②比喻机构有组织地进行工作。运营管理也可以指对生产和提供公司主要的产品和服务的系统进行设计、运行、评价和改进。运营管理指对运营过程的计划、组织、实施和控制，是与产品生产和服务创造密切相关的各项管理工作的总称。运营管理是现代企业管理科学中最活跃的一个分支，也是新思想、新理论大量涌现的一个分支。

（三）经营与运营的关系

经营管理注重于针对市场环境进行筹划、决策方面的管理，秉承的是经营的思想、方式、策略、观念等。例如，走品牌之路、专业化之途、差异化方式等。重点讲求市场观、竞争观、品牌观、资源观等，其着眼点在于胜算；运营管理则倾注于企业内部运作、执行方面的管理。奉行的是某种管理模式和方法、有效控制、效率和效益等。其讲求的理念是标准化、服务意识、成本、质量、安全、风险、精细执行等，其追求的是效率和效益。

西方学者把与工厂联系在一起的有形产品的生产称为 production 或 manufacturing，而将提供服务的活动称为 operations。现在的趋势是将两者均称为"运营"，生产管理也就演化为运营管理（operations management）。

（四）运营管理

运营过程是组织业务流程中具有物质基础特征的基本过程，是组织向社会提供产品或服务的生产过程。从系统论角度分析，它是一个把输入资源转换成输出结果的转化过程，如图 1-2 所示。其中，输入资源包括劳动力、资金、设备、物料、信息、技术、能源、土地等多种资源要素。输出结果包括两大类：有形产品和无形服务。前者指汽车、电视、食品等各种物质产品；后者指某种形式的服务，例如，旅游景区提供的娱乐等服务、银行提供的金融服务、咨询公司所提供的设计方案等。中间的转化过程，也就是价值增值过程。这个过程既包括一个物质转化过程，即将投入的各种物质资源进行转换；也包括一个管理过程，即通过计划、组织、实施、控制等一系列活动使上述的物质转化过程得以实现。这个转化过程的形式表现多种多样，例如，在一个机械工厂，主要是物理转换；在一个石油精炼厂，主要是化学转换；在一个航空公司或者邮局，主要是位置的转换；在一个旅游景区，主要是游客经历的转换。

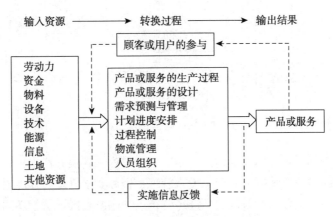

图 1-2 　产品（服务）生产转换过程（刘晓冰，2011）

图 1-2 中的虚线表示两种特殊的投入：一是顾客或用户的参与，二是有关运营活动实施情况的信息反馈。顾客或用户的参与是指他们不仅接受转换过程的产出结果，在转换过程中，他们也是参与活动的一部分。

运营管理不仅意味着组织要生产产品与提供服务，也意味着组织在市场上应该具有竞争优势。运营管理的目的是建立一个高效的产品与服务的制造系统，为社会提供具有竞争力的产品和服务。运营管理的基本职能是对组织运营过程进行计划、组织、领导和控制。

二、旅游景区运营管理的对象

按运营系统输出不同（产品和服务），可以将运营系统分为制造业运营系统和服务业运营系统。显然，旅游景区运营系统属于服务业运营系统。服务业运营系统的最大特点是顾客参与服务过程。按顾客与服务业运营系统的接触程度不同来划分服务业的运营系统类型，可以分为专业化服务、大众化服务和商店式服务。专业化服务是指那些与顾客接触程度很高，而且顾客在服务过程中需要花费较长时间的服务，例如，心理诊所、律师事务所、咨询公司等；大众化服务是指那些接待顾客很多、顾客接触时间有限而且定制化程度不高的服务类型。例如，超市、机场、图书馆等；商店式服务的特点是它们的顾客接触程度、定制化水平、顾客数量介于专业化服务和大众化服务之间，服务的提供是在前台与后台、人员与设备的共同配合下完成的。例如，银行、汽车租赁公司、学校以及大多数饭店等。因此，将一般旅游景区归入大众化服务运营系统较为合适。

对于旅游景区来说，运营管理的内容与一般组织并没有什么本质上的不同，计划、组织、领导和控制贯穿在整个景区运行的过程中（如图1-3所示）。

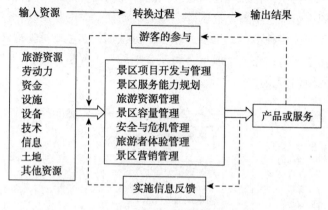

图 1-3　景区运营管理的过程

根据运营管理的目标，以及运营过程是一个"投入—转换—产出"的过程这一特点，运营管理的基本问题一般被概括为产出要素管理、资源要素管理和环境要素管理三类。沿用这一分类方法，再结合旅游景区的生产经营特点，旅游景区运营管理的研究内容可以概括为以下三类。

（一）产出要素管理

产出要素管理是运营管理的第一大类基本问题，也是旅游景区开始经营的基础。包括质量（quality）、时间（delivery time）、成本（cost）和服务（service）。

1. 质量

这是指如何设计、开发和提供游客喜闻乐见的景区产品。包括景区工作人员的工作质量、景区项目特色或创意等。主要研究内容包括：景区项目开发、标准化管理与精细管理、游客体验管理。

2. 时间

对于一般的制造业来说，时间是指适时适量地生产，即如何将生产所涉及的人员、物料、设备、资金等资源组织起来，筹措到位、恰当生产的问题。对于生产大众服务产品的旅游景区来说，时间要素的管理主要体现在景区容量管理问题上，即如何让游客适时适量地消费旅游景区产品，在游客满意、旅游安全、经济效益、生态效益、社会效益等诸多约束条件中寻找平衡点。

3. 成本

旅游景区的成本包括开发建设成本与景区运营成本两大类。前者是景区建设期一次性固定投入成本，可能很高（例如主题公园型景区），也可能不高（自然景观类景区）。后者是持续的可变运营成本，主要包括劳动力成本和各种运营管理成本。在此基础上，制订的产品价格既要为顾客接受，又要为企业带来一定的利润。由于一般的景区门票价格需求缺乏弹性，过去十几年，旅游景区运营主体提高门票价格的冲动强烈，即使有政府的指导和监督，很多景区门票价格依然在"涨声一片"背景下跑步进入了百元时代，旅游资源保护、公共产品提供、运营效率、可持续发展等问题被有意或无意忽略。直至 2018 年政府工作报告提出"创建全域旅游示范区，降低重点国有景区门票价格"后，这一现象才得到遏制，公益性或准公益性旅游景区的数量开始增多。

4. 服务

此处的服务指的是附加服务。对于一般产品制造企业来说，当硬件技术基本相同时，企业通过提供独具特色的附加服务就有可能赢得独特的竞争优势。对于提供大众化服务的旅游景区来说，在基本服务之外提供附加服务也会赢得更多的顾客。例如，景区为游客提供婴幼儿推车、直饮水、疏导人流车流等服务。主要研究内容包括在景区服务性经营、服务能力规划等方面。

（二）资源要素管理

资源要素管理是运营管理的第二大类基本问题，也是旅游景区正常经营的保障。

（1）设施设备管理

运营管理中的设施设备管理的主要目标是保持足够的、完好的和灵活的运营能力，尤其是主题公园型、文化演艺型景区中的设施设备。主要研究内容包括在景区安全管理中。

（2）物料管理

物料管理是指企业制造产品、提供服务所需的原材料、零部件和其他物品。因此，物料管理的目标是以最经济的方法保证及时、充足的物料供应。对于旅游景区来说，物料管理主要是指在景区内为满足游客吃、住、行、游、购、娱的需求，以及目前正在细化与拓展的"商、养、学、闲、情、奇"需求，要保证及时有效的物料供应。主要研究内容包括在景区服务性经营、服务能力规划等方面。

（3）人员管理

在景区运营管理的过程中，如何有效地、高效地配置和使用人力资源是人员管理的主要内容。主要研究内容包括在景区人力资源管理等方面。

（4）信息管理

信息管理的主要目的是及时、准确地收集、传递和处理必要的信息，从而优化运营管理的效果。例如，景区瞬时承载量、日承载量的测量就可以借助信息技术实现自动测量。景区内部的信息管理主要集中在智慧景区管理方面，景区对外的信息管理主要集中在景区营销管理方面。

（三）环境要素管理

环境要素管理是运营管理的第三大类基本问题。

对于传统的生产企业来说，环境要素管理是从运营过程中的"投入"和"产出"两个方面考虑的。从"投入"的角度来说，企业在获取和利用各种资源进行运营时，要考虑到人类的自然资源是有限的，需要考虑人类的可持续发展。从"产出"的角度来说，企业在生产产品的同时，有可能生产出一些"负产品"，即所排放的废水、废气、废渣等，从而给环境造成污染。也有可能其产品在使用过程中会给环境造成污染，例如，汽车排放的有害气体。为此，企业有必要在产品设计和运营过程中考虑如何保护环境。

对于旅游景区来说，环境要素管理在"投入"和"产出"的运营过程中同样存在。从"投入"角度来说，旅游资源是重要甚至唯一的投入资源，很多旅游资源往往是独一无二的、不可再生的，它们的存在既是景区存续的物质基础，也是人类社会共同的财富。所以，可持续发展几乎是旅游景区永恒的运营主题。从"产出"的角度来说，废水、废气、废渣等问题虽然几乎不存在，但在利用"旅游资源"生产"景区产品"的过程中，也可能造成资源破坏、生态恶化、道德沦丧等灾难性问题。为此，旅游景区在规划设计和运营过程中同样要考虑如何保护环境，兼顾经济、生态、社会三方面的利益，实现景区的可持续发展。主要研究内容包括在旅游景区资源管理与可持续发展等方面。

综上所述，旅游景区运营管理（operation and management of visitor attractions）是以旅游者体验为中心，依托旅游资源产生的吸引力，将旅游产出要素、资源要素、环境要素科学整合，高效率地转换为旅游产品的过程。

三、旅游景区运营的目标

大众分化为小众，观光升级为体验的市场发展趋势，给作为旅游产品供给侧的旅游景区运营目标提出了更高的要求。以旅游者体验为中心，注重旅游业的可持续发展，实现景区与社会、经济、环境的协调、统一发展是景区运营管理的大背景。

（一）运营目标

以体验为中心的旅游开发有三个重要特点：一是优质，可持续旅游在改善当地居民生活质量、保护环境质量的同时为旅游者提供高质量的旅游体验；二是持续，可持续旅游要保证自然资源的持续与社区文化的持续；三是平衡，可持续旅游要平衡旅游业、环境与地方社区的需要，重视旅游者、社区与目的地的共同目标，注重三方的协作。

也就是说，在资源质量上要保证资源的多样性、完整性与真实性；在旅游者体验上，要为旅游者提供物有所值、舒畅的旅游体验；在企业经营业绩上要保证合理回报与较低风险；在区域贡献方面要为社区提供更多的就业机会、税收，改善基础设施[①]。

因此，景区产品设计的出发点就是顾客的核心需求，而顾客核心需求的满足程度和体验质量主要取决于两个方面：一是旅游者的类型，包括性别、年龄、文化程度、社会阅历、个人性格等特征类型；二是景区的产品类型。表 1-2 和表 1-3 列出了各类旅游者的需求和各类景区所提供的核心价值。随着社会经济的不断发展，旅游者的需求越来越呈现出多样化、复杂化、个性化的特征，景区应该通过一切可行的方法来提高旅游者的旅游体验，从而影响旅游者的情绪和感受，景区产品开发的关键就在于能否与目标市场的需求相吻合。

---

① 邹统钎. 旅游景区开发与管理[M]. 北京：清华大学出版社，2004：21.

表 1-2　旅游者对景区的需求

旅游者类型	主要需求
老年人	经济合算、被动活动、怀旧、便利的可进入性
有未成年孩子的家庭	让孩子娱乐、满足孩子特殊的饮食要求、经济合算
具有冒险性格的人	刺激、挑战性、新奇的体验
注重健康的人	锻炼、健康饮食、干净安全的环境
追赶时尚的人	地位特征、出现在时尚景点或参加时尚运动
司机	公路可进入性、良好免费/便宜的停车场、不堵车
城镇居民	宁静、与常住地的反差、美的环境

资料来源：Swarbrooke，2002，第 47 页。

表 1-3　不同景点提供的核心价值

景点类型	提供的核心价值
主题乐园	刺激、种类繁多的乘骑、气氛、和其他人共享的服务、服务价格比、轻松愉悦
海滩	日光、海水、经济合算、接触其他旅游者或独处的机会
教堂	历史、建筑美、气氛、宁静和神圣的感觉
博物馆	学习新知识、怀旧、购买纪念品
剧院	娱乐、气氛、地位
休闲中心	锻炼、体能挑战或与其他人竞赛、地位

资料来源：Swarbrooke，2002，第 48 页。

（二）运营目标的实现策略

在景区运营的过程中，根据景区现有资源的特点、目标市场情况、产品开发目标、产品开发途径和管理控制等因素，可以制定多种开发策略。经营者在产品开发过程中，应根据具体情况，选择切合实际的策略。

①长短结合策略，即景区的近期产品和远期产品、长线产品和短线产品相结合的产品开发策略。要采取这一策略，景区应当有四类产品：一是当前正在生产和销售的产品；二是已经完成全部设计，等待适当时机投放市场的产品；三是产品基本内容已经确定，处于进一步完善中的产品；四是处于产品构思、创意阶段的产品。这一策略着眼于景区的长期、稳定、持续的发展。

②主导产品策略，即根据客源市场的需求，结合景区的资源特色，确定景区的主打产品（即核心吸引物），并在这一产品的设计、营销、创新上投入大量资源的产品开发策略。主导产品是景区的生命线，必须谨慎选择。主导产品选择的条件一般是产品品位要高，要具有一定的垄断性。

③高低结合策略，即高档产品与低档产品相结合，以满足不同消费层次需求的策略。运用这一策略时，需要注意明确景区的形象和定位，不要在目标市场上留下定位模糊的印象。

④创新策略，根据产品创新的程度，这一策略又可分为全部创新策略、拿来策略、模仿改进策略。选择哪种创新策略，需根据景区产品所处的生命周期、竞争情况、景区的成本负担能力等因素确定。如果景区的资金较少，开发全新产品的能力较弱，且处于生命周期的初始阶段，就适宜采用拿来策略。

⑤掌握开发时机策略，具体包括紧跟开发策略、抢先开发策略和后发制人策略。

值得注意的是，景区产品的核心要素是旅游体验。景区的经营管理者应了解如何提高旅游者的体验，并使之为企业创造效益。营造游览过程中的兴奋点是景区影响旅游者体验的主要方法。这种兴奋点可以是主题公园中惊险刺激的游乐项目，可以是特色街区举办的表演、游行或节庆活动，也可以是博物馆中的稀世珍宝或动物园中的珍稀动物等。将这些兴奋点安排在景区内的适当位置上，在制造旅游体验的同时，还能够达到调节旅游者的游览节奏、游览路线、消费行为、逗留时间等目的。

第四节　中国旅游景区运营管理的历程与现状

一、发展历程

回顾改革开放以来中国旅游业 40 多年的发展历程，大体上说，前 10 年是在从事业向产业转型，转型的过程有困难但并不艰难，上上下下很快就达成了共识，旅游产业纳入了国民经济体系。到 2018 年，又到了阶段性转型时期，文化和旅游部的组建，实际上创造了一个最佳的转换机制：文化事业需要适度产业化，旅游产业需要适度事业化。这次转型没有什么困难但会很艰难，原因在于各方面难以形成文旅融合的共识。全球蔓延的新冠疫情倒逼中国旅游业转型，这也是长远的根本性转型。参照中国旅游业的发展历程，可以将中国旅游景区的发展历程划分为五个阶段。

（一）优先发展入境旅游，旅游景区在事业接待功能中起步（1954—1978 年）

中国国际旅行社总社（China International Travel Service Head Office，CITS）成立于 1954 年，它的成立标志着中国国际旅游业的开始。新中国旅游业开始起步，旅游景区在事业接待型的角色定位中起步。主要作用是对外宣传中国的建设成就、加强国际友好往来。但是，由于当时的旅游接待主要是从扩大政治影响考虑，旅游设施总体规模很小，结构单一，旅游业并没有真正形成一个完整的产业。1978 年，来华旅游入境人数仅为 180.9 万人次，其中外国人 23 万人次；旅游创汇 2.63 亿美元，位居世界第 41 位。

（二）国内旅游起步，旅游景区从事业接待型向经济经营型转变（1979—1998 年）

1978 年以后，中国旅游业得改革开放之先机，进入了新的发展时期。邓小平对加快旅游业的发展多次做出重要指示："旅游事业大有文章可做，要突出地搞，加快地搞。"邓小平关于加强旅游宣传促销、重视环境保护以及搞好配套设施建设、人才培养和管理、改革分配制度、提高服务质量、旅游商品开发等旅游经济思想成为新时期中国旅游业的发展指南。在此发展阶段的 20 年中，中国旅游业得到快速发展。1998 年，中国入境旅游接待达到 6347.84 万人次（其中外国人 710.77 万人次），旅游创汇 126.02 亿美元，分别是 1978 年的 35 倍和 48 倍，世界排名分别跃升至第 6 位和第 7 位；国内旅游人数 6.94 亿人次，旅游收入 2391.18 亿元人民币；国际国内旅游总收入达 3438.64 亿元人民币，占 GDP 的 4.32%，对国民经济的贡献程度大大提高。

在此发展阶段，旅游景区存在的性质开始发生转变：由旅游业发展初期的政府事业接待性质逐渐转变为经济经营性质。1999 年年末，中央决定将旅游业作为中国经济新的增长点，将旅游业视为需要加强的一个产业门类，也被视为产业结构调整的主要推动力量。从地方上看，一些地区通过以旅游景区为核心的旅游业的发展，得到了实实在在的好处，对旅游景区的开发建设热情逐步提高。在此阶段，全国已经有 24 个省市把旅游业作为支柱产业或重点产业给予支持和鼓励。

另外，旅游景区在继续发挥着接待国际旅游者、就地创汇的同时，也开始迎接逐渐富裕起来的国内旅游者。在此发展阶段，新的旅游景区不断涌现，也带动了除北京、上海、西安、桂林等传统旅游城市以外的新兴旅游城市的出现，例如，丽江、成都、三亚等城市。

（三）国内旅游暴增，出境旅游迅猛，旅游景区面临市场的机遇和挑战（1999—2012 年）

1999 年 10 月 1 日，中国开始实行包括"五一""十一"和春节的三大长假制度，即三个"黄金周"制度。由此，中国国内旅游市场出现"井喷"现象，国内旅游市场全面启动。绝大多数旅游景区人山人海、人满为患。同时，随着人们收入水平的提高，出境旅游开始兴起。2003 年，中国人均 GDP 首次突破 1000 美元，达到 1090 美元，按照国际经验，当人均 GDP 达到 1000 美元以上时，国民开始出现出国旅游动机。根据《休闲绿皮书》的数据，中国居民出境旅游迅速增长，在 2000 年以前，每年总增量均在百万人次左右，而进入21 世纪以后，仅因私出境每年增量就达三四百万人次之多。2014 年，中国已经是亚洲最大的出境旅游者客源国，而且，随着人们收入的进一步提高和中国公民旅游目的地数量（目前是 150 个国家和地区）的增加，剔除不确定的疫情因素，短途出境旅游和洲际旅游一直持续增长。

国内和国际旅游市场的变化，给旅游景区带来了空前的机遇和挑战。机遇主要体现在：一是国内旅游市场全面启动给旅游景区的发展带来更大的发展空间；二是入境旅游市场规模进一步扩大。挑战主要表现在中国旅游景区的管理机制尚不健全，经营水平、服务意识、设施设备等无法满足巨大的、更高层次的旅游需求。旅游景区成为中国旅游业发展的新"瓶颈"。

（四）《旅游法》颁布，文旅部组建，旅游景区进入规范化发展新阶段（2013—2019 年）

2013 年 10 月 1 日起施行的《中华人民共和国旅游法》在中国旅游业发展历程中具有里程碑意义。因为《旅游法》规范了各方参与者的权利义务，对旅游相关内容都做了明确规定，对促进中国旅游业全面协调可持续发展意义重大。它体现了三大特色：综合法、人本法（以保障旅游者合法权益为主线）、衔接法（充分与现行法律和国际通行做法衔接）。

具体到旅游景区，《旅游法》以法律的形式规范和调整了旅游景区的经营管理的行为，约束了一些不当的行为，引导旅游景区更规范地生产经营。长期以来，中国旅游资源屡遭破坏、旅游景区经营管理混乱、景区门票涨价成风、景区超载、旅游公共服务不足等问题较为突出。在此背景下，《旅游法》将有关旅游景区经营管理的行为进行了较为详细的规定。例如，保护和合理利用旅游资源、景区的开放条件、景区门票收费原则、门票价格管理方法、鼓励公益性景区逐步免费、要求景区进行最大承载量控制、景区对旅游者负有安全责任等。显而易见，科学、理性和规范的经营管理是《旅游法》调整景区发展的基本方向。可以说，旅游法的颁布实施对中国当前景区经营管理模式产生了较大的冲击，继而也引发了多方面深刻的变革。

2018 年 3 月，文化部、原国家旅游局的职责被整合，组建文化和旅游部，"诗和远方在一起"，为文旅融合创造了体制和机制的条件。文化是旅游的灵魂，旅游是文化的载体。虽然文化和旅游融合还有一个较长甚至艰难的过程，但经过此次国务院机构改革，旅游治理主体用"大部门治理"呼应了"大旅游"时代的趋势[①]，顺应了从供给侧提供更高质量的观光、度假、研学、旅居等景区产品，力图满足人民日益增长的美好生活需要的发展趋势。

（五）疫情暴发，旅游业深度衰退，旅游景区进入后疫情时代（2020 年至今）

2019 年爆发的新冠肺炎疫情，导致全球旅游业深度衰退。世界旅游组织预测，2020 年全球国际旅游总人次同比减少 8.5 亿至 11 亿人次，造成 9100 亿至 12000 亿美元的经济损失，并威胁 1 亿至 1.2 亿个直接与旅游业相关的工作岗位。这是 1950 年以来，世界旅游业经历的最严重的一次危机，世界国际旅游业倒退 30 年。

如果按世界旅游组织的表述方式，中国的国际旅游大体倒退了 30 年，国内旅游大体倒退到 2014 年。对于中国旅游业而言，需要从底线思维出发，时间是长期的，范围是全面的，程度是深刻的，变化是复杂的，总体而言，面对深度衰退，我们必须有深度思维[②]。后疫情时代的旅游景区，必将经历严峻的考验：一方面，旅游者消费行为发生深刻地变化，集中表现在出游方式和景区产品选择上；另一方面，门票经济时代终结[③]。"坐着收钱"的传统经营模式已经走到了尽头，景区在阵痛中艰难转型。景区转型的方向大致可以总结为：精细管理提品质、产品升级强体验、丰富业态求发展。

二、运营管理的现状

旅游景区运营属于服务业运营系统中的大众化服务。根据"投入—转化—产出"的运营特点，可以从三个方面对旅游景区运营管理现状进行梳理。

（一）旅游景区产出要素管理：步入正轨，效益优先、服务滞后

中国旅游业发展至今，旅游景区的运营管理经历了类似"被动接待→主动经营→管理提升→利润优先服务滞后"的过程。从 20 世纪 80 年代国门洞开时的旅游事业接待开始，到 20 世纪 90 年代"各种力量齐上阵"开发旅游资源建旅游景区，再到始于 1998 年的旅游

---

① 中国旅游发展 40 年，旅游治理体系不断演化和完善，但是"部门治理"的特征一直没有变化：自从 1982 年将"中国旅行游览事业管理局"更名为"国家旅游局"以后，1986 年，国务院成立旅游协调领导小组，1988 年，国务院成立旅游事业委员会，2000 年，国务院又设立全国假日旅游部际协调会议，2014 年，国务院适时设立旅游工作部际联席会议制度，这些举措都是在试图强化旅游局"部门治理"的力度。2017 年，在全域旅游背景下，各省区市纷纷将旅游局改为旅游发展委员会，成立"1+3"为特征的综合管理体制，试图从过去单一的部门管理体制过渡为多部门综合治理体制。

② 魏小安，直面深度衰退，旅游转型突破，中国旅游协会休闲度假分会，2021.

③ 2018 年《政府工作报告》要求"降低国有重点景区门票价格"，2019 年 3 月，国家发改委发出《关于持续深入推进降低重点国有景区门票价格工作的通知》，要求更大范围推进重点国有景区门票降价。

景区质量等级评定，中国旅游景区的经营和管理已经步入正轨，已然成为国家或地方发展旅游业的核心物质载体。但是，很多旅游景区急功近利、唯"钱"是举、利润优先的运营理念根深蒂固，抓了小钱丢了大钱，破坏旅游者满意度的同时也极大地影响了旅游景区的持续经营。

1. 质量

景区产品质量来源于旅游资源的开发管理水平。按照原国家旅游局 2003 年颁布的《旅游资源分类、调查与评价》国家标准，将旅游资源从"资源要素价值""资源影响力""附加值"三个维度分为五级。可以用"品类众多""精彩纷呈"概括中国旅游资源的特点。

但是，凡是有国内旅游经历的人都知道，"一流资源二流管理三流服务"就是游客对中国旅游景区质量的现实评价。旅游景区产品质量与一般的有形商品质量不同，它的好坏没有一个统一的、大众认可的标准。不过可以从两个方面来描述旅游景区质量的好坏。一是游客满意度[①]的高低，可以从不同的维度进行定量化的研究。例如，Gronroos（1984）认为技术、功能、形象是决定游客满意度的三个维度，Martilla 和 James 把消费者的满意度看成产品期待和产品感知的函数建立 IPA（重要性—表现性分析）模型来测量游客满意度。二是可以根据旅游景区项目设计的水平高低、建造的质量和服务质量好坏来判断。此方面的判断前提是必须有比较对象，而且会因为不同的比较对象得出不同的结论。如果把现在的景区产品质量和 20 世纪 80 年代的景区产品质量比较，无论是资源开发水平还是生产过程，显然是非常好的。但是，如果把中国现在的景区产品质量与欧美等旅游发达国家相比较，又显然是差距明显。

2. 时间

生产运营中的时间管理的核心是"适时适量"生产。一般企业只是涉及人员、物料、设备、资金等的组织和统筹问题。对于旅游景区来说，生产运营中的时间管理的核心是"景区容量"问题。也就是怎么样既保证游客在景区内安全、顺畅、舒心地游览，又能保证旅游资源不被破坏、可持续利用的问题。

目前，政府相关部门要求重点景区计算并上报瞬时承载量、日承载量、最大承载量等指标[②]，并要求制定景区最大承载量控制管理措施。尽管政府主管部门采取了很多措施进行基于安全为中心的容量管理，但节假日旅游景区人满为患，景区拥堵成灾，看景变"看人"的现象依然突出。景区生态承载量和心理承载量严重超标，旅游者外出旅游的"舒心"目标变成"闹心"的结果。

3. 成本

与一般生产型企业相比，旅游景区的成本相对较低且相对固定。生产成本由直接材料、直接人工和制造费用三部分组成。旅游景区的直接材料就是旅游资源（旅游吸引物），不用

---

① 国外关于游客满意度的研究，最早是由 Pizam 等人发现并提出的一个游客期望和实际体验相比较是否一致的一个理论模式，这一定义模型被学术界广泛地接受。Pizam 认为游客满意度是游客对旅游地的期望和实地旅游体验相比较的结果，若实地旅游体验高于事先的期望值，则游客是满意的。

② 具体内容和计算方法请参见《景区最大承载量核定导则》（LB/T 034—2014）。

重复购买而且可能永续"免费"使用；直接人工是指景区经营过程中所耗费的人力资源，用工资额和福利费等计算，相对于劳动密集型和智力密集型企业来说，景区的直接人工较低；制造费用则是指景区运营过程中使用的游乐设施、车辆及设备等设施及物料和辅料，它们的耗用一部分是通过折旧方式计入成本，另一部分是通过维修、定额费用、机物料耗用[①]和辅料耗用等方式计入成本。

现实情况是，中国一些旅游景区的门票价格和景区内的消费虚高不下，严重超越和背离了运营成本，要么明目张胆，要么巧立名目，欺客宰客现象时有发生。例如，某禅院一碗米饭卖80元、一碗稀饭30元，对外还声称在亏本经营。

4. 服务

四大产出要素中，服务是旅游景区的命脉和核心。一般来说，在旅游资源（旅游吸引物）既定的情况下，服务水平的高低决定了景区产品质量的好坏，甚至体贴周到的景区服务可以强化旅游资源的吸引力。旅游景区的服务主要体现在景区接待、景区解说、景区购物、景区娱乐和景区服务设施等方面。

近几年来，中国旅游景区服务水平提高了很多，改善了不少。在景区接待、景区解说、景区娱乐等方面逐渐规范化、人性化了很多。例如，景区内原来鲜见的直饮水服务的普及、自主推车和免费地图的提供等。在此过程中，推广和贯彻起始于1999年的《旅游区（点）质量等级的划分与评定》功不可没。该标准从旅游交通、游览、旅游安全、卫生、邮电服务、旅游购物、经营管理、资源和环境的保护、旅游资源吸引力和市场吸引力十个方面，将旅游景区质量从高到低划分为AAAAA（5A）、AAAA（4A）、AAA（3A）、AA（2A）、A（1A）。该标准将包括景区服务在内的运营要素进行细化等级界定，成为中国景区运营管理的参照标准。

旅游安全是旅游者对旅游景区产品的最低要求。井然有序的管理秩序、及时有效的景区服务和诚信友善的经营环境才能让旅游者乐在景区中，也才能使景区的让渡价值最大化。急功近利、蛮干快上、景区内层层转包导致旅游安全事故和旅游投诉频频发生。目前，游客诟病最多的是景区服务质次价高、形式多于内容、收费项目繁多等问题。

一些商业性旅游景区中存在垄断市场、欺客宰客、强迫消费等行为，不法旅行社和导游往往直接参与其中，而景区被摘牌、警告，更多是因为运营主体对景区乱象的管理不善。可以说，景区对种种景区乱象不是不知，而是不为，景区管理方的不作为乃至纵容，无疑为乱象滋长提供了生存的土壤。除了商业性景区之外，公益性和准公益性旅游景区多年的传统体制惯性，形成的"老爷作风"的遗存和仍在延续的部分"大锅饭"体制产生了服务意识弱、服务质量差（魏小安，2002）。随着旅游者消费行为日趋成熟，旅游者会逐渐用国际标准来衡量中国旅游景区的质量，因而其要求只会越来越高。

（二）资源要素管理：跨越式发展，冗员众多、专业人才不足

资源要素管理是运营管理的第二大类问题，生产型企业的资源要素管理主要包括设施

---

① 机物料消耗是生产部门为保持正常生产所需的生产专用工具、工艺价格、配件、辅料等，经过使用后，其形状功能发生很大改变，甚至使用一次后即报废的物品。

设备管理、物料管理、人员管理和信息管理。在旅游景区的运营过程中，设施设备管理、人员管理和信息管理是重点。对于一般的自然和人文类景区来说，设施设备是旅游服务的物质载体。对于类似迪士尼的主题公园型景区来说，设施设备就是旅游吸引物核心。人员管理主要考虑在景区运营的各个环节如何有效地、高效地配置和使用景区人力资源。景区的信息管理主要涉及以旅游者为中心的相关信息的及时、准确收集、传递和处理问题。时下流行的"智慧景区"是景区信息管理的升级版，强调科学管理理论同现代信息技术高度集成，实现人与自然和谐发展的低碳智能运营景区。通过"数字景区"的完善和升级，能够实现可视化管理和智能化运营。未来一段时间，国内景区运营管理的热点将是智慧化景区建设。

近十几年来，国内迅猛发展的旅游业使绝大多数旅游景区实现了跨越式的发展。很多旅游景区规划时就与国际接轨，旅游设施设备、信息管理的起点都比较高。索道建设、电子导游系统、灯光系统、安防系统、售票系统、闸口管理等都较为先进。目前的主要问题是，旱涝保收、工作稳定的公益性和准公益性旅游景区冗员众多，而景区亟须的旅游、文物、规划、管理等方面的专业人才又缺乏，机构臃肿、冗员众多。在一些自然景观和人文景观类景区，条块分割、衙门作风、主动性差、市场意识淡漠等问题依然存在。

（三）环境要素管理：急功近利，意识弱、行动不力

"利润"仍然是很多景区运营管理的唯一目标，什么环境保护、旅游者满意度、社会责任、社区和谐发展等问题都被有意无意地忽视，由此造成的环境破坏、生态恶化、道德沦丧等"旅游危害旅游"的现象频发。

事实上，旅游景区运营管理更应该关注环境要素管理。生产型企业环境要素管理强调"投入"和"产出"："投入"强调生产资源的节约和再生；"产出"强调杜绝废水、废气、废渣等环境污染。生产型企业环境要素管理的不足或缺陷短期内不会对消费者造成危害，因为消费者购买的物质商品已经离开了生产地，环境要素的管理不当已经被"隐瞒"了。但是，对于旅游景区来说，环境要素管理不当是无法"隐瞒"的，甚至会危及景区旅游资源的存在。旅游者在景区内外活动时都能感受到景区环境要素的管理水平。例如，景区周边居民对旅游者的敌视行为可能是景区与社区的关系处理不当；景区内外动植物种群的减少可能与环境保护不力有关；再例如，很多景区"不遗余力"地开山建索道、建广场、建宾馆、造景观等，在"黄金周"的背景下，产生人头攒动的虚假旅游繁荣：旅游门票排队抢购，旅游商店、餐馆、宾馆赚得盆满钵溢。其实，旅游容量超载、环境恶化、旅游者不满、情绪对立等恶果已经埋下。从经济学的角度分析，这些问题产生的原因可以概括为成本和收益、稀缺和价格、权利和义务、行为和结果的脱节或背离。这种脱节或背离是由于市场失灵或政府失灵或者两者的结合造成的。

疫情常态化背景之下，双循环战略的提出，"十四五"全面推进乡村振兴的战略部署等国家意志正在加速形成旅游景区新的格局。疫情没有消灭旅游需求，而是暂时抑制了旅游需求，旅游需求只会延期、转向和分化。面对旅游业深度衰退，未来旅游景区的运营管理更需要深度思考，理性应对。要从景区运营管理的角度，提高旅游供给体系的质量和效率，创造令人心动的旅游产品、让人欣喜的旅游服务、让人心想的旅游品牌、让人心安的旅游

环境，提高有效供给，提升游客满意度。

本 章 小 结

本章主要界定了研究对象：旅游景区及运营管理。首先，系统阐述了旅游景区这一尚未完全统一的概念体系、特征和分类方法，并提出归纳性的定义；其次，界定了旅游景区运营管理的研究内容；最后，立足于中国旅游景区的发展历程，简要分析了中国旅游景区运营管理的现状，成绩阐述得少，问题剖析得多，以"问题"为导向，为后面的章节提供分析线索。

本章重要概念

旅游景区（tourist attractions），指具有吸引国内外旅游者前往游览的明确的区域场所，能够满足旅游者游览观光、消遣娱乐、康体健身、求知等旅游需求，有统一的管理机构，并提供必要的服务设施的地域空间。

旅游景区管理（tourist attraction management），是对旅游景区的人、财、物、信息等多种资源进行有效整合，实现旅游景区经济效益、社会效益和环境效益最大化，并推进旅游景区可持续发展的动态创造性活动。

旅游景区运营管理（operation and management of tourist attractions），是以旅游者体验为中心，依托旅游资源产生的吸引力，将旅游产出要素、资源要素、环境要素科学整合，高效率地转换为旅游产品的过程。

复习思考题

1. 简述中国旅游景区运营管理的历程。
2. 旅游景区运营管理的研究内容有哪些？
3. 结合实际，分析论述中国旅游景区运营管理的现状。

 专家视角

景区未来的十个发展趋势

第二章

景区产品的特点

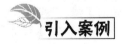

宽窄巷子：棚户区里飞出的"金凤凰"

在成都，一个叫"宽窄巷子"的景区成为很多人去成都旅游的必选之地，"宽窄巷子最成都"已经成为成都的一张名片。可是，旅游者很少知道这个如今游人如织的景区是棚户区里飞出来的"金凤凰"。

宽窄巷子是成都遗留下来的较成规模的清朝古街道，位于成都市蜀都大道西端。房舍大多建于民国初，少数建于清末。大半是两个天井在前、后两个四合院式的平房。岁月更迭，昔日的辉煌逐渐淡去，取而代之的是居住人口稠密、乱搭乱建、脏乱差的棚户区，成为前些年成都城市风景的一块"伤疤"。

2003年，宽窄巷子历史文化区改造工程全面动工。该历史区的改造工程与以往一般的旧城改造有着实质性的区别，坚持采用整体性、原真性、多样性、可持续性的保护策略。它不是推倒重来，而是为了再现老成都的历史文化风貌而进行保护性甚或是抢救性的改造。具体做法是，核心区内本着"只迁不拆"的原则，即采用产权买断、调换等方式，获取该区域内所有房屋产权，并外迁原所有人和使用人。该区域内近40%的建筑将要保留，对它们将采取修缮的方式，按照原有的特征进行修复，并完善内部设施；剩下近60%的建筑在保持原有建筑风貌的基础上进行改建，做到"整旧如旧"。而环境协调区内原有的大部分建筑予以拆除，纳入到重新开发建设范围内，新开发的建筑成为成都市内顶级的产品——独立仿古宅院式别墅，其风格、尺度与材料将与核心保护区保持一致，做到"整新如旧"。

改造后的宽巷子、窄巷子，其旧有的单一居住功能得到置换和丰富，向以"文化、商业、旅游"为核心的功能转变，其间设置一些区域，专门用来展示一些早已失传或将要失传的古老艺术和文化，如蜀绣、蜀锦、竹编及漆器工艺等，还修建了一些具有特色的纪念馆、旧时的画馆、文馆、茶馆、戏馆等，并且邀请一些顶级艺术家以及文化名人来这里从事创作。院落文化共分为三个主题：宽巷子是"闲生活"区，以旅游休闲为主题，是老成都生活的再现。在这条巷子中游览，旅游者能走进老成都生活体验馆，感受成都的风土人情和几乎要消失了的一些老成都的民俗生活场景；窄巷子是"慢生活"区，以品牌商业为主题，是国际化的业态，是拥有世界眼界的时尚中心。旅游者在巷子里品味缓慢的下午和时光的停驻。井巷子是"新生活"区，以时尚年轻为主题，是成都的新生活区域酒吧区。这里是成都夜晚最热闹的地方，是老成都的"新生活"。

宽窄巷子作为国家AA级旅游景区，先后获得2008年"中国创意产业项目建设成就奖"、2012北京国际设计周年度设计奖"设计应用奖"，2020年7月，宽窄巷子步行街入选首批全国示范步行街名单。

两条 250 米长，不足 8 米宽的巷子，通过恰到好处的改造与文脉挖掘，因为有了历史、有了故事、有了"魂魄"，才实现了旅游资源到旅游产品的华丽转身。

（资料来源：作者实地调研后根据有关资料整理。）

引言

在旅游景区还未得到重视之前，各大旅游景区的建设维护都是靠政府，虽然后期民间资本也加入到了旅游景区的开发过程，但审批与规划依旧要通过政府。官场的思维是求同，而市场的思维是求异。很多景区需要开发之前，相关决策者们一般会采用考察、学习、模仿的三板斧流程。先组织人马满世界考察做得好的类似项目，再采取所谓"取其精华去其糟粕"的照搬抄袭，彻底丢失了旅游景区的吸引力和市场的竞争力。

"游客为什么一定要来？景区核心卖点在哪里？景区产品的定位与具体策划是否匹配？怎么延长景区产品生命周期？"这些最重要的问题决策者不考虑，反而一味关心大门够不够气派、栈道够不够宽敞、灯光工程够不够亮、接待中心够不够档次、网红产品够不够多等，不站在游客角度的"自我欣赏"最终只能换来门可罗雀的客流量。而宽窄巷子改造坚持基于文脉和游客需求的产品设计，没有求同而是存异（特色），满足了旅游者的需求也成就了自己。

第一节　旅游景区产品的概念

一、旅游产品与景区产品

人们对旅游产品的一般理解可以从两个层次上进行划分：总体旅游产品层次和单项旅游产品层次。前者是广义旅游产品的概念，后者是狭义旅游产品的概念。"从需求角度来看，总体旅游产品就是旅游者从离家外出开始直至完成全程旅游活动并返回家中为止这一期间的全部旅行经历的总和"，"从供给角度来看，总体旅游产品是指旅游目的地为满足来访者而提供的各种旅游活动接待条件和相关服务的总和"。"所谓单项旅游产品就是指旅游企业所经营的设施和服务，或者说是旅游企业借助一定的设施而向旅游者提供的项目服务"[1]。旅游产品也可以阐述为：凡是能销售给旅游者供旅游者消费、享用的产品，都可称为旅游产品，包含 4As——旅游资源（attraction），交通运输设施和服务（access），住宿、餐饮、娱乐、零售等旅游生活设施和相应服务（amenities），辅助服务（ancillary services），如旅游问询中心等。

（一）景区产品是一种旅游产品

旅游景区就是最典型的单项旅游产品，甚至很多语境中旅游产品就默认等同于旅游景区。旅游景区借助一定的资源、设施向旅游者提供有形产品和无形产品。总体旅游产品缺

---

[1]　李天元. 旅游学概论[M]. 天津：南开大学出版社，2001.

少景区旅游产品无法对旅游者产生吸引力，景区产品缺少总体产品中的其他构成要素可能降低旅游体验甚至无法销售。景区产品具有一般服务产品的特点，例如生产与消费的同一性、不可储存性等。另外，作为旅游产品，景区产品又具有自己的独特性，例如，景区只向购买者提供共享使用权，旅游者只享有暂时的使用权。

（二）景区产品是一种体验

旅游景区"出售"的其实就是一种体验。无论是有形的景观、设施还是无形的服务，都是旅游者无法带走的，旅游者所能得到的只是一次旅游经历和在景区感受到的或好或坏的体验。从核心旅游吸引物角度来看，对综合吸引类景区、自然景观类景区和人文景观类景区体验塑造的好坏与景区吸引力的大小是正相关关系。其中，自然景观类景区"不人为开发或少人为开发"就是最好的体验塑造，人文景观类景区"文化遗产活化"就是最好也是最难的体验塑造。最难是因为在进行文化遗产活化时容易出现三个问题：活化不足、活化不当和过度活化。活化不足是指文化遗产活化方式简单，没有做到"物尽其用"，使更多文化遗产仍处于静态的待激活状态；活化不当是指文化遗产活化的思路及方式不当，引起人们的反感；过度活化是指过度利用文化遗产乃至超过了其本身的承受力和限度，进而有损其保护[①]。

二、旅游资源与景区产品

旅游资源是指自然界和人类社会凡能对旅游者产生吸引力，可以为旅游业开发利用，并可产生经济效益、社会效益和环境效益的各种事物和因素[②]。一般来说，景区产品存在的前提是基于旅游资源形成的旅游吸引物。旅游资源可以是自然存在的，也可以是历史遗留的，还可以是人为建造的。根据旅游资源与旅游产品的关系（R-P 关系），可以将其划分为资源产品共生型、资源产品提升型和资源产品伴生型三种模式[③]：共生型是指资源品位较高、具有较强吸引力，不需经过大规模开发即可转变为某种产品的情况，中国旅游业发展之初的"二老"型产品（老天爷留下来的自然景观和老祖宗留下来的人文景观）即属于这种类型；提升型的旅游资源品位较低，将资源开发为旅游产品需要较大的资金投入和市场策划；伴生型是指某些功能上属于其他类型的设施或者场所，后来又演化为具有一定旅游功能的情况，如北京天安门、上海外滩。

从本质上来说，旅游资源是产品生产转换过程中的输入资源，景区产品是运营管理后的输出结果。

三、旅游景区产品的概念

旅游景区产品是一种单项旅游产品，是旅游景区借助一定的旅游资源、设施而向旅游

---

① 唐培，何建民. 文化遗产活化体验质量对旅游者目的地忠诚的影响：一个链式多重中介模型[J]. 南开管理评论，2020，23（5）：76-87.

②《旅游资源分类、调查与评价》（GB/T 18972—2003）。

③ 吴必虎. 区域旅游规划指南. 北京：中国旅游出版社，2001.

者提供的有形产品和无形产品的总和。旅游景区产品是激发旅游者出行动机的关键，是旅游目的地形成的核心物质基础。

第二节 旅游景区产品的特点及构成

旅游景区产品由旅游景区吸引物、旅游景区活动项目、旅游景区管理与服务三要素组成。旅游景区产品是一种产品，所以它既具有一般产品的特点，也有其作为服务产品自身的特殊性。

一、旅游景区产品的特点

旅游景区产品的实质是一种经历和体验。景区的旅游资源、旅游设施等有形部分是旅游者体验的物质体验点，景区服务流程和员工的仪容仪表、服务态度、服务技能等无形部分是旅游者体验的精神体验点。这些体验点与旅游者的心理预期综合后就会形成或好或坏的旅游者体验。旅游者体验质量一般用愉悦度或满意度来测量，最终形成旅游景区的市场美誉度[①]。

（一）功能上的愉悦性

"世界那么大，我想去看看"，旅行的意义，在于愉悦自己，发现不一样的风景。旅游景区产品是满足人们日益增长的美好生活需要的物质载体，景区产品的使用价值即在于旅游者购买并消费这一产品之后，能够获得旅游愉悦。旅游愉悦性并非仅仅是人们口语中的高兴（低级感官刺激），还包括旅游者的高级心理需求；不仅包括对喜剧的审美（通常意义所理解的审美），还包括对悲剧的审美（也可理解为审丑）；不仅包括通俗愉悦，还包括高雅愉悦。旅游愉悦中的低级刺激与高级需求、喜剧美与悲剧美、通俗愉悦与高雅愉悦是辩证统一的关系。

（二）生产与消费过程的同一性

景区产品具有"生产是消费，消费是生产"的特点。由于一般景区旅游资源的不可移动性，所以生产与消费的同一性就表现在产品的生产过程就是产品的消费过程。旅游者只有在消费现场才能体验到景区产品的质量，并且提供产品的地点既是生产场地也是消费场地。

（三）时间上的不可储存性

景区产品是无法储存的，某一种体验如果没有售出，就永远消失了，不可能像一般商品那样储存起来以后销售。旅游者消费之后，带走的是一种旅游体验，也不能把购买的景区产品储存起来待日后观赏，并且每个旅游者感受到的体验都不一样。

---

① A级景区评定标准（2016）：AAAAA级旅游景区宜具有极好的声誉，受到95%以上游客和绝大多数专业人员的赞美；AAAA级旅游景区宜具有很好的声誉，受到85%以上游客和大多数专业人员的赞美；AAA级旅游景区宜具有较好的声誉，受到75%以上游客和多数专业人员的赞美。

（四）空间上的不可移动性

景区产品的不可转移性表现在：一是景区产品在交换过程中不发生所有权的转移；二是旅游者对景区产品的消费是一种群体消费，不能独占或垄断使用权；三是景区产品所在的地理位置一般固定不变。

（五）所有权的不可转让性

景区在销售过程中，转让的仅是固定时间内景区产品的使用权。旅游者在购买景区产品时，不仅不能将产品的基本部分带走（旅游资源），还要承诺在使用期间保持产品的完好无损。

（六）一定范围内的消费非竞争性

非竞争性是指在一部分人消费某一物品时，不会影响到另一部分人的消费利益，不会减少整个消费群体消费利益，不具有严格意义上的排他性。但是，景区产品消费的非竞争性是有限度的，这个限度就是景区的承载力。在景区承载力的范围之内，旅游者可以获得满意的旅游经历。一旦旅游者的数量超出景区承载力的极限，就会出现拥挤现象，不仅会使每个游客的消费效用降低，同时也会给景区的生态环境造成压力。旅游景区应该做好旅游容量的控制和调节，保护旅游资源的同时，努力提高旅游者的满意度。

二、旅游景区产品的构成

菲利普·科特勒（Philip Kotler）认为产品的营销人员需要从整体产品概念出发来对自己的产品做出考虑，所谓整体产品，即把产品理解为由核心产品、有形产品和扩展产品三个产品层次所组成的一个整体产品。

菲利普·科特勒在提出上述模式时，明显考虑了实体商品的特征。科特勒以主题公园为例来分析旅游景区产品（如图 2-1 所示），并认为一般产品的扩展产品的所有因素都在生

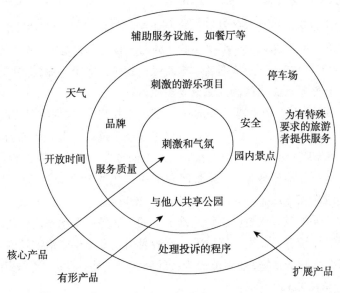

图 2-1　产品的三个层面——以主题公园为例（Philip Kotler，1994，有修改）

产者的控制范围之内，但对于旅游景区这样的服务产品来说，其中的一些因素乃是景区管理者无法控制的。例如，气候、天气、经济、疫情等因素。与旅游者购买风险一样，旅游景区产品的经营风险也要大于一般商品的经营风险，例如，2019 年 12 月开始蔓延全球的新冠肺炎疫情就对全球旅游业造成了不可控的重创。

　　在科特勒以主题公园为例提出的景区产品构成的基础上，我们可以按照由个别到一般的科学归纳方法，提出一般旅游景区产品的构成（如图 2-2 所示）。

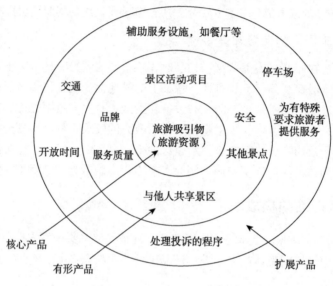

图 2-2　旅游景区产品的构成

（一）旅游景区吸引物——核心产品

　　旅游吸引物是景区赖以生存的基础，也是旅游目的地吸引力的来源和旅游系统的重要组成，是旅游现象基本矛盾（旅游者-吸引物）的两大核心要素之一；按照《旅游景区分类》标准（T/CTAA 0001—2019）中依据核心旅游吸引物进行分类，旅游景区被分为三类：综合吸引类景区、自然景观类景区和人文景观类景区。

　　博尼费斯（Boniface）和库博（Cooper）（2001）指出，"吸引物是旅游赖以生存之本，旅游吸引物促生了游览，引发了远程旅行，并创造了整个旅游业"。斯沃布鲁克（Swarbrooke）（2000）认为"旅游吸引物是旅游业的核心，是人们想去一个地方旅行的动机"。旅游者正是为了某种旅游体验才不辞舟车劳顿来景区旅游的。"旅游吸引物的目的是满足公众娱乐、兴趣和教育的需求（european travel commission，2000）"。

　　另外，需要说明的是，旅游吸引物（系统）的存在是一个动态演化的过程。由于自然变化、人为破坏、旅游者偏好变化等原因，旅游吸引物会出现此消彼长的现象。同理，一些原先不是旅游吸引物的事物，也可能成为新的旅游吸引物。例如，华尔街的铜牛、"9·11"后的归零地（Ground Zero）等。

至于旅游资源与旅游吸引物之间的关系及其内涵，学术界争论已久[①]。如果把复杂问题简单化，可以借用一首诗的内容来解释，旅游资源就是："你见，或者不见我，我就在那里，不悲不喜"；旅游吸引物就是："让我住进你的心里默然相爱寂静欢喜"。

（二）旅游景区活动项目——有形产品

旅游景区活动项目是围绕景区主题举办的常规性、应时性的供旅游者欣赏、参与的各种类型的游乐项目。这些活动能够使游客的旅游经历更具有体验性和趣味性，有助于强化旅游景区的主题，提升景区的吸引力。成功的活动项目应该是丰富多彩、独具特色、感人至深的。常见的活动项目包括花车巡游、民俗表演、主题演出、街头表演、节日庆典等。景区活动项目是烘托、强化甚至提升景区主题的主要手段，是增强旅游者体验的主要途径。例如，迪士尼乐园每天一次的花车大巡游、清明上河园的街头表演都已经成为旅游者津津乐道、美好回忆的兴奋点。

（三）旅游景区管理和服务——扩展产品

尽管旅游景区吸引物呈现多样化、复杂化的特点，但是，管理和服务仍然是其共同的组成部分，而且也是景区运营过程中的关键点，它决定着景区经营的市场生命力。景区的服务既包括各种服务设施的完善程度，也包括服务质量水平的高低。景区产品的特点就是生产与消费的同一性，从而每一次管理或服务的失误都具有不可逆的特点，不可能像其他产品一样或者召回、或者销毁、或者重新生产。服务质量的好坏又取决于管理水平的高低。旅游景区管理包含三个层面：一是对员工的管理，二是对景区的管理，三是对旅游者的管理，不论是哪种管理，都是为了最大限度地满足旅游者需求，提升旅游者的"体验"质量。

另外，景区的交通也可以看作是扩展产品的组成部分。由于很多景区处在交通不发达的偏僻地区，旅游者进出景区成为制约景区发展的一大瓶颈。同样因为景区产品生产与消费的同一性，旅游者必须前往旅游景区才能消费景区产品，所以，"要想富先修路"同样适用于旅游景区产品。

第三节　旅游景区运营的环境分析

一、环境与景区运营的关系

环境是景区经营的基本保障，环境与景区经营间存在着物质、信息及能量的交换。同时，作为在环境中生存和发展的经济组织，景区并非只是简单被动地适应环境，也有能动性发挥作用的可能。一是景区可能在一定范围内对环境因素做出选择，例如从事哪些业务经营活动，选择哪些地区和国家作为自己的客源地；二是景区可以在一定范围营造或者影响环境，例如提高植被覆盖率、涵养水源、美化环境等；三是景区的存在可能会对其他经营单位产生经济影响。

---

① 相关争议可以参阅：张进福. 旅游吸引物属性之辨[J]. 旅游学刊，2020，35（2）：134-146.

（一）环境是景区运营的基本保障

景区运营根植于环境，环境提供了景区运营的各种基本要素。景区运营环境最基本的问题是基于各方平衡的战略决策。竞争战略选择、运营模式选择、经营策略、内外部关系协调等都是景区运营中需要直面的问题。

（二）环境与景区间的交换关系

在市场经济条件下，景区与市场环境最基本的关系是交换关系。景区运营管理所需要的各种资源都需要通过交换才能实现。旅游吸引物、资金、旅游接待设施、人力资源、技术支持等要素都直接或间接来自交换关系。与景区发生交换关系的对象包括：旅游者、旅游投资者、旅游开发建设者、经营管理服务人员、旅游代理商、地方政府等。可以将这些交换对象归纳为三大类：客源市场、运营管理者和行政管理者。

（三）景区经营活动的外部经济效应

景区运营的外部性包括正外部性（positive externality）和负外部性（negative externality）。景区的正外部性是指景区的运营活动使他人或社会受益，而受益者无须花费代价，例如，景区运营成功后由于知名度的提高使周边土地（房地产）升值。此时景区运营所带来的外部经济效益可能大于景区的经济效益，二者之间的差额就是正外部经济效益。景区的负外部性是景区运营的活动使他人或社会受损，而景区却没有为此承担成本。例如，景区建设或运营失误造成环境恶化、水体污染、交通拥堵等。此时景区运营影响了社区居民或地方企业，使之增加了额外的成本，却无法得到相应的补偿。控制旅游景区负外部性的途径主要有法律法规控制、行政管理控制、经济奖惩机制等手段。

二、景区运营的宏观环境

景区的宏观环境一般由社会力量构成，可能是全国范围内的，也可能是国际范围内的。宏观环境对景区的运营效果产生重大的影响，而且这种影响是景区运营主体无法左右的。对景区运营宏观环境的分析通常采用 PEST 分析法：政治环境（political factors）、经济环境（economic factors）、社会环境（social and cultural factors）和技术环境（technological factors）。

（一）政治环境

政治环境包括国际政治环境与国内政治环境。国际政治环境包括客源国的政治局势、客源国与目的地国的外交关系等。国内政治环境包括政治制度和国家的方针政策等，其中政策环境和法制环境与旅游景区运营的关系最为密切。

1. 政策环境

近年来，与旅游景区运营有关的政策环境日趋向好。各种提升景区发展（尤其是交通、厕所、汽车营地等旅游设施）的政策和措施不断出台，相关机构的协调配合也更加有效。2018 年，文化部和原国家旅游局合并组建为"文化和旅游部"，文化是内容，旅游是场景，两者结合就是文旅运营，也部分解决了旅游政策制定与落实过程中的各自为政、互相掣肘等问题，尽管文旅融合还需要一个过程。

2. 法制环境

2013 年 10 月 1 日实施的《中华人民共和国旅游法》优化了旅游景区的法制环境。其中与景区相关的规定有第十五条（尊重旅游目的地习俗）、第四十二条（景区开放条件）、第四十三条（景区门票管理）、第六十七条（旅游目的地安全风险提示、监测、评估）、第六十九条（景区流量控制）和第九十四条（景区责任）。目前，除《旅游法》外，与景区运营有关的法规还包括：《旅游规划通则》《风景名胜区条例》《水利风景区管理办法》《中华人民共和国文物保护法》等。当前的目标主要是如何打破执法的条块分割和综合执法问题，杜绝景区运营管理过程中的不作为与乱作为问题。

（二）经济环境

景区运营的经济环境一般可以区分为两种：一是景区客源地的经济环境，二是景区所在地的经济环境。

景区客源地的经济环境决定了旅游者（或潜在旅游者）的可自由支配收入的多少，也与旅游动机大小和闲暇时间多少密切相关，进而影响到景区的市场规模。中国主要的客源国包括日本、马来西亚、加拿大、韩国、泰国、英国、澳大利亚、美国、新加坡等。国内各景区具有代表性的客源地是长三角、珠三角和环渤海地区。可支配收入、人均 GNP、生活费用（CPI）、物理距离等都属于经济环境要素，国外客源国还包括汇率变化。

景区所在地的经济环境决定了景区的接待能力（经济发展容量、社会地域容量）、用工成本、运营模式等。旅游者在旅游景区的活动必须依赖于所在地的交通、住宿、餐饮、娱乐等经济环境的支持。景区工作人员的工资水平的高低也取决于当地的经济发展水平。经济环境间接地影响景区的运营模式。例如，在欧美等经济发达国家，很多旅游景区（特别是博物馆）都被定义为公共产品免费提供给公众，服务、保护、分享是景区运营的核心。而对于经济环境相对落后的中国来说，一些旅游景区被当成当地的"摇钱树"，运营管理的唯一目标就是经济效益，"门票经济""宰客经济"成为运营常态。近几年，在党和政府推进国家治理体系和治理能力现代化的过程中，以上现象得到根本性的遏制。

（三）社会环境

社会环境是指一定时期整个社会发展的一般状况，主要包括社会道德风尚、文化传统、人口变动趋势、文化教育、价值观念、社会结构等。旅游景区所在地和客源地的社会环境对景区运营的影响不尽相同。景区所在地的社会环境会增强或削弱景区的吸引力。例如，真诚友善的社区居民、文化氛围浓郁的旅游环境都会让旅游景区增色不少。反之，社会秩序混乱、道德沦丧、"天价鱼"和"天价海鲜"频现等社会环境最终会使景区经营举步维艰。景区客源地的人口因素、社会流动性、消费心理、生活方式变化、文化传统、价值观等社会环境要素都直接决定了景区的游客量、游客构成、旅游方式等，最终影响景区的运营方式。

（四）技术环境

技术环境是指社会技术总水平及变化趋势、技术变迁、技术突破对景区运营的影响。

大数据、云计算、人脸识别技术、物联网、虚拟现实等技术环境催生了目前智慧化景区的建设热潮。这些技术在旅游景区的应用，将景区的基础设施、管理模式与理念、游客服务媒介与手段等方面进行了智能化的转型与升级，极大提升了整个景区的综合水平。突出"智慧"，既是对技术设备智慧化的应用，也是对管理者、服务者与被服务者智慧的挖掘。智慧景区在景区运营和景区管理中具有更加突出的智能化、人性化、综合性、系统性服务功能。旅游产品与环境之间的关系如图 2-3 所示。

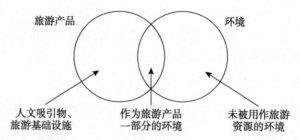

图 2-3　旅游产品与环境之间的关系（Mieczkowski，1995）

旅游景区是以旅游吸引物为基础，旅游者体验为中心，在一定的环境背景下运营，将旅游产出要素、资源要素、环境要素科学整合，高效率地转换为旅游产品的过程。

三、景区运营的微观环境

在社会、经济、政治、文化、技术等众多外部因素的影响下，影响景区运营管理的因素还包括景区的产权关系、组织结构和资源基础。

（一）景区的产权关系

虽然以美国的罗纳德·科斯、哈罗德·德姆塞茨等人为代表建立的现代西方产权经济理论已经比较成熟，但是，具体到中国的旅游景区，与景区产权有关的问题仍然是一个剪不断理还乱的话题，复杂的产权代理关系是其基本特征。

景区产权关系是景区资源产权主体之间，在财产的占有、支配、使用、收益、处置中发生的各种关系的总和。简单来说，因为产权关系的不同形成了国有事业性质的景区（如故宫）、国有企业性质的景区（如黄山）、非国有性质的景区（如杭州宋城）。以旅游资源国有资产代理人身份存在的部门包括文物局、水利部、林业局、宗教局、国土资源部、农业部等。曾经一段时间，山东"三孔"、四川碧峰峡、九寨沟、三星堆遗址、四姑娘山、滕王阁、武当山等景区经营权被转让引起的争论声音一直不绝于耳，据不完全统计，全国至今已有至少 19 个省区市、300 多个大小不一的景点实现了经营权的转让。

追根溯源，争论的焦点集中在与收益权有关的"经营权能否转让？"和与占有、支配、使用有关的"管理主体是谁？"两大问题上。这些争论背后其实是相关各方秉持的经济哲学观的不同：是功利主义哲学观还是权利主义哲学观。由英国哲学家边沁（Jeremy Bentham）创造的功利主义哲学观认为衡量一切政策的标准就是：是否有利于经济发展和 GDP 的增长，为了 GDP 的增长甚至可以不考虑人的基本权利和尊严。在此语境下，旅游资源就是赚钱的工具。权利主义尊重每个人的基本权利，这些基本权利不能以功利的目的予以否定。在此语境下，全体国民甚至全人类都有权免费或低价参观和享受旅游景区（资源）。在许多情况下，功利主义也是拥护市场经济的，但它把市场完全当作工具使用。

除了产权关系清晰的非国有性质的景区以外，产权功能缺失是产权相关关系界定不清晰的国有旅游景区的现实问题，具体表现在激励功能、约束功能、资源配置功能和协调功能的缺失。这是景区运营管理不善、游客满意度低的本质根源。那么，旅游景区的运营管理到底应该秉承功利主义哲学还是权利主义哲学？这是一个很难回答但又必须面对的选择题。

如果以社会经济发展的时间为轴，以社会总福利[①]和帕累托最优[②]为衡量标准，就有可能找到复杂产权代理关系下旅游景区的运营管理哲学。

①社会经济发展初期，在考虑生态福利的前提下，国有旅游景区的运营应该以帕累托改进为主要手段增加经济福利。通过经营权转让、治理主体变革的手段发挥国家垄断旅游资源的经济价值，促进就业、增加税收、拉动区域经济的发展。此时景区的运营哲学更接近于功利主义哲学。

②社会经济发展中期，民众对社会福利和品质消费的意识高涨，国有旅游景区的运营趋近于帕累托最优。此阶段应该通过提升景区运营管理水平提升旅游者体验，适度增加相关主体（旅游者、社区居民等）的社会福利，寻求功利主义与权利主义运营哲学的平衡。此时景区产权变化的特征是"国家代理制"向"国家—私企双轨制"或"地方政府专营制"转变，国有旅游资源的产权结构包括治理实体、管理实体、赋权体系、初始分配机制与再分配机制五个要素[③]。

③社会经济发展成熟期，增加社会福利、强调旅游资源的公共属性成为主旋律。国有旅游景区应该秉持权利主义哲学，以自然或人文遗产守护者的角色向公众提供公共产品或准公共产品。资源的可持续发展和持续的人文关怀是景区运营的主旨，其中持续的人文关怀强调人的价值、人的尊严和人格完整，要求关注旅游景区所有利益相关者的福祉。源自美国的国家公园[④]管理体系就有权利主义哲学的影子，其主旨是为了保护一个或多个典型生态系统的完整性，为生态旅游、科学研究和环境教育提供场所。

（二）景区的管理模式

从景区的资源特征角度可以将景区管理模式分为遗产型（垄断性资源）、剧场型（完全竞争性资源）和标准型（任何资源），如图 2-4 所示。

---

① 社会福利是社会保障体系中的最高纲领。根据日本学者一番ㄥ瀬康子的解释，社会福利"是泛指解决有关'福利'问题的各种社会方法和政策"，是一种服务政策和服务措施，其目的在于提高广大社会成员的物质和精神生活水平，使之得到更多的享受。

② 帕累托最优（Pareto optimality），也称为帕累托效率（Pareto efficiency），是指资源分配的一种理想状态，假定固有的一群人和可分配的资源，从一种分配状态到另一种状态的变化中，在没有使任何人境况变坏的前提下，使得至少一个人变得更好。

③ 李鹏，保继刚. 基于制度科层理论的国有旅游资源产权解析[J]. 旅游学刊，2014（10）.

④ 中国大陆首个被定名为国家公园的是香格里拉普达措国家公园，2007 年 6 月 21 日揭牌。原建设部在其所发布的《中国风景名胜区形势与展望》绿皮书中，以及新、旧两款徽志已经明确将"国家级风景名胜区"与英语的"national park"即"国家公园"相对应。

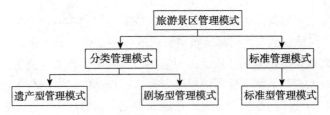

图 2-4　旅游景区管理模式分类

①遗产型景区管理模式。适合于世界遗产、国家风景名胜区、国家自然保护区、国家地质公园等具有国家垄断资源特征的景区。这类景区以资源保护为主要目标，政府严格监管，全额或差额财政拨款。景区运营的原则是保护好旅游资源，积极争取各种社会团体的捐赠，充分发挥旅游景区的科学教育功能。可持续发展理论是遗产型管理模式的核心指导理论。

②剧场型景区管理模式。适用于主题公园、旅游度假区和其他以经济开发为主要目的地的旅游景区，它依托的资源是富有竞争性的，满足游客娱乐需求、生产快乐是运营管理的核心。体验经济理论是剧场型管理模式的指导理论。

③标准型景区管理模式。采用统一的管理标准管理任何愿意且能够统一管理的旅游景区[①]，此模式主要采用分级的管理标准，带有示范、奖励意义。需要说明的是，一些垄断性资源特征的旅游景区也适合此模式。

旅游景区选择何种管理模式，既要考虑景区资源特征，还要考虑产权代理关系和时代特征。只有选择了合适的管理模式才能保证景区有序、顺畅地运营。

中国旅游景区管理模式特征比较如表 2-1 所示。

表 2-1　中国旅游景区管理模式特征比较

内容	分类管理		统一管理
	遗产型	剧场型	标准型
理论指导	可持续发展理论	体验经济理论	综合标准管理理论
资源特征	垄断性资源	完全竞争性资源	任何资源
利益主体	地方居民	投资商	国民
主要功能	保护第一科教第二休闲第三	休闲娱乐第一	公益导向
核心目标	地格的维系与变迁	畅爽体验的塑造	高质量管理的维持
运营管理原则	多样性、完整性、真实性	差异性、互动性、挑战性	一致性、标准化、先进性
产品开发导向	知识性与文化性的挖掘	文化移植与创新	统一标准
措施	生态补偿、自然恢复、边界隔离、分区管理、容量管理、社区参与	移植、创新	
管理主体	政府和遗产地	企业	政府和民间组织
政府规制扶持方法	规划、拨款、特许经营	投资、指导、服务	指导、加盟
资金运作	统收统支、特许经营、赞助	运营收入	基金、补贴或无资金运作

① 例如，作为世界遗产的都江堰，就接受了标准型管理模式之一的 AAAAA 景区认定，成为 5A 景区。同样作为世界遗产的敦煌莫高窟就没有接受 AAAAA 景区标准型管理和认定。

内容	分类管理		统一管理
	遗产型	剧场型	标准型
典型案例	世界遗产、风景名胜区、自然保护区、森林公园、地质公园	主题公园、旅游度假区、一般风景区	AAAAA 旅游景区、国家级旅游度假区、国家旅游扶贫示范区

第四节　旅游景区运营的生命周期

被学界公认并广泛应用的旅游景区生命周期理论是 1980 年由加拿大地理学家巴特勒（R.W.Butler）在《加拿大地理学家》杂志上发表的《旅游区演变周期的概念：对资源管理的含义》一文中系统提出的。另外一位较有影响的是英国学者斯沃布鲁克（John Swarbrooke），他在其著作《景区开发与管理》中对景区生命周期也有论述。

一、巴特勒的旅游地生命周期理论

巴特勒（R.W.Butler）认为，旅游地（tourist area）像产品一样，也要经历一种"从生到死"的过程，只是旅游者的数量取代了产品的销量。巴特勒根据产品周期的概念，提出旅游地的演化经过六个阶段：探索阶段、参与阶段、发展阶段、巩固阶段、停滞阶段、衰落或复苏阶段，如图 2-5 所示[1]。下文将旅游地[2]生命周期理论应用于旅游景区进行分析研究。

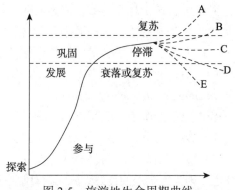

图 2-5　旅游地生命周期曲线

*在衰落或复苏阶段有可能发生以下五种情况。①（A）深度开发卓有成效，使游客数量继续上升，旅游景区进入复苏阶段；②（B）较小规模的改造和调整，游客以较小幅度增长；③（C）重点放在维持现有游客量，避免游客量出现下滑；④（D）过度使用资源，不注意环境保护，导致竞争力下降，游客量锐减；⑤（E）战争、瘟疫或其他灾难性事件的发生会导致游客量急剧下降，很难再恢复到原有水平。

资料来源：R.W.Butler，"The concept of a tourist area cycle of evolution: implications for management of resources"，*Canadian Geographer*，Vol.24，1980，P5-12.

---

① Butler R W. The concept of a tourist area cycle of evolution[J]. Canadian Geographer，1980，24（1）：5-12.

② 旅游地是指包括旅游设施和服务及旅游资源在内的旅游供给综合体，或指具有一定结构和形态的旅游对象的地域组合。旅游地的特点是在该地域内分布着已被开发利用的旅游资源，而且在经济结构上有多层次的旅游业，即拥有综合性的旅游供给设施和服务。本书作者认为，旅游地的概念是地理学的提法，旅游目的地的概念是（旅游）经济学的提法，其内涵差别不大。

（1）探索阶段（exploration stage）

这是旅游景区发展的初始阶段，特点是旅游景区只有零散的游客，没有特别的设施，其自然和社会环境未因旅游的产生而发生变化。

（2）参与阶段（involvement stage）

旅游者的人数逐渐增多，本地居民开始为旅游者提供一些简便的设施。旅游季节逐渐形成，广告也开始出现，旅游市场范围已基本可以被界定出来。一些本地居民为适应旅游季节调整生活方式，有组织的旅游开始出现，迫使地方政府和旅游机构增加、改善旅游设施和交通状况。

（3）发展阶段（development stage）

一个庞大而又完善的旅游市场已经形成，外来投资骤增。旅游者人数猛增，在旺季甚至超过了社区的常住居民人数。本地居民提供的简陋膳宿设施逐渐被规模大、现代化的设施所取代，旅游地自然面貌的改变已比较显著。

（4）巩固阶段（consolidation stage）

游客增长率将下降，但总游客量将继续增加并超过常住居民数量。旅游景区大部分经济活动与旅游紧密联系在一起，为了扩大市场范围和延长旅游季节，广告无所不在。常住居民，特别是那些没有参与旅游业的常住居民会对大量游客的到来和为游客服务而修建的设施产生反感和不满，因为这一切会限制或影响他们的正常活动。

（5）停滞阶段（stagnation stage）

在这个阶段，游客量达到最大，旅游环境容量已趋饱和或被超过，环境、社会和经济问题随之而至。旅游目的地（主要是旅游景区）在游客中建立起的良好形象已不再时兴，旅游市场很大程度上依赖于重游游客、会议游客等。接待设施过剩，保持游客规模需要付出大量的努力。自然和文化的吸引物或许被"人造"设施所取代。

（6）衰落或复苏阶段（decline or rejuvenation stage）

在衰落阶段，旅游者被新的景区所吸引，只留下一些周末度假游客或不露宿的游客。旅游设施逐渐被其他设施取代，景区周边的房地产转卖率程度很高。这个阶段本地雇员和居民能以相当低的价格购买旅游设施，因此本地居民介入旅游业的程度大大增加。宾馆可能变为公寓、疗养院或退休住宅，因为旅游地的良好设施无疑对常住居民有着吸引力，特别是对年老者。最终，原来的旅游地可能变为名副其实的"旅游贫民窟"或完全失去旅游功能。

另一种可能是旅游景区在停滞阶段之后进入复苏阶段，要进入复苏阶段，旅游地吸引力必须发生根本的变化。达到这个目标有两种途径，一是增加人造景观吸引力，例如，杭州宋城景区通过《宋城千古情》增加了吸引力。但如果相邻有具竞争力的旅游地也如法炮制，这种效果就会降低。二是发挥未开发的自然旅游资源的优势，重新启动市场。

在衰落或复苏阶段有可能发生五种情况：①深度开发卓有成效，使游客数量继续上升，旅游景区进入复苏阶段；②较小规模的改造和调整，游客量以较小幅度增长；③重点放在维持现有游客量，避免游客量出现下滑；④过度使用资源，不注意环境保护，导致竞争力下降，游客量锐减；⑤战争、瘟疫或其他灾难性事件的发生会导致游客量急剧下降，很难再恢复到原有水平。

二、斯沃布鲁克的旅游景区生命周期理论

斯沃布鲁克（John Swarbrooke）根据"产品生命周期理论"和"旅游地生命周期理论"，认为作为一种旅游产品，景区产品大致也有一个成长、发展的生命周期，但是对于一些自然景区或历史、文化、宗教、遗址类的景点，生命周期曲线是不适用的。因为这类景区建立的目的大部分是为了教育、遗产保护、环保等公益目的，不是单纯为了满足旅游者的需求，其运行经费来源也不是主要来自旅游者消费，它的成熟期也不是旅游者流量饱和与激烈竞争的表现。所以，大部分学者还是认同生命周期理论更适用于人造景点或专门为吸引游人而投资建设的景区（如图2-6所示）。

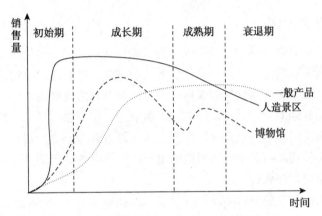

图 2-6　不同景区产品的生命周期曲线

资料来源：Swarbrooke，2002.

景区产品生命周期的主要特点表现为以下几个方面。

①有些景区产品的生命周期曲线会在初创期就达到高峰，即游客数量达到最大接待值。产生此现象的原因可能是初期媒体的炒作和成功的市场营销。此类景区的生命周期很短，需要在短期内收回投资和收益，以尽快地进行产品的更新改造和升级换代。

②有些景区可能永远不会消亡。例如，各类世界遗产。因为关闭这些景区是政治和社会舆论所不能接受的，是不符合公众利益的，这些景区往往也是政府在资金、人力等方面所支持的。

③有些景区在初创期就会夭折。产生此现象的原因可能是初期可行性分析不当，包括资金、选址、人力等问题以及外部支持系统不足等。

④更新改造和升级换代可以延长一些景区的生命周期。主题公园类的景区属于此种情况。这就要求景区管理人员具有先进的管理水平和经验，可以敏锐地预见到景区衰退期的到来，及时地创新景区产品。

⑤人造景区的生命周期越来越短。由于竞争的日益激烈，顾客需求越来越高，使得人造景点的生命周期越来越短，从初创期到需要改造、再投资，中间的时间可能缩短到1～2年。

⑥生命周期理论的前提假设难以实现。生命周期理论的前提假设是产品的价格在整个过程中是一成不变的，此假设在现实中很难实现。除了淡旺季价格以外，景区经营者会在

不同生命周期采取不同的价格策略，从而又对生命周期曲线产生逆向调节作用。

三、旅游景区产品生命周期的调控

综上所述，大部分景区都会经历由盛到衰的发展过程。景区经营管理者可以因势利导，根据景区产品的特点和结构，通过产品创新、优化管理等手段延长甚至改变生命周期。

目前，景区产品正在从"有没有，缺不缺"向"好不好，精不精"方向发展，中国的旅游业正在掀起一场全方位的供给侧结构性改革。顺应趋势，创新是调控景区产品生命周期的根本途径，是景区可持续发展的根本动力，景区只有从供给侧不断提供高质量的新产品才能保持长久的吸引力。

（一）创新思维方法

①自由联想。在日常生活中，一个人见到、谈到或听到某一事物时，会自然而然想到另外一种事物，自由联想是一种比较常见且实用的方法。被联想的事物之间一定有某种直接或间接的联系。在景区产品创新时采用这种办法也是行之有效的。比如无锡太湖之畔中央电视台影视拍摄基地的利用，可以采取以下的联想：电视拍摄基地→甘露寺→刘备招亲→为泰国旅游者组织的"刘备招亲现场再现"→为愿意在该地举行婚礼的海外旅游者组织隆重婚礼→拍摄婚礼现场→利用现场拍摄的电视扩大在海外的促销。自由联想不要求严密的逻辑性，只需自由发挥就行。

②头脑风暴法。该方法是由美国创造学家 A.F.奥斯本于 1939 年首次提出、1953 年正式发表的一种激发性思维的方法。头脑风暴法又可分为直接头脑风暴法（通常简称为头脑风暴法）和质疑头脑风暴法（也称反头脑风暴法）。前者是专家群体决策，尽可能激发创造性，产生尽可能多的设想的方法；后者则是对前者提出的设想、方案逐一质疑，分析其现实可行性的方法。

采用头脑风暴法组织群体决策时，要集中有关专家召开专题会议，主持者以明确的方式向所有参与者阐明问题，说明会议的规则，尽力创造融洽轻松的会议气氛。一般不发表意见，以免影响会议的自由气氛。由专家们"自由"提出尽可能多的方案。福特汽车公司等大企业的成功经验证明：头脑风暴法的确是解决难题、开发新产品、改进老产品的有效方法。在旅游景区创新产品时不妨一试。

③斯盖普（SCAMPER）法。这种方法由阿列克斯·奥斯本提出，由罗伯特·艾伯尔加以完善。

S = substitute 替代，即优势替代劣势。

C = combine 联合，组合。

A = adapt 适应。

M = magnify 或 minify 放大或缩小。

P = put to other uses 移作他用。

E = eliminate 取消。

R = reverse 或 rearrange 相反、倒置或重新安排。

这是一组表示行为或动作的动词，按照这些动作规定的要求去做，我们便可能获得改变现状的创造性办法。在此仅举一例，就自助餐而言，原先有服务员为顾客服务，现在顾客则自我服务，服务并没有取消，只是"重新安排"了一下服务形式，由此带来了顾客满意度的提高和利润的提高。

（二）景区产品创新方法

景区产品创新的核心是旅游资源的利用程度。利用技术和商业模式的创新，创造出更多的满足核心消费人群新、奇、特等不同需求的产品。或是传统业态创新（例如，精品民宿）或是多业态融合创新（例如，乡村＋度假），通过业态连接、产品进化、技术智能实现旅游传统要素（吃住行游购娱）向旅游发展要素（商养学闲情奇）重组、迭代与升级（如图 2-7 所示）。

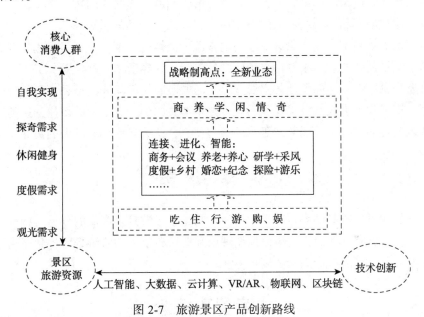

图 2-7　旅游景区产品创新路线

景区产品创新的方法主要包括：主题创新、结构创新、功能创新。

（1）主题创新

景区主题是景区运营管理的灵魂。它应该是一种对旅游者有亲和力和吸引力的逻辑关系，是一种具有震撼力的游园线索，没有主题的景区会显得杂乱无章，苍白而不生动。景区产品的主题可以是自然形成的，也可以是人为塑造的，但都应有一定的文化内涵。中国现在的一些景区，动不动就冠以"世界""中华"等前缀，使得主题泛化而丢掉了自己的特色。具体来说，景区主题的选择可以多种多样，比如教育展览、植物园林、生活娱乐等，但一定要注重和本土文化的结合。随着社会转型冲击的加剧和人际关系隔膜的增长，旅游者对传统文化的认同感和反思欲越来越深入，返朴归真的传统文化将成为主题选择的价值取向。

（2）结构创新

旅游产品大致可以分为三类：观光产品、度假产品和专项产品。中国景区的产品结构目前存在的问题主要有以下两个。①现有的旅游景区以单一产品类型为主，或是观光产品，或是度假产品，或是少量的专项产品，产品结构比较单一，对旅游者缺乏足够的吸引力。②中国旅游景区基本上以观光产品为主，参与性较少，重游率较低，难以满足高端度假和特种旅游的需求。景区产品结构创新主要是对现有旅游产品的重组、升级或者补充，可以通过"旅游＋"或者"＋旅游"的方式，进行新技术和新商业模式上替代性的 IP 产品，例如旅游＋剧本杀。

（3）功能创新

景区产品按其功能可分为三个层次：基础层次——陈列式观光游览，提高层次——表演式展示，发展层次——参与式娱乐与相关活动。在中国旅游景区运营过程中，普遍都没有对产品进行深层次开发，缺乏参与性的产品，旅游者只是走马观花和被动接受，对景区产品的主题和内涵体会不深刻，旅游者在景区的花费低、停留时间短。所以，中国景区急需要开发深层次的产品，提高游人的参与性，提高景区产品的活力。

景区产品的创新能力就是景区竞争力的来源。个性化、细分化、多元化甚至是碎片化的消费需求就是创新的动力来源。总结国内外旅游景区经营成功的经验，节庆、娱乐表演项目的开发是景区产品功能创新的主要途径，而要形成精品的表演节目，就要挖掘产品的文化内涵，以文化感染人、以文化吸引人，注重形式的创新和场面的烘托，达到思想性、艺术性和观赏性的统一，并要开发更多的参与项目，达到景区和旅游者的良性互动关系。

本 章 小 结

本章从旅游景区产品的界定和类型入手，阐述了旅游景区产品的分类、特点、构成以及运营环境。以巴特勒的旅游地生命周期理论和斯沃布鲁克的旅游景区生命周期理论为基础，提出旅游景区产品生命周期的调控方法。

本章重要概念

旅游景区产品（product of tourist attraction）是一种单项旅游产品，是旅游景区借助一定的旅游资源、设施而向旅游者提供的有形产品和无形产品的总和。旅游景区产品是激发旅游者出行动机的关键，是旅游目的地形成的核心物质基础。

旅游景区活动项目是围绕景区主题举办的常规性、应时性的供旅游者欣赏、参与的各种类型的游乐项目。这些活动能够使游客的旅游经历更具有体验性和趣味性，有助于强化旅游景区的主题，提升景区的吸引力。

复习思考题

1. 试阐述景区产品的特点。

2. 整体产品由哪三个层次构成？景区产品的构成又是怎样的？

3. 试结合实际说明景区产品创新的主要方法。

拈花湾 IP 是怎么修炼成功的？

第二篇

景区运营管理的内容

运营管理的基本逻辑线索是"输入资源→转换过程→输出结果"，本篇将按照旅游景区"输入资源→转换过程"的逻辑顺序展开，重点阐释旅游景区产品的设计和生产。本篇内容将从旅游资源基础入手，聚焦于景区项目开发、服务能力规划和景区容量管理。

第三章

景区运营的资源基础

 引入案例

云台山传奇

云台山，地处太行山南麓，河南省修武县境内，面积约 50 平方千米。公园由云台山、神农山、青天河、青龙峡和峰林峡五大园区组成。云台山曾经是一个名不见经传，连河南当地人都很少光顾的旅游景区，1994 年 1 月 10 日曾被国务院列为国家重点风景名胜区。到 2001 年，景区 80 名职工的工资只能发放 70%，年旅游者量不足 50 万人，门票收入不足400 万元。

2001 年 12 月，云台山申报国家第二批国家地质公园成功。

2003 年 7 月，第一批世界地质公园申报评审会上，云台山第一个陈述，获得 103.85分，综合评分第三名，位居安徽黄山、江西庐山之后，列云南石林、湖南张家界、广东丹霞山、黑龙江五大连池之前，入围世界教科文组织候选名单。

2003 年 11 月，在法国巴黎展开的世界地质公园申报工作中，云台山以惊人的世界排名第五的位次成功入围首批世界地质公园名单。

2004 年 2 月 13 日，云台山被联合国教科文组织命名为"世界地质公园"。

从此，门可罗雀的云台山变成一个一年四季游人如织、方圆 30 千米范围内住宿爆满、年游客量 556 万人，年收入超 5 亿元的热点旅游景区。经过不断开发和修复，现在的云台山是一座峡谷成林、叠瀑成群、地质遗迹丰富、生态环境优美，集科学价值与美学价值于一体的综合型地质公园。游览区内现有老潭沟、小寨沟、茱萸峰、百家岩、农秀谷、汉献帝陵、万善寺、影寺、青龙洞、子房湖、温盘峪等十多个各具特色的景点。景区内住宿、饮食、交通、通信、娱乐等服务设施齐全。

云台山景区在央视"2018 年大国之旅"评选中位列全国 245 家 AAAAA 级景区第三名，云台山国际旅游节荣获"中国优秀节事奖"称号等。云台山的传奇之路获得成功。

近几年，修武县政府已经意识到仅仅依靠云台山门票经济不足以支撑和主导全县经济转型发展的问题，于是，在理解习近平总书记"人民对美好生活的向往""建设美丽中国""大力弘扬中华美学精神"等指示的基础上，创造性提出"以全域美学引领全域旅游"的新理念，选择了以丰厚的历史文化积淀和绿水青山为产业基础，消费和体验升级为产业定位，美学设计为核心竞争力的产业升级"第二路径"——美学驱动。试图在全国率先走出一条以美学经济领航景城融合的全域旅游探索之路。

（资料来源：作者根据相关资料整理撰写。）

引言

国内很多旅游景区都试图像云台山景区那样在较短时间内由"矮矬穷"变成"白富美"，甚至聘请云台山的管理人员来担任景区高管。但是，事实告诉我们："成功只可以借鉴，但不可以复制"，某景区从云台山聘请的高管也半途而废。拥有了旅游资源不等于拥有了市场，做广告、造事件、办节事不等于就有了号召力。一些旅游景区莫名其妙地就火了，一些旅游景区大张旗鼓地高调造势却衰败了，旅游景区的运营管理似乎无头绪无章法。其实，两条主线左右着旅游景区的运营水平和效果：其一是目标市场的旅游者决策行为特征（需求侧），其二是旅游景区基于不同资源基础的产品提供（供给侧）。只有供给和需求"对上眼合上卯"才有可能实现景区运营的高效运转。本章将对第二条主线展开系统的论述。

第一节　旅游景区运营的资源基础

旅游资源是指存在于自然界和人类社会中，凡能对旅游者产生吸引力，能激发旅游者的旅游动机，具备一定旅游功能和价值，可以为旅游业开发利用，并能产生经济效益、社会效益和环境效益的事和物[①]。旅游资源是一个内涵非常广泛的集合概念，在表现形式上丰富多彩，可以是自然的、人文的、人造的，亦可以是历史的、现代的。中国国土面积广大，从南到北、从西到东跨度大，地形结构复杂，形成了在种类、形式、组合等方面十分丰富的旅游资源。

一、中国旅游资源的基本特征

（一）多样性

中国是世界上旅游资源最丰富的国家之一，资源种类繁多，类型多样。以自然资源为例，类型多样、富有美感性的、不同尺度的风景地貌景观在世界上是独一无二的，也为旅游景区的运营奠定了丰厚的物质基础。中国不仅有纬向地带性的多样气候带变化，还有鲜明的立体气候效应，尤其在横断山脉地区，即所谓"一山有四季，十里不同天"。中国不论南北东西都有繁花似锦的美景，不仅有类型多样的海滨、山地、高原、高纬度地区的避暑胜地，而且还有银装素裹的冰雪世界，以及避寒休闲度假胜地海南岛。多样的风景地貌和多功能的气候资源，为生物界提供了优越的生存栖息环境，使自然景观更加多姿多彩。此外，中国还是世界文明的发祥地之一，曾创造出辉煌灿烂的文化，遗存下来众多的人文旅游资源。不论是从旅游资源供给的角度还是从旅游消费的角度看，中国拥有世界上种类齐全的旅游资源和要素，可以开发成为适合现代旅游发展趋势的各种旅游景区产品。

（二）丰厚性

中国旅游资源不仅种类多样，而且每种资源的积淀丰厚，拥有各种规模、年代、形态、规制、品类的资源特征。无论是古代建筑、古城遗址、帝都王陵、禅林道观、园林艺术、

[①] 引自《中国旅游资源普查规范》，有修改。

民俗风情，还是自然山水风景、海湖河流、山川原野，都多姿多彩，不可胜数，其资源之丰厚足以位于世界各国前列。以花岗岩山景为例，既有以奇峰怪石、辟天摩地的中生代花岗岩地貌著称的黄山，也有因断层发育使巨大花岗岩体突兀凌空，以险称绝的华山，还有因花岗岩主峰特性而导致球状分化，由其形成的造型奇异的各种小尺度的风景地貌散见各地。

（三）古老性

中国是古人类的发源地之一，也是世界文明的发祥地之一，流传至今的宝贵遗产构成了极为珍贵的旅游资源，其中许多资源以历史久远、文化古老、底蕴深厚而著称。古老的华夏文明是中华民族各族人民共同的精神财富，既有各兄弟民族文化融合的结晶，又吸取了世界各民族文化之长。新中国成立以来发现的旧石器时代遗址数不胜数，遍及 32 个省、自治区、直辖市。在众多的古人类遗存中，以元谋人历史最早（距今 170 万年），周口店龙骨山的古人类遗物最丰富，龙潭洞猿人化石的一具头盖骨最完整。中国旅游资源的古老性还表现在，远在数千年之前，中国的先人就开发和发明了一系列的工艺艺术、宏大建筑，在世界文明史上留下了辉煌的篇章。仰韶文化、半坡遗址、安阳殷墟、明清故宫、曲阜孔庙、万里长城、秦兵马俑坑等，无不以古称胜。

（四）奇特性

中国拥有数不尽的特有旅游资源，诸如山水风光、飞禽走兽、花卉林木、古代建筑、文化艺术、工艺制品等，都可以找到其独特性所在。在自然奇观方面，有一年一度的大理蝴蝶泉的蝴蝶盛会、洱源的万鸟朝山的鸟吊山奇景、能发出不同音符鸣叫的峨眉弹琴蛙、每年中秋的钱塘大潮、西藏高原上的周期性的水热爆炸泉、吉林松花江边的雾凇等。人文方面的奇景更是丰富多彩，秦始皇陵兵马俑坑和铜车马被誉为世界第八奇迹，已建成的兵马俑博物馆每年吸引上百万游人。长沙马王堆汉墓的完整女尸和大量帛书、神秘的三星堆遗址、满城陵山汉墓的金缕玉衣、丝绸之路上的楼兰古城和众多古迹、南昌西汉海昏侯墓，这些墓葬地和出土文物珍品成了吸引旅游者回溯历史的最佳场所。

异彩纷呈的旅游资源也得到了世界的认可。自中国在 1985 年 12 月 12 日加入《保护世界文化与自然遗产公约》的缔约国行列以来，截至 2021 年，经联合国教科文组织审核被批准列入《世界遗产名录》的中国世界遗产共有 56 项（包括自然遗产 14 项，文化遗产 38 项，自然与文化双重遗产 4 项），含跨国项目 1 项（丝绸之路：长安——天山廊道路网）。中国是世界上拥有世界遗产类别最齐全的国家之一，也是世界自然遗产数量最多的国家，世界文化与自然双重遗产数量最多的国家之一（与澳大利亚并列，均为 4 项）。

但是，客观地说，中国旅游资源说起来的"高大上"其实与其真实存续状态有着较大的差距，很多旅游资源说起来很好、看起来很差、利用起来很难，其中尤其以人文旅游资源为代表。多样、丰厚、古老、奇特的人文资源，一方面由于战乱频仍、自然毁坏而残缺不全，另一方面由于人为有意无意地破坏而消失殆尽。其中后者对人文资源的摧残范围广、"力度"大。

二、旅游资源评价

旅游资源评价是从合理开发利用和保护旅游资源的角度出发，选择某些评价因子，运用科学的评价方法，对一定区域内的旅游资源价值以及外部开发条件等相关方面进行综合评判和鉴定的工作程序。其目的在于确定旅游资源的开发价值和开发顺序，明确建设方向，是旅游资源开发规划的重要内容，也是旅游景区运营管理前期的重点工作。评价的依据是由国家质量监督检验检疫总局发布的《旅游资源分类、调查与评价》（GB/T 18972—2003）（以下简称国标）。

　　首先，将待评价的旅游资源进行归类。国标将旅游资源分为主类、亚类、基本类型三个层次。每个层次的旅游资源类型有相应的汉语拼音代号，见表3-1。

表 3-1　旅游资源分类表

主类	亚类	基本类型
A 地文景观	AA 综合自然旅游地	AAA 山丘型旅游地　AAB 谷地型旅游地　AAC 沙砾石地型旅游地　AAD 滩地型旅游地　AAE 奇异自然现象　AAF 自然标志地　AAG 垂直自然地带
	AB 沉积与构造	ABA 断层景观　ABB 褶曲景观　ABC 节理景观　ABD 地层剖面　ABE 钙华与泉华　ABF 矿点矿脉与矿石积聚地　ABG 生物化石点
	AC 地质地貌过程形迹	ACA 凸峰　ACB 独峰　ACC 峰丛　ACD 石（土）林　ACE 奇特与象形山石　ACF 岩壁与岩缝　ACG 峡谷段落　ACH 沟壑地　ACI 丹霞　ACJ 雅丹　ACK 堆石洞　ACL 岩石洞与岩穴　ACM 沙丘地　ACN 岸滩
	AD 自然变动遗迹	ADA 重力堆积体　ADB 泥石流堆积　ADC 地震遗迹　ADD 陷落地　ADE 火山与熔岩　ADF 冰川堆积体　ADG 冰川侵蚀遗迹
	AE 岛礁	AEA 岛区　AEB 岩礁
B 水域风光	BA 河段	BAA 观光游憩河段　BAB 暗河河段　BAC 古河道段落
	BB 天然湖泊与池沼	BBA 观光游憩湖区　BBB 沼泽与湿地　BBC 潭池
	BC 瀑布	BCA 悬瀑　BCB 跌水
	BD 泉	BDA 冷泉　BDB 地热与温泉
	BE 河口与海面	BEA 观光游憩海域　BEB 涌潮现象　BEC 击浪现象
	BF 冰雪地	BFA 冰川观光地　BFB 常年积雪地
C 生物景观	CA 树木	CAA 林地　CAB 丛树　CAC 独树
	CB 草原与草地	CBA 草地　CBB 疏林草地
	CC 花卉地	CCA 草场花卉地　CCB 林间花卉地
C 生物景观	CD 野生动物栖息地	CDA 水生动物栖息地　CDB 陆地动物栖息地　CDC 鸟类栖息地　CDE 蝶类栖息地
D 天象与气候景观	DA 光现象	DAA 日月星辰观察地　DAB 光环现象观察地　DAC 海市蜃楼现象多发地
	DB 天气与气候现象	DBA 云雾多发区　DBB 避暑气候地　DBC 避寒气候地　DBD 极端与特殊气候显示地　DBE 物候景观
E 遗址遗迹	EA 史前人类活动场所	EAA 人类活动遗址　EAB 文化层　EAC 文物散落地　EAD 原始聚落
	EB 社会经济文化活动遗址遗迹	EBA 历史事件发生地　EBB 军事遗址与古战场　EBC 废弃寺庙　EBD 废弃生产地　EBE 交通遗迹　EBF 废城与聚落遗迹　EBG 长城遗迹　EBH 烽燧

主类	亚类	基本类型
F 建筑与设施	FA 综合人文旅游地	FAA 教学科研实验场所　FAB 康体游乐休闲度假地　FAC 宗教与祭祀活动场所　FAD 园林游憩区域　FAE 文化活动场所　FAF 建设工程与生产地　FAG 社会与商贸活动场所　FAH 动物与植物展示地　FAI 军事观光地　FAJ 边境口岸　FAK 景物观赏点
	FB 单体活动场馆	FBA 聚会接待厅堂（室）　FBB 祭拜场馆　FBC 展示演示场馆　FBD 体育健身馆场　FBE 歌舞游乐场馆
	FC 景观建筑与附属型建筑	FCA 佛塔　FCB 塔形建筑物　FCC 楼阁　FCD 石窟　FCE 长城段落　FCF 城（堡）　FCG 摩崖字画　FCH 碑碣（林）　FCI 广场　FCJ 人工洞穴　FCK 建筑小品
	FD 居住地与社区	FDA 传统与乡土建筑　FDB 特色街巷　FDC 特色社区　FDD 名人故居与历史纪念建筑　FDE 书院　FDF 会馆　FDG 特色店铺　FDH 特色市场
	FE 归葬地	FEA 陵区陵园　FEB 墓（群）　FEC 悬棺
	FF 交通建筑	FFA 桥　FFB 车站　FFC 港口渡口与码头　FFD 航空港　FFE 栈道
	FG 水工建筑	FGA 水库观光游憩区段　FGB 水井　FGC 运河与渠道段落　FGD 堤坝段落　FGE 灌区　FGF 提水设施
G 旅游商品	GA 地方旅游商品	GAA 菜品饮食　GAB 农林畜产品与制品　GAC 水产品与制品　GAD 中草药材及制品　GAE 传统手工产品与工艺品　GAF 日用工业品　GAG 其他物品
H 人文活动	HA 人事记录	HAA 人物　HAB 事件
	HB 艺术	HBA 文艺团体　HBB 文学艺术作品
	HC 民间习俗	HCA 地方风俗与民间礼仪　HCB 民间节庆　HCC 民间演艺　HCD 民间健身活动与赛事　HCE 宗教活动　HCF 庙会与民间集会　HCG 饮食习俗　HGH 特色服饰
	HD 现代节庆	HDA 旅游节　HDB 文化节　HDC 商贸农事节　HDD 体育节

数量统计		
8 主类	31 亚类	155 基本类型

[注] 如果发现本分类没有包括的基本类型时，使用者可自行增加。增加的基本类型可归入相应亚类，置于最后，最多可增加 2 个。编号方式为：增加第 1 个基本类型时，该亚类 2 位汉语拼音字母 + Z、增加第 2 个基本类型时，该亚类 2 位汉语拼音字母 + Y。

其次，展开旅游资源调查。旅游资源调查分为"旅游资源详查"和"旅游资源概查"两个档次。其调查方式和精度要求不同。"旅游资源详查"适用于了解和掌握整个区域旅游资源全面情况的旅游资源调查。要求对全部旅游资源单体进行调查，提交全部"旅游资源单体调查表"。"旅游资源概查"适用于了解和掌握特定区域或专门类型的旅游资源调查，只要求对涉及的旅游资源单体进行调查。相比较而言，前者的要求高，而且必须组成由环境保护、地学、生物学、建筑园林、历史文化、旅游管理等方面的专业人员参与的调查组。

再次，对旅游资源进行评价赋分。国标依据"旅游资源共有因子综合评价系统"赋分。

系统设"评价项目"和"评价因子"两个档次。评价项目为"资源要素价值""资源影响力""附加值"。其中："资源要素价值"项目中含"观赏游憩使用价值""历史文化科学艺术价值""珍稀奇特程度""规模、丰度与几率""完整性"五项评价因子。"资源影响力"项目中含"知名度和影响力""适游期或使用范围"两项评价因子。"附加值"含"环境保护与环境安全"一项评价因子。

评价项目和评价因子用量值表示。资源要素价值和资源影响力总分值为100分，其中："资源要素价值"为85分，分配如下："观赏游憩使用价值"30分、"历史科学文化艺术价值"25分、"珍稀或奇特程度"15分、"规模、丰度与几率"10分、"完整性"5分。"资源影响力"为15分，其中："知名度和影响力"10分、"适游期或使用范围"5分。"附加值"中"环境保护与环境安全"，分正分和负分。每一评价因子分为四个档次，其因子分值相应分为四档。具体评价赋分标准如表3-2所示。

表 3-2 旅游资源评价赋分标准

评价项目	评价因子	评价依据	赋值
资源要素价值（85分）	观赏游憩使用价值（30分）	全部或其中一项具有极高的观赏价值、游憩价值、使用价值	30～22
		全部或其中一项具有很高的观赏价值、游憩价值、使用价值	21～13
		全部或其中一项具有较高的观赏价值、游憩价值、使用价值	12～6
		全部或其中一项具有一般观赏价值、游憩价值、使用价值	5～1
	历史文化科学艺术价值（25分）	同时或其中一项具有世界意义的历史价值、文化价值、科学价值、艺术价值	25～20
		同时或其中一项具有全国意义的历史价值、文化价值、科学价值、艺术价值	19～13
		同时或其中一项具有省级意义的历史价值、文化价值、科学价值、艺术价值	12～6
		历史价值、或文化价值、或科学价值，或艺术价值具有地区意义	5～1
	珍稀奇特程度（15分）	有大量珍稀物种，或景观异常奇特，或此类现象在其他地区罕见	15～13
		有较多珍稀物种，或景观奇特，或此类现象在其他地区很少见	12～9
		有少量珍稀物种，或景观突出，或此类现象在其他地区少见	8～4
		有个别珍稀物种，或景观比较突出，或此类现象在其他地区较多见	3～1
	规模、丰度与几率（10分）	独立型旅游资源单体规模、体量巨大；集合型旅游资源单体结构完美、疏密度优良级；自然景象和人文活动周期性发生或频率极高	10～8
		独立型旅游资源单体规模、体量较大；集合型旅游资源单体结构很和谐、疏密度良好；自然景象和人文活动周期性发生或频率很高	7～5
		独立型旅游资源单体规模、体量中等；集合型旅游资源单体结构和谐、疏密度较好；自然景象和人文活动周期性发生或频率较高	4～3
		独立型旅游资源单体规模、体量较小；集合型旅游资源单体结构较和谐、疏密度一般；自然景象和人文活动周期性发生或频率较小	2～1
资源要素价值（85分）	完整性（5分）	形态与结构保持完整	5～4
		形态与结构有少量变化，但不明显	3
		形态与结构有明显变化	2
		形态与结构有重大变化	1

评价项目	评价因子	评价依据	赋值
资源影响力（15分）	知名度和影响力（10分）	在世界范围内知名，或构成世界承认的名牌	10～8
		在全国范围内知名，或构成全国性的名牌	7～5
		在本省范围内知名，或构成省内的名牌	4～3
		在本地区范围内知名，或构成本地区名牌	2～1
	适游期或使用范围（5分）	适宜游览的日期每年超过300天，或适宜于所有游客使用和参与	5～4
		适宜游览的日期每年超过250天，或适宜于80%左右游客使用和参与	3
		适宜游览的日期超过150天，或适宜于60%左右游客使用和参与	2
		适宜游览的日期每年超过100天，或适宜于40%左右游客使用和参与	1
附加值	环境保护与环境安全	已受到严重污染，或存在严重安全隐患	−5
		已受到中度污染，或存在明显安全隐患	−4
		已受到轻度污染，或存在一定安全隐患	−3
		已有工程保护措施，环境安全得到保证	3

最后，计分与等级划分。根据对旅游资源单体的评价，得出该单体旅游资源共有综合因子评价赋分值。依据旅游资源单体评价总分，将其分为五级，从高级到低级为：五级旅游资源，得分值域≥90分；四级旅游资源，得分值域为75～89分；三级旅游资源，得分值域为60～74分；二级旅游资源，得分值域为45～59分；一级旅游资源，得分值域为30～44分。此外还有未获等级旅游资源，得分≤29分。其中，五级旅游资源称为"特品级旅游资源"；五级、四级、三级旅游资源被通称为"优良级旅游资源"；二级、一级旅游资源被通称为"普通级旅游资源"。

另外，旅游资源评价结束后，一般要编写《旅游资源调查报告》，基本篇目如下。

前言

第一章调查区旅游环境

第二章旅游资源开发历史和现状

第三章旅游资源基本类型

第四章旅游资源评价

第五章旅游资源保护与开发建议

主要参考文献

附图：《旅游资源图》或《优良级旅游资源图》

三、旅游资源的开发原则

旅游资源开发的目标应该是在可持续发展（sustainable development）理念的约束下，发挥、改善和提高旅游资源的吸引力，建设旅游景区，发展旅游业，同时推动目的地的社会、经济的发展。为了保证旅游资源开发的科学化、有序化，旅游资源的开发和建设过程应遵循以下四大原则。

（一）突出独特性的原则①

旅游资源贵在稀有，其禀赋高低在很大程度上取决于与众不同的独特性。这是它们能够对旅游者产生吸引力的根本原因。"人无我有""人有我精""人精我特"是旅游资源开发突出独特性最通俗的总结。因此，突出旅游资源本身原有的特征，有意识地保存和增强这些特征具有十分重要的意义。在景区运营建设的前期，这一原则又具体体现在以下几个方面。

（1）尽可能保护自然和历史形成的原始风貌

任何过分修饰和毁旧翻新的做法都是不可取的。特别是对于自然旅游资源和历史旅游资源来说，这种做法只能削弱它们对旅游者的吸引力。在这个问题上，开发者必须要从旅游者深度体验的角度看待资源开发后的吸引力问题，而不能凭自己的观念意识主观地决定。当然，对于那些虽有记载或传说，但实物遗迹"灰飞烟灭"的历史人文资源，根据史料或传说在原址重新或复建则另当别论。即使如此，也要注意尽量反映其历史风貌，而不能生搬硬套、粗制滥造。

（2）尽量挖掘当地特有的旅游资源，以突出自己的独特性

不论是借用或开发自然和历史遗产，还是新创当代人造旅游资源，都要通过恰当的开发措施强化旅游资源的独特性。常见的手段包括强化或突出某项旅游资源在一定地理范围内最高、最大、最古、最奇、最全等，以确保旅游景区未来的吸引力和竞争力。也可以用占位营销②的思维宣传景区资源"最"的特色，例如，成都宽窄巷子宣传的"宽窄巷子最成都"（占概念）、商洛市宣传的"秦岭最美是商洛"（占资源）等。

（3）扎根当地"文脉"，反映当地的地理、文化特点

旅游的本质是一种经历，是在寻找差异，是从自己"活腻"的地方到别人"活腻"的地方的一种经历。旅游者前来访问的重要目的之一就是要观新赏异，体验异乡风情。不难想象，如果开发后的旅游景区环境同客源地的情况无大差别，游客是不大愿意前来访问的。即使来过一次，以后也难再返故地重游。历史形成的街道、胡同、牌坊、宗教圣地等城市形态作为完整表达建筑和城市意象的文脉，被成片、成街、成坊地拆除，"拆旧建新"的行为几乎每天都在上演。其实，"立新"不必"破旧"，尊重历史传统并不等于食古不化、拘泥于传统。相反，有意识地保留这些传统文脉，将使得这个城市更富有地方风味。但这并不是说一切只能"土"而不能"洋"，更不是说一切只能"旧"而不能"新"，要努力做到"修旧如旧，保留原貌，防止建设性破坏③"。旅游开发中应突出的民族文化和地方文化主要是指在环境外观上要使其有民族和地方的特点。对于旅游服务设施的内部环境和设施非

---

① A 级景区评定标准（2016）：AAAAA 级旅游景区应具有世界级的资源品牌价值，宜具有全国少见的主体特色；AAAA 级旅游景区应具有国家级的资源品牌价值，宜具有全省少见的主体特色；AAA 级旅游景区应具有省级的资源品牌价值，宜具有地区内少见的主体特色。

② 是指在信息不对称的背景下，利用信息传播过程中"先入为主"的现象进行的一种营销策略。占位有一种抢先的意思，在传播的概念里，谁先说了，谁就先得到这个概念的位置。占位营销的占点包括占概念、占资源、占标准、占通路。

③ 2013 年 11 月，习近平对筹建武汉中共中央机关旧址纪念馆的报告做出批示。

但不宜"旧"，而且必须要以符合游客的生活习惯并使其具有熟悉感为原则。

（二）经济效益、社会效益和环境效益相统一的原则

旅游资源开发的目的是建设旅游景区，发展旅游业，拉动地方经济、解决就业等目的，实现一定的经济效益。由此，旅游资源开发当然首先要考虑当地社会经济发展的需要，实现经济效益。投资主体肯定会对开发项目的投资规模、建设周期、景区吸引力、回收期限及经济效益等方面进行投入—产出分析。但是，应该强调的是，经济效益不应该是旅游资源开发追求的唯一目标，必须强调经济效益与社会效益、环境效益相统一。在讲求经济效益的同时还要考虑开发活动要保持甚至促进社会效益和环境效益，否则，资源破坏、环境质量下降、社会治安混乱等负面影响，不但不利于当地旅游业的持续发展，反过来会毁了旅游业。对此，有学者提出旅游资源在开发时必须满足八个条件。

①经济贡献。旅游资源开发会带来经济价值和就业机会的增加。

②环境因素。旅游资源开发在环境保护法律和法规允许的范围内。

③社会文化因素。旅游资源的开发没有危及当地居民的道德和社会生活。

④竞争影响。旅游资源的开发与现有的旅游业形成互补的形势，而非形成同类旅游资源开发恶性竞争的局面。

⑤可行性。旅游资源开发的具体项目必须在经济上可行。

⑥遵循地方政策和发展战略。旅游资源的开发必须遵循旅游目的地的政策、法规及规划的要求。

⑦旅游影响。旅游资源开发增加旅游目的地的旅游吸引力，改善游客量及其他有益于旅游业发展的条件，增加旅游业发展的潜力。

⑧开发和经营者的能力。旅游资源的经营者具备一定的实力。

（三）综合开发的原则

综合开发对不同概念的旅游目的地有不同的意义。对于一个旅游接待国或者地域较大的旅游目的地来说，往往存在有多种不同类型的旅游资源。综合开发通常是指在突出作为自己形象的重点旅游资源的同时，对其他各类旅游资源也要根据情况逐步进行开发。通过综合开发，使吸引力各异的不同旅游资源结成一个吸引群体，使游客可以从多个方面发现其价值。对于一个地域较小的旅游目的地来说，综合开发则多指在开发其旅游资源的同时，从吃、住、行、游、购、娱等多方面考虑旅游者的需要，做好有关的设施配套和供应工作。

（四）生态保护的原则

开发旅游资源的目的是为了利用。但在某种意义上，对某些旅游资源，特别是对自然旅游资源和历史旅游资源来说，开发的本身就意味着一定程度的干扰或者破坏。也就是说，在开发旅游资源的同时，要注意着眼于对旅游资源的保护，不能单纯地片面强调开发而不顾对环境的破坏问题，即要秉持可持续发展的理念。不过，如果处理得当，开发未必会破坏，反而能起到保护这些资源的作用。因此，关键问题是如何设计、规划、建设，如果能巧妙地处理资源开发与生态环境之间的关系，就可以建立起良性循环的关系。

四、旅游资源的开发模式[①]

旅游资源的性质、价值、区位条件、规模、组合、结构，以及区域经济发达程度、文化背景、法律法规、社会制度、技术条件等方面因素的不同，加之旅游资源开发的深度和广度不一，使得旅游资源开发的模式也趋于多元化。根据不同的影响因素和划分标准，旅游资源开发的模式可归纳为不同的类别。

（一）按资源类型划分的旅游资源开发

1. 自然类旅游资源开发

自然类旅游资源是指由地质、地貌、水体、气象气候和生物等自然地理要素所构成的，具有观赏、文化和科学考察价值，能吸引人们前往进行旅游活动的自然景物和环境。自然类旅游资源以其特有的天然风貌和纯朴本色，对旅游者特别是来自城市的旅游者产生强烈的吸引力。它可供旅游者进行游览、度假、休憩、避暑、避寒、疗养、学习、漂流、划船、垂钓、狩猎、冲浪、滑雪、登山、探险、野营、考察等旅游和娱乐活动。有些自然类旅游资源不经过开发，原汁原味就可吸引旅游者开展旅游活动，但绝大多数自然旅游资源都要经过开发建设，才能方便普通旅游者进行旅游活动。旅游资源开发建设的主要内容是交通线路布设、协调配套的旅游设施，包括各种基础设施和旅游专用设施等。但是在建设的过程中，又要力求保持自然景观的原始状态，尽量减少人为因素的干扰和破坏。

自然类旅游资源一般具有观光游览、休闲体验、度假享乐、康体健身、科学考察以及各种专题性旅游等功能。一般来说，观光旅游为基本功能，像地质地貌类旅游资源还具有康体健身、登山探险、运动休闲、科考教育等功能；水体类旅游资源兼具有康体健身、漂流（潜水）探险等功能；气象气候与生物类旅游资源则具有休闲体验、度假享乐、科考教育等功能。

自然类旅游资源的开发一般要尽量突出资源的本色特点，在保障旅游者可进入以及环境保护设施达到要求的前提下，尽量减少和避免人为的干扰性建设以及资源地的城市化倾向，使之源于自然，体现自然。而对于自然、人文相互交融的旅游资源，由于人类对大自然的长期作用，往往在资源地打上了深深的烙印，这类旅游资源的开发应在突出自然美的基础上，深入挖掘其文化底蕴，做到情景交融，自然美和人文美交相辉映、相得益彰。

2. 文物古迹类旅游资源开发

中国是世界历史文明古国，文物古迹类旅游资源极为丰富。这类旅游资源是中国发展旅游业的优势所在，从某种程度上说代表了中国作为中华文明古国在世界上的旅游形象，其开发意义和价值巨大。

文物古迹类旅游资源具有观光游览、考古寻迹、修学教育、学习考察、访古探幽、文化娱乐等多种旅游功能。既可供游人参观瞻仰，又可进行考古研究和历史教育，同时还可

---

① 高峻. 旅游资源规划与开发[M]. 北京：清华大学出版社，2007.

以深入挖掘其历史文化内涵，开展形式多样、参与性强的文化娱乐活动，如文物复制、古陶器制作、古乐器演奏等。文物古迹类旅游资源一般都和历史文化名城相伴而生，并以历史文化名城作为依托。因此，开发文物类旅游资源，主要着眼点应在于历史文物古迹的修缮、整理、保护，并向游人说明和展示其历史价值之所在。此外，文物古迹类旅游资源的开发还要与城市的总体发展规划结合起来，使历史文化名城既保持其历史性和文化性，又能满足现代社会的需要。

文物古迹类旅游资源的魅力在于其历史性、民族性、文化性和科学艺术性，其开发应从展现旅游资源的历史价值、科学价值、艺术价值、民族文化价值、美学价值、稀缺性价值等方面入手，着重反映和展示旅游资源所代表的历史时期的政治、经济、文化、社会、文学艺术等的发展水平及其历史意义，着力打造特色鲜明、主题突出的文物古迹类旅游产品。文物古迹类旅游资源是在漫长的历史长河中逐渐形成的，具有不可再生性。一旦受到破坏，将永远消失，因而在开发中一定要坚持"保护第一，可持续利用第一，在开发中保护，在保护中开发"的原则。

3. 社会风情类旅游资源开发

异国风情、他乡风俗习惯也可以成为吸引旅游者的重要因素，中国的 56 个民族是社会风情类旅游资源最广泛的基础。该类旅游资源主要是以人为载体的，通过人的生产劳动、日常生活、婚丧嫁娶以及人际交往关系等行为方式而表现出来。所以，参与性是其第一大旅游功能；同时，动态性强是其第一大特点。社会风情类旅游资源往往具有表演性、活动性和精神指向性，体现当地独特的、不为人知的、差异性极强的民风民俗和人文特征。

与其他旅游资源地开发方式不同，社会风情类旅游资源的开发利用更强调参与性、动态性和体验性，要尽可能地使旅游者参与到旅游地的社会活动和民俗仪式中去，让他们对当地的社会风情、民族习惯有一个切身的体验。具体可以通过举办各种富有当地特色的旅游活动来吸引旅游者。这里需要指出的是，对这类旅游资源的开发一定要保持当地风情的原汁原味，不能单纯为了商用目的而改变或同化了当地民风民情的特色。

4. 宗教文化类旅游资源开发

宗教文化是人类精神财富的一个重要组成部分，同时也是非常重要的人文旅游资源。一方面，宗教文化含有浓重的精神文化色彩，文化艺术性强；另一方面，宗教文化具有较广阔的客源市场，不但对广大信徒有强烈的吸引力，而且也较受喜欢猎奇的非宗教信仰者的欢迎；同时，宗教活动具有浓厚的氛围、神秘的表演性和广泛的参与性，且节庆日多，易于开展各种专题旅游活动。

宗教文化类旅游资源具有观光游览、朝拜祭祀、猎奇探秘、参与游乐等旅游功能。

从旅游角度讲，宗教文化类旅游资源开发时要突出其参与性、动态表演性和神秘性，并构建强烈的宗教氛围。重点展示宗教的活动特点、艺术特色、建筑物特征以及空间布局。

5. 现代人工吸引物类旅游资源开发

近几十年来，中国的经济得到了持续较快的发展，随着交通条件的改善和各种基础设施的不断完善，各种现代人工吸引物大量涌现，成为一种新兴的旅游资源。这些资源主要可分为观光型和游乐型两大类。前者一般是节事活动、城乡风貌、城市功能性建筑或遗迹等，由于"新奇特"或"古旧少"而成为旅游吸引物。如上海的东方明珠电视塔，北京的鸟巢、水立方，南京1912 等；后者一般是在市场成熟或资源贫乏地区专门为吸引旅游者而建造的主题公园，如深圳世界之窗、开封清明上河园、上海的迪士尼等。现代人工旅游吸引物一般具有参与性娱乐、演艺体验、观光游览、休闲游乐等旅游功能。但是建造人工旅游吸引物投资大、周期长，且要和周围的环境、已有建筑物相互协调，是一种难度较大的旅游资源开发模式。它需要在地点选择、产品定位、市场定位、规模体量、整体设计等方面都进行认真细致的调研，并要特色突出、个性鲜明，在某一方面具有垄断性，注意大众化、娱乐性和参与性。

（二）按地域划分的旅游资源开发

1. 东部地区的精品开发

中国东部地区的社会经济发展水平高，对外交往联系密切，市场范围广阔，高素质人才集中，已形成了环渤海、长江三角洲和珠江三角洲三个旅游发达区域，具有发展旅游业的综合优势。

东部地区旅游资源开发，应着眼于努力提升旅游产品层次和提高旅游资源开发水平。在原来旅游资源开发的基础上，着重突出构建旅游产品的精品项目，使普通级旅游资源开发完全转变为高层次资源开发，为旅游者提供全面的、高质量的旅游产品和服务。在继续开发建设好观光游览旅游产品的同时，重点开发建设休闲度假、会展商贸旅游产品，根据国际国内旅游市场的需求，不断满足不同类别的旅游群体的需求。

2. 中部地区的特品开发

从地理位置看，中国中部地区位于从沿海向大陆内部经济梯级发展的中间过渡地带，有着承东启西、延承旅游业发展、转送旅游客流的区位条件。在旅游资源开发时，中部地区应根据自身所处的区位位置，紧密地"联东启西"，把东部的旅游业发达优势和西部的旅游资源优势结合在一起，建立起传承旅游的独特优势。

中部地区的旅游资源开发，一方面应着眼于旅游设施相对落后的现状，继续努力加强基础设施建设，改善发展旅游的条件；另一方面要面对和东部旅游产品竞争所处的相对劣势，大幅度提高旅游资源开发和利用的水平，重点开发建设特色旅游产品的特品项目，即发展专题旅游，以便能够和东、西部旅游产品形成优势互补，来吸引从东部入境的海外旅游者和东部客源市场的游客。

3. 西部地区的极品开发

中国西部地区地域辽阔，是中国地形最复杂、类型最多样的旅游景观区域，自然、人文、社会风情旅游资源极为丰富，正处在旅游资源待开发的旅游业发展期。其资源优势突出，但由于经济发展水平低，旅游观念、意识相对较为落后，绝大部分旅游资源正处于尚待开发状态。发展旅游业存在两大制约条件：一是生态环境脆弱；二是基础设施落后，旅游资源地可进入性较差。所以，西部地区发展旅游业的首要任务就是加快基础设施、服务设施和生态环境的建设，特别是旅游交通的开发建设。

西部地区的旅游资源不但数量多，而且种类丰富。很多旅游资源在全国甚至世界具有唯一性和垄断性。西部地区旅游资源开发，要充分利用这一重要优势，在大力发展旅游基础设施建设的同时，全力打造旅游资源开发的"极品"工程。一方面继续努力开发观光旅游产品，另一方面重点开发旅游极品产品项目，即开发具有不可替代性的专项旅游项目，面对和东、中部地区旅游产品的竞争劣势，能够以旅游产品的独有性和不可替代性来吸引境外及国内旅游者。如丝绸之路旅游产品、陕西历史文化旅游产品、云南风光及少数民族风情旅游产品等。西部的沙漠风光、草原风光和高原风光等旅游产品，也非常具有市场竞争力。

（三）按资源、区位和经济条件综合划分的旅游资源开发

1. 价值高，区位优，经济条件好：全方位开发

这类旅游资源地，旅游资源自身价值高，地理区位优越，且拥有良好的发展旅游业的经济社会条件，资源、区位、经济发展水平优势明显，因此，可以进行旅游资源的全方位开发。要重视充分有效地利用各类旅游资源，开展丰富多彩的各种旅游活动，完善旅游活动行为所需的各类层次结构，从吃、住、行、游、购、娱六个方面，满足旅游者的需求。特别要重视开发购物场所和娱乐设施，提供专项特色服务，提高旅游服务档次，增加旅游收入中弹性收入部分的比重。

2. 价值高，区位一般，经济条件差：重点开发

这类旅游资源地的资源很丰富，且价值高，对游客的吸引力强，但地理区位一般，经济发展水平较差。由于地方经济条件的限制，往往缺乏发展旅游业所必需的开发资金，因此，这类旅游地的开发要积极争取国家或上级政府的扶持资金；或转让资源开发经营权，多方争取区外、境外的旅游资源开发资金，有选择、有重点地开发一些受市场欢迎的旅游资源项目；同时，还要进一步改善交通条件，提升旅游目的地的可进入性，并完善旅游服务配套设施的建设，提高旅游服务质量，使地方旅游业得到快速发展。

3. 价值高，区位、经济条件差：特色开发

这类旅游资源地的资源价值高，加之常年"深处闺中人未知"，往往带有很强的神秘色彩，对旅游者有很强的吸引力，但其地理位置偏僻、交通条件差、旅游者的可进入性差，加之地方经济落后，导致旅游资源开发成本较高。这类旅游资源大多处于未开发或初步开发状态。其开发的关键在于改善进出交通条件，故将改善区域交通条件作为突破口，同时，应有选择地开发一些高品位、有特色的旅游资源，开展一些市场针对性强的特种旅游活动，并逐步配备相应的服务接待设施，进而培育和改善旅游业发展的环境和条件。

4. 价值低，区位好，经济条件好：参与性游乐开发

这类旅游资源地由于区位条件和区域旅游经济发展水平较高，因此具有发展旅游业的社会经济基础，但缺少高品位的旅游资源。旅游资源开发时要充分利用区位优势和经济优势去弥补旅游资源贫乏的劣势。在注重利用现有旅游资源的基础上，可开发建设娱乐型、享受型、高消费型的旅游开发项目。如参与性较强的主题公园类等人工旅游景区点，像游乐园、娱乐天堂、欢乐谷等。同时，还应看到当地经济发展水平高、居民消费能力强，旅游资源开发要注意完善旅游活动所需的各种配套设施，满足不同层次旅游者的需要。

5. 价值、区位、经济条件都一般：稀有性开发

这类旅游资源地无明显优势，旅游资源价值、地理区位、当地经济发展水平都属于中间状态。旅游资源开发时，要注意对旅游资源进行分级评价，重点开发周边市场所缺少且可能受游客欢迎的旅游项目，创造区域内的拳头旅游产品，还要进一步改善区位交通条件，提高旅游服务质量，赢得市场赞誉，同时加强对外宣传和促销，逐步树立鲜明的旅游形象。

第二节　人文古迹类景区的运营管理特征

人文古迹属于文化遗产范畴。人文古迹类景区是将历史古迹资源经过挖掘、整理、规划、开发等一系列复杂过程，建设成能够满足旅游者旅游需求或承担教育功能和经济发展使命的经营性或公益性景区。通常，人文古迹类景区包括文化遗产景区、历史文化名城、古镇、历史街区、古村落、古遗址、古墓葬群等。

一、特性[①]

（一）公共物品性

因为人文古迹类资源属于文化遗产，所以为全民共有，它的所有权不归属于任何单位、团体和个人。公共物品具有非排他性和非竞争性。当人文古迹类资源被开发为旅游景区后，公共物品的属性并没有变化，只是增加了运营管理的成本，所以人文古迹类景区的门票价格应该约等于运营管理成本，而不应该"涨声一片"，在国家财政能够支撑运营管理成本的情况下，更应该免票。以 2018 年《政府工作报告》提出"降低重点国有景区门票"为标志，中国景区门票结束了"涨声一片"的局面，很多（国有）景区出台了降价甚至免费开放的措施。

（二）不可再生性

作为历史留给人类的遗产，文化遗产是不可再生、不可复制的。一旦人文古迹类资源遭到破坏，它的文化价值、历史价值、艺术价值将随之受损，甚至消失。鉴于此类资源的不可再生性，应该在景区开发和管理中注重对它们的保护，这也是实现文化遗产代际公平、

---

① 邹统钎. 旅游景区管理[M]. 天津：南开大学出版社，2013. 有修改。

可持续发展的体现。

（三）文化多元性

由于人文古迹类景区是依托于不同历史时期的文物遗存开发建设而成的，所以此类景区的文化多元性体现得十分明显。皇宫殿宇、先人祠堂、名人故居、宗教建筑、石刻壁画、佛塔墓葬等都是不同文化符号的物质载体。这些文化符号就是景区运营管理的"基因"，应该保护和强化这些"基因"，形成差异性明显的吸引力。"保护好传统街区，保护好古建筑，保护好文物，就是保存了城市的历史和文脉。对待古建筑、老宅子、老街区要有珍爱之心、尊崇之心。"①

（四）经营垄断性

人文古迹资源的个体唯一性决定了这类景区天然的垄断性。正像德国哲学家莱布尼茨所言"世界上没有两片完全相同的树叶"一样，人文古迹资源巨大的文化差异性造成了以此为基础的旅游景区的垄断性。莫高窟、故宫、长城、秦兵马俑等景区都是一个个独立的垄断性景区，独此一家别无"分店"。由于资源的独立性，人文古迹类景区容易形成自然垄断经营。这就要求政府必须对这类景区从票价、设施到人员服务等方面实行全面严格的监管和控制。

人文古迹类景区中具有突出普遍价值的景区被纳入世界文化遗产。世界遗产分为自然遗产、文化遗产、自然遗产与文化遗产混合体（即双重遗产）、文化景观四类，主要包括文物、建筑群、遗址。

二、管理体制

中国文化遗产包括物质文化遗产（文物）和非物质文化遗产，其中人文古迹类景区主要由物质文化遗产开发而成。物质文化遗产又分成两个子类：可移动文物和不可移动文物。前者一般依托博物馆保护和利用，后者一般通过成立文物保护单位来保护和利用，博物馆和文物保护单位就是常说的文博单位，由此形成了人文古迹类景区的主体。

（一）所有权——国有

《中华人民共和国文物保护法》第五条规定："中华人民共和国境内地下、内水和领海中遗存的一切文物，属于国家所有。古文化遗址、古墓葬、石窟寺属于国家所有。国家指定保护的纪念建筑物、古建筑、石刻、壁画、近代现代代表性建筑等不可移动文物，除国家另有规定的以外，属于国家所有。国有不可移动文物的所有权不因其所依附的土地所有权或者使用权的改变而改变。"这说明，绝大多数不可移动文物的所有权属于国家，对其管理显然在公有制体系内。

（二）管理权——分级属地化

中国文化遗产的管理体系可以概括为"条块结合，以块为主，多级委托"。纵向多层级

---

① 2021 年 3 月 24 日，习近平在福州三坊七巷历史文化街区步行察看南后街时强调。

管理，主要是中央政府、地方各级政府以及各文物管理部门的管理；横向多部门管理主要由文化部、住房和城乡建设部、水利部、国家文物局、国家档案局、原国家旅游局等国务院有关职能部门负责。各级地方政府把各类文化遗产交由各个部门管理，如文化、文物、建设、宗教、档案、旅游等部门。除了文物部门负责全面的执法及业务指导外，其他相关部门负责其日常业务管理。事实上，这又形成了一级委托代理关系。不管哪个部门，都从属于地方政府，形成了文化遗产管理中"块"状的分部门管理结构。而每一个地方管理部门又都有其上级的业务指导部门，形成了"条"状的分级管理格局。它们共同构成了文化遗产管理中横向分部门管理与纵向分级管理相交叉的格局。

因此，文化遗产的管理特征可以概括为：公有制基础上的部门与层级相结合（所谓条块结合）的、非营利性的委托代理管理。

三、运营管理面临的问题

（一）多头管理：效率低

人文古迹类景区多头管理的根源在于"条块分割"的管理体制。主要表现在：人文古迹资源要受到上级主管部门的控制，即所谓的条状管理；而实际运行这些景区的主体往往还要受到地方政府相关各部门的控制，即块状管理。管理部门的纵横交错，加之景区运营过程中的利益关系，相关各方相互掣肘、争权夺利的现象时有发生。景区运营过程中的供水、供电、道路建设、资源保护经费、证照办理等事项经常因此被搁置，从而导致运营管理效率低下，出现了"没事时各部门都负责，出事时各部门都不负责"的现象。

（二）经营权转移：风险高

有些地方政府为了解决"条块分割"管理的弊端，成立了由相关部门组成的文物管理委员会或者旅游发展委员会来消除分歧、强化统一管理，并将一些旅游景区委托国有旅游企业整体运营管理，实现了经营权的转移。实际运行过程中，既有成功的案例，也有失败的事实。经营权转移带来的高风险是失败的主因，这种高风险体现在两方面：一是无法平衡相关各方的权利和利益，二是触碰文物管理"高压线"。人文古迹类景区中的文物安全是景区运营的高压线，一旦触碰，旅游景区便会陷入被指责的舆论旋涡，运营权也可能因此终止。例如，2000年"水洗孔庙"事件后，被委托管理的华侨城集团被迫退出。2004年"平遥古城南门垮塌"事件后，合署办公的文物旅游局被拆分，"文物"和"旅游"由"朋友"又变成"冤家"，掌握平遥古城各景点经营权的平遥古城旅游股份有限公司因此逐渐退出。

（三）社会力量：介入不够

与国外（尤其是英国）相比，中国民间组织（协会）和个人在文化遗产管理中发挥的作用十分有限。一方面，中国人文古迹类景区属于国有国营，缺少让民间组织和个人介入的制度设计。另一方面，中国的相关民间组织"发育"迟缓，公信力、影响力和号召力弱小，缺少介入此类景区运营管理的实力。

四、运营管理的重点

（一）文物安全是命脉

人文古迹类景区内部文物众多，这些文物既是景区吸引力的来源，也是景区运营"安全隐患"的主要来源。文物安全与游客安全一样是景区运营管理的头等大事。2016年4月12日，习近平在全国文物工作会议上说："文物承载灿烂文明，传承历史文化，维系民族精神，是老祖宗留给我们的宝贵遗产。"保护文物功在当代、利在千秋，文物保护的工作方针是"保护为主、抢救第一、合理利用、加强管理"。保护的同时，还要"加强研究和利用，让历史说话，让文物说话。在传承祖先的成就和光荣、增强民族自尊和自信的同时，谨记历史的挫折和教训，以少走弯路、更好前进"①。

"文物安全"也被称为旅游资源开发和运营管理的"高压线"，也就是景区运营管理的命脉。只要文物安全面临威胁或者出现问题，各种与文物有关的旅游活动肯定要被叫停，当然也应该叫停，因为文物保护"功在当代，利在千秋"，文物保护是一面镜子，折射出一个社会的文明程度。但是在实际工作中，由于文物管理部门强调"安全"，景区运营管理部门偏重"效益"，目标上的差异导致文物部门经常用或真或假的"文物安全"来"说事"，所有权和经营权能否分离是矛盾的焦点。因而，有些地方将文物管理部门与旅游管理部门合并为文物旅游局或者成立较高级别的旅游管理委员会，来协调两者的矛盾与冲突。

（二）文化呈现是亮点

文物的存续状态是"死"的，文物背后的文化是"活"的。景区运营过程中应该用各种手段让文物"说话"，将其背后厚重的文化"亮"起来。文字表述、图片展示、口语讲解等手段已经无法满足旅游者深度体验的要求，"有说头没看头"是旅游者诟病人文古迹类景区的主要原因。

自然风景类景区可以通过时下流行的实景演出（以《印象·刘三姐》为代表和起始）来呈现景区背后的文化，大投入、大场面、震撼的试听效果赢得了旅游者的认可，也赢得了市场。而以文物为主体构成的人文古迹类景区由于受到诸多"安全"限制，文化呈现的方式和手段有限。近几年，通过全息技术、360度环幕、五感体验、球幕电影等手段来再现文物及文物背后的文化内涵已经成为一种潮流，也确实提升了旅游者的体验，增加了旅游景区的吸引力。现在的问题是呈现文化的硬件技术手段日新月异，而文化的内涵挖掘、呈现方式、迭代升级等"软件"却成为运营的重点和难点。元宇宙（Metaverse）兴起的背景下，基于文物背后的文化，用包括AR、VR等多种新技术给游客提供沉浸式体验是未来的发展趋势。

（三）降低甚至免门票是趋势

人文古迹景区（应该也包括自然风景类景区）应该回归公益，降低门票价格，从长远看甚至应该免费。文物作为国家甚至全世界的公共资源，通过低票价或者免票来彰显其资

---

① 2015年2月15日，习近平在陕西省西安市调研时的讲话。

源属性是应有之义。

从近期来看，国有人文古迹类景区首先应该降低甚至免门票。因为传承文物的"历史价值、艺术价值和科学价值"是此类景区运营的重要历史使命，让更多的人学习历史、体验历史、传承历史，欧美等国家的各类博物馆、展览馆、遗址公园等实行低价或免门票制度就是例证。当然，降低甚至免门票的前提是要有足额的公共财政支出来支撑景区的正常运营，基于中国经济发展的实际状况，还不可能实行"一刀切"式的低价或免门票。

实际上，从全域旅游的角度来看，降低甚至免门票反而可能做大市场的"蛋糕"，提高景区所在区域的经济总收益，聚集环境、经济、社会的三重财富。以全国第一个免费开放的 5A 级景区——西湖为例，自 2002 年 10 月 1 日起开始免费，看起来是少了 2000 多万元的门票收入，但西湖并没有因此而亏钱，反倒比以前赚得更多了。它们提出了著名的"241"算法，就是说只要每个游客在杭州多留 24 小时，杭州市的年旅游综合收入便会增加 100 亿元。"免费西湖"的举措降低了旅游成本，使更多人愿意来杭州。游客增加和逗留时间延长，使杭州市餐饮、旅馆、零售、交通等服务行业都获得了新的发展空间，为杭州创造了大量的就业岗位和经济效益，促进了城市的整体经济发展。近年来，包括佛教寺院在内的一些人文古迹类景区宣布降低门票或免门票，例如，重庆华岩寺、厦门南普陀寺等。

第三节　自然风景类景区的运营管理特征

自然风景类景区几乎囊括了"部门划分法"中的所有类型景区：国家自然保护区、国家森林公园、国家地质公园、国家水利风景区以及一部分国家风景名胜区。当然也包括资源价值更高的世界自然遗产、世界地质公园。

一、自然保护区

自然保护区是指对有代表性的自然生态系统、珍稀濒危野生动植物物种的天然集中分布、有特殊意义的自然遗迹等保护对象所在的陆地、陆地水域或海域，依法划出一定面积予以特殊保护和管理的区域。

（一）分类

中国的自然保护区可分为三大类：生态系统类、野生生物类和自然遗迹类（如表 3-3 所示）。生态系统类保护的是典型地带的生态系统。例如，广东鼎湖山自然保护区[①]，保护对象为亚热带常绿阔叶林；甘肃连古城自然保护区，保护对象为沙生植物群落。野生生物类保护的是珍稀的野生动植物。例如，黑龙江扎龙自然保护区，保护以丹顶鹤为主的珍贵水禽；陕西洋县朱鹮自然保护区，保护世界最濒危的鸟类——朱鹮。自然遗迹类主要保护的对象是有科研、教育旅游价值的化石和孢粉产地、火山口、岩溶地貌、地质剖面等。例如，湖南张家界森林公园，保护对象是砂岩峰林风景区；黑龙江五大连池自然保护区，保护对象是火山地质地貌。三大类自然保护区中很多又属于国家风景名胜区、国家森林公园，

[①] 鼎湖山自然保护区是中国第一个具有现代意义的自然保护区，建立于 1956 年。

个别保护区还属于世界自然遗产。例如，湖南张家界森林公园既是中国第一个国家森林公园，又是国家级风景名胜区，还是世界自然遗产。不管保护区的类型如何，其总体要求是以保护为主，在不影响保护的前提下，把科学研究、教育、生产和旅游等活动有机地结合起来，使它的生态、社会和经济效益都得到充分展示。

表 3-3　基于保护对象属性的自然保护区的类别与类型

类别	类型
自然生态系统类	森林生态系统型
	草原与草甸生态系统型
	荒漠生态系统型
	内陆湿地和水域生态系统型
	海洋和海岸生态系统型
野生生物类	野生动物型
	野生植物型
自然生态系统类	地质遗迹型
	古生物遗迹型

资料来源：国家环保局. 自然保护区类型与级别划分原则. 1993.

（二）管理模式

中国现阶段的自然保护区实行综合管理和分部门管理相结合的管理体制，即统一监督管理与分类管理并存的管理体制。国家环保部门负责全国自然保护区的综合管理，林业、农业、地矿、水利、海洋等有关行政主管部门在各自的职责范围内主管有关的自然保护区。

中国目前自然保护区的管理模式大致有以下几种。

1. 行政主管部门管辖

（1）单一专门管理机构。全国大多数拥有多种自然资源的自然保护区由所辖资源对口部门进行建设和管理（国家级自然保护区也由所属主管部门委托地方所在下属单位进行建设和管理）。

（2）中央部门直辖管理。国家林业局直接投资进行建设和管理，如卧龙保护区、佛坪保护区、白水江保护区。

2. 政区和保护区合一

如四川卧龙保护区、安徽鹞落坪保护区。

3. 风景名胜区、自然保护区合一

如黑龙江五大连池、四川四姑娘山和九寨沟。

4. 风景名胜区、自然保护区、森林公园合为一体

如黑龙江镜泊湖、湖南张家界。

5. 学校、科研单位和地方政府共管

如广东鼎湖山（中科院）、黑龙江凉水（东北林业大学）。

这种管理体制的优点是：发挥各部门的积极性；各级政府和相关部门出资筹建保护区，减轻国家的财政压力；有限的相关部门有利于协作，提高管理水平。其缺点是：管理力量分散，效率较低；机构设置重叠，协调和沟通有一定难度。

二、森林公园

森林公园是指具有一定规模和质量的森林风景资源与环境条件，可以开展森林旅游，并按法定程序申报批准的森林地域（GB/T 18005—1999）。

（一）设立和分类

中国多数国家森林公园是在原有的国有林场基础上转轨和重建而成的。中国第一个森林公园是张家界国家森林公园。1992 年原林业部（现国家林业局）成立了森林公园管理办公室，各省、直辖市也相继成立了管理结构；1994 年林业部颁布了《森林公园管理办法》，并同时成立了中国森林风景资源质量评价委员会，规范了国家森林公园的审批程序，制定了森林公园风景资源质量评价标准，把中国的森林公园分为三级：国家级森林公园、省级森林公园、市县级森林公园。

其中国家森林公园是指森林景观特别优美，人文景物比较集中，观赏、科学、文化价值高，地理位置特殊，具有一定的区域代表性，旅游服务设施齐全，有较高的知名度，可供人们游览、休息或进行科学、文化、教育活动的场所，由国家林业局做出准予设立的行政许可决定。为树立国家级森林公园形象，促进国家级森林公园规范化、标准化建设，国家林业局于 2006 年 2 月 28 日发出通知，决定自即日起启用"中国国家森林公园专用标志"，同时印发了《中国国家森林公园专用标志使用暂行办法》。

（二）管理特征

森林公园的开发建设，可以由森林公园经营管理机构单独进行，也可以由森林公园经营管理机构联合相关单位或个人，以合资、合作方式联合经营，但不允许改变森林公园经营管理机构的隶属关系。1995 年，林业部发布行业标准《森林公园总体设计规范》（LY/T 5132—1995），为森林公园的总体设计提供了标准和规范。森林公园的设施和景点建设，必须按照总体规划设计进行。在珍贵景物、重要景点和景区核心区，除必要的保护和附属设施外，不得建设宾馆、招待所、疗养院和其他工程设施。禁止在森林公园毁林开垦和毁林采石、采砂、采土等毁林行为。

一般森林公园机构设置：森林公园管理处下设资源开发与保护中心和综合管理部。开发保护中心分为保护部和开发部。保护部分为生态环境保护部、旅游资源保护部、科研办公室。开发部分为资源开发部和基础设施开发部。综合管理部下设人事管理部、财务管理部、安全管理部、公共关系部。大型的森林公园在以上组织的基础上，在森林公园管理处

下设立旅游部。它是旅游经营管理的中心环节,独立经营管理旅游业务。涉及跨行政管理部门,跨省、自治区的森林公园,有必要在综合管理部门下设协调关系的部门,其人员可以由森林公园所归属的各相关部门组成,这样有利于各种工作的开展。

中国森林公园一直采取"事业型编制,企业化管理"的经营模式。这种模式的弊端表现在以下几个方面。第一,经营权、所有权与监督权的统一,缺乏有效监督管理,有可能导致资源破坏或过度使用。第二,政出多门,缺乏权威,协调不力。目前在国家森林公园内,建设、林业、水利、环保、宗教、旅游、文物等部门均代表国家行使相关资源的所有权和管理权,在行政级别基本相同的情况下,包括原旅游局在内的相关主体没有形成唯一权威主体,从而造成政令不一、协调困难的局面。第三,森林公园投入不足,防护能力较弱。在国家"封山育林"的政策约束下,收入下降,林业事业费有限,从而使森林公园建设和森林旅游资源的维护资金投入严重不足。

(三)运营管理的目标

森林公园运营管理的目标是保护具有特色的自然景观,维持历史、文化遗迹的风貌;维持现有自然资源、生物群落及物种的自然状态;提供游憩、科普教育的机会。森林公园运营方式是保护为主、适度开发、适度开放。

为达到以上运营目标,森林公园必须要加强规划工作,做好森林公园的总体布局。森林公园规划要以森林风景资源为依托,坚持"严格保护、统一规划、合理开发、永续利用"的原则,做到"二优先""三同步"和"二注意"①。"二优先"即风景资源评价和公园总体设计优先。"三同步"是基础建设、景观建设与保护设施同步规划、同步实施、同步发展。"二注意"指的是,一要注意在森林公园内进行保护区分级工作(可以借鉴英国天然松林管理 Glen Affric 的分区管理经验,如表 3-4 所示),建立重点或核心的森林风景保护区,加强经常性监督;二要注意建立森林公园设计方案会审制度,严把审批关,对森林公园内的宾馆建设、索道建设、大规模游乐设施建设等要慎重考虑和审批。

表 3-4　Glen Affric 森林旅游管理区的划分②

分区	描述	管理政策
高密度旅游者管理区	以旅游者为发展中心	发展游客中心和以旅游者为导向的主要设施,用国际标志
中密度旅游者管理区	小公路和相关的停车场和小径	提高停车场和小径的分布范围,提高有关保护主题的解释
低密度旅游者管理区	森林公路和小径	提高停车场和小径的分布范围,提供新设施;告知游客保护区和主要设施的信息,主要强调有关保护主题的环境内容的解释
核心保护区,少有介入的旅游管理区	安静的没有被打扰的区域,没有游憩设施	不提供新的发展或信息,允许游客自由游览,但不鼓励

① 陈科东.谈森林公园开发中的保护[J].广西林业,2002(3).

② Richard Broadhurst,Paddy Harrop. Forest tourism:Putting Policy into Practice in the Forestry Commission,Forest Tourism and Recreation[M]. Cambridge:Cambridge University Press,1999.

三、地质公园

地质公园（geopark）是以具有特殊地质科学意义，稀有的自然属性、较高的美学观赏价值，具有一定规模和分布范围的地质遗迹景观为主体，并融合其他自然景观与人文景观而构成的一种独特的自然区域。既为人们提供具有较高科学品位的观光旅游、度假休闲、保健疗养、文化娱乐的场所，又是地质遗迹景观和生态环境的重点保护区，地质科学研究与普及的基地。自 1985 年建立第一个国家级地质自然保护区——"中上元古界地层剖面"（天津蓟县）后，地质遗迹保护区的建立得到较快的发展。国土资源部成立以来又组织起草了有关地质遗迹管理办法，并召开相关会议，促进该项工作的进展。

（一）分类

依据批准机构的级别可以分为世界地质公园、国家地质公园、省级地质公园、县（市）级地质公园四个等级。由联合国教科文组织组织专家实地考察，并经专家组评审通过，经联合国教科文组织批准的地质公园，称世界地质公园（global geopark network，GGN）。中国目前共有 29 个世界地质公园。国家地质公园（national geopark）是由所在国中央政府（中国由国土资源部代表）批准和颁发证书。中国目前共有 240 个国家级地质公园。省级地质公园（state geopark）是由省政府（由省国土资源厅代表）批准和颁发证书。县（市）级地质公园（county geopark）由县（市）级政府批准和颁发证书。另外，还可以根据地质地貌景观（简称地景 geolandscape）将地质公园划分为四大类：地质构造类、古生物类、环境地质现象类、风景地貌类。

（二）管理特征

中国对地质公园实施分级管理体制。国土资源部对地质遗迹资源的保护、管理与监督负有主要职责。对具有国际、国内和区域性意义的地质遗迹，建立国家级、省级、县级地质公园，分别由相应各级国土资源主管部门管理，对上级国土资源主管部门负责，同时归同级人民政府领导。为配合世界地质公园的建立，国土资源部于 2000 年 8 月成立了国家地质遗迹保护（地质公园）领导小组及国家地质遗迹（地质公园）评审委员会，制定了有关申报、评选办法。

国土资源行政主管部门负责组织编制地质遗迹保护和合理利用规划，经环境保护行政主管部门审查签署意见，由计划部门综合平衡后报批实施。国土资源行政主管部门要对执行情况进行监督管理，在行政上并无权直接领导地质公园。由于中国部分国家地质公园的前身属于自然保护区或者国家风景名胜区，而且很多地质公园跨行政区域，从而造成了管理体制不顺、多头管理的现象。例如，翠华山国家地质公园由西安翠华山旅游公司负责运营，直属上级是由西旅集团、长安区政府等入股成立的秦岭终南山世界地质公园旅游发展公司，同时还要接受市国土资源局、水利局、旅游局、林业局等政府部门的业务管理。

（三）运营管理的目标

与前两类景区类型相似，此类景区运营管理的首要目标依然是保护，地质公园保护的是地质遗迹。国际上，对地球演化过程中形成的重要而独特的地质遗迹，通行的做法都是建立国家地质公园予以有效保护，美国国家公园就非常具有代表性[①]（请参阅第十三章第一节）。

在保护的大前提下，平衡并逐步理顺错综复杂的管理关系。通过科学合理的运营手段，拓展地质公园的科学内涵、提升科学品味、树立景区形象、打造旅游品牌，将地质公园的价值最大化地呈现给旅游者，满足他们科普教育、度假观光等需求的同时，获取保护资源必要的经营收入。

四、自然风景类景区运营管理的重点

（一）安全管理是关键

一般的自然风景类景区都具有面积大、情况复杂、可变因素多的特点。旅游者安全和资源安全是运营管理的重点。此类景区一般都有山、有水、有树、有动物，这些愉悦游客身心的资源要素也可能由于管理不到位或者游客自身的行为不当产生安全事故。例如，陡峭山体上防护设施的缺失或者破损导致游客跌落受伤或死亡。不当的水体活动导致游客溺亡，保护区猛兽攻击游客导致的伤亡事件。另一方面，资源安全是景区运营管理的"高压线"。任何人为因素导致的资源破坏都会使景区停业整顿。缺少环境评估和整体规划的炸山开路、建宾馆别墅、修索道缆车等行为都会导致自然资源的不可修复性（生态灾难）的破坏。应该本着敬畏自然和守护自然的心态运营各类自然风景区，唯有此，资源安全才有根本的保障。

（二）保护资源是任务

资源安全是关键也是运营管理的底线，而保护资源进入良性循环则是运营管理的目标。根据国际自然及自然资源保护联盟（International Union for Conservation of Nature and Natural Resources，IUCN）的组织宗旨：保证陆地和海洋的动植物资源免遭损害，维护生态平衡，以适应人类目前和未来的需要；研究监测自然和自然资源保护工作中存在的问题，根据监测所取得的情报资料对自然及其资源采取保护措施；鼓励政府机构和民间组织关心自然及其资源的保护工作；帮助自然保护计划项目实施以及世界野生动植物基金组织的工作项目的开展；此类旅游景区运营的中心任务也应该同IUCN的宗旨相同。

美国黄石国家公园（Yellowstone National Park），简称黄石公园，是世界第一座国家公园，成立于1872年。黄石公园还是个野生动物保护区，栖息着北美水野牛、灰狼、棕熊、驼鹿、麋鹿、巨角岩羊、羚羊、羚牛等众多野生动物（黄石公园以熊为其象征）。黄石公园最有名的野生动物问题莫过于灰狼了。刚开始时，人们不清楚灰狼在黄石生态圈中所扮演

---

① 美国国家公园体系可分为三大类：第一大类以保护自然环境和生态环境为主，第二大类主要以生态旅游资源为保护对象，第三大类为文化历史遗址保护区。在中国，从国家公园的内涵上说，由国家政府部门主管的类似于"国家公园"的概念被分属于国家森林公园、国家地质公园、国家矿山公园、国家湿地公园、国家城市湿地公园、国家级自然保护区、国家级风景名胜区及酝酿中的国家海洋公园、国家遗址公园等多个方面，属于不同的管理系统。

的角色，以为灰狼只会危害旅游者安全，而且狼皮有极高的经济价值，便随意猎杀它们，以致灭绝净尽。后来，由于没有了灰狼，麋鹿的数量便不受控制，大量的麋鹿吃去当地的橡树幼苗，造成生态不平衡，引发一连串的生态危机，最后，人们只好又从别处千辛万苦"请来"灰狼，并把它列为濒临绝种动物，直到今天，黄石国家公园里的灰狼数目还在慢慢恢复中。

经过一百多年的研究和发展，"国家公园"已经成为一项具有世界性和全人类性的自然文化保护运动，并形成了一系列逐步推进的保护思想和保护模式。未来的趋势是：①保护对象从视觉景观保护走向生物多样性保护；②保护方法从消极保护走向积极保护；③保护力量从一方参与走向多方参与；四是保护空间从点状保护走向系统保护。

（三）经济经营是补充

很多人不理解"经济经营是补充"的论断。"此山是我开，此树是我栽；要打此路过，留下买路财"是一些景区经营者的基本心态，他们的眼里除了钱还是钱，什么自然资源保护、可持续发展、游客体验、公共物品等都与他们无关。各类收费的经营项目无所不在，而且经常是坐地起价。众所周知，各类自然风景区一般都有各种专项经费支持，在此背景下的急功近利最终会吞下恶果。要么旅游者对这些景区望而却步，将银子花在国外的青山绿水上面；要么这些景区会受到主管机构的警告或制裁。2013 年，联合国教科文组织给湖南张家界、江西庐山和黑龙江五大连池亮黄牌就是眼前的例证。在游客中心的适度经营活动，不仅能加深游客对景区的理解（如相关书籍、文创产品等），而且能方便游客（如不以宰客为目的的餐饮服务）。

立足中国自然风景区的特点，借鉴美国国家公园体制的优点，政府进行顶层设计，克服现实发展中的实际问题，落实"绿水青山就是金山银山"的大观念是未来景区运营的关键环节。

第四节　人造景区的运营管理特征

人造景区，顾名思义就是指人工建造的景区。本节研究的人造景区是专指现代人工建造的景区，以与人文古迹类景区相区别。人造景区重点包括三种类型：博物馆、主题公园和历史文化街区。它们都是现代城市旅游所依托的重要旅游吸引物，在城市旅游发展、丰富市民文化生活、展现城市文化和城市品位方面发挥着特殊作用。人造景区的主要特征表现在三个方面：引领潮流与时尚、经营主体以非国有为主、运营无明显的季节性。

一、博物馆

美国《简明不列颠百科全书》指出：现代的博物馆是征集、保藏、陈列和研究代表自然和人类的实物，并为公众提供知识、教育和欣赏的文化教育机构。美国博物馆协会认为：博物馆是收集、保存最能有效地说明自然现象及人类生活的资料，并使之用于增进人们的知识和启蒙教育的机关。

从旅游业的角度看，博物馆是能够形成吸引力的、独特的旅游资源；从博物馆的角度看，旅游业是实现博物馆价值的平台。具体来说，旅游业可为博物馆引来游客，增加票务收入并提升博物馆的知名度。博物馆又能为旅游活动提供特色吸引力，增加旅游项目的文化内涵。

（一）分类

外国博物馆，主要是西方博物馆，一般划分为艺术博物馆、历史博物馆、科学博物馆和特殊博物馆四类（类似于表3-5中按收藏分类）。艺术博物馆包括绘画、雕刻、装饰艺术、实用艺术和工业艺术博物馆。也有把古物、民俗和原始艺术的博物馆包括进去的。有些艺术馆，还展示现代艺术，如电影、戏剧和音乐等。世界著名的艺术博物馆有罗浮宫博物馆、大都会艺术博物馆、国立艾尔米塔什博物馆等。历史博物馆包括国家历史、文化历史的博物馆，在考古遗址、历史名胜或古战场上修建起来的博物馆也属于这一类。墨西哥国立人类学博物馆、秘鲁国立人类考古学博物馆是著名的历史类博物馆。科学博物馆包括自然历史博物馆。内容涉及天体、植物、动物、矿物、自然科学，实用科学和技术科学的博物馆也属于这一类。英国自然历史博物馆、美国自然历史博物馆、巴黎发现宫等都属此类。特殊博物馆包括露天博物馆、儿童博物馆、乡土博物馆，后者的内容涉及这个地区的自然、历史和艺术。著名的有布鲁克林儿童博物馆、斯坎森露天博物馆等。

1988年前，中国博物馆都是被划分为专门性博物馆、纪念性博物馆和综合性博物馆三类，国家统计局也是按照这三类博物馆来分别统计公布发展数字的。2008年5月，由国家文物局牵头评出首批国家一级博物馆83家，2008年7月又启动二、三级博物馆的评估工作。评定依据主要是综合管理与基础设施、藏品管理与科学研究、陈列展览与社会服务等各方面。从此，一级博物馆、二级博物馆、三级博物馆成为国内博物馆的重要身份"标签"。截至2020年底，全国备案博物馆5788家，其中国家一、二、三级博物馆达1224家，形成了以一、二、三级博物馆和重点行业博物馆为骨干，国有博物馆为主体，民办博物馆为补充的博物馆体系，类型丰富、主体多元的现代博物馆体系基本形成。

表3-5　博物馆分类方式

分类标准	分类构成
按收藏分类	综合博物馆、考古博物馆、艺术博物馆、历史博物馆、民族博物馆、自然历史博物馆、科学博物馆、地质博物馆、工业博物馆、军事博物馆、"非物质遗产"博物馆
按管理分类	政府博物馆、地方博物馆、大学博物馆、军队博物馆、独立/慈善基金会博物馆、企业博物馆、私人博物馆
按服务地域分类	国家博物馆、区域博物馆、生态博物馆、城市博物馆、地方博物馆
按观众分类	综合性博物馆、教育性博物馆、专业性博物馆
按展出方式分类	传统型博物馆、历史建筑博物馆、户外博物馆、互动博物馆
按质量等级分类	一级博物馆、二级博物馆、三级博物馆

（二）管理特征

计划经济管理特征明显，资金来源有限。缘于长期计划经济的管理特征，中国博物馆系统形成了中央集权的计划管理体制，大多数博物馆隶属于中央和地方文物、文化主管部门，在管理体制上形成了分系统和分级别管理相结合的方法，博物馆被规定为文物的保藏、研究机构和宣传教育机构。从资金来源看，国外发达国家博物馆主要依靠基金、协会、个人捐赠为主，而中国国有博物馆则主要依靠政府的财政拨款，几乎没有基金组织、个人和社团捐赠。这与博物馆不断增加的运营和维护成本之间的矛盾越来越突出。

公益性质显现，供不应求。博物馆的性质决定了博物馆具有公益性质的特点。近几年，中国绝大部分国有博物馆逐步实现了免费参观制度（领票＋预约）①。履行了国有博物馆作为非营利的永久性机构，对公众开放，为社会发展提供服务的社会责任。但是，很多知名博物馆又形成了预约困难、一票难求、"黄牛"倒票等供不应求的现象。

重博物馆建设，轻运营管理。博物馆的建设一般都会得到各级政府、事业单位的大力支持，其"符号"和"政绩"效果明显。但是，设计考究、装修精致的博物馆一旦投入运行，后续的运营便无人重视。常见的现象是藏品被精简、陈列展示系统不完整、环境卫生差、服务设施缺失等，博物馆的形式大于内容。

（三）运营管理目标

1. 藏品安全是运营管理的基本前提

博物馆藏品是国家宝贵的科学、文化财富，是博物馆业务活动的物质基础。藏品一般分为一、二、三级。其中，一级藏品必须重点保管。一方面，文化和旅游部管理的国家文物局可以通过调拨或借用文物系统所属各博物馆的藏品来保障安全；另一方面，应该建立以防盗为核心的安保系统，其目的是预防犯罪的发生，并且能及时发现危险以便得到有效的处理。目前，中国一些博物馆安防系统长期缺少维护，安防系统功能部分瘫痪，这些问题都使得博物馆的安全防范工作存在着巨大隐患。例如，2011年故宫七件珍贵展品被临时起意的"业余"窃贼偷盗，其中三件展品未能追回。

2. 非营利性是政府博物馆运营管理的核心

旅游业是一项靠知名度、美誉度和市场认知度来吸引游客的特殊产业，只要善于利用，政府博物馆的公益形象就是博物馆长远发展的独特优势。每年的5月18日是国际博物馆日②，这一天世界各地博物馆一般都会举办各种宣传、纪念活动，让更多的人了解博物馆，更好地发挥博物馆的社会功能。"博物馆＋旅游"的过程中，政府博物馆应该更加珍惜自己的公益形象，把握商业化运作的尺度，避免负面消息，更不要利用负面消息进行炒作。

3. 丰富旅游者文化体验是运营管理的重点

博物馆的功能定位是为公众提供知识、教育和欣赏的文化教育机构，是为社会发展提供服务，以学习、教育、娱乐为目的。这些功能必须通过不断丰富旅游者的文化体验来实

---

① 财政部印发《中央补助地方博物馆纪念馆免费开放专项资金管理暂行办法》财教〔2013〕97号，支持博物馆、纪念馆免费开放，规范中央专项资金。

② 1977年国际博物馆协会为促进全球博物馆事业的健康发展，吸引全社会公众对博物馆事业的了解、参与和关注，向全世界宣告1977年5月18日为第一个国际博物馆日，并每年为国际博物馆日确定活动主题。

现。一般地静态陈列藏品并不能丰富旅游者体验，也不能呈现其背后深厚的文化内涵。景区运营中，应该通过优化解说系统、注重旅游者参与、建设数字化博物馆等方式全方位丰富旅游者体验、展示藏品价值、树立品牌形象。

（四）中国博物馆旅游发展趋势

数据显示，2010年以来中国博物馆数量持续增加，呈现出良好的发展态势。普惠均等已经成为中国博物馆的显著特征，博物馆数量和类型的提升为推动博物馆旅游行业的创新发展提供坚实的基础。在参观人次方面，随着文旅融合的推进和市场运营模式的改变，博物馆旅游进入了全新发展阶段，参观人次规模将持续扩大。

1. 体验设计"活化"博物馆文化

在体验经济时代，博物馆只有牢牢抓住游客的视觉、味觉、嗅觉、听觉、触觉，用激光、虚拟现实技术等抓住观众的"眼球"，用地方小吃、特色美食等打开观众的"味蕾"，用花香、泥土、海水等味道展示"自然气息"，用唱片、磁带、老式录音机等物件还原"历史留声"，用剪纸、雕刻等形式触摸历史的"印记"，才能让博物馆的文化"活化"，才能为游客提供全方位、综合性的感官体验。同时，通过节事节庆活动（文博旅游节、文创集市大会）、知识闯关体验活动（文字游戏大闯关、科普知识大比拼）、现场创意活动（彩陶绘画体验、书法临摹体验、用积木搭建自己心中的楼阁），以及博物馆"寻宝之旅""跟着博物馆去旅行"等夏令营活动和科普研学活动设计，打造令人眼前一亮、为之一振的新亮点、新产品，为游客制造兴奋点、新惊喜，从而让游客观众"嗨"起来。

2. 科技创新"智慧化"博物馆功能

互联网、物联网、大数据、虚拟现实、人工智能等科技手段将充分融入博物馆标识系统、解说系统、保护与开发当中，丰富博物馆的陈列展示、服务管理、开发利用方式，让博物馆能"说话"、会"说话"，说"文化话"、说"旅游话"，说"通俗易懂的话"，让古老文物在新时代融合新鲜血液，焕发新的生命力，让冰冷的、静态的博物馆藏品"活起来"，打造有温度、有情怀，并且创意感十足、穿越感极强、科技化融入、人性化彰显、互动性充盈的现代化博物馆，从而调动观众口味、激发观众兴趣、延长观众游览时间、增强观众体验黏性。另外，未来互联网思维在博物馆领域的应用将不断加深，博物馆将以更加简洁、创新的内容为核心，以多元传媒渠道为载体加速博物馆产业链的拓展。未来将有更多博物馆选择在线上独立运营虚拟平台，宣传教育性文博内容，展示创新文博衍生产品。

3. 个性化"强化"博物馆IP

在经济全球化的时代，不同区域博物馆同质化发展问题将更加凸显。如果博物馆展览和陈列的方式近似，都会让游客质疑甚至批评博物馆的服务和运营水平。因此，博物馆必须致力于打造自身的IP。基于内容和故事进行IP开发，博物馆具有先天性优势。博物馆的每件藏品、每个元素背后，都有一个活生生的故事，它们更加厚重，更加独一无二，很多时候却不为人知；即便在实地参观过程中，因为宣传和讲解不够"接地气"，观众也极容易走马观花。如此种种，并非藏品的魅力不足，而是没有将其转化成合适的展现方式。在文创产品开发上，故宫博物院的文创开发经验值得借鉴，一方面深入挖掘固有资源，另一方面关注公众对产品的需求。在竞争愈加激烈的时代，提高品牌个性，打造自有 IP，是提升博物馆竞争力的重要方式。

二、主题公园

主题公园（theme park）是根据某个特定的主题，采用现代科学技术和多层次活动设置方式，集诸多娱乐活动、休闲要素和服务接待设施于一体的现代旅游目的地。

主题公园是为了满足旅游者多样化休闲娱乐需求和选择而建造的一种具有创意性活动方式的现代旅游场所。它是根据特定的主题创意，主要以文化复制、文化移植、文化陈列以及高新技术等手段，以虚拟环境塑造与园林环境为载体来迎合消费者的好奇心，以主题情节贯穿整个游乐项目的休闲娱乐活动空间。

主题公园起源于荷兰，后来兴盛于美国。荷兰的一对马都拉家族夫妇，为纪念在第二次世界大战中牺牲的独生子，兴建了一个微缩了荷兰 120 处风景名胜的公园。此公园开创了世界微缩景区的先河。1952 年开业时随即轰动欧洲，成为主题公园的鼻祖。现代大型主题公园起源于华特·迪士尼在美国加利福尼亚州兴建的迪士尼乐园，该园于 1955 年 7 月17 日正式开幕。它将迪士尼电影场景和动画技巧结合机械设备，将主题贯穿各个游戏项目。由于能够让游客有前所未有的体验，风靡了美国，再传到全世界各地。从近几年接待游客总数来看，迪士尼位列榜首，默林娱乐集团排名第二，环球影城娱乐集团排名第三，中国华侨城集团位列第四，六旗集团位列第五。

（一）分类

目前，国际上对主题公园还没有标准分类体系。

根据旅游体验类型，主题公园可分为五大类，分别是：情境模拟、游乐、观光、主题和风情体验、4D 体验。

根据功能和用途，主题公园可以分为五大类，分别是：微缩景观、影视城、活动参与、艺术表演、科幻探险。

根据主题内容，主题公园可以分为自然主题公园和人文主题公园。自然类又可细分为：生命类（以动植物为主题，例如各地的动物园和海洋馆）和非生命类（以模拟自然景观为主题，例如宜昌的"三峡集景"）。

（二）运营特征

1. 投入多、占地规模大、建设过程复杂

真正具有吸引力的主题公园一般都具有建设规模大、游乐设施新奇、文化内涵丰富、高科技手段复杂等特点，所以，一座有市场前景的主题公园一般都有投入多、占地规模大的特点。例如，上海迪士尼乐园占地 390 公顷，投资 341 亿元人民币。它也是中国大陆目前投入最高、占地规模最大的主题公园。主题公园的建设是一个比博物馆、科技馆、规划馆还要复杂的项目，需要考虑方方面面的软环境设计和实施、人体工程学和人物心理学等

诸多要素。

2. 高门票、高消费

与自然风景类和人文古迹类景区相比，人造景区的门票和景区内消费水平都显得比较高。国内主题公园门票的价格基本是以百元为计价单位，公园内的一些项目还要再次买票。公园内的餐饮、食宿、旅游纪念品等一般也是高价垄断经营。高门票、高消费的特征也与主题公园投资量大、生命周期短、回收期短等因素有一定关系。因此，在主题公园设计选址时，应首先考虑支付能力较强的经济发达地区。

3. 依存于周边客源市场

一般来说，主题公园周围 1 小时车程内的地区是其主打市场区位，这些地区人口数至少要达到 200 万人；2～3 小时车程内的地区为其次要市场区位，人口也要超过 200 万人；除此之外，第三市场区位和远距离游客则主要依赖主题公园的品牌影响力和便利快捷的交通系统来导入。除了考虑周边客源市场规模之外，还要避免主题公园"扎堆"现象。同一区域内相同主题的主题公园呈密集性分布，势必会引起客源不足，从而导致企业恶性竞争的局面。

4. 国内自创主题公园主业亏损严重

从 1989 年大陆第一家主题公园"锦绣中华"诞生，到如今的上海迪士尼梦工厂落户，中国主题公园建设从自创品牌到引进品牌，全国已累计开发主题公园式旅游点 2500 多个，投入资金达 3000 多亿元。目前国内主题公园投资在 5000 万元以上的有 300 家左右，其中有一定品牌知名度、有良好经营业绩的主题公园只占 10%，有 70% 的自创主题公园亏损，20% 持平[①]。

（三）运营管理的关键

1. "贵"在慎重选址

位置是主题公园成功与否的"先天"关键因素之一。主题公园位置的确定必须根植于对周边客源市场的详尽分析和实地考察基础上，而绝对不能凭空想象，轻率拍板。建设一个好的主题公园，应充分重视市场定位和市场趋势分析，对文化内涵做出正确的商业价值判断，提高重游率和投资收益比，并通过旅游乘数效应带动当地其他行业的发展。除了考虑周边客源市场规模之外，还要避免主题公园"扎堆"现象。同一区域内相同主题的主题公园呈密集性分布，势必会引起客源不足，从而导致企业恶性竞争。在主题公园的主题、投资规模、项目内容已经确定的前提下，市场因素（包括客源市场状况和竞争市场状况）、投资环境（包括法律制度、基础设施、交通状况、区域经济水平、土地价格、劳动力成本等）、自然条件（气候状况和地理特征等）、文化因素（既有的区域形象、社区居民的文化观念和地方政府的政策制度）是主题公园选址的关键影响因素。

---

① 《2015—2020 年中国主题公园行业发展模式与投资战略规划分析报告》。

2.“命”在创意设计

创意设计是主题公园成功与否的“先天”关键因素之二。主题公园设计的主题选择需要创新思维，主题公园的经营更需要不断推陈出新。只有这样，主题公园设计才能带给游客新鲜感，生命周期得以延长。在进行主题创意与策划时，要紧紧围绕“旅游者的需求”，突出休闲娱乐的特性，表现“旅游新形态”。为此，发展商在主题公园的景观设计、旅游产品后续更新方面必须走在市场前列。20世纪80年代至今的2500多个主题公园，其中很大一部分就是因为创意失败而烟消云散或者还在苦苦挣扎。例如，20世纪末大量兴建的西游记宫、鬼怪公园等。

3.“久”在强化体验和不断更新

“久”是指主题公园的生命周期长，是主题公园成功与否的“后天”关键因素之一。目前，中国主题公园运营的突出特征就是生命周期性短。很多主题公园在刚开业头几年达到某一峰值后就很难再次超越，开始走下坡路。造成这一现象的重要原因就是目前中国主题公园大多是静态景观造成的，游客进行的是走马观花的纯观光型活动，参与性娱乐项目比较少，乏味单调导致重游率低、口碑差。延长主题公园生命周期的方法主要包括强化游客体验和项目更新。强化游客体验的手段主要是设计各类游客喜闻乐见的参与性项目或者具有全新沉浸感的演出活动。项目更新主要包括分期开发的“更新”和项目淘汰补充的“更新”。以深圳欢乐谷等为例，在较长的时间内，欢乐谷滚动开发，通过“建不完的欢乐谷”来保持新产品次第问世，从而延长生命周期。

4.“赢”在品牌营销

品牌知名度是主题公园成功与否的“后天”关键因素之二。主题公园的成败，主要受景区知名度、交通便捷度和游客满意度三大关键因素的影响。所以，通过形式多样的整体营销建立景区品牌，提升知名度就是主题公园赢得市场的关键。品牌知名度可以让消费者找到熟悉的感觉，可以降低景区产品购买风险，促使人们做出购买决策。从品牌营销的策略来看，我们应该多借鉴学习国外主题公园品牌营销的经验。例如，品牌形象广告投入多，重视VI的多元信息传达和情感性的表述方式，广告隐性品牌信息多，注重消费者公关、媒介公关和政府公关等。

5.“新”在“主题公园+”

与“旅游+”类似，“主题公园+”在主题公园发展过程中成为一种主流新趋势。“主题公园产业化发展”是“主题公园+”的基本概括，即打造主题公园产业链，把主题旅游与主题房地产、度假、康养等结合起来，再加上主题商业，突破了单一的主题公园的概念，把关联产业相联合，互为依托，相互促进。地产、商业和公园的景观可以互为借用，彼此的规划互为呼应，成为一个融度假、娱乐、商业、康养等要素于一体的比较完善的人居系统。例如，北京环球度假区就是“主题公园+度假”的“新”主题乐园。

另外，成功的主题公园还表现在收入来源的多样性。成功主题公园的收入结构中，门票收入只占20%～30%，不再依靠门票经济，而是将主要盈利点放在娱乐、餐饮、住宿等设施项目上，门票收入只作为日常维护费用。此外，还可以通过出售具备知识产权特点的文创产品获得二次盈利，又由于文创产品的发售可以进一步扩大品牌的影响力，这一盈利模式具备一种旺盛的生命力。

三、历史文化街区

历史文化街区，是指经国务院、省、自治区、直辖市人民政府核定公布的保存文物特别丰富、历史建筑集中成片、能够较完整和真实地体现传统格局和历史风貌，并具有一定规模的区域①（狭义）。2015 年 4 月 21 日，国家住房城乡建设部、国家文物局对外公布第一批 30 个历史文化街区。另外，没有被政府核定，利用现存古旧街区，或者改建、新建古旧街区，并且在这些区域能够为旅游者提供购物、娱乐、美食、休闲等服务的区域，也可以称为历史文化街区（广义）。

历史文化街区最初产生在 20 世纪的老牌工业化国家——英国，并快速波及整个欧美。在工业化空前繁荣以及汽车交通普及而出现的旧城空心化及城市郊区化现象的背景下，通过政府、团体或私人投资，用包括修建新建筑、旧建筑修复再利用、历史性保护及改进基础设施等各种手段，使不少城市成功地复兴了衰败的城市社区，为市民创造了优美的城市空间和社区环境，使城市得以可持续发展。

在中国旧城改造和休闲体验旅游兴起的大背景下，历史文化街区也逐渐成为旅游体验的新载体，成为政府发展的抓手、资本投资的最爱和游客消费的新宠。

（一）分类

1. 历史遗存型

狭义的历史文化街区都属于历史遗存型，即保存文物特别丰富、历史建筑集中成片、能够较完整和真实地体现传统格局和历史风貌，并具有一定规模的区域。历史上长期存在的街区、建筑群、小镇村落等是此类型历史文化街区的主体构成，历史、科学、艺术价值是它们的独特价值。例如，安徽省屯溪老街、天津市五大道、福建厦门市鼓浪屿、重庆市磁器口等。

2. 拆迁改造型

目前，国内外大多数的历史文化街区都属于拆迁改造型。此类型的历史文化街区是依据一定体量的历史遗存和文化背景，通过拆迁改造、修旧如旧的方式"复活"的。拆迁改造的重点是改善交通、生活旅游设施、复建古旧建筑等。国内最具代表性的有成都宽窄巷子、上海新天地、南京 1912、西安永兴坊等；国外最具代表性的有美国以"苏荷"（South of Houston Street）为中心的石径街、法国塞纳河左岸的奥赛美术馆、英国的罗斯蒙特三角地等。

3. 修新如旧型

修新如旧型其实就是"人造"的历史文化街区，是通过新建或改建外形具有一定历史

---

① 历史文化名城名镇名村保护条例[Z]. 中华人民共和国国务院公报，2008（15）：33.

文化内涵的街区，以集中特色美食、展示民俗文化的方式吸引游客。交通便利、特色突出、体量不大、门票免费是此类历史文化街区的主要特征。例如，被称为"关中印象体验地"的袁家村，将原来一个非常贫穷的关中农村进行改建，打造成为一幅 20 世纪五六十年代农家生活的画卷：古朴的小巷、林立的店铺、油坊、醪糟坊、豆腐坊、醋坊等"老"作坊、仿古的青石板、雕梁画栋的修新如旧的明清式建筑，等等。这个以乡村风土民情为切入点的人造街区突然在陕西乃至全国火爆起来，随后，"袁家村"模式被快速复制，兴平马嵬驿、周至水街、蒲城的重泉古城、富平的和仙坊、敦煌的月牙古镇等"人造"历史文化街区先后开业。

（二）运营特征

三种类型的历史文化街区运营特征差别较大。

历史遗存型街区的运营强调保护和原生态，保护是第一要义。中国在 1986 年就正式提出并逐步立法进行历史街区的保护，因而，此类街区所谓的"运营"更应该被理解为保护前提下的维护管理：保护街区中的文物建筑不受破坏，约束并引导原住民的生活行为，改善交通条件、上下水等基础设施、争取相关部门的资金支持等，核心目标是原真性保护和功能性恢复。英国、法国、日本、中国都曾出台相关法律保护此类历史文化街区，例如，最早立法保护的法国，于 1962 年颁布了《马尔罗法》，规定将有价值的历史街区划定为"历史保护区"，制定保护和继续使用的规划，纳入城市规划的管理。保护区内的建筑物不得任意拆除，符合要求的修整可以得到国家的资助，并享受若干减免税的优惠。

拆迁改造型街区的运营强调修旧如旧街区风貌，购物、娱乐、美食、休闲功能的完备。一般的运营特征是政府主导规划和拆迁、房地产商参与建设、专业运营机构运营管理。运营目标是以历史文化底蕴为特色，将文化、历史和商业相结合，满足人们购物、娱乐、美食、休闲等多项需求。

修新如旧型的运营强调生存。由于是"人造"的历史文化街区，虽然建设时受文物保护、规划审批、社区关系等的羁绊较少，但建成后的生存压力很大。建设此类街区的根本动力就是提供休闲旅游产品从而获取经济利益，因此，"活下去"始终是此类街区运营管理的核心诉求。

（三）运营管理的关键

对历史遗存型街区来说，保护街区风貌是运营管理的关键。文物保护的"高压线"碰不得，街区风貌破坏不得。不但要保护构成历史风貌的文物古迹、历史建筑，还要保存构成整体风貌的所有要素，如道路、街巷、院墙、小桥、溪流、驳岸乃至古树等。一般此类型的历史文化街区都是一个成片的地区，而且有大量居民在其间生活，是活态的文化遗产，有其特有的社区文化，不能只保护那些历史建筑的躯壳，还应该保存它承载的文化，保护非物质形态的内容，保存文化多样性。

对拆迁改造型街区来说，尊重历史改善环境是运营管理的关键。保护外貌、整修内部，设施完备，适应现代生活的需要。历史街区的建筑不必像文物那样一切维持原状，可以进行室内的更新改造，对历史性建筑要按原样维修整饰，对那些改动不合理的地方，维修时可恢复其原貌或原来的风格，对有悖于历史风貌的新建建筑可以拆除或改造，恢复历史原来的风格。另外，要注意采取逐步整治的方式，尊重居民的意愿，保护居民利益，要"政府主导，居民参与，逐步整治，渐进改善"，这样才可以做好街区的保护、整治工作。以英国为例，政府投入巨资进行老区的环境整治，改善交通环境，借助民间力量和市场化运作；强调高品质的城市开放空间和步行系统的营建，融入功能混合的设计理念，渐渐形成点线面的街区网络覆盖。

对修新如旧型街区来说，有特色有客流是运营管理的关键。"规划—建设—招商—开业"是该街区运营管理的常见模式，在这一过程中，规划阶段的策划是重点也是难点，如何抓住市场经济的"脉搏"，如何抓住消费需求的"痛点"，从而形成自身的特色是关键。有特色是因，有客流是果，关键是怎么形成特色？主要的途径是从历史文化中挖掘特色，其中集中再现、历史穿越、功能混合等都是挖掘特色的具体手段。例如，袁家村将关中的各种地方小吃以怀旧的乡土性和原真性集中在修新如旧的狭小街区，时空穿越般的体验形成了不一般的特色。另外一个关键是区位选择和地块特征分析。区位方面，首选一、二、三线城市核心商圈位置，或一、二线城市区域副中心核心位置，其次为一、二、三线城市核心商圈 3 公里范围以内，或区域副中心与主城核心商圈交界处。这样的区位选择有利于保证一定的客流量，也有利于打造城市客厅的市场地位；地块特征方面，一般要求历史遗风深厚、项目规整、边界清晰、临主干道、有较长沿街展示面、交通便利，可建商业面积不少于 5 万平方米，目的在于打造整体文化氛围，没有一定的体量，街区就会没有纵深，整体文化氛围就无法突出，时空变换般的独特文化感受效果就会降低。

最近几年，修新如旧型街区的模仿和复制成为一种潮流，各种新建的古街、古镇、古村等人造历史文化街区扎堆开业、遍地开花。残酷的市场规律告诉我们，简单模仿失去特色的旅游产品只能是死路一条，历史和现实正在证明这一规律。

无论是哪种类型的旅游景区，可持续发展应该是运营管理的核心指导思想。

1995 年，联合国教科文组织、环境规划署和世界旅游组织等在西班牙召开的"可持续旅游发展世界会议"上通过的《可持续旅游发展宪章》指出："旅游具有双重性，一方面能够促进社会经济和文化的发展；同时，旅游业加剧了环境损耗和地区特色的消失"；"可持续旅游发展的实质，就是要求旅游与自然、文化和人类生存环境成为一体，自然、文化和人类生存环境之间的平衡关系使许多旅游目的地各具特色，旅游发展不能破坏这种脆弱的平衡关系"。可见，对旅游资源及其生态环境的保护，对旅游业的可持续发展极其重要。一方面，旅游资源及其环境特色的存在，是旅游业存在和发展的基础。旅游资源是有限的，旅游活动造成的环境损耗和地方特色逐渐消失，实质上就是对旅游资源的消耗，因此旅游发展必须切实保护好旅游资源，使其可持续利用水平不断提高。另一方面，旅游资源可持续利用和良好的生态环境状况，又是旅游业可持续发展的重要基础。旅游资源的真正可持续利用是建立在生态环境承载量不断提高的基础之上的。因此，我们必须把旅游资源保护和利用提高到战略高度上来认识。

事实证明，旅游业发展到今天，我们不能再像以前那样无节制地利用和开发旅游资源，必须寻求一种有效的资源管理方式以保证旅游业的可持续发展。"绿水青山就是金山银山"倡导的就是一种资源保护与利用的哲学观。具体到旅游产业，就是强调在保护旅游资源的前提下，实现旅游资源开发利用的最优化，既能保证旅游者的旅游质量，又能满足旅游开发者的利益要求，实现环境保护与旅游发展的双赢。

本 章 小 结

本章从景区运营资源基础的角度，分析阐述各类不同资源基础的旅游景区。除了从整体上认识中国旅游资源的基本特征、评价方法、开发原则、开发模式以外，还从人文古迹类、自然风景类、人造景区类分别阐释。最后指出了可持续发展思想对旅游景区运营的重要作用。

本章重要概念

旅游资源是旅游景区运营管理的基本物质基础，是指一切对旅游者构成吸引力的自然现象和社会现象及事物的总和。旅游资源是一个内涵非常广泛的集合概念，在表现形式上丰富多彩，可以是自然的、人文的、人造的，亦可以是历史的、现代的。

人文古迹类景区是将历史古迹资源经过挖掘、整理、规划、开发等一系列复杂过程，建设成能够满足旅游者旅游需求或承担教育功能和经济发展使命的经营性或公益性景区。

自然保护区是指对有代表性的自然生态系统、珍稀濒危野生动植物物种的天然集中分布、有特殊意义的自然遗迹等保护对象所在的陆地、陆地水域或海域，依法划出一定面积予以特殊保护和管理的区域。

主题公园是根据某个特定的主题，采用现代科学技术和多层次活动设置方式，集诸多娱乐活动、休闲要素和服务接待设施于一体的现代旅游目的地。

复习思考题

1. 简述旅游资源的开发原则。
2. 人文古迹类景区的特性是什么？
3. 请分析主题公园运营管理的关键。

课后案例

5A 级崆峒山：由一起"离婚"引起的思考

第四章

景区项目管理

 引入案例

"印象·刘三姐"开启中国山水实景演出先河

1961 年，电影《刘三姐》诞生了，该影片是在桂林拍摄的，影片中秀丽的桂林山水、美丽的刘三姐、动听的山歌迅速风靡了全国及整个东南亚。小学语文课文《桂林山水》又使"桂林山水甲天下"的概念深入人心。很快桂林成为全国最早的几个旅游热点城市之一，桂林阳朔也成为国内外旅游者热捧的旅游景区之一。但是，从 20 世纪 90 年代中期以来，全国新的旅游景区不断出现，加之旅游者消费需求的变化，桂林旅游业的发展进入了一个"低谷"期。

1997 年，广西壮族自治区文化厅开始筹划做一个把广西的民族文化同广西旅游结合起来的好项目。文化厅把这件事情交给了梅帅元负责，并为此成立了广西文华艺术有限责任公司。任何一个项目的运作，起初都只是一个概念。"锦绣漓江·刘三姐歌圩"是最初的策划思路。梅帅元找到中国著名导演张艺谋，"老谋子"对此很感兴趣，觉得"是个事情"，并于 1998 年年底带了班子在桂林选点。最后选择了漓江与田家河的交汇处作为刘三姐歌圩，而此处正是当年电影《刘三姐》的主要拍摄之地。项目的第二步就是找资金。一开始，该项目将眼光放在海外，对外招商引资，曾有两家中国香港公司有意向，但最终没有谈成。后来香港创维集团介入，也没有成功。项目濒临流产。

2001 年 5 月，该项目被介绍给广西维尼纶集团有限公司（简称广维），广维是广西河池的一家化工、化纤企业。一个旅游项目被介绍到一家化工、化纤企业颇有意味。广维的董事会仅用一个月便做出投资决定，并于 6 月先将 3000 万元资金打入项目账户。之后，广维才派代表前去洽谈项目合作事宜。2004 年 3 月 20 日，大型桂林山水实景演出《印象·刘三姐》终于正式公演。1.654 平方千米水域、12 座著名山峰、109 次修改演出方案、61 位中外著名艺术家参与创作、600 多名演职人员参加演出。《印象·刘三姐》成为中国·漓江山水剧场之核心工程，也是全国第一部"山水实景演出"。真山真水、炫魅灯光、特色歌舞、震撼音效给观者造成极大的视听冲击力，在国内外引起轰动，成为之后中国以及世界所有实景"印象"演出系列的开山"鼻祖"。

《印象·刘三姐》让投资方赚得盆满钵溢的同时，也使广西旅游业焕发出新的活力，带动了桂林旅游业的全面发展。该项目平均延长旅游者停留时间 0.48 天，带动当地直接就业 4500 人，人均增加 600 余元收入。

由于"中国·漓江山水"剧场的投资主体是一个股份性质的公司，人们可以预见，在这个地方除上演山水实景演出节目外，还必定会带来一番资本竞争和品牌的互动。鼎鼎大

名的华侨城也早早盯上这一项目，由于当时华侨城同广维文华洽谈时候，正碰上国内新希望集团投资阳朔遇龙河风波，俗话说"城门失火，殃及池鱼"，华侨城便暂时退了回去。

2017 年国庆黄金周，《印象·刘三姐》于 10 月 3 日、4 日连续两天各演出四场，10 月 1 日至 4 日接待游客超过 4.5 万人次，创历史新高。

《印象·刘三姐》演出风光无限，但运营该项目的公司广维文华却早已被掏空，身背巨大债务。广维文华于 2017 年 8 月 15 日向广西高院申请破产重整时，自述实际负债累计近 15 亿元。2017 年 12 月 4 日，广西高院作出终审裁决，批准公司重整计划草案，重整计划执行完毕后，北京天创文投演艺有限公司将持有广维文华 100% 股权。

（资料来源：作者实地体验后根据有关资料整理。）

引言

继《印象·刘三姐》之后，张艺谋和他的团队以《印象·刘三姐》为蓝本，打造了《印象·丽江》《印象·西湖》《印象·海南岛》《印象·大红袍》《印象·普陀》等实景演出项目。同时，国内也出现了《长恨歌》《禅宗少林》《井冈山》《菩提东行》《希夷之大理》《中华泰山·封禅大典》《又见平遥》等类似的实景演出项目。

《印象·刘三姐》项目背后的资本博弈姑且不论，其成功的经验值得其他旅游项目借鉴。旅游景区项目是景区产品的重要组成部分，旅游者正是在参与各类旅游项目的过程中获得了丰富的旅游体验。在人民追求美好生活的过程中，旅游承载的正是人民对美好生活的向往，而旅游景区项目则扮演着丰富旅游形式、升华旅游内容的重要角色。中国旅游景区的开发经历了从"资源导向"到"市场导向"再到"资源与市场相匹配"的模式转换，旅游项目也在这个过程中被注入了新的设计和管理理念。

本章将从旅游项目的基础性知识入手，对项目设计的原则、程序、方法和发展趋势进行分析，并对景区旅游项目的针对性选择和价格制定问题做初步探讨。我们认为，旅游项目的设计和管理必须与实践紧密相连，所以选取了实际规划中的案例作为深化理论研究的材料，帮助学习者更好地理解本章内容并应用于实践。

第一节　旅游景区项目管理

美国项目管理专业资质认证委员会主席保罗·格雷斯（Paul Grace）认为"在当今社会中，一切都是项目，一切也将成为项目"。目前，景区运营管理者通过文化演绎项目、节庆节事项目、会议展览项目等手段提升景区吸引力成为主要抓手。

项目管理是以项目及其资源为对象，运用系统的理论和方法对项目进行高效率的计划、组织、实施和控制，以实现项目目标的管理方法体系。项目管理具有创造性、复杂性、不确定性等特征。景区的开发建设是一项很复杂的项目工程，包括项目前期策划定位、项目选择、项目定价、项目建设、项目运行等内容，表现出创意要求高、周期长、市场敏感度强等特点。

一、界定研究对象

在我们对旅游项目策划进行系统理解之前，首先有必要明确什么是旅游项目，它是如何进行分类的，并通过辨析与之相关的概念而对旅游项目策划的背景知识有更深的了解。

（一）旅游项目的定义

旅游项目（tourism project）是旅游规划和开发中常用的概念。可以将中国学者概括的有关定义归纳为资源组合说、吸引物说、体验说、旅游休闲活动说等。

黄郁成（2002）认为旅游项目是指旅游开发者为了达到特定的旅游发展目标而临时调集到一起的资源组合，即由各种现实和潜在的旅游资源转化而来的，能真正创造价值和财富的旅游资源。

马勇等[1]认为，旅游项目是借助于旅游地的旅游资源开发出的，以旅游者和旅游地居民为吸引对象，提供休闲消遣服务，具有持续旅游吸引力，以实现经济、社会、生态环境效益为目标的旅游吸引物。

吴宝昌（2004）认为，旅游项目是指整合一定的旅游资源形成的，具有一个主题，以旅游者和旅游地居民为吸引对象，以经济效益、社会效益、环境效益为目标的旅游吸引力单元。

而体验说则认为旅游项目是提供给旅游者合适的旅游体验，并以此为核心内容进行运作的综合体。

另有一些学者将旅游项目定义为：在一定时间范围内，在一定的预算范围内为旅游活动或以促进旅游目标实现而投资建设的项目（郑治伟[2]，2000）。

对以上定义进行比较分析后可知，旅游项目（tourism project）是指具有足够吸引力的，旅游者可以身临其境感受或参与的，经过系统管理和经营的，可创造价值的资源集合体。旅游项目要在一定的时间和一定的预算内达到一定的预期目标。旅游项目是旅游产业发展的支撑，也是旅游业跨越式发展的突破口。

（二）旅游项目的分类

旅游项目常见的分类方式有：环境分类法和社会内容分类法。前者主要是指以项目所依托的环境为分类标准，如按照自然环境标准可以分为：海岸旅游项目、山岳旅游项目等；按人居环境分类则有：乡村旅游项目、都市旅游项目等。后者主要是按旅游通常所涵盖的社会内容进行分类，一般有：自然生态旅游项目、历史旅游项目、文化旅游项目、探险旅游项目、科技旅游项目等。

而限定在旅游景区内，广义的旅游项目可以按景区的构成要素进行分类，主要分为：景区交通项目、景区观光项目、景区娱乐项目、景区特色商品项目和景区休憩旅游项目。这种分类适用于不同类型的景区，但不是每一个景区都必须完备这些项目，景区项目的确定需要经过项目设计、管理和选择的过程。

---

① 马勇，等. 旅游规划与开发[M]. 北京：科学出版社，2004.

② 郑治伟. 旅游项目可行性研究初探[J]. 重庆师范学院学报（自然科学版），2000(6).

（三）旅游项目相关概念辨析

1. 旅游项目与旅游产品

旅游项目与狭义的旅游产品概念有交集。旅游项目是构成旅游产品的基本要素，是具体的、可以真切感受的，而旅游产品相对比较抽象。旅游项目整体的吸引力组成了旅游产品，为旅游者提供物质和精神享受。

2. 旅游项目与娱乐项目

旅游项目与娱乐项目是整体和部分的关系，旅游项目包括但不限于娱乐项目。而娱乐项目通常是主题公园的重要构成部分。

3. 旅游项目与旅游资源

旅游项目依托旅游资源，旅游资源是旅游项目的物质基础，旅游项目将旅游资源的内在价值开发出来。旅游项目的形式可以被复制，但旅游资源不可能被复制。

景区项目策划是景区项目管理前期最关键最重要的工作内容。很多景区管理部门，只知景区规划不识策划。这是现行管理体制造成的原因，因为只有先做规划才能报批立项，这是一个行政程序。景区规划进入了行政程序，而策划却还在"门外"徘徊。所有投资决策失误几乎都可归结为"策划缺位失误"和"策划不到位失误"。景区怎么产生旅游吸引力？怎么和景区文脉结合？运营过程怎么安排？与同区域的旅游项目怎样竞合？等。

二、景区项目策划

（一）项目策划原则

美国旅游学者冈恩（Gunn）曾说，尽管旅游系统中各要素都有各自的重要作用，但唯有吸引物才构成其中的驱动力（drive power）。吸引物不仅是指区域中那些能够为旅游者提供可看或可做的事物的地方，而且为旅游者提供了为什么要出游的磁引力（magnetism）。我们结合以上旅游项目的定义来看，冈恩所讲的驱动力和磁引力完全可能在一个策划完整的旅游项目中体现出来，这就使旅游项目承担了一项重要的使命——成为旅游景区可持续发展的原动力和吸引核心，这也是景区项目策划的出发点和最终目的。在此过程中，必须遵循以下四方面的原则。

1. 独特差异性

旅游项目的核心策划理念可以用"人无我有""人有我新""人新我特""人特我精"来概括，也就是说，景区项目必须有独特性、创新性，并体现其差异化。全球最著名的主题公园迪士尼，就是依靠每年旅游项目30%的更新率不断为旅游者制造惊喜而获得了旅游者长期的青睐。

概括起来讲，景区旅游项目可以从以下三个途径实现独特差异性。第一，突出景区主题。将主题的核心点融入策划思路中，体现鲜明特色。第二，注入文化内涵。将地区文脉的挖掘和提炼作为延续景区旅游项目的生命力的主要支撑点。文化内涵应该见诸项目的内容、形式和实施过程的细节，而不能只停留于泛泛而论。第三，塑造品牌。好的策划和适时适当的营销就可能塑造品牌，随之就会降低旅游者的购买风险，提高市场号召力。

2. 真实体验性

旅游就是一种体验，旅游就是从自己活腻的地方到别人活腻的地方的一种经历。旅游者从"走马观花"向"下马赏花"过渡，体验是旅游者最本真的需求。人们越来越讨厌传统"赶鸭子"式的团队旅游，更倾向于以自助为手段、以体验为追求的自助游。散客旅游特别是中短距离区域内的家庭旅游份额逐步增加就是明证。旅游项目策划的核心出发点就是旅游者的"体验"需求。

例如，现在国际上较为流行的探险旅游项目（如表 4-1 所示），为旅游者提供了较为震撼和神奇的感受，无论是秘鲁的盆地探险，还是法国的浪漫岛屿穿梭，这样的经历都让人觉得惊险异常。探险类项目因为符合了旅游者挑战自我潜力的需求，营造出真实可感的氛围而使游人获得了激发能量的体验空间。给我们的启示是：旅游者需求的发展将倾向于真实的感受，体验景区营造的、超乎现实生活但却可以亲历的旅游项目。

表 4-1　全球最具特色的探险旅游项目[①]

国家	探险旅游项目
中国	沿长江划筏顺流而下
澳大利亚	沙漠上骑骆驼走 400 公里
秘鲁	乘小船到亚马孙盆地探险
不丹	畅游山区王国的古代村落
蒙古	与游牧民一起打猎
法属波利尼西亚	穿梭浪漫的岛屿
印度尼西亚	在热带森林寻找失踪部族
新西兰	前往南岛多个全球最优美的捕蝶区以及 20 条偏僻溪流
墨西哥	在拥有全球最大水底洞的诺霍那茨乐园潜水
俄罗斯	在莫斯科郊外的星际城市太空人训练营接受胆量训练

3. 市场适应性

市场是项目策划成败最公正的裁判。成功的景区项目策划基本都是准确把握了目标客源市场的需求而取得了成功。所以，满足甚至创造潜在旅游者的旅游需求是景区项目策划的基本方向。由于这种关系的存在，项目在策划时就应该相时而动，根据景区资源特色和目标市场定位的选择提出相适应的项目策划方向以及方案。这就要求项目策划必须从客观的市场调查出发，以真实的需求信息作为策划的参考依据。

4. 持续发展性

旅游景区总体规划的期限一般为 10～20 年，持续发展性应该是其主线之一。景区项目的设计应该与景区长远发展的方向保持一致，并逐渐形成景区的特色吸引力。而且在设计

---

① 引自《光明日报》，美国《国家地理》杂志的编辑和调查员的调查结果。他们花了半年时间到世界各地亲身尝试最惊险的活动，选出的全球精彩探险旅游项目，这里只选取部分。

中应该保持灵活性，为项目本身的长远发展铺路，留有必要的余地。所以，一些景区的项目建设就分为一期、二期甚至三期。除此之外，项目持续发展原则还体现在三大效益的兼顾上，即设计理念的形成必须是兼顾经济、社会和文化三大效益，从而获得持续发展的可能性，这也是项目生命力延续的关键所在。

（二）项目策划理念

景区系统中的旅游项目贯穿了景区的全部吸引脉络，在功能分区的基础上，集成了景区一切有价值的资源。旅游项目的策划内容包括以下几项。

1. 起名定位

这是景区项目设计的首要问题。项目名称要特色突出、好记、精练，项目名称要能明确反映特色、主题和形式。概括起来讲，起名定位的基本要求是"内"要紧抓景区文脉，"外"要创造景区吸引力。例如，《印象·刘三姐》中的"刘三姐"既抓住了当地的"文脉"特征，也对外产生了吸引力；"印象"两字既表明了项目的特色是歌舞，又给项目创新留下了很大的空间。开封的"清明上河园"就比杭州的"宋城"更能体现景区特色、更容易让旅游者记住（宋，张择端《清明上河图》）。一般来说，景区项目名称以 3～5 字为宜，少于3 字的项目名称传达的信息有限，吸引力下降，多于 5 字的太长不好记且特色不突出。例如，"大唐芙蓉园"就比"唐园"（曾经的备选名称）好、"农业观光园"就比"现代农业创新观光园"好。

2. 创意产品

创意是传统的叛逆，是打破常规的哲学，是破旧立新的创造与毁灭的循环，是思想库、智囊团的能量释放，是深度情感与理性的思考与实践，是创造性的系统工程。旅游项目策划也一样，要具有新颖性和创造性的想法，要超前不超脱、敢为而不乱为。例如，张贤亮全国第一次出卖"荒凉"建成镇北堡西部影视城，张艺谋、王潮歌、樊跃首创实景演出成就《印象·刘三姐》等。旅游项目是一个综合的产品体系，个体产品可以是节庆活动、特色建筑群、情景展示，也可以是游乐设施等。应该用统一的创意将这些个体产品整合在一起，体现在细节处就是外观、形状、材料等的一致性或相关性，从而产生吸引力，形成卖点。

3. 空间安排

对景区资源的有效利用，是项目策划时需要重点考虑的问题，旅游项目的空间安排就是实现手段。景区项目的空间布局，除了要考虑资源的利用程度、项目的体量及其投资规模外，还要考虑旅游者玩得美（移步换景）、资源保护得好（可持续发展）、安全有保障。在设计中要综合项目主题要求，确定项目分主题布局和地理范围，各建筑物的位置、距离、外观、开放空间布局和大小等内容。

4. 管理方略

旅游项目管理水平是旅游景区"软实力"的体现。"一流的资源二流的管理三流的服务"是对中国旅游景区现状的描述。广大游客怨声载道的三流服务其实还是由二流的管理造成的。再好的旅游项目策划缺少了精细化管理最终也会被市场淘汰。旅游项目在策划过程中就应考虑到管理策略、方法和措施，怎样保持或更新项目的吸引力元素，具体体现在项目管理、工程管理、日常管理、服务质量管理等，设计的图纸和文本应该贯穿这种管理思路，以便为日后的管理工作提供便利和支撑。

三、景区旅游项目设计的一般程序①

旅游项目设计是一个有特定过程的有序思维体系，辅之以实际的操作，从而为项目的现实可行性奠定基础。了解项目的设计程序将有助于指导实践，我们总结设计的一般程序如下。

（一）形成项目的初步构想

景区在建成之初或者面临产品升级时，往往需要设计旅游项目，当景区管理方确认景区确有建设旅游项目的必要性时，就需要先整合人力资源，寻找旅游项目的规划设计人员及市场调查人员，征询专家的初步意见，对景区项目建设前景进行初步的感性评估，形成粗线条的构想和策划。

（二）调查景区旅游项目的相关信息

这是设计的调查阶段，以获得完全、真实的信息支持为目的，整理后有价值的信息将对形成旅游项目的专门化策划提供帮助。与项目紧密相关的信息主要包括以下几项。

1. 景区的资源现状

经过前期资源普查工作的景区，对本身资源所具有的优势应该有一个盘点，在进行调查时就应该将重点放在这些特色资源上，了解它们的分布以及与景区发展主题的关联点，以此确定旅游项目的可用资源和发展基调。

2. 客源市场信息

景区发展需要明确目标客源市场之所在，重新定位时也应该准确把握目标客源市场的变化。只有这样才能在项目设计中针对市场需求注入吸引力因素，才能确定景区究竟能为需要争取的客源市场提供些什么，做好精准营销工作。若景区关于这方面的信息尚未明确，那么在项目设计推出时就要先做好系统的市场调查工作，对市场特征进行摸底，了解消费者自身的一些信息，如职业、年龄、喜好等，以及市场构成信息和潜在客源的消费偏好等。此类工作完成后，需要更进一步了解的是目标市场对景区服务和设施的具体细节要求，这在项目设计中将成为最根本的吸引点。

3. 景区外部环境

这是指景区所在区域的文化、历史、自然等相关资源的富集度，明确旅游项目的替代性和竞争优势究竟有多大。另外，这也是对项目发展的社会、经济和人文环境条件的考量，以获得对项目外部发展支持条件的准确掌握。

---

① 可参考《印象·刘三姐》项目。

4. 相似景区旅游项目的有关信息

资源不可复制，但景区发展总有相似的支持条件，特别是参考同类型成功景区的项目先例，将有助于本景区项目的设计。但必须明确，项目虽然可以复制，但只有"满足人民对美好生活的新期待"的做法才能获得丰厚的回报。了解相关信息是为了更好地创新，而不是盲目地跟从，实践"人有我新，人新我特"，站在巨人的肩膀上才能获得更强的特色吸引力。因此，继《印象·刘三姐》之后的《印象·海南岛》《印象·普陀》等"印象"系列的运营就会面临较大的市场压力。

以上四方面关键信息的获得必须经过整理和无数次的重新利用，为了应付复杂的工作，需要形成一个处理体系，我们建议对多次获得的信息建立起旅游景区信息系统，为以后的设计和管理工作提供便利。在项目进行设计时，我们将这个系统称为"景区旅游项目设计信息支持系统"，它对项目设计的贡献如图 4-1 所示。

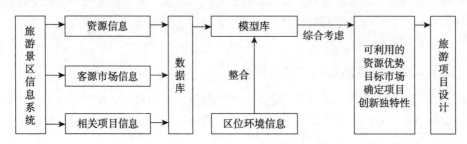

图 4-1　景区旅游项目设计信息支持系统

（三）创意设计形成阶段

根据以上的信息集合，就可以进入项目设计的实质部分，我们将创意形成的过程分为以下五个步骤。

1. 项目概念整合

这是对适宜目标市场和资源的项目理念进行呈现，主要是陈述如"项目应该具有……，让游人感受到……"类似这种特征描述的句子，特征点立足于旅游需求方的要求，力求创新，从中可以得到项目名称和主题的最初灵感，这是确定创意基调的关键一步。

2. 明确项目功能

也就是说这个环节需要明确景区项目能为旅游者提供什么，是美景资源的富集还是人文内涵的升级享受，是跨越时空的挑战体验还是放松身心的现代娱乐设施，从而能在设计细节时将项目需要的特征整合其中，实现旅游供给与旅游需求的无缝对接。

3. 赋予内涵

这是项目实现吸引力突破的重要一步，要赋予游人感兴趣的异地文化内涵、景致差异或全新的放松体验，关键点是与设计的实物表现结合，形成可触摸和感受的体验空间。从全局观看项目关联的各种要素，用发现的智慧挖掘具有吸引潜力的人文、民俗、历史等现象，经过甄选和新的组合方式再次加工，使项目设计具有延长的生命力。但不是说将越玄、越深的文化强加给项目就能获得所谓的文脉，任何内涵的赋予必须与目标市场需求相匹配，要有能真正打动人心的核心理念设计。

4. 选址论证

选址既是一门科学，又是一门艺术。宏观上看，旅游项目开发在什么位置既关系到整个旅游景区的合理布局，也关系到景区能否综合协调发展的问题；微观上看，旅游项目开发不仅影响项目的建设投资和速度，而且还影响到项目建成后的经营成本、利润和服务质量，以及旅游者的游览条件等。因此，选址要放置于景区整体规划中考虑，也要配合景区内部设计旅游线路的便利，还要兼顾利用资源的方便以节约成本。

5. 形象设计

完成项目核心内涵和布局设计后，就需要将旅游项目以一个整体的形象向市场推出，这个形象的设计必须有助于记忆和推广。必要时可以引入 CIS 体系，以 MI（理念识别）、BI（行为识别）、VI（视觉识别）形成景区的识别系统，强化宣传力度，以利于景区项目建成后营销活动的有效展开。

（四）项目设计再完善

在项目设计的过程完成后，设计者要与行业专家、技术人员、旅游者代表等相关各方不断地沟通、碰撞，要从景区运营的实际出发，既考虑技术的可能性与先进性，又要注重收益性、竞争能力和实施的难易程度，不断修改，使设计更加完善、合理和更有效率。

（五）策划书的撰写

在与景区管理层沟通后，就可以着手编写项目策划书。项目策划书的构件①主要有以下几项。

①封面。主要包括设计的主办单位、设计组人员、日期、编号等。

②序文。阐述此次设计的目的、主要构想、设计的主体层次等。

③目录。策划书内容的层次安排，各级标题应清晰、简洁、准确。

④内容。设计创意的具体内容。描述创意力求清晰，数字准确无误，内容充实可行，层次清晰。

⑤预算。为了更好地指导项目活动的开展，需要把项目预算作为一部分在策划书中体现出来。

⑥项目进度表。包括设计实施的时间安排和项目活动进展的时间安排，时间在制定时要留有余地，具有后续操作性。

⑦策划书的相关参考资料。项目设计中所运用的二手信息资料要放在附录部分，以便查阅。

编写策划书要注意以下几个要求：文字简明扼要；逻辑性强、时序合理；主题鲜明；

---

① 马勇. 旅游规划与开发[M]. 北京：科学出版社，2004. 作者有修改。

运用图表、照片、模型来增强项目的整体效果；有可操作性。

四、景区项目策划的技巧

在项目设计的过程中需要用不同的方法来推进项目设计程序的完成，特别是策划的形成是有很多方法可以遵循的。我们对旅游项目设计中常用的一些方法进行整理，分别从三个不同角度进行阐释。

（一）激发设计人员的思路

从这一角度出发涉及的设计方法是比较多的，具有代表性的是头脑风暴法、德尔菲法、经验分析法、拍脑瓜法和逆向思维法等。

1. 头脑风暴法

该方法由 A·F·奥斯本在 1953 年提出并理论化，主要是进行策划时由主设计人员说明主题、提供必要的相关信息并创造一个自由的空间，让其他设计人员充分表达自己的想法，在讨论中大家不断提议，从而创造了一个很好的氛围以激发设计人员的兴奋点，从而很好地挖掘了每位参与者的潜在智慧。这个方法在实施时容易产生天马行空的思维偏离，所以需要在策划之初明确项目主题，以得出优秀的设计方案。

2. 德尔菲法

在 20 世纪 60 年代，美国兰德公司首创和使用了这种特殊的策划方法，由于被询问的专家们互相不见面，所以它也被称为"背靠背法"。通过咨询专家们的意见，可以得到比较权威的专业知识和市场把握，也能为设计人员提供一种全新的思路，拓宽项目的主题理解，但它的主观性较强，容易偏离景区实际，影响项目设计的准确性。

3. 经验分析法

顾名思义，该方法就是指借鉴已有的景区项目设计创意，分析手头所做的旅游项目，通过将资深专家对资源和市场的认识进行移植使用，设计人员不再凭空想象，在思路陷入困境时可以借此峰回路转，而且应用经验也可以节省一些人力的付出。使用该方法时应注意不脱离景区实际。

4. 拍脑瓜法（又称创意法）

对于具有渊博专业知识的设计人员，在充分了解项目背景信息后，打开想象的大门，形成意境，项目创意会在不经意间从头脑中跳跃出来。这种方法需要设计人员有一定的项目规划功底，有助于带动设计团队的思维活跃性。

5. 逆向思维法

此方法是用不同于一般思维习惯的逆向方式进行思考，从而形成新的创意。换一个角度想问题，可能会"柳暗花明又一村"。例如，现在流行的城市野生动物园模式，它改变了原来将动物放置笼中的做法，将人置于一个流动的"笼"中完成其观赏游览过程，而将动物从"笼"中放归自然环境中"衍生"。

（二）倚重旅游者的需求趋势

1. 问询法

此方法是直接询问潜在旅游者对旅游项目的想法和需求，从而有针对性地进行项目设计。它的优点是能获得一手的准确信息，但这些信息必须经过设计人员分析，转化为设计可用的专业化资讯。

2. 灰色系统法

灰色是代表了白色和黑色的中间地带，即有一部分信息已知而另一部分信息未知的系统，这是利用一些已知的行为结果推断产生该行为的原因或未来模糊的不确定性行为的方法。这种方法用在旅游项目策划上就是通过对现有旅游者的行为模式，推导出未来可能拥有客源市场并获得成功的旅游项目形式。旅游者的行为模式折射出了旅游者的需求，利用此方法可以把握游人在旅游中的真实要求。

3. 时空搜索法

从吸引旅游者的角度出发，旅游项目在时间轴上有两大趋势：复古潮流和高科技体验的趋势。而在空间上，利用"移步换景"的移动规律反映差异性也可以吸引游人。所以，可以从空间轴和时间轴两个向量上搜寻与本地区位、市场及资源条件的最佳交叉点，借此打开项目策划的思路。

（三）突出资源的整合性

1. 嫁接法

旅游的关联性应用在项目的设计中就是将其他学科所形成的一些流行理念融入项目的创意之中，如将文学、艺术、地理、建筑等学科的内容赋予在项目的内涵中将可以增强景区的吸引力，同时也丰富了旅游者的旅游体验。例如，四川雅安的碧峰峡景区，紧紧抓住"雅女""雅雨"和"雅鱼"的人文地理背景，将女娲文化植入景区，取得了良好的效果。

2. 典型集中

将具有特色和资源利用分散的各种项目，按一定线路和主题进行整合，使吸引范围变大，改变项目组成结构从而形成创新性的旅游项目产品。例如，在众多茶艺景区内出现同质化的养生主题，品茗之余就没了新意，现在将流行的洗浴文化与之整合在一起，出现"茶浴"这样的新项目，就使得"养生"这个概念内涵更加丰富了，吸引力也增强了。

五、影响景区旅游项目设计的因素

在这里我们提出四点较为关键的影响景区项目设计的因素，旨在抓住关键点规避工作的疏漏点，完成较为完善的旅游设计方案。

（一）设计人员对主题的理解

景区旅游项目以主题挖掘为契机，如果设计人员对主题理解产生偏差或深度不够，那么项目对景区发展所起的作用就会大打折扣。主题的把握贯穿项目设计到实施的全过程，关系到项目设计后续工作的开展。因此，找到一位或几位实践经验丰富、创新能力强的设计员是项目成功的关键，好的设计人员几乎决定了项目成功的一半。例如，《印象·刘三姐》项目找到了张艺谋、王潮歌、樊跃。

（二）与景区管理方的有效协调

设计人员对旅游项目吸引效果的设想往往比较理想化，缺乏对景区存在的某些体制限制或社会关系的认识，使得项目流于形式而难以实施。这就需要与景区管理方充分协商，了解关于开发投资商的一些信息，从而充分利用景区可实施的各种途径，完善项目的设计。

（三）信息收集的全面性

在设计程序中有一个环节就是信息收集，它为项目设计提供了最原始的、相关联的资讯单元。信息集合将决定项目的设计方向，全面的信息收集将会使项目设计能够更接地气地展开，这主要得益于市场调查的完整性、资源普查的权威性和对现有及潜在竞争者替代性、补充性的准确度量。

（四）资源赋存状况

旅游资源是项目设计的基础凭借，它提供了背景氛围的支持，这一点影响因素是客观存在的，它会在素材特征上限制但不决定旅游项目设计主题。我们提出该影响因素就是想说明，对于自然景观类的景区来说，资源赋存状况一般是无法改变的，但作为人造景区项目的设计，可以立足于资源赋存的特点，通过人为的创意和设计可以将劣势变为优势。例如，深圳华侨城集团正是将传统旅游资源匮乏、人口流动量大、经济发达作为资源赋存特征加以利用，实现了主题公园项目的成功。

六、中国景区旅游项目策划的发展趋势

据旅游界权威人士预测，21世纪最受欢迎的旅游项目有上山、下乡、飞天、入海、观文化、走沙漠、游森林、进工厂等。中国景区业的现状是：随着旅游消费由卖方市场转变为买方市场，在此过程中，高品质的消费需求、激烈的市场竞争、新兴的后起之秀，这些都迫使中国旅游景区必须转型升级，通过项目设计进行升级换代，旅游项目也必将随着旅游消费需求的变化而经历一个快速迭代的阶段。因此，对中国旅游项目的未来发展趋势进行分析与把握将为旅游景区的发展提供一些参考。

（一）文化旅游项目前景独具

文化是景区的灵魂和核心，是营造特色的基础。景区旅游项目的升级换代正是通过对景区文化这一核心"芯片"的深度挖掘、系统整合、主题提炼、动态展示和全面营造来推动景区的新生和发展。这使得文化旅游项目在景区旅游项目中占有重要的地位，各地推出诸如历史遗址游、名人故居游、文化名城游、特色居民游、民俗风情游、民间艺术游、革命圣地游、宗教旅游等文化旅游项目，大大增强了景区旅游业的文化内涵。

（二）崇尚自然、返璞归真

人类是从自然走出的，自然能带给人类最原始的感动。现代社会的发展使我们很久未亲近自然，产生了很多心灵的困扰，生活的空间也越来越小，这促使人们在休闲旅游时有强烈的动机追求自然体验，海滨度假、农业采摘、乡村旅游、古镇旅游、森林旅游等旅游项目渐成热点。后疫情时代的旅游需求加速了这一趋势的进程。

（三）呼唤特种旅游的发展

特种旅游是指具有一定的创意性，通过专业人士的指导和相关器材的辅助，采用人力运作，借助徒步、狩猎、登山、驼队、自行车、汽车等形式，去发现自然、探索自然，并最终征服自然的探险性旅游活动。旅游者喜好参与性强的旅游项目，特种旅游就是让旅游者从传统的观光、被动地接受中走出来，积极地参与旅游活动，挑战自我，彰显个性。中国特种旅游开展时间虽然不长，但已显示出强大的生命力，成为中国旅游业中蓬勃发展的新增长点。

第二节　旅游景区经营项目选择与价格制定

前一节介绍了关于景区旅游项目设计的基础性知识及项目设计相关的一些内容。这一节将从景区管理入手，就旅游景区实际运营中旅游项目的选择和价格制定问题进行研究，这是关系到景区旅游项目运营管理的生死问题，对经营实务指导性较大。

一、经营项目的针对性选择

旅游项目设计完成后，要经过景区管理开发方的甄选，才能进入实际建设和运营阶段，变为吸引旅游者完成旅游体验的实体。从管理方角度看，被选定的项目应该促进景区整体的发展，应该能为景区带来可观的经济收入。另外，在项目确定后，由于资金等现实条件的限制，又需要对选定的项目再次按景区规划的时间进度表决定先期建设项目和后期建设项目，以优化配置资源，达到景区发展进程中各阶段性的目标，这一过程如图4-2所示。

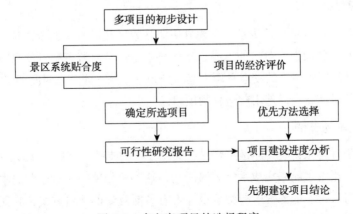

图4-2　多方案项目的选择程序

（一）分析与旅游景区系统的贴合度

景区经营的旅游项目首先应该与景区整体发展状况相适应，贴合景区系统的现状。立足景区系统，进行项目选择时应主要从以下几个方面考虑。

1. 资源配置的关联性

旅游项目应该对景区所具有的资源进行有效整合和良好配置，如果只是资源的简单捆绑而缺乏巧妙的关联，或以破坏自然和人文资源原貌为代价，那么这个项目就没有建设的价值。要考虑项目是否将景区内分布不均的各种资源进行了关联，以此形成了具有吸引力的旅游路线，仔细评价项目是否充分展示了资源所具有的潜在吸引力，如此组合是否是最优的，关联度能否呈现更佳的状态，并据此选出所需的旅游项目。

2. 主题理念的表达

选择的旅游项目应该做到主题突出，与景区的理念诉求相吻合，而且循着项目设计所设想的旅游方式向游人传达景区的深层意象。如深圳欢乐谷内的各项娱乐设施，虽然形式和内容各异，但都能给旅游者带来一个统一的感受——开心，这正是景区理念所要带给游人的享受点。目前，最受欢迎的旅游体验项目是：观赏极光、滑翔伞、鲨鱼伴游、徒步、观鲸、热气球、赏萤火虫、直升机。近几年，彩虹滑道、高空滑索、玻璃吊桥、网红桥、高空漂流、喊泉等网红项目撑起了景区的二次消费娱乐。景区可以根据自身文脉特征甄别项目主题。另外，项目设计的一亭一廊、一瓦一木，都是体现主题的细节之处，在选择时更应着重把握。

3. 市场特征的迎合

旅游项目是随目标市场的需求而更新的，所以所选的项目必须适应景区特定的客源群，与消费者的自身特征和消费特征相契合。项目在设计时会考虑到旅游者的需求，但是管理方应该对景区现有的一级目标市场和潜在客源群有明确了解，参照项目吸引力覆盖的范围限定，评估项目是否真的能实现这种吸引力，就可以明确项目是否适合本景区。

4. 景区项目的布局

项目设计将会对选址进行确定，管理方应该从景区全局入手，考虑各功能区设置的旅游项目是否有利于各吸引力单元的形成，从而科学地制造旅游者游览的兴奋点，做到移步换景。还要考虑景区吸引力的动态平衡（空间分布的平衡、淡旺季时间的平衡等）。通过对项目布局的综合考虑，可以选出较适合的项目。

5. 运营成本的节约

有些项目设计得很出色，但是需要一些尖端技术的支持，例如，《印象·刘三姐》项目设计初期曾打算用潜水艇来完成水上表演活动，这些策划就缺乏对运营成本的考虑。景区应该选择那些对人力、能源等进行细节设计，有节能意识的项目方案，它能使景区在项目建设和经营中真正获得利益。

（二）旅游经营项目的市场预测

项目选择过程中最为实际的一环是经济收益的预测，关于这方面的研究在中国理论界还很欠缺。与经济收益关联最紧的是目标市场，吸引到客源的旅游项目就会给景区带来收益，所以应该特别关注在旅游项目选择时对项目的客源量进行预测，这也是对项目市场规模可行性的考量。在方法上主要从定性和定量两个角度来考虑，往往互相补充。

1. 定性预测进行项目选择

①专家判断。主观性较大，建议在使用时应该采用"背靠背"的德尔菲法，同时吸纳不同级别管理人员的意见。因为仅仅简单地根据某人的专业经验和自身感受得出结论，往往有失偏颇，从而产生错误的判断。

②样本调查。针对项目的设计思路，使用市场调查中的"联想法"等，为调查受众描述项目所营造的意境，得到关于项目的不同感受，然后汇总；或者将设计主题和具体内涵以问卷形式展示，在样本范围内调查，得出关于项目的感性认识，从中分析项目的市场前景。

③类似项目的比较。在待建旅游项目的区域外，往往已经建有同类的但不构成直接竞争的旅游项目，以这些已建项目为参照物对待建项目进行适当比例的修正，就可以得到待建项目的客源量参考值。而在区域内已建成的类似项目，就很可能构成正面竞争，在这种情况下，应对比竞争力，分析优劣势。如果优势明显，则可以在总客源量不变或稍增的背景下，两者按竞争力大小预测市场瓜分比例，比较得到的预测客源量，如果低于景区的投入产出预期，那么就舍弃该项目。

④客源趋势递增预测。根据历史资料和开发后可能增长的幅度来预测客源市场的规模，一般可用下列公式计算：

$$Q_i = \alpha(1+\beta)^i$$

式中，Q_i 为第 i 年的客源人数规模；α 为预测基年值；β 为年增长率。

判断出 β 值就能预测客源人数。β 值随着客源人数的基数增加而逐渐减小，并稳定在一个区间内。在旅游景区发展的过程中，对旅游接待人数的预测常用此法，在旅游项目的客源规模预测中也可以借鉴此法。

2. 定量预测进行项目选择

（1）定量预测步骤

第一步，景区客源总量的预测，趋势外推模型是最为常用的预测方法。它根据旅游景区某些程度上经常表现出来的规律，将过去的市场数值，通过图解法或移动平均法或最小平方法，求得未来的发展趋势。因为相对来讲，最小平方法的精度最高，所以我们选择"最小平方法"，着重介绍如下。

假设长期趋势的方程为 $y = f(x)$，则各点至 $y = f(x)$ 的垂直距离总和应最小。这时的 $y = f(x)$ 方程才最能代表该预测趋势。这种使偏差平方和变为最小的数学方法就是"最小平方法"。如果最小平方法所研究的对象其历史数据逐年增长量基本相同，则可选用直线方程：

$$Y_t = a + bx$$

式中，Y_t 为预测值，a，b 为求解参数，x 为时间序列。

用"最小平方法"配合直线方程求解 a，b，方程式为：

$$\sum y = na + b\sum x$$
$$\sum xy = a\sum x + \sum x^2$$

通过解二元二次方程，得到参数 a，b，从而建立 $Y_t = a + bx$ 的直线方程预测模型。

这种方法的缺点是拟合程度不高而且没有上限，因此我们引入一个较为合理和精确的方法——逻辑推理曲线趋势预测法[①]。逻辑推理曲线又称罗吉斯曲线（Logistic Curve），它被广泛用于描述和预测某项事业的发展趋势。

预测模型是：

$$\frac{1}{\gamma} = k + ab^x$$

它形成的曲线轨迹是初期运行轨迹平缓，以后增长加速，达到一定程度后，成长率渐趋缓慢，终至平坦，达到最高极限的渐近线。这一过程与旅游项目的发展很相似。

模型中，k 表示渐近线上限；b 为相连一次差的比率；a 为 $x = 0$ 时，与渐近线之差；x 为时间序列；γ 为预测值。

举例：如果 n 表示观察值第三分之一的期数，则各参数计算公式为：

$$a = \left(\sum_2 \frac{1}{\gamma} - \sum_1 \frac{1}{\gamma}\right)\frac{b-1}{(b^n-1)^2}$$

$$k = \frac{1}{n}\left(\sum_1 \frac{1}{\gamma} - a\frac{b^n-1}{b-1}\right)$$

$$b = n\sqrt{\frac{\sum_3 \frac{1}{\gamma} - \sum_2 \frac{1}{\gamma}}{\sum_2 \frac{1}{\gamma} - \sum_1 \frac{1}{\gamma}}}$$

在宏观总量预测时，不宜机械运用逻辑推理曲线，应当综合考虑今后若干年可能发生的相关事件，对预测加以参数修正。

第二步，对项目所占客源比例进行分析。使用 SWOT 法（自我诊断分析法），将项目在客源市场方面的优势、劣势、发展机会和面临的威胁等列出来，然后将其简化为影响因子，对这些因子进行加权测算，优势和发展机会是正值，劣势和威胁是负值，从而按分值高低确定项目可望在总客源量中分得的份额。

最后，根据经过两步计算得出的结果进行项目的选择，现在国际上流行的著名统计软件分析包——社会科学统计软件包（spss/pct）可帮助定量运算。

（2）相关关系预测

当缺乏完整连贯的历史资料时，我们引入回归模型进行预测。因为它考虑了其他相关

---

① 参考自陈南江《试论旅游项目可行性研究的理论及实践》一文。

因素的影响，可靠性更强一些。这里我们对一元回归模型预测法进行介绍，它是确立在一个自变量和一个因变量之间具有显著相关关系的基础上，配合回归线进行预测的方法。

我们按项目发展的相关变量（如旅游者收入、文化水平、年龄、旅游者人数等）之间的关系，建立回归模型如下。

$$Y = a + bx$$

相关系数的计算公式为。

$$r = \frac{n\sum xy - \sum x \sum y}{\sqrt{n\sum x^2 - \left(\sum x\right)^2} \times \sqrt{n\sum y^2 - \left(\sum y\right)^2}}$$

如果相关系数 $r \geq 0.05$，这样就可以用最小平方法配合回归线，解得 a，b，从而得到模型，进而预测。可见，因子的数量显著影响调查和计算的工作量，因此对因子应按以下原则进行优选：相关因子与预测因子间的相关度越高越好，相关因子间的相关度越低越好。

（三）旅游经营项目的优先选择方法

在项目确定后，景区管理方还需要根据自身条件，将项目置于不同的发展阶段，在选择时也必须有方法进行指导，才能实现对资源的合理化使用和确定先期经营目标。总结方法主要是从景区目的系统出发，明确景区项目建设的一级目标，再加上专家经验综合确定。

1. 以取得经济收益为目的的测算公式

$$收益指标 = \frac{内部资金回收率}{市场长期利率}$$

比值大者优先建设。

2. 以换汇为目的的测算公式

$$换汇指标 = \frac{外汇收入 - 外汇支出}{国内货币支出}$$

比值大者优先建设。

3. 以提高就业率为目的

$$测算公式为：内部就业率指标 = \frac{旅游景区工人工资总额}{全部支出工资总额}$$

比值大者优先建设。

4. 以地区间平衡发展为目的的测算公式

$$平衡发展指标 = \left(\frac{旅游地内年均家庭收入}{全国平均家庭收入} \times \frac{该地区雇员工资}{总支付工资} \times 该地区采购产品成本\right) - 工资总额$$

所得结果值大者优先建设。

二、景区旅游项目价格制定体系

旅游项目管理中很重要的一个环节就是在景区项目进入营运状态之前，明确目标市场能够接受的、经营者能收回成本且享有盈余的价格水平。此后的关键是寻求两者的平衡点。各景区项目价格的制定，关系到对设计人员智慧结晶的尊重，也关系到景区设置游憩门槛的考虑，而且也会影响旅游景区的整体氛围。

中国旅游界关于项目价格的专门研究并不成熟，没有形成统一的体系。本节选择从价格制定原则谈起，关系到对景区价格的效益评估问题，并尝试将旅游产品营销中的定价方法应用于旅游项目。

（一）价格制定原则

1. 体现资源价值原则

"价值是价格的基础，价格是价值的表现形式"的经济学原理也适用于景区项目的定价原则。一般来说，旅游景区项目开发都是以旅游资源为物质基础，以主题文化为灵魂展开的。所以，旅游项目的价格应该体现资源价值。资源价值的评价应该以 2003 年 5 月 1 日施行的《旅游资源分类、调查与评价》（GB/T 18972—2003）为依据，从资源要素价值、资源影响力、附加值三个评价项目及其所属的八个评价因子进行评价，进而将旅游资源单体分为五个价值级别。

2. 体现市场价值原则

不同的景区项目对旅游者所呈现的效用是不同的。从旅游者角度讲，这不仅包括身体的放松，更重要的是精神上的愉悦和文化价值的提升。任何一个旅游项目，旅游者都能根据自身的价值观念和消费经验形成一个心理价格，如果制定的价格超过这一心理价格，就会遏制需求；反之，则会刺激需求。因为这多少来源于不同游人自身的心理感受。因此，在价格制定时，就需要分析客源市场的收入、文化层次、旅游心理等需求能力因素，结合项目自身赋予的价值综合定价。

3. 稳中有变原则

旅游项目处于景区日常运营的重要一环，不可避免地受到景区季节性和阶段性的影响，这些变动的因素需要项目在价格制定时呈现差价，以调节景区的整体收益。例如，中国绝大多数景区已经实行淡、旺季差别价格体系。在项目运营的不同时期，可以根据营销目的，适当调整价格。景区项目在积极适应这些变化时，也需要把握一个相对稳定的前提，这就是说项目应该在一个较长的时期内保持一种连贯的动态稳定规律，而不应跟风涨价或巧设名目涨价。这样会引起旅游者的反感情绪，从而造成景区美誉度的降低。

4. 三方利益平衡原则

景区项目同样也要兼顾经济效益、社会效益和环境效益。对于景区项目来说，经济效益是驱动、社会效益是保障、环境效益是根本。相对于一般的经济项目而言，景区项目的投资收益周期较长，而社会效益、环境效益又因为承担了更多的社会责任而备受地方政府、社区、媒体的关注。因此，景区的价格体系只有平衡三方的关系才能使景区项目持续、稳定、健康地发展。

5. 依法价格管控原则

《旅游法》在第四十三条、第四十四条款中对旅游景区价格管控有明确的规范。

第一是管控"涨价"行为。利用公共资源建设的景区的门票以及景区内的游览场所、交通工具等另行收费项目，实行政府定价或者政府指导价，严格控制价格上涨。拟收费或者提高价格的，应当举行听证会，征求旅游者、经营者和有关方面的意见，论证其必要性、可行性。利用公共资源建设的景区，不得通过增加另行收费项目等方式变相涨价；另行收费项目已收回投资成本的，应当相应降低价格或者取消收费。

第二是提倡"免费"行为。公益性的城市公园、博物馆、纪念馆等，除重点文物保护单位和珍贵文物收藏单位外，应当逐步免费开放。

第三是要求价格透明原则。景区应当在醒目位置公示门票价格、另行收费项目的价格及团体收费价格。景区提高门票价格应当提前六个月公布。

第四是制止变相涨价和强制售卖套票行为。将不同景区的门票或者同一景区内不同游览场所的门票合并出售的，合并后的价格不得高于各单项门票的价格之和，且旅游者有权选择购买其中的单项票。

第五是约定景区产品"质价相符"原则。旅游景区的核心游览项目因故暂停向旅游者开放或者停止提供服务的，应当公示并相应减少收费。

（二）景区项目的经济效益评估

在对旅游项目进行定价时，需要考虑到项目效益评估所得到的结论，因为它往往以假设项目的定价为前提进行投资效益的分析。通常是预先设置高、中、低三个水平的价格进行计算，如果计算结果表明投资不能在预期期限内收回，则要适当抬高项目的定价或更改其他因素再做计算，这样反复几次后，直到得到投资方认可的结论，相应地，也就确定了价格所在档次的水平。这种从投资方利益出发，经过效益评估得到的价格只是确定了一个范围，可以作为价格制定时最基本的参考，而不能简单地作为最终的价格。

这里介绍在项目评价中经常使用的三个参考值。

1. 投资回报率

投资回报率是指以原始资本投入的百分比来表示项目平均年利润的比率。其公式为。

$$投资回报率 = \frac{项目平均年利润}{项目投资} \times 100\%$$

如利润是 10 万元，项目投资为 60 万元，投资回报率就是 16.67%。

2. 投资回收期

投资回收期是指偿还原始资本投入的年限。投资回收期可分为静态投资回收期和动态投资回收期。静态投资回收期是在不考虑资金时间价值的条件下，以项目的净收益回收其全部投资所需要的时间。动态投资回收期是把投资项目各年的净现金流量按基准收益率折成现值之后，再来推算投资回收期。理论上讲，为了减少投资风险，无论是静态还是动态回收期都是越短越好。

$$投资回收期（静态）= \frac{项目投资}{项目平均年利润}$$

投资回收期（动态）

$$= \frac{（累计净现金流量现值出现正值的年数-1）+上一年累计净现金流量现值的绝对值}{出现正值年份净现金流量的现值}$$

对于一般景区项目来说，由于投资规模大、建设周期长、市场培育难度大等原因，投资回收期比一般的项目的周期要长，因而风险也相对较大。

3. 贴现现金流量（净现值）

贴现现金流量是用来评估一个投资机会的吸引力的方法。主要方法可分为净现值法（net present value）与内部报酬率法（internal rate of return）两种，前者较为常用。净现值的决策规则是，在只有一个备选方案的采纳与否决策中，净现值为正者则采纳，净现值为负者不采纳。在多个备选方案的互斥选择决策中，应选择净现值是正值中的最大者。净现值的公式为。

$$净现值（NPV）= \sum_{t=1}^{n} \frac{NCF_t}{(1+K)^t} - C$$

式中，NPV 为净现值；NCF_t 为第 t 年的净现金流量；K 为贴现率（资金成本或企业要求的报酬率）；n 为项目预计的使用年限（景区项目的生命周期）；C 为初始投资额。

（三）景区项目通行的定价方法

旅游项目定价时有单体项目和整合项目的区别，根据不同的项目方式有不同的定价方法。

1. 单体景区旅游项目的定价方法

这里主要介绍景区中常见的项目分类，如住宿项目、餐饮项目、商品项目和文化艺术项目等有代表性的定价方法。

①住宿项目，这常见于旅游度假型景区内，定价主要是指对房价进行确定。这里介绍郝伯特公式计价法，这种计价方式根据计划的营业量、固定费用以及项目所需达到的合理的投资效益率，决定每天每间客房的平均房价。分为四个步骤。

第一步，计算每年需要的还本付息营业额。

$$年还本付息营业额 = \frac{银行贷款额+利息额}{应还清的年数}$$

第二步，计算每年总营业额。

$$总营业额 = 年还本付息营业额 \div 利润率$$

第三步，计算客房年营业额。

$$客房年营业额 = 总营业额 \times 客房营业额占总营业额的比例$$

第四步，计算客房日房价。

$$客房日房价 = 客房年营业额 \div 饭店客房总间数 \times 平均出租率 \div 365天$$

②餐饮项目，综合类景区内一般都设有餐饮服务，由于饮食店经营方法不一，品种繁

多，地方风味又各具特色，项目所具有的规模又大小不等，这使得饮食项目的定价很难统一。我国根据按质分等论价的原则，结合餐厅平均营业额、费用水平和服务等级等具体情况，实行毛利率定额管理。其定价方法是：

成本加成率 = 毛利额 ÷ 原材料配量定额成本

销售价格 = 原材料配量定额成本 × (1 + 成本加成率)

一般按盘、份计价的菜点和零售食品的定价多采用此法。

③商品项目，这在现代景区必不可少，对于单独存在的旅游商品项目，商品的多种类型、进销差价、地区差价等决定了其难有统一的定价方式。对于一般的旅游商品，可按物美价廉、薄利多销的原则，参考当地市场零售价格制定价格，不能为眼前利益任意定价；具有特殊意义的旅游商品，可按旅游者的购买欲望和支付能力作价；现代书画或金石篆刻商品，总的原则就是随行就市，可参照国际市场价格水平，由鉴赏家灵活定价。

④文化艺术项目，包括戏剧、音乐会、大型演出等项目的定价，通常是按"分等论价"的原则，考虑五个因素，即艺术表演团的艺术质量，演出水平；旅游者对演出形式、演员等的喜好程度；所在地点和舞台的设备条件；不同演出时间；同一演出场次的不同坐席等等，根据差别考虑定价。

2. 整合类景区旅游项目的定价方法

"一票制"是整合类景区旅游项目的定价方法。所谓"一票制"是指游人需通过景区售票和识别系统一次购买门票，即可在景区内所有游乐项目中自动选择，反复消费，不用多次买单。常见的定价方法有以下三种。

①理论成本价格计算法。

$$P = K \times \frac{S}{D}$$

式中，P = 单人价格，S = 维持景区管理所需的自筹费用，$S = A + B + C$；D 为游览人数；K 为调节系数（由国家政策、游览价值和自然、文化价值等决定）。A = 活劳动消耗，B = 修购基金，C = 养护费用。

②基准门票价格计算法，公式为：

分类门票价格 = 基础价格 × (1 + 各类差价系数)

差价系数是根据已形成的门票价格，依据新建项目的价值规律和供求规律，兼顾社会、环境、经济效益设计的最高加成系数。

③差别系数计算法，以已形成的门票价格为基准，结合目标市场的经济承受能力和新项目的特征确定差别系数，比如：以项目中的文物保护级别为参照，省和国家级加成系数为 20% 左右；以知名程度为参照，知名度高的加成系数 10% 左右；以季节时令为参照，旺季加成系数为 20% 左右等。

"一票制"在实施的过程中也颇有争议。景区管理方认为"一票制"节约了管理成本、杜绝了财物漏洞、提高了游人的单个消费额等优点；旅游者则认为景区的"一票制"其实更像是在变相剥夺游客选择的权利，进而增加游览成本，名曰让利，实则隐性涨价，等于是给游客限定了"最低消费"。一个可供借鉴的方案是——采用不同类型的套票组合，给游客足够的选择权利，才能迎来口碑和销量的双丰收。另外，政府管理一般也倡导旅游景区实行一票制，并且规定"一票制"（联票）价格应当低于单票价格之和，且应保留单项票供游客选择。景区内需要单独售票的，须经有管理权限的价格主管部门审批。

3. 景区旅游项目常用的定价策略

（1）通行价格定价法

该方法指同类项目的经营者经过协调，采用通行价格，消除对差别定价的反感，促进景区从非价格竞争中求得发展。这将有助于谋求共同发展，稳定地获取合理的利润。

（2）区分需求定价法

细分市场后，不同市场表现出不同的需求强度，所以价格制定时需要区别对待不同顾客，区别不同地点，区别不同时间。近几年，很多地方政府管理部门出台管理办法规定：旅游景区经营者不得以各种理由区别本地与外地游客、境内与境外游客，针对不同群体设置不同门票价格。因而，景区运营管理过程中慎用区分需求定价法。

（3）理解价值定价法

景区运用经营组合中的那些非价格因素影响旅游者，形成旅游者心目中对旅游项目价值的印象，再根据统一的价值观念制定相应的价格。

（4）以竞争为中心的定价法

以具有与项目相似级别吸引力的竞争者的价格为定价依据，具体做法主要有：率先定价，一般可以获得较大收益；随行就市，市场价格反映了行业的集体智慧，容易获得理想的收益率；追随成功项目的定价，制定大致相仿的价格。

（5）撇油定价法

撇油定价法，也称取脂定价法，是指把新产品的价格定得很高，以求在短期内把本钱赚回来的定价策略。在景区创新性项目推出时往往采用此法，由于项目填补了区域旅游吸引力的空白，所以可以定高价，以此从购买力较强的旅游者那里取得高额利润，并在短期内收回投资。

为规范旅游景区门票和相关服务价格行为，政府一般都会出台管理办法约束景区的价格行为。管理办法一般会将旅游景区门票价格分为政府定价、政府指导价、市场调节价三种价格管理形式。旅游景区具有垄断性的交通运输服务项目（索道、观光车、停车场等）价格，实行政府定价或政府指导价，其他已形成充分竞争的服务价格实行市场调节价。

第三节　不同类型景区项目设计的案例分析

旅游项目设计的理论研究是为了更好地指导实践。相应地，只有在实践中才能深化对理论的理解。因此，在本节中选取近年来较为典型的景区项目类型，通过对共性特征的总结和实际案例的分析，从而对项目设计和景区整体发展有更深入的学习。

一、生态自然景区项目设计

这主要指以自然资源构成为主的景区进行设计，由于近年来对该类景区的开发往往整合了生态发展观，所以将其作为一类来分析。生态自然景区的设计主要包括乡村类、滨海类、森林类、草原类、湿地类、荒漠类等，考虑到典型性，在这里选取一个涵盖类型较多的案例和一个森林景观的案例进行分析。

（一）生态自然景区类项目设计的共性特征

资源：脆弱的自然环境或动植物系统，不可再生，原汁原味。

主题：可持续发展，亲近自然，净化身心。

市场：对旅游者素质有要求，适合大部分旅游者。

关注：环境效益重于经济效益。

（二）案例

案例1

广州海鸥岛旅游项目的设计[①]

海鸥岛位于广州市番禺区石楼镇，是典型的珠江三角洲内河岛。四周环海，石砌海堤，岛内河网交错，地形平坦；属亚热带低纬度海洋性季风气候，日照充足，雨量充沛。这里基本无公害污染，大面积种植水稻、甘蔗、香蕉、蔬菜、水果和花卉，并进行水产品养殖。海心村南部和江鸥村的海堤外有大量滩涂。海鸥岛有湿地生态、农田生态、水乡生态三种生态类型。人工、半人工生态系统为海鸥岛主要的景观要素，这类生态系统具有相对独立性、可亲近性和可塑造性。

海鸥岛遵循分区独立、可持续发展、生态保护和社会促进等多方面的原则，以"岛中岛"为基本理念强调河道的隔离作用，以路道系统建设作为有机连接，将海鸥岛分为三个旅游区，分别是：岭南水乡旅游区、乡土遗产休闲区、湿地生态旅游区。各区项目的设计和活动策划如下。

①岭南水乡旅游区的项目设计如表4-2所示。在本旅游区主要开展：海心岭南水乡观光、苗圃艺苑奇花异卉欣赏，以农田、荷塘为依托的垂钓、荷花节、采藕节等，以及在双岛公园眺望广州新城城市景观等活动。

②乡土遗产休闲区主要开展青少年参与的野营活动和休闲农场观光项目。

③湿地生态旅游区的项目以生态性为主，如表4-3所示。本旅游区开展的活动主要有湿地观光探险、科学考察和青少年夏令营等。

表4-2　岭南水乡旅游区项目建设用地与分期

项目名称		用地面积（公顷）	分期建设
海心岭南水乡	泰式杆栏棚寮	181	近期
	水上市场		
	绿色美食街		
	文化博物馆及其外围环境建设	44	
	水乡环境整治	251	
	双岛公园	48	中远期

---

① 保继刚等. 旅游区规划与策划案例. 广州：广东旅游出版社，2005.2.

表4-3　海鸥岛的生态旅游项目

	内容	依托项目	主题活动	市场主体
观光	湿地景观	湿地核心保护区 湿地野生动物园	湿地观鸟、鳄鱼之乡、麋鹿风采、湿地植物欣赏	广州城市旅游的观光市场、珠三角休闲市场
科考科普	湿地	湿地核心保护区 湿地野生动物园	湿地认知、湿地生态考察、湿地动物认知和研究	珠三角地区家庭市场、学生市场、专业市场

案例2

内蒙古达尔滨湖国家森林公园项目设计[①]

达尔滨湖国家森林公园位于内蒙古自治区呼伦贝尔市鄂伦春族自治旗境内，诺敏河与毕拉河流域中上游，大兴安岭东麓南坡。根据公园的自然地理条件、社会经济状况和旅游资源特征，确定了其性质是以保存较好的自然生态景观、特有的鄂伦春民族风情为背景，以秀美壮观的火山地貌、湖泊、河流、原始次生林景观为特色，集文化娱乐、游览观景、自然保护和科研活动为一体的多功能综合性生态型国家级森林公园。其项目设置如表4-4所示。

表4-4　达尔滨湖国家森林公园各生态旅游区的功能与建设项目

景区名称	面积（公顷）	区域功能	建设项目
诺敏镇	393	管理中心、文化娱乐、科普教育	旅游者中心、自然博物馆、文化活动广场、民族村、公园管理服务中心、土特产商品街
神指峡景区	3905	观光游览、休闲度假、娱乐、垂钓	汽步枪靶场、鱼文化系列项目、鄂伦春族和蒙古族风情园、神指峡溜索
达湖景区	4371	观光游览、避暑、科考	水上运动中心、开湖节庆、度假村
四方山景区	1517	观光、科考、登山	四方山观景亭
诺敏河景区	2745	漂流、游泳、观光游览	河滨烧烤场、农业园、滑雪场、露营区、简易飞机场、双江接待站

（三）案例分析

案例1

项目设计充分利用了当地的资源，并开发了其文化内涵的深层底蕴，生态性体现得恰到好处，强调了环境整治等建设的基础性工作。项目建设考虑到时间和投资所限，进行了较为合理的分段建设设计，是一个成熟可行的项目设计。设计本身也有很多创新点，比如，泰式杆栏棚寮和水上市场等，对生态旅游的设计因为结合了人文内涵而有了实在的体现。这些都可以在该类型的项目设计中进行借鉴。

案例2

对于森林资源的旅游项目设计也抓住了该类型资源的优势，分区和项目设计考虑得很完全，也体现了一些特色，如溜索等。但是，不足之处是对森林项目本身的资源挖掘还不

---

① 钟林生，等. 生态旅游规划原理与方法[M]. 北京：化学工业出版社，2003：4.

够，而且现有项目设计可能会超出景区的建设能力，如滑雪场和简易飞机场等项目。景区应该进行项目的针对性选择，以求利益最大化。

二、历史城镇项目设计

（一）该景区类型项目设计的共性特征

资源：文化内涵丰富，文脉挖掘点多。

主题：穿越历史，体验原初生活，体会人文魅力。

市场：中、高端旅游市场，主要面向文化程度高的旅游者。

关注：商业氛围不可太浓。

（二）案例

周庄古镇旅游项目设计①

周庄是一个风景秀美、历史悠久并拥有深厚文化底蕴的江南水乡名镇，既有"镇为泽国，四面环水，港汊分歧，湖河联络，咫尺往来，皆须舟楫"的自然风光，又有西晋文学家张翰、唐代诗人刘禹锡和陆龟蒙寓居的南湖园、与古镇同龄共存的江南名刹全福寺和澄虚道院。厚实的文化积淀形成了周庄清雅悠远的乡俗风情，体现在饮食文化上有：三味圆、万三蹄、万三糕、腌菜花等。利用现有的资源设计的旅游项目被称为"周庄八景"，有：全福晓钟（全福寺内）、指归春望（全福寺指归阁）、南湖秋月（"名人遗踪"主题游览区的临水长廊，尽览月下美景）、钵亭夕照（古典园林小品）、巷里别趣（传统庭院空间）、艺苑茶香（民间曲艺表演专场）、名人遗踪（历史文人纪念堂）、世家古宅（张厅、沈厅、赵厅、迮厅为代表），另外，在春节、中秋、端午等节日推出相应的大型文艺活动，平时宜保持周庄的宁静祥和，在茶楼结合"阿婆茶""吃讲茶"等民风，定时定点举办曲艺表演，如桥头弹唱、月下抚琴、茶室丝竹、船头渔歌等。

（三）案例分析

本案例对古镇的风貌把握得比较好，特色也较为突出，表现在"周庄八景"的名称很富有古镇文化意味，在传统节日中的活动也很有中国古典的味道。值得一提的是，项目设计尤其注重对周庄宁静氛围的保存，这是古镇最为珍贵的一笔资源，应该有更多的项目一起配合。另外，项目设计中单纯呈现的内容比较多，多形式的内涵挖掘和参与性项目还很欠缺，比如：周庄的各种名吃，游人不仅仅满足于品尝，还应该设计更为互动的活动以提升体验层次。

三、主题公园项目设计

（一）主题公园类项目设计的共性特征

资源：人为营造，有一定文化赋予。

---

① 节选自阮仪三编著的《江南水乡古镇保护与规划研究》。

主题：创新性很强，重参与和体验。

市场：目标市场细分化，需求针对性强。

关注：防止重复和低水平建造。

（二）案例

吴桥杂技大世界项目再设计[①]

杂技是中国国粹的一个类别，在世界上享有盛誉。吴桥是中国杂技艺术的发祥地，对世界杂技艺术发展做出了重要的贡献。因此，对吴桥来说，杂技作为开发旅游的资源，具有突出的垄断地位。杂技具有独特魅力，既是普通百姓喜闻乐见的大众艺术，又是能够满足高层次"人体美与力"的欣赏需求，以杂技艺术为基础的旅游产品市场面很广。而且，吴桥杂技艺术名气很大，中国吴桥国际杂技艺术节的连续举办，通过媒体、艺术团体和观众，已经把杂技艺术和吴桥一起推向全国，推向世界。在杂技发祥地建造的国内第一个杂技艺术大世界主题公园经过十年的经营，在国内已经有了一定的知名度，但是它并未获得预期的成效。为了提升景区吸引力，进行的项目再设计主要有：

①修建杂技艺术表演场所，创造自己的品牌演出，同时也作为国内外杂技艺术巡回演出的场所。条件成熟时，定期举办国内和国际杂技比赛和擂台赛。

②建造杂技艺术博物馆、设立杂技艺术研究机构，建立国家级杂技艺术研究机构——中国杂技研究院。以杂技博物馆为基地，创办冠名《吴桥》的杂技杂志，并积极创造条件拓展与国内外同行进行交流的渠道。

③建立杂技艺术人才培训基地

④修建独特的服务设施，其中包括：独特的住宿设施，在园区附近，建立杂技饭店（或称"奇妙饭店"），饭店规模不要大，但在建筑造型、住宿设施和设备、功能以及室内外装潢，服务方式和服务人员等方面体现杂技和相关艺术的奇妙体验，不需要豪华或舒适，但一定要奇特，要做到别的地方没有甚至连想也不敢想；独特的餐饮设施，在园区内建立具有特许经营权的杂技餐厅，在建筑形式、设备设施、服务方式、餐饮以及菜肴品种等方面，都能够使旅游者体验到杂技的神奇；独特的娱乐设施，除了表演之外，充分利用关于国内外杂技艺术题材的影视作品，开辟专门放映这些影视作品的小剧场，连环不断地放映、展示。

⑤设计特定的吉祥物并引进国际上著名的杂技团体或魔术师表演，造成新的轰动效应，争取国际杂技艺术节在吴桥举办。

（三）案例分析

可以看出该案例对于主题公园的主题表现很出色，通过特殊的建筑和活动设计、独特的购物设施和纪念品等，来充分展示杂技艺术丰富多彩的独特魅力和想象力。但对于主题公园参与性活动却涉及不多，主题公园应该给予游人丰富的全方位的体验，这在类似景区

---

① 节选自张广瑞. 吴桥杂技文化旅游项目开发的突破[N]. 中国旅游报，2003.12(10).

项目设计中应该是吸引力的核心点。

四、旅游度假区项目设计

（一）旅游度假区类项目设计的共性特征

资源：自然环境良好并可进行人工建筑的构建，整合多种资源。

主题：休闲、康体。

市场：特定顾客群，一般为高端收入者。

关注：向高层次发展，特色化应突出。

（二）案例

威考罗和关岛度假区的项目设计①

法国南海岸旅游疗养项目包括大量体育、保健项目，且都建有海水疗法中心，利用海水、海藻和泥沙治疗关节炎等疾病，实施松弛的精神疗法。世界收费最高的旅游度假区——威考罗的项目设计如下。

①水的世界：人造河长达1英里，环礁湖、漩涡、水滑梯四处可见，旅游者可乘船欣赏，也可下水自我享受。

②狩猎远征：岛屿面积达4038平方英里，野兽横行，有大量野猪、山羊、野鸡等。一次狩猎第一人550美元，后3人每人200美元。

③深海捕鱼，每6人1380美元。

④看火山内脏：岛上有活火山，可乘直升机飞临吉劳阿火山上空，正在喷云吐雾的火山内脏尽收眼底，然后飞抵考哈拉，品尝有香槟酒的野餐，每4人1380美元。

⑤与海豚同乐：有8只海豚的表演，与海豚玩耍每人半小时55美元。

美国关岛度假区设置的项目有以下几项。

①吉普车探险：在山区乘吉普车探险颇有市场，可以享受因颠簸难行而冒险的畅快，午餐是烤肉。

②沙堡夜总会、海上漫游（Star Stripes）。

③高空弹跳："自杀式"降落，绝处逢生。

④ABC俱乐部：海上三轮车、摩托车、拖拽伞等。

⑤潜水、民俗舞蹈、冲浪、实弹射击。

（三）案例分析

以上选取的都是国外度假区的经典项目设计，吸引了全世界的客源，走的是高端路线，项目设计大胆、新颖、独特，且项目之间的差异化很明显。这给我们国内旅游度假区的发展提供了参考，可以借鉴项目设计的思路，更好地发挥其度假功能。

---

① 邹统钎. 旅游景区开发与管理[M]. 北京：清华大学出版社，2004.

五、特殊民族文化项目设计

（一）民族文化类项目设计的共性特征

资源：文化特色浓，差异化大，吸引力强。

主题：体验民族风情，尊重多元文化。

市场：适合大部分旅游者，市场区分度较小。

关注：民族文化的保护和深层挖掘。

（二）案例

丽江纳西东巴文化旅游项目设计①

纳西东巴文化是极具代表性的一种民族文化，是公认的人类文化史上的奇葩，也是一项宝贵的人文旅游资源，它为居住在我国西南金沙江上游地带的纳西族（其中以云南西北部丽江纳西族自治县最集中）所创。已有近千年历史的东巴文化，包括被誉为"目前世界上唯一保留完整的活着的象形文字"的东巴象形文字、"纳西古代社会百科全书"的东巴经文典籍、"用象形文字书写的世界最早的舞谱"的东巴舞谱及渗透于纳西社会生活各方面的宗教文化思想、仪式，各类法器、绘画、面偶、泥偶等，无一不是中华民族艺术之瑰宝。

另外，纳西民间风味饮食很独特，如丽江粑粑、纳西火锅、鸡豆凉粉、糯米血肠、拉市鲫鱼、吹猪肝等，类型丰富多彩且可口宜人。

纳西服饰也古朴素雅，特点是宽腰大袖，前幅短后幅及胫，衣服多为蓝、白、黑三色，在领、袖、襟等处绣花，优雅朴素而又美观大方。纳西族的民间文艺则具有诗歌、音乐、舞蹈三位一体的突出特点。

在旅游项目设计时，以东巴文化、丽江古城、摩梭风情为主调，辅之以独具特色的玉龙雪山、泸沽湖、金沙江等自然景色，而且要科学地评估旅游项目开发对文化生态系统平衡的影响。具体的项目如下。

①恢复重建古城内具有"丽江文化大观园""丽江的紫禁城"美誉的重要建筑——"木府"，不断充实文化内涵和大力开展一系列民族特色文化活动。

②自20世纪80年代末声名鹊起的纳西古乐，经过政府的大力扶持和一批民间人士的不懈努力，形成了代表丽江特色文化的优势产业，较为突出的是宣科先生创办的"大研古乐队"。

③为了景区的可持续发展，在稳定开发玉龙雪山和加强古城保护的基础上，进一步加大丽江第二景区——老君山的规划和开发力度。

④设立东巴文化研究中心，在中国社会科学院东巴文化研究室、丽江东巴文化研究所的基础上建成省级乃至国家级的东巴文化研究中心。

⑤建立民族饮食文化街，恢复东巴经书中说及的食谱，大力发掘纳西民间小吃，认真发扬、整理、复制明代木土司招待宾客的80多道名菜。

① 王声跃，严舒红. 东巴文化旅游项目开发与可持续设计[J]. 玉溪师范学院学报，2001，17(2).

（三）案例分析

该旅游项目设计的突出点是：对东巴文化旅游项目的开发考虑到了社会影响的评价、文化景观的评价以及旅游者对当地传统文化影响的评价，文化的挖掘也要求原汁原味，不断提升，这对该类项目的设计提供了一个正确的方向。中国有多元的民族文化，它的异彩纷呈满足了旅游者的猎奇心理，少数民族聚居区既是这些文化产生的厚土，也是旅游者最想进入的地方，但旅游者带来了不同的文化，使民族传统文化在不同程度地发生着变异。所以，寻求一个开发和保护的平衡点是此类旅游项目开发的关键点。

本 章 小 结

后疫情时代，中国旅游业出现品质、消费双升级的特征。中国旅游业正在通过内生动力寻求创新。资源还是原来的资源，但市场已不是原来的市场，游客要美丽风景，更要风景之上的美好生活。大众旅游需求已经从"有没有"走向"好不好"，从"缺不缺"走向"精不精"，从"美好风景"走向"美好生活"。因而，供给侧的旅游项目开发就成为未来中国旅游业行稳致远的关键。本章从旅游项目的策划入手，并从景区角度对项目的针对性选择和价格制定的方法做了阐述，最后突出实践指导性，对典型景区项目设计的案例进行了分析。

旅游项目是资源与市场结合后的表现形式，自然、人文旅游资源丰富的地方，开发旅游项目很具有优势，同时强大的旅游客源市场需求也是旅游项目的根本保障。通过对旅游项目自身特点的理解和设计程序的把握，应用本章所提到的各种方法与思路，将有助于旅游项目的创新、落地与运营。

本章重要概念

旅游项目（tourism project）：是指具有足够吸引力的、旅游者可以身临其境参与的、经过系统管理和经营的、创造价值的资源集合体。

特种旅游（special type tourism）：是指具有一定的创意性，通过专业人士的指导和相关器材的辅助，采用人力运作，借助徒步、狩猎、登山、驼队、自行车、汽车等形式，去发现自然、探索自然，并最终征服自然的探险性旅游活动。

旅游吸引物（tourism attraction）：不仅指区域中那些能够为旅游者提供可看或可做的事物的地方，而且为旅游者提供了为什么要出游的磁引力（magnetism）。

复习思考题

1. 什么是旅游项目，它与旅游产品的区别又是什么？
2. 简述旅游项目设计的一般程序。

3. 旅游项目与景区发展的贴合度主要体现在哪些方面？说说自己对景区项目选择的一些看法。

 课后案例

唐大明宫遗址的"华丽"转身

第五章

旅游景区服务能力规划

 引入案例

"起死回生"的巴黎迪士尼乐园

巴黎迪士尼乐园位于法国巴黎以东 32 千米，面积达 5000 英亩，1992 年 4 月 12 日正式启用。巴黎迪士尼乐园原名欧洲迪士尼乐园，是美国之外的第二座迪士尼乐园。如今这座主题公园的受欢迎程度已经超过埃菲尔铁塔和罗浮宫，成为法国最受欢迎的旅游景点，甚至法国人自己对它也是情有独钟。

然而，在巴黎迪士尼乐园运营之初，它差点"死"掉。在巴黎迪士尼的兴建过程中，法国各界的一些知识界人士纷纷反对迪士尼，并称其为美国的"文化核泄漏"。1989 年 10 月，迪士尼股票在欧洲上市，在典礼上，一些年轻人举着反美标语牌，向迪士尼的行政主管们投掷臭鸡蛋和西红柿。1992 年欧洲迪士尼乐园开业之后更是连年亏损，只有 1995 年获利 2300 万美元。下面列出的是它在运营之初在战略能力方面所犯的错误，正是因为这些错误，巴黎迪士尼在新建伊始就困难重重。

①巴黎迪士尼乐园的规划者们原本以为，在这里游玩的游客同前往美国佛罗里达迪士尼乐园的游客一样，在乐园里要逗留四天。然而，佛罗里达的迪士尼乐园拥有三个主题公园，而巴黎迪士尼乐园只有一个主题公园，所以到巴黎迪士尼乐园的游客最多逗留两天。这样，登记住宿或退房的人次大大增加，乐园原先安装的计算机登记站就不够用了。

②巴黎迪士尼乐园设有 5200 间酒店客房，这个数字甚至超过了法国名城夏纳拥有的客房总量。为了实现预定的盈利目标，乐园将客房价格提高，而不顾此举是否能适应市场的需求。在最初的两年里，巴黎迪士尼乐园酒店的年均入住率仅有五成左右。目前，乐园已经改变了原有的经营方针，它针对酒店住宿的淡旺季分别采取不同的折扣率。

③迪士尼乐园的规划者原先以为，星期一来乐园的游客会比较少，而星期五的游客会比较多，这是个高峰期。依据这个估计，迪士尼乐园分配了员工的工作量。然而事实却恰好相反。更为棘手的是，在高峰期游客人数居然是淡季的 10 倍以上。再加上法国员工的工作理念较为死板，问题就变得更难以解决。

④为了方便游客，巴黎迪士尼乐园在湖边建造了豪华的有轨电车，可以将游客从酒店直接带到乐园里游玩，但游客们却更乐意步行去乐园。

⑤餐厅的设计面积严重不足，乐园里有些酒店餐厅仅有 350 个座位，但却要为 2500 位游客提供早餐，导致队伍排得很长。情急之下，迪士尼只好提供预先包装好的早点供顾客拿走食用。

⑥乐园的停车场实在太小，根本无法停放大公共汽车。而且休息室也只能容纳 50 位司

机，而在高峰期拥挤的时候，会有 200 多位司机。

今天，以上这些问题都解决了，甚至为了融入当地社会文化，巴黎迪士尼乐园不管是城堡的设计、街道、建筑物的雕饰，乃至于树丛花圃的造型，都设计得精致优雅，与其他的迪士尼乐园很不一样，颇有欧洲古典宫廷花园的感觉。

巴黎迪士尼乐园自 1992 年开业以来累积吸引逾 3.2 亿名游客，平均每年接待游客量约1500 万，成为法国第一大旅游目的地，是全欧洲最受欢迎的旅游景点，游客人数超过埃菲尔铁塔与卢浮宫的总和。

巴黎迪士尼乐园完成"生死"的反转，重新焕发出生机与活力。

（资料来源：参考《巴黎迪士尼再次盈利的背后》《巴黎迪士尼失败的原因》等文章撰写。）

引言

旅游景区只有通过服务流程标准化才能让服务质量稳定，才可能让旅游者满意。在优质服务的基础上再加上人性化的服务方能让旅游者从满意到感动，旅游景区的品牌才能从优秀到卓越。

由于景区资源构成的差异，旅游景区的运营特点存在着较大差异。在此，我们不用过多地关注各类景区的个性特征，而应该重点关注经营运营过程中服务能力的规划。如果说景区资源是"硬件"，那么景区服务就是"软件"。从运营管理的角度来看，这个"软件"是目前困扰我国景区转型升级的最大的"短板"，恐怕也是国人争先恐后出国旅游的一个原因。因而，从政府管理层面，要加强旅游市场综合治理，建立权责明确、执法有力、行为规范、保障有效的综合监管机制，建立旅游综合监管主体责任清单，强化已经建立"旅游警察""旅游工商分局""旅游巡回法庭"职能发挥，通过标本兼治营造良好的旅游环境，让广大游客游得省心、游得放心、游得开心。从行业管理层面，要用《旅游景区质量等级的划分与评定》（GB/T 17775—2003）规范管理运营，以此来提高旅游景区的服务管理水平。更有很多旅游景区通过 ISO 9000、ISO 14000、OHSAS 18001[①]认证，全面提升景区的管理水平。旅游景区的服务管理主要包括接待、导游和商业服务三个方面。展望未来，中国的旅游服务或将出现五大趋势："高服务"的品牌集中、"文服务"的经典创造、"精服务"的理念推广、"泛服务"的链条形成、"云服务"的体系完善。

旅游景区服务（visitor attraction service）是指管理者和员工借助一定的旅游资源（环境）、旅游服务设施及通过一定的手段向旅游者提供的各种直接和间接的方便利益，满足其旅游需要的过程和结果。景区服务管理包括与旅游者接触的主要服务过程管理及影响最终服务质量的内部管理。旅游景区服务管理的基本要求是建立目标管理体系，做到服务前有标准、服务中有流程、服务后有反馈。旅游景区主要的服务内容一般包括票务服务、旅游者接待服务、表演展示服务、餐饮购物服务、车船服务等。目前及未来一段时间，智慧景区综合管理系统是服务能力依托的基础，一般由八个子系统构成（如图 5-1 所示），通过大数据、人工智能、物联网等手段赋能景区运营管理，为景区带来更高的管理效率，为旅游

---

① ISO 9000：质量管理体系；ISO 14000：环境管理体系；OHSAS 18001：职业安全卫生管理体系。

者带来更好的游玩体验。

限于篇幅，本章舍弃一些具有通用管理特征的景区服务内容，例如，设施设备管理、车船管理、安全管理等，同时结合我国旅游景区的发展实践，将重点放在景区接待服务管理（票务服务、入门接待、投诉处理）、景区解说服务管理和景区商业服务管理三个方面。

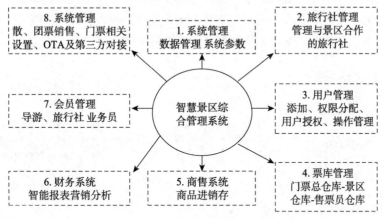

图 5-1　智慧景区综合管理系统

第一节　接待服务管理

接待服务是景区中难度最大的服务工作，也是相对较难管理控制的环节之一。其原因主要在于服务环节多、客流量不稳定。从旅游者进入景区、提供咨询讲解、安排餐饮娱乐项目，到送旅游者离开景区，整个工作过程始终直接面对旅游者。旅游者形成的第一印象和最后印象都在接待服务的过程中产生，其重要性不言而喻。

接待服务管理的工作内容包括：票务服务、入门接待服务和投诉受理服务。

一、票务服务

在信息化应用日益成熟的今天，门票的电子化管理已经成为一种趋势，尤其是智慧化景区的建设更是推进了门票电子化的进程。网络购票、多渠道在线支付（银联、支付宝、微信）、多渠道识别方式（二维码、指纹、人脸识别、身份证）等手段的应用，在极大方便了旅游者的同时，也提高了旅游景区的运营管理水平，尤其在景区容量管理、快速通关、节约人力等方面效果显著。

新冠肺炎疫情之前，我国景区的实际情况是，一些景区还在用传统门票系统、一些景区两种系统并行、一些景区必须网络预约买票再换纸质门票进入、一些景区已经完全将门票电子化管理。2020 年 2 月 25 日，文化和旅游部资源开发司印发《旅游景区恢复开放疫情防控措施指南》（以下简称《指南》），指南要求景区游览实名登记，鼓励各景区采取互联网售票、二维码验票等方式减少人员接触，游客在测量体温、佩戴口罩后方可入园。因此，后疫情时代的旅游景区，电子票务系统将成为主流。

（一）购票方式

一般的景区智慧管理系统都支持多种方式购票（如图5-2所示）：OTA平台订票、微信公众号购票、窗口购票、自助售/取票机、闸机闪付、旅行社预订等；支持多种门票材质：纸质/手机二维码、身份证、ID/IC卡、手环等；支持多种支付方式：现金、银行卡、会员卡预存、支付宝、微信、各大手机厂商支付系统；支持多种游客群体：散客、团队、旅行社、贵宾、职工、会员等；支持多票种类设定及价格策略。

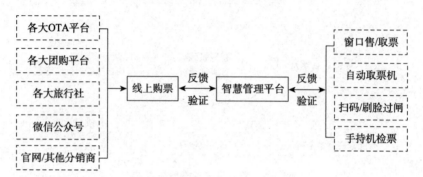

图5-2　多渠道的景区售票网络

（二）检票手段

曾经主流的纸质人工检票方式因为效率低、成本高、手续繁琐等原因逐渐被淘汰。电子票二维码扫描、人脸识别等快捷智能的检票方式逐渐成为主流。景区工作人员可以采用二维码检票闸机验票、手持检票机终端验票、电脑端验票三种验票方式。如果景区采用了人脸识别检票闸机系统，则可更快捷地实现游客购票直接刷脸入园，提升了游客体验感，解决了游客二次入园问题，也解决了会员多次入园身份识别的难题。新冠肺炎疫情倒逼景区加快了升级检票系统。

（三）票种设置

基于国家发改委以及地方政府出台的有关景区门票的政策和办法[①]，景区可以根据自身运营管理的需要，设计符合景区运营要求的票种设定和票价规则，形成不同的套票组合，包括次票、月票、年票、家庭票、老人票、儿童票、平日票、假日票、团体票、旅行社票等。

（四）数据应用

智慧化的票务管理平台形成的大数据结合云计算可以为景区管理者提供快速的决策依

---

① 《关于完善国有景区门票价格形成机制　降低重点国有景区门票价格的指导意见》（发改价格〔2018〕951号）、《关于持续深入推进降低重点国有景区门票价格工作的通知》（发改办价格〔2019〕333号）、《关于持续推进完善重点国有景区门票价格形成机制的通知》（发改办价格〔2020〕568号），明确加强国有景区门票定价制度建设，以规范成本构成为核心，建立主要补偿景区服务和生态环境保护合理成本并适当反映景区价值的价格形成机制，推动政府和景区价格行为科学化、规范化。

据。不仅可以实时提供入园人数统计、在园人数统计、分销数据报表、消费项目报表、电商销售统计、景区分项目报表、渠道销售报表、商品销售报表、财务分时段报表等基础管理数据，还可以结合物联网和人工智能技术实现景区容量管理、安全管理、游客管理等。

（五）优惠票问题

不管是发达国家还是发展中国家，大多数国家在制定旅游景区门票价格时都会对社会特殊群体实行票价优惠政策，惠及老年人、儿童、大中学生、残障人士、特定职业人群以及失业者和享受低保人士等。在美国十大旅游热点城市中，一种叫"City Pass"①的"城市护照"比较流行，其实质是一种景区门票优惠服务。City Pass 囊括了所在城市的著名景区，总价格只相当于原来景区门票总价格的约 50%。购买 City Pass 也非常方便，旅游者可以在网上（www.citypass.com）或任何一个旅游景区售票窗口购买。近年来，国内一些旅游城市也推出类似的优惠门票服务。在优惠票的管理方面要注意以下问题。

①应将本景区的各项优惠规定以告示的方式在网上公布或者放在旅游者容易看到的地方，尽量避免优惠票之争。

②万一旅游者出言不逊，也不要与旅游者争吵，应礼貌、耐心地向旅游者说明门票优惠制度，争取旅游者的理解。

③除了按照制度优惠以外，有时也需要灵活处理。对于特别固执的旅游者，售票员可以请来主管耐心解释，看到主管领导出面解释，旅游者有被尊重的感觉，同时也觉得优惠制度没有回旋的余地，可能会放弃不合理的要求。另外，还可以采取赠票，但附加有关条件的做法。例如，请旅游者做一次景区的"神秘顾客"，对景区的服务管理质量进行一次监督评价，完成后，退给旅游者一个人的票款，也等于赠予一张免费票。

二、入门接待服务

入门接待服务主要包括：验票服务、入口导入服务和咨询服务。

（一）验票服务

门票电子化的趋势下，依然需要验票服务。监督、指导和帮助游客快速通过闸口。
①检票员能熟练使用普通话，同时掌握票价、景区名称、礼貌用语等简单的英语对话。
②检票员熟悉本景区《门票价格及优惠规定》，熟悉免票、优惠票的条件并按要求查验。
③熟悉旅行团导游、领队带团入园的查验方法及相应的免票入园规定。
④快捷、热情地为持有效票（有效识别方式）入园的旅游者检票，赠送导游图。
⑤坚持原则，按规定程序检票，不得出现漏票、逃票、放人现象。

（二）入口导入服务

景区入口导入是指景区采取必要的设施和管理手段让旅游者愉快、顺畅地进入景区。

---

① City Pass 的小册子里，集合了这些热门城市的著名景点的门票，只有口袋大小，非常便于携带。小册子里还贴心地提供了地图、景点开放时间、交通指南以及最佳参观时间的说明，并提供了来自《国家地理》杂志的旅行小贴士和各种优惠券。

景区入口是旅游者进入景区的第一印象区，是关系到景区形象的大问题。由于旅游活动的季节性较强，经常会出现旅游旺季入口堵塞的情况，造成旅游者长时间排队等候。另外，景区内的游乐项目也很容易出现排长队的情况。如果分流措施不力，会降低旅游者的满意度甚至会发生公共危机事件，损害景区的声誉。

入口导入服务的一个重要环节就是排队服务。在不同的旅游景区或者旅游景区的不同区域根据旅游者规律采取不同的队形和接待方式。一般队形分为传统单行队形、多列队形、主题队形等五种形式，各有优缺点。

1. 单列单人队形（如图 5-3 所示）

图 5-3　单列单人型

特点：只需一名检票员，运营成本低。适用于游客量较少的旅游景区。

缺点：游客量突然增加时，等候时间难以确定；旅游者进入景区的视觉有障碍。

改进措施：设置座位或护栏，说明等候时间。

适用场合：小型景区售票口。

2. 单列多人队形（如图 5-4 所示）

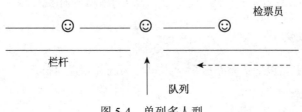

图 5-4　单列多人型

特点：多名服务员。

缺点：人工成本较高，单队列后面的人视线较差，容易出现秩序混乱。

改进措施：设置座位或护栏，队列从纵向改为横向。

适用场合：游乐型、参与型项目入口处。

3. 多列多人队形（如图 5-5 所示）

图 5-5　多列多人型

特点：多名检票员投入工作，游客通过检票口速度较快，视觉进入感较好，适用于游客量较大景区。

缺点：成本增加，队列速度可能不一。

改进措施：可以根据游客量的变化调整检票口和检票员数量，即游客大规模集中出现时，检票口全部开放且检票员全部上岗。游客量回落时，关闭一些检票口。

4. 多列单人队形（如图 5-6 所示）

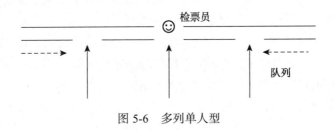

图 5-6　多列单人型

特点：需要一名检票员，可能会在闸机口出现游客之间的拥挤现象。

优点：视觉进入感较好，人工成本低。

缺点：队首是否排好很关键；栏杆多，成本增加。

改进措施：外部队列位置从纵向改为横向，可以改善视觉；提高闸机口的通过速度。

适用场合：景区购物点、游乐项目入口处。

5. 主题或综合队形（如图 5-7 所示）

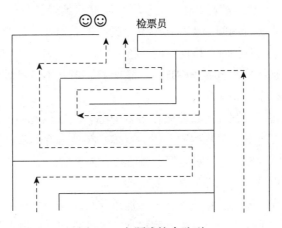

图 5-7　主题或综合队列

特点：需要一到两位检票员；队列迂回曲折，一般为两单列队并行；适合于在一定的时空背景下接待超大规模游客的景区。

优点：视觉感及时间改善，有信息展示空间和时间，节省排队空间且适度降低了排队的枯燥感。

改进措施：在游客排队的过程中安排一些小型的观赏节目。

总之，愉快、顺畅加上闸口附近生动有趣的主题设计是景区排队管理的基本思路。目前，很多旅游景区将旅游者排队等候入园的时间充分利用，提高旅游者的旅游体验，具体方法有以下几种。①借助场景设计、小丑表演、图片展示等方式让旅游者提前感知景区氛围，消除旅游者等候的枯燥感。例如，深圳欢乐谷主题公园在景区内的许多游乐项目都采取了主题队列的导入方式，"雪山飞龙"便是其中之一。"雪山飞龙"是以中国西北大山深处小红龙与"长麻鬼"殊死搏斗的故事为背景的。其排队区通过外围老宅、古庙、内部曲折幽暗的通道、怪异的装饰等景致，以及区内循环播放的故事片来营造氛围，使旅游者在排队的过程中不知不觉地进入故事情节，在不断的环境渲染和情感积累后，最终乘上过山车，体验红龙大战的痛快淋漓。②采取合理的手段展开对旅游者的教育，提醒旅游者在景区内的注意事项，为景区内旅游者行为的管理创造良好的条件。自然保护区、世界遗产地、森林公园、旅游度假区等类型的旅游景区尤其要提醒旅游者进行自我行为管理。例如，在自然保护区内，基于安全或保护的需要某些区域禁止进入；世界遗产地的某些区域禁止拍照等。

另外，旅游景区也可以采取旺季旅游团预约入园时间（错开高峰期）、通过媒体发布景区入园旅游者饱和程度、淡旺季差别票价等手段避免景区入口出现人满为患、过度拥挤的现象。

（三）咨询服务

向旅游者提供咨询服务应该是景区内每一个员工应尽的职责，不少景区还在尝试"首问制"，即要求景区工作人员对游客的询问绝不说"不知道、不清楚"，而是尽力帮助，对确实不能解释的，说明原因，解释到位，主动联系能够满足旅游者问询需要的部门或员工。例如，景区内经常有旅游者询问卫生间在哪里、餐厅怎么走等，最低要求是要求员工能正确、清楚地向旅游者说明白，而不是仅仅用手指一指，或者说"不清楚"。更高的要求是能够把旅游者准确地引领到旅游者要去的地方，这时旅游者就不仅是满意而是惊喜了。当然前提是处理好与本职工作的关系。

一般旅游景区还将问询服务的功能放在游客中心（visitor center）来完成。游客中心向旅游者提供导游服务、咨询、失物招领、投诉受理、免费寄存物品、婴儿车出租、医疗救护、电子触摸查询系统、放映厅、展览厅、咖啡厅、旅游纪念品的售卖等服务或设施。

对游客中心专职提供咨询服务的员工要求如下。

①准时上岗，按规定着装，化妆得体，参加班前会。

②做好咨询台周边卫生工作，以饱满的精神状态准备迎接旅游者的到来。

③阅读工作日志，了解前一天旅游者咨询的主要内容。

④接受旅游者咨询。咨询的基本服务技巧包括以下六项。

● 接受旅游者问询时，应双目平视对方，全神贯注，集中精力，以示尊重与诚意，专心倾听。

● 答复旅游者的问询，要做到有问必答，用词得当，简洁明了。不能说"也许""大概"之类含糊不清的话。自己能回答的要随问随答，决不推诿，对不清楚的事情，既不能不懂装懂，也不能说"不知道"进行推诿，而应该主动联系相关部门或员工进行咨询，再清楚地告诉旅游者。

● 如果多人同时问询，应先问先答，急问急答，注意客人情绪，避免怠慢，使问询不同的旅游者都能得到适当的接待和满意的答复。

● 工作时不要与他人闲聊或大声说话，遇急事不要奔跑，以免造成旅游者紧张。

● 不要和一位旅游者谈话太久，而忽略了其他需要服务的旅游者。

● 对旅游者应该一视同仁、热情接待，不可以貌取人，区别对待。

⑤及时了解本景区的动态信息。这些信息包括景区内开展活动的内容、时间和参加办法等，及时向旅游者提供游览景点的路线、购物和休息等有关信息，为旅游者在本景区旅游做好参谋。

⑥对于旅游者提出的意见和建议，应该认真记录并及时向有关部门反映。

⑦对旅游者关于本地及周边区域景区情况的询问提供耐心、详细的答复和游览指导。不要故意贬低周边处于竞争对手地位的旅游景区，应该客观地向旅游者做简单介绍。

⑧接听电话问询时，应注意热情、亲切、耐心、礼貌并使用敬语。接听的同时要做好记录，需要别的部门协调完成的应及时沟通。

三、景区厕所服务

长期以来，厕所在国人心目中是个小事。"脏、乱、差"、数量少、分布不均、管理缺位是其基本特征。厕所这个"小事"却拖了中国旅游的后腿，成了大事。在历年的入境游客满意度调查结果中，入境游客对旅游厕所的满意度一直垫底。旅游厕所是游客出行必备的服务设施，是旅游公共服务水平高低的直接体现，更是反映旅游业文明进步程度的重要标志。因而，从 2015 年开始，原国家旅游局提出了"旅游厕所革命"号召，发起了针对旅游景区厕所脏乱差现象的整治活动，力图用"厕所革命"掀起一场中国旅游服务体系的革命。

2022 年 1 月 20 日发布的《"十四五"旅游业发展规划》还将"旅游厕所质量提升工程"列为专栏 10。具体内容包括两部分。一是提高旅游厕所管理和服务水平。深化改革创新，推广成功经验，优化旅游厕所分布和覆盖面，在节能环保、文旅融合、科技应用、管理创新等方面形成典型示范效应。发挥旅游厕所在旅游公共服务体系建设中的引领示范作用。二是推进旅游厕所标准化、数字化建设。引导建设一批新型智慧化旅游厕所。推进旅游厕所人性化，完善旅游厕所无障碍设施，增加旅游厕所卫生间覆盖率。到 2025 年，《旅游厕所质量等级的划分与评定》（GB/T 18973—2016）的实施率达到 90% 以上，电子地图标注率达到 95% 以上。

从景区运营管理的角度来看，厕所服务管理的重点如下。

（一）争取各项政府资金，遵照标准执行

近几年，国家在政策引导、资金补助、标准规范方面已经比较成熟，积极主动利用国家政策和配套资金，遵循已经颁布的《旅游厕所质量等级的划分与评定》修建、改造景区厕所，提高景区厕所建设和管理水平，更好地为国内外旅游者提供服务，保护自然生态，

提升景区形象。

（二）厕所布点和空间设计是关键

厕所本来就是解决游客"急事"的，应该从景区游客分布、旅游线路、弱势群体等角度，合理布局厕所的位置、数量和内部布局，加之富有景区特色的厕所外观和醒目便捷的指示牌，景区厕所服务的硬件就已经具备了。旅游厕所的间距根据景区类型、面积、游客量、路线路况、游客年龄段占比、平均速度等因素在 300～800 米中选择。其中，人流量大的古镇等类型景点厕所间距 300～500 米为宜；人流量小的景区的厕所间距 500～800 米为宜。

国家标准《旅游厕所质量等级的划分与评定》（GB/T 18973—2016）对旅游厕所的等级划分由原来的五个等级（星级）改为三个等级（A 级），由低到高分别是 A 级、AA 级、AAA 级。特别要强调的是，景区厕所内部设计应该强调"重女轻男"：女厕所的面积和设施应该大于男厕所。男女分开厕所的男女厕位比例应达到 2∶3。这一额定比例的背后，体现的是新一代旅游厕所"以人为本"的理念。

（三）日常管护是关键

很多旅游景区不是厕所数量和硬件不够，而是疏于管理和维护，导致景区厕所肮脏污秽不堪，游客不敢看、不能用。景区厕所应该坚持专业标准和监督管理相结合的管理模式，有专人执行管护工作，也有专人定期或不定期对厕所进行逐项检查，并采用扣分制，将检查结果与清洁维护个人的经济收益挂钩，保证管护人员按标准清洁维护。对检查不合格的厕所由专人跟踪处理，包括处罚和改善。

（四）创新和环保厕所是方向

以 5A 景区为例，要求厕所使用水冲或生态厕所的比例达 100%。三星级以上厕所达100%，厕所无异味，地面无秽物。但是，很多景区应该布点建设的厕所远离城市自来水管网和污水处理管网，无法用自来水也无法正常排污。这是很多景区厕所建设过程中面临的最大困难。因此，创新和环保就成为未来一段时间"厕所革命"的发展方向。例如，景区厕所可以设法采用雨水和山水冲洗，再对排泄物进行生物发酵用作有机肥，实现资源回收再利用。对于实在无法用水的位置，可以考虑用无水泡沫厕所作为补充。

旅游厕所一直是备受中外游客诟病的服务短板。不完整的旅游服务只会让游客留下残缺或失败的体验，不少国外游客上厕所的经历都是"步步惊心"，一次糟糕的如厕经历可能让游客彻底否定景区的价值和形象。因此，以"厕所革命"为起点，建设"数量充足、卫生文明、实用免费、有效管理"的景区厕所服务，构建景区服务的全要素链条，让游客在旅游的整个过程中都能感受到旅游的愉悦和美好。

四、旅游者投诉与抱怨的管理

旅游者对旅游景区的投诉与抱怨是景区运营过程中经常发生的现象。投诉与抱怨的主要区别是：投诉是旅游者正式提出，需要正式答复的问题；抱怨一般由公司主动收集，一般不需要正式答复。根据美国学者的调查表明，每有一名通过口头或书面直接向公司提出投诉的顾客，就有约 26 名保持沉默的感到不满意（抱怨）的顾客。这 26 名顾客中每个人都有可能会对另外 10 名亲朋好友造成消极影响。而这 10 名亲朋好友中，约有 33% 的人会有可能再把这个坏消息传递给另外 20 个人。换言之，只要有 1 名顾客抱怨，就会有在 $1+（26×10）+（10×33%×20）=327$ 人中产生不良影响的可能。因而，投诉与抱怨管理有助于消除旅游者的不满因素，对外树立积极良好的景区"口碑"。

（一）旅游者投诉与抱怨的原因分析

分析旅游者投诉与抱怨的原因，有利于在景区管理中进行预防性管理，重视可能令旅游者不满的部门和环节，将正式投诉的可能性降到最低程度。

1. 对景区人员服务的投诉和抱怨

一般是由于景区服务人员素质不高、服务水平低下、服务观念存在问题而产生的，它占景区投诉量的绝大多数。具体包括：①服务态度问题，例如，不回答旅游者询问，或回答时不耐烦、敷衍了事；服务动作粗鲁，反应迟钝；服务语言不当等；②服务技能问题，例如，工作程序混乱，效率低下；寄放物品遗失或出错等。

2. 对景区服务产品的投诉和抱怨

主要内容包括：①价格，如景区门票太高，特别是景区内重复购票，商品价格或服务项目收费过高，随意宰客；②景区内提供的餐饮质量问题；③最佳观景点被承包经营者占据，拍照须额外付费；④寄存物品、租车、乘船等不方便，结账方式落后；⑤景区娱乐项目的数量或质量缩水，名不副实。

3. 对景区硬件及环境的投诉和抱怨

主要内容包括：①卫生设施差，如厕所有异味等；②发生安全事故、意外事故，治安状况太差，缺乏安全感；③旅游气氛太差，商贩追客强行兜售商品；④交通混乱，车辆摆放无指定地点。

（二）旅游者投诉心理分析

虽然引起旅游者投诉的客观原因很多，但旅游者投诉时的心理状态一般有以下三种情况。

1. 求尊重

旅游者求尊重的心理在整个游览过程中都存在。按照马斯洛的需求层次理论，旅游活动至少是在生理需求和安全需求满足以后产生的要求，其他三个层次的需要即社交需要、受尊敬的需要和自我实现需要便是旅游活动中存在的诉求对象。因而，在景区服务中尊重旅游者显得尤为重要。旅游者受到怠慢时就可能引起投诉，投诉的目的就是为了找回尊严。旅游者在投诉之后，都希望别人认为他们的投诉是对的，是有道理的，希望得到同情、尊敬，希望有关人员、有关部门高度重视他们的意见，向他们表示歉意，并采取相应的处理措施。

2. 求平衡

旅游者在景区内碰到令他们感到烦恼的事情后，感到心理不平衡，觉得窝火，认为自已受到不公正的待遇。因此，他们可能会找到景区有关部门，通过投诉的方式把心里的怨气发泄出来，以求得心理上的平衡。人在遭到心理挫折后有三种主要的心理补救措施：心理补偿、寻求合理解释而得到安慰、宣泄不愉快的心情。

3. 求补偿

在景区服务过程中，由于服务员的不当的职务性行为、设施安全或景区未能履行某方面的合同、兑现承诺等原因，都可能给旅游者造成物质上的损失或精神上的损害，因此产生求补偿的心理需求。例如，门票内包含的表演项目被取消、游乐设施被关闭、旅游者的意外伤害、没有提供应该有的景区服务等。旅游者可能通过投诉的方式来要求给予他们物质上的补偿，这也是一种正常的、普遍的心理现象。

（三）旅游者投诉和抱怨的处理方法

旅游者投诉的类型包括：现场投诉、信函投诉、电话投诉等形式。抱怨包括旅游者的埋怨、诉说、旅游者问卷调查或访谈时旅游者的建议或不满等。前者是旅游者与景区之间的一种正式的积极沟通，后者是旅游者与景区之间的一种非正式的消极的沟通。前者处理的难度和迫切程度要高于后者，也是景区管理者应该特别注意的问题。但是，景区对抱怨的处理也不可忽视，因为旅游者抱怨的内容可能就是产生投诉的土壤，也是景区管理某方面出现问题的信号。

1. 旅游者投诉的处理

（1）基本原则

①真心诚意地解决问题。以"换位思考"的方式去理解投诉旅游者的心情和处境，满怀诚意地帮助客人解决问题。只有这样，才能赢得旅游者的信任，有助于问题的最终解决。

②不可与客人争辩。在客人情绪比较激动时，投诉接待者更要注意礼仪礼貌，要给客人申诉或解释的机会，控制住局面，而不能与旅游者争强好胜、与客人争辩，更不能大打出手。

③维护景区利益不受损害。投诉接待者在处理旅游者投诉意见时，要注意尊重事实，既不能推卸责任，又不能贬低其他部门或员工，更不能一味退让、损害景区利益而满足旅游者的不合理的投诉要求。

（2）处理的步骤

①给旅游者发泄的机会。当旅游者不满时，他们一定是心烦意乱，甚至是失去理智的。这时他们只想做两件事：第一，想把自己的不满说出来；第二，希望他们的问题得以解决。心理学上有"心理净化"现象，也就是只有旅游者发泄完后，才会听别人说的话。此时，投诉接待者要做到两点。一是保持沉默。当带有问题的旅游者在发泄怒气时，没有什么比告诉旅游者"平静下来"而更容易激怒他们了。如果试图阻止旅游者表达他们的感情，可能反而会使他们恼羞成怒。二是让旅游者意识到投诉接待员正在听他们说。保持沉默并不是对投诉者置之不理，而是要听他们讲，在此过程中，投诉接待员要不断地点头，不时地说"嗯""啊""噢"，保持与其眼神的交流。

②充分道歉并表示安慰和同情。并不是只有景区出了差错时才可以道歉，只要旅游者

在景区内有了不愉快的经历，投诉接待员都要真诚地向旅游者道歉。一句道歉可能平息心中的不满甚至怒火，也表明了所在的景区对待旅游者的诚意。在表示道歉时，要注意用语应表达出一种诚意，比如可以说："非常抱歉让您遇到这样的麻烦……""这是我们工作的疏漏，十分感谢您提出的批评"等。必须是发自内心的道歉才能让旅游者接受，也有利于投诉事件的解决。

前来投诉的旅游者一般总是觉得自己受到伤害，是带着"受伤的心"把接待者当作救世主，来要求其主持公道的。这时，接待投诉者的工作人员必须对客人表示安抚和同情，比如可以说"我对您感到气愤和委屈的情绪非常理解，如果我是您，我也会有和您相同的感受"。能够说服客人的往往不是严密的逻辑推理或滔滔不绝的大道理，而是对投诉者做出一些同情和安慰的表示，这将有助于将投诉者的注意力引向解决问题而不是拘泥于事件的细节和令人沮丧的情绪。

③收集有关信息。向来投诉的旅游者表示道歉或同情与采取解决办法不能混为一谈。前者只是为解决问题创造了一个良好的沟通环境，后者才是来投诉的旅游者真正关心的，因此就需要收集有关的信息。基本方法有两个。一是倾听旅游者陈述后，用自己的话重复旅游者所遇到的问题。确认无误后，进行必要的记录。这样做的目的是一方面能让旅游者感受到对他们的重视，有利于平息旅游者的不满情绪。另一方面也有利于为解决问题提供依据，并有利于事后存档总结。二是适当地提问。通过提问的方式，收集旅游者忽略或省略的一些重要信息，使旅游者投诉的问题更加完整和清晰。在此过程中，投诉接待员要填写《旅游者投诉处理单》（如表 5-1 所示）。

表 5-1　景区旅游者投诉处理单（范例）

旅游者姓名		投诉日期	
投诉形式		记录人	
联络方式			
投诉内容：			
拟办意见：			
部门调查情况及处理结果： 部门经理签名：			
备注		日期：	

④处理。核查以上信息的真实性，被投诉者所在部门应该在一定的时间（例如 6 天）内将核查情况、初步的处理意见书面报投诉处理部门。给旅游者以及归档的书面答复的主要内容至少应包括：被投诉的事由、调查核实的过程，基本事实与依据，责任与处理意见。一般投诉，由投诉处理人员直接处理、反馈，并报有关部门备案。重大投诉由景区责任管理者处理并呈报总经理（或景区管理办公室），处理意见由总办反馈给投诉者。涉及礼节礼

貌方面的投诉，应随时随地进行解决；正式投诉应在自受理后规定的时间内（例如45天）处理完毕并反馈给旅游者。

（3）处理"愤怒"型旅游者投诉的处理技巧

由于旅游者在景区中的地位是"弱者"，受同情的总是旅游者。有效地处理愤怒型旅游者的投诉要求，保护景区的荣誉和管理者自身的名誉就显得十分重要。

愤怒型旅游者可以划分为三种类型：利己型、主宰型和歇斯底里型。

①利己型。主要特征：认为"我第一""我最先""只有我"；认为自己的事总是急事；利用各种机会威胁一线工作人员。

主要对策：不要将他们的过激言词看作对你的个人攻击，而应当看作是针对你单位的不满，从而保持良好的心态，避免发生冲突；不要急于忙你手头的工作而让他们感觉不受尊敬；记住并运用他们的名字和职务并适当"恭维"，如承认他们很忙，来反映问题是对景区的关心；表达你对这个问题的看法和准备采取的行动；不要向他们宣讲制度规定，因为他们自认为比规定高明，因而不会接受；可以向他们说明制度允许干的事情。

②主宰型。主要特征：指教你该如何干你的工作；向他人发出警告、威胁，设定人为期限；如果你解决问题的方案不成功，就会指责你不称职。

主要对策：友善、礼貌，并尽量满足他们的要求；如果确实不能按他们提出的要求办，必须解释清楚；保持规定上的一致性，不能因为要求就破坏制度规定而做出让步。

③歇斯底里型。主要特征：大喊大叫，只要他们的要求或计划有任何偏移就会大发雷霆。

主要对策：尽量让他们发泄情绪；要让他们感觉到你理解并认可他们的心情，不要有抵触情绪；将他们带离人多的现场并请他们冷静下来。

2. 旅游者抱怨的处理

如果说旅游者投诉处理工作是前台管理（游客中心），那么旅游者抱怨的处理工作就是后台管理。相对来说，旅游者一般的抱怨处理比较容易，只要按照既定的程序执行就可以了。

①景区现场员工负责收集旅游者抱怨，并予以记录。

②景区各班组长将收集到的旅游者抱怨进行分析和整理，然后口头或通过工作周报表报部门经理。时效性较强的抱怨，接收者应随时逐级报至部门经理。

③景区各部门经理每月组织人员对所收集到的旅游者抱怨进行统计分析，凡涉及本部门的旅游者抱怨，经调查证实情况属实的，部门经理应组织制定相应的纠正或预防措施，报总办（或景区管理办公室）备案，经主管领导批准后组织实施。

④涉及其他部门的旅游者抱怨，部门经理应及时报总办（或景区管理办公室）备案，由后者呈景区管理者代表处理，情节特别严重的，报总经理处理。

⑤景区市场部门应该每年组织1～2次综合调查问卷和专题性问卷调查（也可以委托第三方），每季度进行一次团队问卷调查。调查中出现的不满或建议，由市场部指定专人汇总、统计和分析，之后报总办（或景区管理办公室）并呈管理者代表处理。

⑥旅游者问卷调查中对服务质量方面的书面建议或不满，由总办（或景区管理办公室）根据管理者代表的批示，制定相关改进方案，能形成相应的质量管理制度的，纳入景区管

理制度。

另外一种必须引起景区运营管理者高度重视的抱怨就是网络抱怨。主要形式是旅游者发表在各大论坛、朋友圈、微博上的吐槽。这些吐槽往往以"图＋文＋视频"形式传播，媒体和公众关注度高、扩散速度极快，短时间就能给景区产生巨大的负面影响。处理此类抱怨的关键是启动景区危机管理程序（参见第八章第三节），快速反应，及时发声，最迟应在 24 小时内通过媒体（也可以举行新闻发布会）说明事件原委和真相，有则改之无则加勉。

第二节　景区解说服务管理

旅游景区的解说服务是景区的必要组成部分，是强化和加深旅游者在景区体验的重要手段。景区解说服务管理的对象是景区的解说系统，景区解说系统是运用某种媒体和表达方式，使特定信息传播并到达旅游者，帮助旅游者了解旅游景区相关事物的性质和特点，并起到服务和教育的基本功能。

一、旅游景区解说服务的功能

解说系统是为了帮助信息接收者了解相关信息，运用某种媒体和表达方式，将特定信息传播给信息接收者，达到服务和教育等基本功能。景区的解说系统包含外部和内部两个部分，景区外部解说系统帮助人们了解景区概况并影响其出游决策，景区内部解说系统是旅游者在景区内部游览时景区向其传递相关信息的过程。相比较而言，景区内部解说系统对旅游者的体验质量的影响更大，可控性更强。旅游景区解说服务的主要功能包括以下几项。

①提供基本信息和导向服务。以简单、多样的方式给旅游者提供服务方面的信息，使他们有安全、愉悦的感受。

②帮助旅游者了解并欣赏旅游景区的资源及价值。向旅游者提供多种解说服务，使其较深入地了解旅游景区的资源价值及相关信息。

③加强旅游资源和设施的保护。通过解说系统的提示和帮助信息，使旅游者在体验和享受景区资源的同时，也能做到不对资源或设施造成过度利用或破坏，并倡导旅游者劝阻可能的破坏和损坏行为。

④鼓励旅游者参与景区管理、提高与景区有关的游憩技能。为旅游者安排各种参与性活动，在解说系统的引导和帮助下，鼓励旅游者参加景区适当的管理、建设、再造等活动，学习在景区内参与各种活动及所必需的技能。

⑤提供一种对话的途径，使旅游者、社区居民、旅游管理者相互交流，达成相互间的理解和支持，实现旅游目的地的良好运行。

⑥教育功能。向旅游者及教育机构（研学旅游）提供所需的解说服务，使其对景区资源本身及其科学和艺术价值等有较深刻的理解，充分体现旅游资源的教育功能。

不同类型旅游景区的解说服务功能的重点有一定差别。例如，自然类旅游景区的解说服务重点强调旅游资源的保护和资源科学价值的说明，历史人文类景区解说服务的重点在于文化价值和艺术价值的展示或教育功能的发挥，主题公园类景区的解说服务重点在于吸引旅游者参与等。

二、旅游景区解说服务的构成

景区解说系统分为向导式解说服务（personal or attended service）和自导式解说服务（non-personal or unattended service）两类。向导式解说服务以具有能动性的专门人员向旅游者进行主动的、动态的信息传导为主要表达方式，向导式解说服务一般由景区的讲解员（也称景区导游员）完成。自导式服务是由书面材料、标准公共信息图形符号、语音等无生命设施、设备向旅游者提供静态的、被动的信息服务。

（一）向导式解说服务

向导式解说服务是一种综合性、灵活性较强的工作。旅游者在景区游览的途中，讲解员既是引路员又是解说员，在车上、船上、危险地段他又是安全维护员。景区对讲解员的一般要求包括以下几项。

（1）硬件要求

涉外较多的景区应具备相应语种的讲解员，能完成景区涉外语种的讲解任务；普通话标准；获得景区讲解资格或获得导游资格证书。

（2）个人条件

要求语言表达能力强，五官端正、身体健康、性格开朗。

（3）知识素养

具有丰富的历史知识、地理知识、文学知识和一定的科学知识，特别要具备与景区讲解有关的专业知识。

（4）个人修养

有较强的事业心和团队精神，敬业、守纪。

（5）业务能力

熟悉导游讲解业务，带团经验丰富。具体包括：①讲解内容繁简适度，讲解的语言应生动，富有表达力；②在景点导游的过程中，应保证在计划时间与费用内，使旅游者能充分地游览、观赏，做到讲解与引导游览相结合，适当集中与分散相结合，劳逸适度，并应特别关照老弱病残的旅游者；③在景点导游的过程中，应保证旅游者的安全，要自始至终与旅游者在一起活动，并随时清点人数，以防止旅游者走失。

（二）自导式解说服务

它是由书面材料、标准公共信息图形符号、语音等无生命设施、设备向旅游者提供静态的、被动的信息服务。旅游者获取自导式解说系统提供的信息没有时间上的限制，他们可以根据自己的爱好、兴趣和体力自由决定获取信息内容的多少。因而，此系统对散客旅游者来说显得尤为重要。它的形式多样，主要包括牌示、宣传资料和电子导游三种，其中，牌示是最常见的表达方式。按照其内容可以分为以下五类。

1. 介绍

介绍景区的概况、历史沿革、特征、主要构成等。

2. 警示

存在危险因素的情况下，用以提醒旅游者应注意的事项。例如，地滑、跌落、高压电、危险地段等各类警示标志。

3. 引导

向旅游者指明游览线路、景点及商店、厕所、停车场等的方向和距离，一般设在景区内的十字路口、岔道口、内部广场等处。

4. 公共信息

包括天气预报、航班、交通情况、景区内演出活动、团队住宿活动、旅游者留言、失物招领等，一般设在游客中心或旅游者相对集中的地方。

5. 说明

主要用于景区内旅游资源或活动项目的说明和解释。例如，对一件遗存文物的说明，对景区内健康休闲车的租借方法、损坏赔偿的说明等。

景区宣传资料的种类比较多，从大类讲有静态和动态两种类型。静态宣传资料包括导游图、交通图、解说手册、景区服务指南、风光图片、书籍、画册等，这些宣传资料具有保留时间长、阅读层次面广的特点，既是旅游解说系统的组成部分，也是旅游宣传的主要手段。动态宣传资料主要包括各种形式的音像制品，形式多样，内容直观且生动活泼。

以前很多景区导游用"大喇叭""小蜜蜂""扩音器"进行讲解，声音此起彼伏、嘈杂不堪，已经成为破坏参观旅游环境的顽疾。为了让游客有更好的旅游体验，应该全面启用电子导游设备。电子导游是一种利用数码语音技术制作的自助式服务设备，可以让旅游者在参观游览的过程中，通过自行操作、定点感应启动或者导游控制来选择收听景物或展品的讲解信息。目前，电子导游已经出现了无线接收式、MP3播放式、数码播放式等多种形式，其中无线智能电子导游系统是目前最先进的电子导游形式。未来的趋势应该是景区自助式免费数字解说模式，该模式基于云存储，以手机或MP3、MP4播放器作为景区解说语音资料的获取和播放设备，为旅游者提供个性化的、自由的、全免费的自助式数字解说服务。

另外，计算机触摸屏解说系统作为一种自导式解说服务，它可以提供景区的整体介绍、重要景点的音像资料、旅游路线的选择、往返景区的交通、景区内服务设施说明等信息。在多媒体技术的支持下，以较有冲击力的视听感受和互动效果受到旅游者的欢迎。缺点是不具备移动性和便携性，所以，一般放置在游客服务中心等公共区域。

三、我国旅游景区解说服务管理的重点

国外在旅游解说方面的研究起步较早，目前已经深入到微观领域，如对牌示的设计、材料、颜色、解说牌大小、设置高度，甚至文字颜色、大小、字体等的研究都相对成熟。相比之下，中国国内对解说系统的研究尚处于起步阶段，景区解说系统也基本处于模仿阶段。还有很多景区存在解说服务意识淡漠、解说系统不规范、不完整等问题。例如，某世界遗产景区内，"卫生间""厕所""WC"等形式不规范的标牌都能见到。目前，我国景区

在解说服务管理方面的工作重点如下。

（1）将景区解说服务管理纳入到景区质量管理体系中，提高景区有关部门和人员对解说服务重要性的认识，解决观念问题并委托专门机构进行设计并监督实施（一般以《旅游景区质量等级的划分与评定》的相关要求为基础设计）。

（2）研究和吸收国外同类型旅游景区成熟的解说服务经验，提高景区解说服务水平。例如，我国的自然保护区、世界自然遗产地、国家风景名胜区等旅游景区，应该研究和参照美国的国家公园解说服务系统，发挥旅游资源的科普和教育功能。美国国家公园管理局（NPS）在每个国家公园都规划设计了完备的国家公园解说和教育系统（interpretation and education systems），公园解说已经细化到园外解说、环境解说和遗产解说。博物馆类景区可以参考欧洲国家的解说服务，例如，英国、法国等国家。

（3）用解说系统展现资源价值。投入更多的人力、财力挖掘景区文化和资源价值（尤其是人文类旅游景区），以旅游者容易接受的方式进行解说服务，将旅游景区中厚重的内涵展现出来，避免出现"内行看门道，外行看热闹"的现象，保证旅游者在旅游过程中有看头、有说头，回去之后，有想头、有念头。

（4）培养高素质的景区解说员。景区解说员类似于饭店的前厅接待，是景区对外展示形象的一面窗户，而且又是景区的文化使者，主要依靠他来向旅游者介绍景区的文化内涵和资源价值。在国外的一些旅游景区，出现老教授、老专家讲解员，他们能满足旅游者更深入地了解的需要。而我国的旅游景区解说员，文化水平普遍偏低，仅仅依靠背导游词的办法给旅游者解说，是一台会移动的"录音机"，一旦旅游者有更多、更深入的问题询问，他们要么无言以对，要么胡编乱造。因此，必须通过提高景区解说员的素质来逐步完善景区的向导式解说服务。目前，要从以下三个方面对我国旅游景区解说员进行培训。

①语言运用技能的培训。解说员的语言应该正确、清楚、生动、灵活。做到言之有物、言之有据、言之有情、言之有趣。

②讲解技能的培训。常见的讲解技能包括：分段讲解、突出重点讲解、虚实结合讲解、触景生情讲解、问答法讲解、制造悬念法讲解、类比法讲解等。不同类型的旅游景区可以选择一种或几种技能进行讲解。例如，颐和园的讲解员就可以采取分段讲解，以人寿殿为中心的政治活动区，以慈禧太后的寝宫乐寿堂和玉澜堂为中心的帝后生活区，以长廊、排云殿、石舫、昆明湖为内容的观光游憩区。这样讲解的层次分明、环环相扣。

③心理服务技能。讲解员要做到尊重旅游者、保持服务热情、学会使用柔性语言。柔性语言表现为语气亲切、语调柔和、措辞委婉、多用商讨的语气，这样的语言使旅游者愉悦亲切、有较强的征服力，往往能达到以柔克刚的效果。

通过各种方式培养景区解说员爱岗敬业的精神是以上培训工作的核心。

（5）用全域旅游标识系统"串起"单个旅游景区[①]。将5A级旅游景区标识系统规划设计的若干思路应用于全域旅游范围，按照国家5A级旅游景区的标准，要求各种引导标识

---

① 节选自《舞动全域——全域旅游标识系统规划设计思路创新》（内部稿），魏诗华，旅游规划专家、旅游信息化专家，北京制源江山咨询公司董事长，有修改。

（包括导游全景图、导览图、标识牌、景物介绍牌等）便于旅游者顺利完成全域旅游，提高休闲游览质量，提高城乡空间的精细化管理程度，打造美丽城区、美丽乡村，打造全域大景区，将全域空间以精细贴心的方式展现在游客面前。全域旅游标识系统是一条有机且符合旅游发展规律的"线索"，它能串起以旅游景区为核心的全域各要素，给城乡空间"戴上一条美丽的项链"，实现全域旅游发展的创新突破。

第三节　景区商业服务管理

景区商业服务是指满足旅游者吃、住、行、购、娱等方面需求的服务。吃、住、行是旅游者在景区内及景区周边的基本需求，而购和娱则是旅游者在景区内的深层次消费需求。景区商业服务的内容丰富，形式多样，是方便旅游者游览、增强旅游者体验、提高景区经济效益的重要手段。限于篇幅，与饭店业和餐饮业具有共性特征的餐饮和住宿在此不再赘述，本节重点阐述娱乐服务与购物服务的运营管理。

一、旅游景区娱乐服务

首先需要说明的是，并不是所有的旅游景区都提供娱乐服务。例如，美国的黄石公园禁止在某些核心区域开展任何形式的娱乐活动。我国的故宫、敦煌莫高窟、一些国家自然保护区都是禁止或限制各类娱乐活动的。有条件的旅游景区通过提供娱乐服务一方面可以深度挖掘旅游景区的历史文化资源，另一方面能够满足旅游者更高要求的旅游需求。各类主题公园更是以不同形式的娱乐项目为核心产品进行运营管理。

（一）娱乐服务的一般内容

综合各类旅游景区的娱乐服务，按照场地分为舞台类、广场类、村寨类、街头类、流动类及特有类（例如，滑翔基地、滑雪基地等）；按照活动规模和提供频率可以分为小型常规娱乐和大型主题娱乐。

1. 小型常规娱乐

小型常规娱乐是指景区长期提供的娱乐设施及活动，占用员工较少、规模小、时间短，此类娱乐项目主要是为了渲染景区主题、活跃氛围、舒缓排队游客的焦躁情绪等。其形式可分为三大类及若干小类（如表 5-2 所示），三大类包括：表演演示类、参与健身类和游戏游艺类。其中前两者在旅游景区中较为多见。

在主题公园和游乐园中，小型娱乐项目较多，常见的项目有：过山车、观光摩天轮、飞荡转椅、碰碰船、自由落体、动感电影等。由于此类游乐项目的特色性较弱、复制难度低，所以对中远距离旅游者的吸引力较小。此类游乐项目应该在产品的宽度或深度方面做足文章才会产生不一般的吸引力。例如，众多海洋公园中的香港海洋公园就不同一般，从内容设置和运营管理方面都能让旅游者惊喜不断。该公园被福布斯评选为全球十大最受欢迎的主题公园之一，被美国霍士新闻评定为亚洲最令人印象深刻的主题公园之一。公园整体上分为山上、山下及大树湾三大景区，八个不同的主题区域，景点及机动游戏多达 70 多处。笔者的体验是除了海陆动物、机动游戏和大型表演让人流连忘返之外，最关键的是 91.5 公顷的景区运营管理水平不一般，精致的园林景观、严格的安全管理、干净的景区环境、管理有序不拥挤的游客等让人放心、舒心、开心。

表 5-2　旅游景区小型常规娱乐形式分类

大类	细分类别	特征及举例		
表演演示型	地方艺术类	日本茶道、陕北腰鼓、川剧"变脸"		
	古代艺术类	唐乐舞、纳西古乐、昆曲、祭天乐阵		
	风俗民情类	绣球招亲、对歌求偶		
	动物活动类	赛马、斗牛、斗鸡、动物表演		
游戏游艺型	游戏类	节日街头（广场）舞蹈、苗族摆手舞、竹竿舞、剧本杀		
	游艺类	模拟枪战、踩气球、单足赛跑、猜谜语		
参与健身型	人与机器	人机一体	操纵式：滑翔、射击、赛车、热气球	
			受控式：过山车、疯狂老鼠、摩天轮	
		人机分离	亲和式：翻斗乐	
			对抗式：八卦冲霄楼	
	人与动物	健身型	钓鱼、骑马	
		体验型	狩猎、亲近动物	
	人与自然	亲和型	划草、游泳、温泉疗养、潜水	
		征服型	攀岩、滑雪	
	人与人	健身型	高尔夫球、网球	
		娱乐型	烧烤、手工艺品制作	

2. 大型主题娱乐

大型主题娱乐是旅游景区基于景区文脉特征，经过设计团队精心策划组织、动用大量演员和专业设备推出的大规模表演性活动。大型主题娱乐项目在满足旅游者深度体验需求的同时，在提升景区知名度、增加直接和间接经济收入方面的作用不可小觑。

按照大型主题娱乐的活动方式，可以将其分为以下三种类型。

（1）舞台豪华型

舞台豪华型是以山水风光实景或大型舞台为背景，通过宏大的歌舞、诗歌主题表演、高科技灯光音响及特效等表现手法，让观众获得全身心的沉浸式娱乐体验的一种主题娱乐形式。桂林漓江《印象·刘三姐》开启了中国的大型山水实景演出的先河，是舞台豪华型的典范。后来被誉为"中国最美舞剧"的《长恨歌》又将"旅游资源+文化创意+科技演绎"发展到新高度。该演出以"斯山为大幕，斯水做舞台，斯地真历史，借我入戏来"为创意线索，通过真山（骊山）真水、古典乐舞、诗歌旁白、高科技灯光音响等表现手法，充分展示了大堂盛世的恢弘气象和千古绝唱的爱情传奇，让观众穿越时空，领略一千多年前发生在骊山脚下、华清池畔的凄美爱情故事，感受浓郁的盛唐文化气息。

（2）花会队列型

花会队列型是在广场或者景区道路上以行进主题表演为特征，在固定时间点通过与游客近距离的舞蹈、服饰、彩车、人物/卡通表演为呈现方式的娱乐形式。迪士尼的花会队列是主题公园中的典范。花会队列型娱乐形式在历史人文类景区也可以采用，它能够起到渲染气氛、突出景区主题、吸引旅游者参与的效果。

（3）分散荟萃型

分散荟萃型是以一定的节庆为契机，围绕一定主题，在旅游景区多处同时推出众多小型表演型或参与型娱乐活动，从而形成一个大型主题娱乐活动。例如，开封清明上河园景区推出的以宋文化为主题的杨志卖刀、包公巡河等小型表演节目；杭州宋城景区以展示中国非物质文化遗产为主线的王员外家小姐抛绣球招婿表演、新春庙会、火把节、泼水节、桂花节等活动。

（二）娱乐服务管理

不同类型旅游景区娱乐服务管理的一般差别如表 5-3 所示。

表 5-3　不同类型旅游景区娱乐服务管理的一般差别

景区类型	主要构成	娱乐服务主旨	娱乐项目举例
自然景观类	国家公园、森林公园、地质公园、自然保护区、风景名胜区、野生动物园等	公众游憩环境教育	一般禁止建社永久性娱乐项目，常有一些亲近自然的小娱乐项目，如喂食小动物、亲水游戏、森林氧吧等
历史人文类	文化遗址、博物馆、古建筑、名人故居等	文化教育深度体验	纳西古乐表演、东巴祭祀表演、乌镇皮影戏表演、意大利菲尔伽莫皮鞋博物馆留下名人足印并制作脚模等
人造景区	主题乐园、微缩景区、海洋馆	创造欢乐不断创新	世界之窗的"创世纪"和"欧洲之夜"中国民俗文化村的"中华百艺盛会"大型演出活动、迪士尼冒险乐园、幻想乐园，海洋馆的海豚表演等
休闲度假区	滨海、滨湖、温泉、高尔夫等区域	动静结合放松身心	高尔夫球、游泳、保龄球球等健身类项目

注：景区类型划分方法参考 C.R.格尔德纳《旅游业：要素、实践、哲学》（2003 年，p.205）。

1. 立足景区"文脉"是娱乐服务的关键

"文脉"是指旅游景区及其所在地的自然地理基础、历史文化传统、社会心理积淀、经济发展水平的四维空间组合。旅游景区的各类娱乐项目应该是在景区文脉的基础上进行的创意，它不仅应该是景区文脉的体现，更应该是景区文脉主题的强化。例如，在自然类旅游景区，最好的娱乐项目就是没有娱乐项目，宁静、自然、和谐、原生态的自然环境就是旅游者最好的"娱乐"对象。而在历史人文类旅游景区，娱乐项目是活跃气氛、变静态文化为动态文化的最好途径之一。目前，我国旅游景区经常出现的问题是娱乐项目的盲目跟风，忽视本景区的文脉特征，将一些最新流行的娱乐项目引入景区。这样做的结果是，一方面破坏了景区的主题氛围，不伦不类；另一方面简单模仿导致投资损失、经营风险增加。

2. 强化旅游者体验是娱乐服务项目的核心

国外研究机构发现，10%～15%的自主旅游者寻求特殊的可选择的旅游体验。这些旅游者文化程度高、成熟、富有，有旅行经验，环保意识强，对目的地的社会与文化传统非常敏感，旅游需求的核心越来越多地趋向"体验"。旅游产品的 3E 理念越来越明确，即欢快/娱乐（entertainment）、激动人心（excitement）、学有所得（education）。这就要求旅游景区在设计产品时，不仅要注重产品的功能和质量，还应让产品满足旅游者视觉、触觉、审美的需求，在消费的过程中增添愉悦、美感，使产品"体验化"。其开发方法包括外延式开发和内涵式升华，根据不同类型景区的性质和特点，娱乐服务的主旨应该有不同的差别。

3. 保障安全是娱乐服务运营管理的生命线

旅游安全是指旅游活动中各相关主体的一切安全现象的总称。娱乐服务过程中涉及的人、设备、环境等相关主体的安全问题至关重要，没有安全，便没有娱乐服务乃至景区的正常运营。不同类型景区娱乐服务潜在的危险类型不同，但无论如何，安全始终是娱乐服务管理最根本、最重要的要求。例如，在人文旅游资源景区，安全不仅包括旅游者的人身安全，还包括文物旅游资源的安全。在自然保护区类旅游景区，旅游者意外跌落、受野外动物攻击、食物中毒等意外安全问题是运营管理的重点。

4. 强化培训是优化娱乐服务管理的手段

景区服务人员始终是娱乐项目的引导者、参与者，因而受过良好训练的服务人员能让娱乐项目的效果发挥到最大化。景区员工培训的内容主要包括：岗位职责、职业素质和职业技能的培训。这些培训应该从景区的实际需要出发，一方面通过培训让员工"扮演"好自己的角色，将职责、素养和技能内化于心，外显于形；另一方面，将培训作为一种提高员工价值的福利提供给员工，力戒"假、大、空"的培训形式。

二、旅游景区购物服务

从旅游收入的角度来看，中国大陆旅游购物收入占旅游总收入的比重长期徘徊在 20% 左右，与旅游发达国家购物收入占旅游总收入的 40%～60% 相比，存在很大差距，旅游购物一直是我国旅游六要素中最薄弱的环节之一，这一环节的薄弱导致旅游业的关联带动效应衰减。

（一）现状及改进建议

1. 购物服务现状

（1）旅游者在景区内购物欲望低下

从国内旅游者购物花费来看，存在巨大的内外不平衡。新冠肺炎疫情之前，中国人境外旅游购物花费居全球第一，在美国平均为 987 美元，在欧洲平均为 1781 美元[①]，而在国内的旅游购物花费却非常低。在北京 11 个著名景区的抽样调查显示，旅游者在旅游纪念品方面的花费仅为每人 1.17 元。同样，国外旅游者在中国的旅游购物水平也很低。"人气聚不成财气"反映了旅游者在景区购物欲望较低，为什么会出现这种内外有别的现象值得业界深思。

---

① 美国免税协会调查统计。

（2）旅游景区商品雷同，缺乏景区自身特色

据我们观察统计，我国各类旅游景区雷同的旅游商品主要包括：玉器类商品、各类小饰品（手镯、项链）、木雕根雕类、水晶（仿）类、书画类商品、中国结、中药材类商品等。以上类别的旅游商品充斥在我国绝大多数旅游景区的旅游购物商店中，体现本景区自身特色的文创产品很少，无法引起旅游者的购买欲望。也有一些地区的旅游商品很有特点，淮阳太昊陵的布老虎、西双版纳的傣族布包、敦煌的布骆驼、延安的腰鼓、布达拉宫的藏刀、陕西的兵马俑等。但是，有些经典的旅游纪念品又存在着低质高价的问题，这又让旅游者捂紧了钱包。

（3）诚信服务意识差，购物"陷阱"多

很多旅游景区的旅游购物商店都被私人承包，再加上缺乏统一监督管理，"半年不开张，开张吃半年"，"坑、蒙、骗"现象经常发生，"回回都上当，当当不一样"是旅游者对此现象的无奈总结。旅游购物商店、导游和旅游车司机互相勾结欺诈旅游者几乎已经成为人人皆知的"潜规则"。诚信购物环境的缺失是旅游者在国内购物欲望低下的一个最根本原因。

（4）售后服务不完善，尤其是投诉管理水平低

很多旅游景区售卖的旅游商品是离柜后概不退换，既不可能提供售后的维修、保养，更不会退货退钱。加之很多旅游者购物没有索要发票的习惯，因而缺少证据无法投诉。即使有购物发票或收据作证，当地的投诉管理程序也比较复杂、效率低下。对于时间成本和机会成本都很高的旅游者来说，只好忍气吞声，带着抱怨和怨恨离开旅游景区，成为景区负面形象的"宣传员"。

2. 改进建议

（1）统一购物服务管理，营造诚信购物环境

逐步取消或者规范景区内旅游购物商店承包经营的模式，要么由旅游景区统一进货、统一价格，将景区内的购物点作为景区管理服务的一个窗口展示给旅游者；要么针对经营户建章立制，形成有效的惩戒机制，营造公平诚信的消费环境。坚决杜绝承包经营者"杀鸡取卵"、欺客宰客的现象。其他的具体措施包括以下几点。①统一设计景区购物点的位置、外观形象，使之既符合旅游者的购买习惯，也符合景区的文脉主题。例如，旅游者购买旅游纪念品的行为一般发生在将要离开时，购买旅游消费品的行为一般发生在刚进入景区时等。购物点的位置应该在旅游节点上合理布局。②统一服装，佩戴胸牌标识。统一服装可以是传统的工服（如衬衣、领带、短裙、领结、皮鞋等），也可以是民族服装或古装，让旅游者意识到这里有统一的管理。例如，在开封的清明上河园，清洁工、餐厅服务员、街头表演者、购物点的服务员都穿着各类宋朝的服装，使旅游者的消费过程感觉踏实有趣。③在醒目的地方公布投诉受理部门的电话。④当地监督管理机构实行信用挂牌、撤牌制度，保护诚信守法的旅游购物点。例如，香港旅游发展局张贴的有"优"字标记的旅游购物商场，就等于承诺这些商户有优质服务保证。一旦违规，将被取消"优"字标记，旅行社不得带团前往，购物点的生存就面临威胁。

（2）与文化创意产业联手，开发具有本景区特色的文创旅游商品。

在市场调研的基础上，在行家手里找人才，在历史文化中找卖点，有选择地开发系列

旅游商品，同时开发不同档次的旅游商品（目前尤其缺少高档次的精品）；开发既具有纪念意义又具有实用性的旅游商品。对景区来说，好的旅游商品就是景区对外宣传的名片，它既是旅游者美好回忆的物质载体，又能成为口碑传播的桥梁。

（3）景区和当地旅游主管机构合作，建立高效率的投诉管理机制

高效率地处理购物投诉是营造诚信环境的关键，更能够维护景区整体、长期的利益。有些景区推出了先行赔付的投诉处理办法，也是一种有益的尝试。例如，在北京八达岭景区，经营者根据经营情况缴纳一定数量的先行赔付保证金，存入专用账户，由景区消协分会设专人管理。消费者在景区购买商品或接受服务时合法权益受到侵害的，凭销售发票、购物凭证等有效票据到景区消协分会申请调解赔偿，消协分会根据《中华人民共和国消费者权益保护法》规定调查取证，做出公正、合理的调解意见后，直接动用保证金进行赔付，同时告知经营者，这样就提高了调解赔偿的速度。

（二）旅游者的购物心理和景区的推销技巧

1. 旅游者购物心理

（1）求实心理

求实心理，即追求商品的实际使用价值。旅游者购买商品，看中的是其在日常生活中的使用和实用价值，对商品的包装并不十分在意。尤其是中低收入的旅游者，特别注意商品的性价比，要求商品经久耐用、实用方便。例如，带有景区图案的书签、茶杯、茶杯垫子、T恤衫等很受游客欢迎。

（2）求名心理

求名心理，即追求注重商品的社会声誉和象征意义，喜欢追求名牌产品。具体来说，就是景区所在地的优质名牌商品、具有纪念意义的商品、可"显摆"身份的商品，都会使这类旅游者产生购买动机。对于有求名动机的旅游者来讲，往往不太注意商品的效用和价格，而是关注商品的名望、象征意义和纪念意义，并在感情冲动中做出购买决定。这类旅游者希望在景区购买到具有纪念意义的工艺美术品、古董复制品、少见的当地土特产等旅游商品。一方面是为了留作纪念，因为很多旅游者都喜欢把在旅游景区买的纪念品连同他们在旅行中拍的照片保存起来，留待日后回味他们难忘的旅游经历；另一方面是为了带回去馈赠亲友，并以此提高自己的声望和社会地位。

（3）求美心理

求美心理，即重视旅游商品的艺术欣赏价值。对旅游者来讲，离开自己的居住地前往旅游景区旅游时，不仅希望欣赏到美的风景，同时也希望将"美"带回家，购买一些富有创意的旅游商品。他们往往重视旅游商品的款式、包装、精致程度，以及对环境的装饰作用。

（4）求新心理

求新心理，即追求旅游商品的新颖、奇特、时尚。在旅游者购物的过程中，好奇心起到一种导向作用。旅游者大多喜欢新奇、新颖的商品，这些新的颜色、新的款式、新的质量、新的材质、新的情趣，可以满足人们求新的心理，调节枯燥、单调、烦闷的日常生活。因此，人们在旅游景区看到一些平时在家看不到的东西时，就会产生好奇感和购买的欲望。

例如，在南京旅游，旅游者喜欢购买雨花石；在云南旅游，旅游者喜欢购买鲜花饼、蜡染产品等。

（5）求廉心理

求廉心理，在过去很长一段时间，国内旅游者对旅游商品的价格特别敏感，他们追求价格低廉、经济实惠的商品。旅游者（包括有经验的入境旅游者）普遍对景区旅游商品的标示价格是不信任的，一般采取拦腰砍价等方法取得较低的购买价格，从而在旅游商品市场形成了"劣币驱逐良币"的现象，最终形成旅游商品品质和价格之间的恶性循环。当前及未来一段时间，国人的消费模式正在发生结构升级，品质消费成为主旋律。旅游者逐渐排斥低价、低质、低俗的旅游商品，精致、个性、有创意、有品质、货真价实的旅游商品必将大行其道，这也是求廉心理的升级过程。

（6）求趣心理

求趣心理，对于旅游者来讲，由于生活经历、宗教信仰、受教育程度、家庭背景等方面的不同，其兴趣、爱好也各不相同。在旅游的过程中，他们一般只购买与自己兴趣、爱好有关的商品。例如，喜欢文物的旅游者对复仿制文物感兴趣、喜欢玉石的旅游者对各类玉器感兴趣、喜欢手串的旅游者对各种材质的手串感兴趣等。

（7）求知心理

求知心理，这种心理的特点是通过购物获得某种知识。教育功能本来就是一些旅游景区的基本功能（以世界遗产类景区最为典型），在一群爱知求真的旅游者眼里，旅游景区就是一个大课堂。他们或者他们带着孩子在景区内探索知识、享受发现的乐趣。离开景区时，与旅游资源有关的知识载体是他们喜爱的对象。例如，动植物标本、化石、书籍、光盘等。

（8）求尊重心理

求尊重心理，这种心理是旅游者在购物过程中的共同心理需要。这种需要表现在很多方面：希望景区服务人员能热情回答他们提出的问题；希望景区服务人员能任其挑选商品，不怕麻烦；希望景区服务人员彬彬有礼，尊重他们的爱好、习俗、生活习惯等。

2. 景区的推销技巧

（1）善于接触客人

景区商品部服务员除注意自己的着装和仪容仪表外，更要善于与客人沟通。一般来说，旅游者刚一进店，服务员不可过早同客人打招呼。因为过早接近旅游者并提出近距离询问，可能会使旅游者产生戒心，而过迟则往往使客人觉得服务人员缺乏主动和热情，使旅游者失去购买兴趣，即"距离服务"。为了表示对进店旅游者的信任，也是为了旅游者能更好地浏览、斟酌、选择或体验旅游商品，在旅游者没有明确提出购物要求之前，应该与游客保持约三米的距离。近距离接触旅游者的最佳时机，是在客人明显感兴趣且喜欢某件商品时，通常表现如下。

①当旅游者长时间凝视某一种商品的时候。

②当旅游者从注意的商品上抬起头来寻找服务人员时。

③当客人突然止住脚步盯着看某一商品时。

④当客人用手触摸商品时。

⑤当客人像是在寻找什么的时候。

⑥当客人的眼光和自己的眼光相碰的时候。

服务人员一旦捕捉到这样的机会，应马上微笑着向客人打招呼。另外，景区商品部的服务员还必须善于察言观色，通过对旅游者的言行、年龄、穿着、神态表情等外部现象的观察，学会揣摩旅游者的心理，分辨顾客类型与购物偏好，有针对性地为旅游者服务。例如，对于目光集中、步子轻快、迅速地直接奔向某个商品柜，主动提出购买要求的旅游者，服务人员要主动热情接待，动作要和旅游者"求速"的心理相呼应，否则容易让旅游者不耐烦而放弃购物；又如，对于神色自若、脚步不快、无明显购买意图的旅游者，服务人员应让其在轻松的气氛下自由浏览、斟酌。

（2）展示旅游商品特征，激发旅游者购买兴趣

接近旅游者后的工作就是向旅游者展示商品，让旅游者观看、触摸、鉴赏。目的是使客人看清商品特征，产生对商品质量的信任，引起其购买欲望，加快成交速度。展示商品是一项技术性较高的工作，需要服务人员具有丰富的商品知识和熟练的展示技术。在展示时动作要敏捷、稳当，拿递、摆放、操作示范等动作不可粗鲁、草率，否则会显得服务人员对工作不负责任，对商品不爱惜，对旅游者不尊重。

（3）从客人需求的角度出发，热情介绍旅游商品，取得旅游者的信任

当旅游者对某一商品产生喜欢情绪并对商品进行比较、评价的时候，服务人员适时地介绍商品知识，如名称、种类、价格、特性、产地、原料、式样、颜色、大小、使用方法、流行性等。所谓适时介绍，就是在分析客人心理要求的基础上，有重点地说明商品，以便"投其所好"。服务人员从客人的需求出发，积极热情、实事求是地介绍，不仅可以满足旅游者的购物需求，还可以创造旅游者的购物需求。服务人员向旅游者介绍旅游商品的要求标准如下。

①介绍旅游商品要注意严格遵守商业职业道德规范，维护旅游者利益，实事求是介绍商品，不夸大商品的优点，也不隐瞒商品的缺点。

②不张冠李戴，不能为迎合顾客购买心理，以次充好。

③尊重旅游者的习惯、兴趣、爱好，有针对性地介绍商品，不盲目介绍或过分纠缠，以免给旅游者造成强买强卖的感觉。

④语言简明扼要，语调语气要体现出必要热情、诚恳和礼貌，不可过分热情，留给旅游者独自思考、选择的空间。

第四节　改善我国景区服务管理的对策

"一流的资源，二流的管理，三流的服务"是国内外旅游者对我国一些旅游景区的总体评价，"三流的服务"主要是指旅游者对景区内的主要服务过程不满意，即景区服务管理水平低下，这一问题是长期困扰我国旅游景区运营管理的"短板"。

未来一段时间，改善或提升景区服务水平的对策主要包括以下几项。

一、识别旅游者需求，建立和完善景区质量管理体系

旅游景区是旅游六要素中核心需求"游"的主要承担者和供给者，这一特点在凸现景区产品在旅游产业中重要地位的同时，也给景区管理者提出了更高的要求、产生了更大的压力。由于旅游者个体特征（性别、文化、年龄等）的差异，其需求特征也是复杂和多变的。魏小安认为旅游的过程就是一个求新、求异、求美、求知、求乐的过程[①]。这也可以将其理解为不同旅游者的需求心理。只有识别了旅游者的需求类型（包括现实需求和潜在需求），才能做好景区服务管理工作。

（一）旅游者需求的识别

旅游者需求可以分为两类：①有效或现实的旅游需求；②受抑制的旅游需求（分为潜在旅游需求和延缓旅游需求）。具体到旅游者对景区服务的需求，也可以分为以上两类。例如，景区内便捷舒适的交通服务就是现实的旅游服务需求；货真价实、有创意有特色的旅游商品购买需求就是受抑制的旅游需求。

1. 识别旅游者需求的过程

①市场调研；②分析竞争对手；③调查旅游者满意度；④研究旅游者的需求和期望；⑤就某一服务活动调查旅游者的反应。

2. 以上过程应确定的事项

①旅游者对景区产品或服务的完整性要求；②虽然旅游者没有要求，但产品或服务必须满足的适用性要求；③与产品或服务有关的可用性、交付和支持性方面的要求。

3. 一般的实施过程

①景区市场部负责市场调研，分析竞争对手，收集旅游者需求，调查旅游者满意度，并进行分析、整理和评审，形成、修改服务需求的文件。②景区其他各部室根据各自的工作特性和工作对象，采取灵活的方式就某一活动调查旅游者的反应，研究旅游者的需求和期望。③景区决策部门或个人根据旅游者需求分析相关信息，制定或调整景区的质量方针、质量目标，开发需求和机会，确立、调整服务过程，并进行与服务质量相关的其他决策。

（二）建立景区质量管理体系，提高景区服务管理水平

旅游者需求的识别是服务管理的基础工作，还要依靠质量管理体系来执行和实现，换言之，景区质量管理体系围绕的中心应该是旅游者需求。建立景区质量管理体系是一个系统工程，其覆盖的范围包括：景区服务、景区环境和与景区质量有关的内部管理活动。常见的质量管理体系主要包括四方面的内容：管理职责、资源管理、服务实现以及检查、分析与改进。为景区质量体系建立编制的文件包括：质量手册、程序文件和作业指导书。

景区服务管理是景区质量管理体系的组成部分，其好坏是用旅游服务质量（service

---

① 魏小安. 旅游目的地发展实证研究[M]. 北京：中国旅游出版社，2002：38.

quality in tourism）来体现的。旅游服务质量是指旅游服务活动所能达到规定效果和满足旅游者需求的能力和态度①。其具体构件包括：服务观念、服务技术、服务态度、服务设施、服务项目、服务价格。它是物质上的客观性和管理上的主观能动性的有机结合。

在我国，很多旅游景区采取"导入式"方法建立包括服务质量在内的质量管理体系，即借助 ISO 9000（质量管理体系）、ISO 14000（环境管理体系）、《旅游景区质量等级的划分与评定》（GB/T 17775—2003）等来建立质量管理体系。无论采取何种方式建立质量管理体系，景区的质量管理原则应该是：

①以旅游者为中心，以服务为主线；

②领导重视，全员参与；

③质量管理标准化，服务提供个性化；

④体系可操作，发展可持续；

⑤预防为主，持续改进；

⑥利益最大化（包括生态利益、社会利益和经济利益），成本最小化；

⑦没有最好，只求更好；

⑧注重韧性培植，确保良好服务的连续性、一贯性。

以上质量管理原则应该融入景区日常运营管理过程中，景区质量管理过程模型阐述了这一过程（如图 5-8 所示）。在此过程中，旅游者需求是起点，景区服务实现是终点，测量、分析改进是关键点，整个体系应该是一个闭环管理过程。

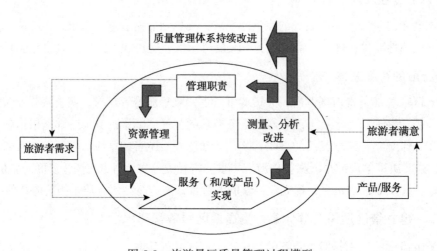

图 5-8　旅游景区质量管理过程模型

二、完善景区公共服务产品体系

无论哪种需求心理满足，都要有良好的旅游情绪为基础。平常出现的"发生某某事情，旅游者情绪大受影响，游兴也没了"阐述的就是二者之间的依存关系。旅游者良好情绪的

---

① 中华人民共和国国家标准：《旅游服务基础术语》(GB/T 16766—1997)，第 5 条。

保持是获得完美旅游体验的基础，旅游景区能够做的就是提供或者协调完善的内部公共服务产品体系。从经济学的角度来看，公共服务就是公共产品。政府的公共产品是由政府用税收收入向全体社会成员免费提供的、为了消除贫富差别、保障社会公平的产品或服务。景区的公共服务有别于政府公共产品，它是旅游者付费（另外付费或者包含在门票中）获得的、由景区提供给所有进入景区的旅游者享用的一种服务。这些服务虽然不是景区旅游产品的核心组成部分，但却是影响或强化旅游者景区体验的要素之一，也是反映景区管理水平高低的指标之一。因而，很多地方将景区内的细微管理作为提升景区管理水平的手段。一般情况下，旅游景区内的公共服务主要包括以下几项。

①泊车服务（引导、车位管理、行人指引，免费或合理收费）。

②免费景区地图（一般在景区入口处提供）。

③景区内的交通服务（电瓶车或其他无污染的交通服务，免费或合理收费）。

④公共厕所服务（布局、数量合理，符合相关卫生标准，免费服务）。

⑤游程中布局合理的免费休息服务（包括干净舒适的座椅、免费饮用水等）。

⑥安全服务（消防、防盗、救护等，并应建立紧急救援体系）。

⑦其他（富有特色或额外的免费服务，例如，景区内提供残疾人或儿童的推车、景区内部免费使用的雨伞或遮阳伞等服务）。

景区公共服务产品体系的建立体现的是人本化服务的理念，这一点在我国传统旅游景区经营管理中显得尤为重要。长期以来，具有资源垄断性质的传统旅游景区由于多年的传统体制惯性形成的"老爷作风"的遗存仍在延续，"大锅饭"体制产生的服务意识弱、服务质量差的问题尤为突出。旅游者在过去计划经济时代时常遇见"脸难看、事难办"的现象在许多旅游景区内依然存在。随着旅游者消费行为日趋成熟，旅游者逐渐会用国际服务标准来衡量旅游景区的服务水平，因而国内景区快速提升公共服务产品体系就显得势在必行。

当前及未来一段时间，"厕所革命"[①]是景区公共服务产品体系建设的重中之重，被提高到产业发展的高度，2015年全国旅游工作会议甚至将旅游六要素拓展为"吃、厕、住、行、游、购、娱"旅游七要素，增加"厕"，并放在"吃"后面，其重要性可见一斑。长期以来，入境旅游者满意度调查中得分最低的就是厕所。作为旅游大国，国内旅游景区的厕所脏乱差，旅游者反映强烈，是公共服务体系最薄弱的环节。目前，"厕所革命"的推进，首先是厕所设施得到改善，其主体包括业主单位、主管部门、当地政府等都在积极行动。我国年接待游客超过37亿人次。国内旅游一趟平均每人上8次厕所，游客每年在旅游如厕次数超过270亿次。一个脏乱差的厕所可以瞬间毁掉旅游推介的百般努力，负面影响很难挽回。"厕所革命"无形的一面是日常的运营管理，即管理实施和设施维护。硬件再好的"星级厕所"如果疏于管理和维护也照样是苍蝇乱飞、污秽不堪。有形的一面可以用钱来解决，相对容易。而无形的一面则需要景区运营管理者进行"思想革命"，不要再将"厕所"视为不足挂齿的小事来看，这个转变相对较难。

---

① 厕所革命是指对发展中国家的厕所进行改造的一项举措，最早由联合国儿童基金会提出，厕所是衡量文明的重要标志，改善厕所卫生状况直接关系到这些国家人民的健康和环境状况。

三、以系统管理制度为基础，提供细微化景区服务

"细节决定成败"在旅游景区运营管理过程中同样适用。因为旅游景区说到底提供的是一种基于旅游资源的服务，这种服务能否被旅游者认可、能否产生良好的"口碑"，最终取决于服务过程中的细节。在我国，注重细节的精细化管理将成为景区管理的趋势之一，也是未来景区竞争的手段之一。例如，我国的一些省市以《旅游景区质量等级的划分与评定》为基础，推出旅游景区细微服务竞赛活动。

细微服务，它是对传统服务理念和服务意识的扩展和深化，也是一个新的服务理念。它有两大基本特征。一是要注意细节。细节的好坏是景区服务管理水平高低的"风向标"，也是旅游者体验的来源点。但细枝末节往往被人忽视，也往往容易出纰漏，使服务质量打折扣。例如，擦拭干净的座椅、干净无异味的洗手间、安全放心的直饮水服务等。二是以人性化管理和人性化服务为基础。人性化管理体现的是切实可行的、以旅游者需求为出发点的管理制度，表现为景区质量手册、程序文件、作业指导书和质量记录表格等各种管理文件。人性化的服务是景区细微服务的最终表现，需要全体景区员工用心提供。

四、筛选、培训和激励"迪士尼"式的员工

我国传统旅游景区从业人员的来源较复杂、学历较低，而文物、旅游、环境、管理、规划等与景区管理相关专业的人才所占比重很小。相关专业人才的缺失和不被重视，阻碍了旅游景区服务管理水平的提高。近几年，以上问题有改善的趋势。我国《旅游景区质量等级的划分与评定》已经将导游和管理人员的持证上岗及学历要求列入评分范围（如表 5-4 所示），上岗人员培训合格率均要求达到 100%。一些旅游景区（尤其是主题公园）已经全面引入相关专业人才。

表 5-4　我国景区质量等级评定员工素质和培训要求

景区等级	导游	管理人员学历要求
AAAAA 级	导游员（讲解员）持证上岗，均应具备大专以上文化程度，其中本科以上不少于 30%。	中高级以上管理人员均具备大学以上文化程度。
AAAA 级	导游（讲解员）持证上岗，均应具高中以上文化程度，其中大专以上不少于 40%。	高级管理人员均应具备大学以上文化程度
AAA 级	导游（讲解员）持证上岗，均应具高中以上文化程度，其中大专以上不少于 20%。	80%以上中高级管理人员具备大专以上文化程度
AA 级	导游（讲解员）持证上岗，均应具高中以上文化程度。	70%以上中高级管理人员具备大专以上文化程度
A 级	导游（讲解员）持证上岗，导游员（讲解员）均应具高中以上文化程度。	60%以上中高级管理人员具备大专以上文化程度

资料来源：作者根据 GB/T17775—2003 整理。

目前，我国的旅游景区只是要求导游（讲解员）持证上岗，其他人员只是学历和培训的要求，下一步的发展方向应该是在旅游者消费升级背景下"倒逼"景区各岗位实现人岗

匹配，通过与国际接轨的培训内容和方法提高景区员工的专业水平，努力激活景区内"出工不出力"的"休眠"和"沉淀"员工，让每一个景区员工都成为创造价值的主体。

在培训方面，迪士尼公园值得其他类型的旅游景区研究和借鉴。

迪士尼要求每一个新员工都要接受由迪士尼大学教授的新员工企业文化训练课，以便认识迪士尼的历史传统、成就、经营宗旨与方法、管理理念和风格等。例如，通过各种培训手段让所有新聘员工理解迪士尼语言：员工是"演员"，顾客是"客人"，一群人是"观众"，一班工作是一场"表演"，一个职位是一个"角色"，一个工作说明是一个"脚本"，一套制服是一套"表演服装"，人事部是"制作部"，上班是"上台表演"，下班是"下台休息"等。

除了这些，迪士尼还专为新员工制定了一个为期三天的特色个性培训。

第一天上午学扫地。扫地有三种扫把：一种是用来扒树叶的，另一种是用来刮纸屑的，还有一种是用来掸灰尘的。让员工学习怎样扫树叶不会让树叶飞起来、怎样刮纸屑才能把纸屑刮得很好、怎样掸灰才不会让灰尘飘起来。而且扫地时还另有规定：开门时、关门时、中午吃饭时、距离客人15米以内等情况下都不能扫。

第一天下午学照相。因为客人会叫员工帮忙照相。如果员工不会照相，不知道这是什么东西，就不能照顾好顾客。十几台世界最先进的数码相机摆在一起，各种不同的品牌，每台都要学。

第二天上午学包尿布。孩子的妈妈可能会叫员工帮忙抱一下小孩，但如果员工不会抱小孩，就会增添顾客的麻烦。不但要会抱小孩，还要会替小孩换尿布。

第二天下午学辨识方向。有人要上洗手间，有人要喝可乐，有人要买邮票……顾客会问各种各样的问题，所以每一名员工要把整个迪士尼的地图都熟记在脑子里，对迪士尼的每一个方向和位置都要明确。

第三天上午学怎样与小孩讲话。迪士尼的主要客人是孩子，当员工碰到小孩问话时，通通都要蹲下，蹲下后员工的眼睛和小孩的眼睛要保持一个高度，不要让小孩子抬着头去和员工讲话。

第三天下午学怎样送货。迪士尼规定在客人游玩的区域里是不准送货的，送货通通在围墙外面。迪士尼的地下像一个隧道网一样，一切食物、饮料通通在围墙的外面下地道，在地道中搬运，然后再用电梯送上来。

在迪士尼，顾客站在最上面，员工在中间面对客户，经理站在员工的底下来支持员工，员工比经理重要，客户比员工重要。

后疫情时代，高品质旅游小费必将成为基本趋势。我国的旅游景区需要筛选、培训和激励"迪士尼"式的员工来提高服务管理水平，补齐"三流服务"的短板。

五、以"神秘顾客"及监测系统为手段，提高游客景区满意度

旅游满意度是游客对旅游的行程、景区、住宿、餐饮、购物、时间安排、导游讲解、旅游用车等款项的综合评分。景区服务的满意度在其中占有很高的权重。"神秘顾客"及监测系统是目前提高游客景区满意度的有效手段。

　　神秘顾客调查是聘请游客（受过培训的旅游专业学生、教师或者一般旅游者），在身份保密的情况下进入景区，接受景区服务并进行实际消费，暗中观察（记录或暗拍）景区服务的整个过程，事后将打分、评价的结果反馈给相关主管部门，以促进景区服务的改进和始终如一。神秘顾客调查的范围一般包括硬件监测和软件监测两方面。硬件监测包括景区内部环境及设施；软件监测主要观察服务态度、服务用语、服务规范、工作纪律等内容。原国家旅游局和地方旅游局已经开始用此方法"暗中"监督景区的运营管理水平，对有问题的景区给予通报批评、警告、严重警告直至取消 A 级景区资质。景区自身可以用此方法"自我加压"，引导景区工作人员主动提高自身业务素质、服务技能和服务态度，促使其为顾客提供优质的服务，而且能够始终如一且持续的时间较长。这种"体检式"暗访或者委托第三方评估机制是对景区最便捷和高效的综合监管和执法监督手段。

　　另外，景区还可以发挥全域旅游智慧管理与服务平台作用，通过景区监测系统对景区客流量、车辆运行等要素提前预判，及时分流游客，有效防范拥堵；还可以用监测手段实时监督景区各个点位的服务状态并及时修正。

　　《"十四五"旅游业发展规划》对包括景区服务在内的旅游服务质量给予了足够的重视，将旅游服务质量评价体系建设工程单列为专栏 9，具体内容为：建立以游客为中心的旅游服务质量评价体系。开发旅游服务质量评价系统，制定完善评价模型和指标。推广和拓展评价体系应用场景。到 2025 年，初步建立系统完备、科学规范、运行有效、覆盖服务全流程的旅游服务质量评价体系。

本 章 小 结

　　旅游景区服务管理是我国旅游景区运营管理的"短板"，当然也是未来我国旅游景区需要重点改进的方面之一。旅游景区服务的内容非常丰富，限于篇幅，本章重点介绍和阐述了景区接待服务管理、景区解说服务管理、景区商业服务管理，并提出了改善我国景区服务管理的对策。景区服务的内容、流程，服务管理的主要方法是本章的重点。

本章重要概念

　　景区解说系统（the system of site interpretation）：是运用某种媒体和表达方式，使特定信息传播并到达旅游者，帮助旅游者了解旅游景区相关事物的性质和特点，并起到服务和教育的基本功能。

　　向导式解说服务（personal or attended service）：以具有能动性的专门人员向旅游者进行主动的、动态的信息传导为主要表达方式，向导式解说服务一般由景区的讲解员（也称景区导游员）完成。

　　自导式服务（non personal or unattended service）是由书面材料、标准公共信息图形符号、语音等无生命设施、设备向旅游者提供静态的、被动的信息服务。

复习思考题

1. 旅游景区主要的服务内容包括哪些？
2. 简述旅游者投诉处理的步骤。
3. 简述我国景区购物服务的现状，并提出改进建议。

"三碗茶"的故事

第六章

景区容量管理

 **背景链接**

后疫情时代景区容量管理问题依然存在

2019 年国庆七天，是中国旅游业遭遇重创前的最后一个"黄金周"。全国共接待国内游客 7.82 亿人次，同比增长 7.81%；实现国内旅游收入 6497.1 亿元，同比增长 8.47%。受景区降价、高速免费、文旅融合和监管有力等积极因素的影响，游客数量增加的同时，游客满意度和获得感也有提升。天安门、广汉三星堆博物馆、黄山、故宫、泰山、广州长隆、乌镇、华山、壶口瀑布、九寨沟成为 2019 年国庆节最热门的十大旅游景区（点）。虽然期间热门旅游景区没有出现滞留、踩踏等意外事件发生，但交通不畅、景区游客拥挤、安全压力大等景区容量管理问题依然突出。

2019 年 12 月，突如其来的、肆虐全球的"新冠肺炎"（Corona Virus Disease 2019, COVID-19）令社会流动近乎停滞，旅游业遭遇"冰封"时刻，旅游需求侧出现了断崖式下降，旅游供给侧同时承受了生存、转型和创新的多重压力，闭门谢客的旅游景区也是如此，景区如何活下去成为景区经营者最焦虑的问题。

2020 年下半年，率先控制住疫情的中国旅游市场开始复苏。COVID-19 按下了中国旅游业转型升级"快进键"。中国旅游业将面临旅游需求个性彰显、组织方式日渐离散、产业供给更加多元的全新挑战，融合化和数字化正在成为包括旅游在内的现代服务业的双重特征。到"十四五"末期，中国将会形成一个百亿人次、十万亿元消费的国内旅游大市场。到 2035 年，按照发达国家居民每人每月出游一次的频率，城乡居民现在每个季度才出游一次的频率，至少有三倍左右的成长空间。

因此，在大众旅游新阶段、小康旅游新时代，旅游消费升级愈发明显的背景下，旅游景区将会面对更大、更高要求的客流量，景区容量管理问题依然存在。

（资料来源：作者根据相关数据撰写。）

引言

后疫情时代，旅游景区容量管理仍然是旅游景区经营中的难点问题，它既与旅游者的体验有关，也与旅游景区的可持续发展密不可分。一方面，后疫情时代旅游者对旅游体验的要求更高，更喜欢"下马赏花"而不是"走马观花"，更喜欢"到此享受"而不是"到此一游"。康养旅游、近郊旅游、亲子旅游、自驾旅游等旅游消费新业态快速扩张。在疫情的倒逼和催化下，一个终端消费驱动，现代产业导向的智慧旅游新时代已经走到了我们的面前。另一方面，旅游业的可持续发展依然面临挑战，纷至沓来的旅游者给旅游目的地造成的资源破坏、环境污染等问题依然存在，旅游业是"无污染的朝阳产业"的传统观点正受到越来越多的批评和置疑，"善行旅游"①概念逐渐被景区运营管理者接受。如何在保证旅游者良好旅游体验的前提下，实现旅游资源的可持续利用，是旅游景区运营的一个核心问题，而旅游景区容量管理技术则是解决这一问题的主要途径之一。

第一节　景区承载量的概念体系

一、旅游景区容量问题产生的背景

毫无疑问，旅游业的发展以整个国民经济发展水平为基础并受其制约，同时又直接、间接地促进国民经济相关产业的发展，随着社会的发展，旅游业日益显示出它在国民经济中的重要地位，因而也成为目前世界上最大的产业。然而，从 20 世纪 60 年代开始，旅游业的发展给旅游目的地的社会经济、政治、文化、道德等方面也带来了消极影响，"无污染朝阳产业"的提法受到越来越多人的置疑。消极影响具体表现在环境污染、资源退化、道德沦丧、社区关系紧张等方面。以此为背景，国外的学者开始研究旅游者规模与旅游目的地发展之间的关系问题。最早关注该问题的学者来自于环境学背景。环境容量（environmental carrying capacity）的概念首先在日本诞生，即某一区域环境可容纳的某种污染物的阈值，存在阈值的基本原因是环境（特指自然生态环境）具有一定的消纳污染的能力。1963 年，拉佩芝（Lapage）首次提出了旅游环境容量（又称旅游容量或旅游环境承载量）的概念，但未做深入研究。其后，随着研究的深入，人们发现影响游人规模与旅游目的地发展之间的可变因素非常多，克里斯·瑞恩（Chris Ryan）指出②，容量问题看似简单，确定精确值却难，而且推广价值受到局限，因为不同的地区、人群，容量值不同。依据不同的影响因素，例如，生物因子、社会心理因素等，产生了不同的研究角度。一方面，研究人员的视野被扩大了，有利于问题的深入研究；另一方面，研究的角度也呈现"百花齐放"的局面，提出了许多不同的旅游容量概念，也给研究对象的统一造成困难。

20 世纪 70 年代以后，生态学家与环境学家开始意识到旅游环境承载量问题的重要性。1970 年生态学家斯特里拉（Streeter）指出："旅游要维护旅游场所的质量，避免破坏舒适的气氛和野生动物。"③ 1971 年，环境学家利牧（Lime）和斯汤奇（Stamkey）对这一问题提出了进一步的讨论，旅游环境承载量的概念被提出并引起人们的关注。1977 年，劳森（H.Lawson）等写出了《旅游和休闲的发展：旅游资源评价手册》，其中专门探讨了旅游容量问题；皮尔斯（D.Pearce，1986）等 1986 年在联合国环境规划署的出版物《产业与环境》

---

① "善行旅游"是在"生态旅游""绿色旅游""低碳旅游"以及"可持续旅游"基础上的一个新概念，即 Good Tourism，意指有关旅游发展的做法与措施自有利弊，旅游发展的方向、方法与途径必须是有可选择性的才可称其为善行旅游。

② Shelly B，Heberlein A.Carrying Capacity in Recreational Settings[M]. Corvalis：Oregon State University Press，1986.

③ Barkham J P.Recreational carrying capacity: a problem of perception[J]. Area, 1973(3).

中专文论述了"旅游海岸的承载力"；林赛（I.J.Lindsay，1986）在同一刊物中专文介绍和研究了"美国国家公园的旅游承载能力"；谢尔比（B.Shelby，1987）写有《游憩背景中的承载容量》一书，对此问题做了较为详细的论述。在世界旅游组织（WTO）的年度报告（1978—1979）中，正式提出了旅游承载容量的概念，开始有了讨论旅游容量与旅游饱和的内容或专门的研究报告。此后，一些国际性的旅游研讨会也对旅游环境承载力问题有过专门的讨论。

美国国家公园管理局根据 LAC（Limits of Acceptable Change）理论的基本框架，制定了"旅游者体验与资源保护"技术方法（Visitor Experience and Resource Protection，VERP），美国林务局制定了"游憩机会序列"方法（Recreation Opportunity Sequence，ROS），加拿大国家公园局制定了"旅游者活动管理规划"方法（Visitor Activity Management Plan，VAMP），美国国家公园保护协会制定了"旅游者影响管理"的方法（Visitor Impact Management，VIM），澳大利亚制定了"旅游管理最佳模型"（Tourism Optimization Management Model）。这些技术方法和模型在上述国家的规划和管理实践中，尤其是在解决资源保护和旅游利用之间的矛盾上取得了很大的成功。

新冠肺炎疫情发生之前的 30 多年时间，中国旅游市场在入境旅游稳步增长的同时，呈现出国内旅游"井喷式"增长的态势。旅游者的剧增给旅游景区运营带来了巨大的压力，尤其是"黄金周"[①]期间。因此，景区承载量的问题受到学界和业界的关注。追根溯源，中国学者此方面的研究是从旅游环境承载力（旅游环境容量）起始的。赵红红（1983）首次提出旅游容量问题；刘振礼等从理论和方法上进行了特定区域内旅游规模的研究；保继刚研究了颐和园的旅游环境容量；楚义芳（1989）对旅游容量进行了系统分析，并给出了测量公式；胡炳清提出了旅游环境容量的限制性因子和最低量定律，并依此提出了旅游环境容量的数学模型，定量地给出了旅游人数的评价方法；崔凤军（1995）提出了旅游环境承载力的概念，认为它由环境生态承载量、资源空间承载量、心理承载量和经济承载量四项组成，是可持续旅游的重要判据之一；崔凤军等又分别以泰山等地为例，构建了旅游承载力指数（TBCI）及运算模式，利用旅游者密度、旅游用地强度和旅游收益强度三个基本分项指数进行了比较实用的测度；俞孔坚针对传统的最大—最优化途径和最小—最大约束途径对规划指导的局限性，提出了生态安全格局方法，以寻求规划过程具有可辩护性和可操作性。

学术界从来不缺少流派与争论，综观国内外关于旅游者规模与旅游目的地之间关系问题的研究，提出的相关概念可谓纷繁复杂。总体来说，有环境学专业背景学者的介入研究和可持续发展观的广泛普及是旅游景区承载量问题持续深入研究的主要动力。

简单地说，旅游景区容量管理的必要性主要体现在以下三个方面。

第一，景区容量管理能够促进旅游业健康发展。景区根据核定的最大承载量，限制景区接待游客量的约束，保护和合理利用旅游资源，促进旅游业持续健康发展。

第二，是为了深化全域旅游、提升游客旅游体验，避免大规模游客滞留，提升对游客

---

① 1999 年国庆，我国第一次实行 5 天长假，随后，"五一"、春节也实行长假制度，"黄金周"成了"五一""十一"、春节长假的代名词。实行"黄金周"休假制度以后，我国旅游业出现了所谓的"井喷"现象，各地旅游人数、旅游收入直线飙升。

的服务质量，有效地将游客分流到更广阔的全域旅游中去。这有利于旅游业态的拓展和全域旅游的深化推进。对游客容量的把控和管理来强化旅游资源和环境的吸引力，提高游客的体验质量。

第三，就是减少旅游事故，同时也是保障游客安全的合理手段。旅游业发展进程中，不管是国内还是国外都发生过因拥挤而造成的踩踏事件。还有控制人流量是减少旅游设施设备的负荷，合理安排景区工作人员，提升了景区管理的效率性。

实践层面，为了解决旅游景区人满为患、旅游秩序混乱、群体安全事故频发等问题，国家成立了全国假日旅游部际协调会议办公室，各地市成立了假日旅游指挥中心。2000年8月份开始，原国家旅游局按照"全国假日旅游统计与预报会议"上提出的要求，要求21个重点旅游城市的代表性景区点以及10个重点旅游景区对综合接待能力进行摸底调查，上报这些景区每日最佳接待量（容量）和日最大接待量（容量），然后通过媒体及时向公众通报，以达到调节和分流旅游者的目的。但是，由于没有给出定义和计算公式，各地方管理机构对最佳和最大容量的理解和计算五花八门。直至2014年12月26日在原国家旅游局发布的《景区最大承载量导则》才给出了相关的计算公式。

二、旅游景区承载量概念体系[①]

（一）承载量的指标体系

①最大承载量（carry capacity of scenic area），是指在一定时间条件下，在保障景区内每个景点旅游者人身安全和旅游资源环境安全的前提下，景区能够容纳的最大旅游者数量。

1997年，华尔（Wall）和怀特（Wright）在其合作出版的《户外游憩的环境影响》中提出的旅游容量（tourism carrying capacity）概念是：某一区域的资源与环境状态在没有受到不可接受的破坏水平时所能达到的旅游活动水平。崔凤军（2001）认为旅游容量是指特定时间内某地域的旅游地（区、点）所能承受的旅游活动的最大值，一般用旅游者数量来表示。他还认为旅游容量包括自然容量和社会容量，其中自然容量又包括物质容量和生态容量。楚义芳（1989）认为旅游容量是一个概念体系，并无特指；旅游容量可分为基本容量和非基本容量，前者包括旅游心理容量、旅游资源容量、旅游生态容量和经济发展容量；匡林（2003）认为，从旅游景区角度来看，旅游容量乃是旅游景区在认识到旅游业的消极影响之前所期望吸引旅游者的能力，表现为所期望的最大旅游人数而非实际有能力吸引的人数。

②空间承载量（space carry capacity of scenic area），是指在一定时间条件下，旅游资源依存的游憩用地、游览空间等有效物理环境空间能够容纳的最大旅游者数量。

空间承载量的意义在于与时间承载量的有机结合，通过从时间和空间两个维度的分析与讨论，进而以此为依据加强景区的内部管理和外部管理，控制外部游客的涌入，协调内部景点游客的聚集，保证每个进入景区的游客的满意度，与此同时也是对旅游资源的保护，保证旅游资源的可持续开发和利用。景区最大承载量的测算公式表明了时间与空间承载量

---

① 主要参考《景区最大承载量核定导则》（LB/T 034—2014）。

的结合。

空间承载量细分可继续分为景点承载量、景区承载量、旅游地承载量和区域旅游承载量。

③设施承载量（facility carry capacity of scenic area），是指在一定时间条件下，景区内各项旅游服务设施在正常工作状态下，能够服务的最大旅游者数量。核定设施承载量最大的意义在于守住景区运营管理的底线——安全，同时也有利于景区设施的维护和保养。

④生态承载量（ecology carry capacity of scenic area），是指在一定时间条件下，景区在生态环境不会恶化的前提下能够容纳的最大旅游者数量。生态容量的测定，以旅游景区为基本的空间单元。主要观测的是旅游景区对污染物的内部处理、吸收和净化的能力。因而，某旅游景区生态容量的大小（以可容纳的旅游活动量为指标），取决于自然生态环境净化与吸收旅游污染物的能力，以及一定时间内每个旅游者所产生的污染物量。

⑤心理承载量（psychology carry capacity of scenic area），是指在一定时间条件下，旅游者在进行旅游活动时无不良心理感受的前提下，景区能够容纳的最大旅游者数量。

⑥社会承载量（society carry capacity of scenic area），是指在一定时间条件下，景区周边公共设施能够同时满足旅游者和当地居民需要，旅游活动对旅游地人文环境的冲击在可接受范围内的前提下，景区能够容纳的最大旅游者数量。影响社会承载量的因素主要有两个方面：其一是旅游业内部的经济因素，主要是指旅游设施；其二是旅游业外部经济因素，以基础设施和支持性产业为主题。影响旅游需求的最敏感的问题是食宿供给条件，其次是娱乐、购物条件设施。

⑦瞬时承载量（instantaneous carry capacity of scenic area），是指在某一时间点，在保障景区内每个景点旅游者人身安全和旅游资源环境安全的前提下，景区能够容纳的最大旅游者数量。瞬时承载量的前提是某一时间点，这个前提本身就存在不确定性，而与此相伴的是游客的不确定性，这造成了核定的困难，但是瞬时承载量的核定是非常关键的，对于景区来说，掌握景区内部的瞬时承载量可以有效地加强景区内部的管理，保证在每一个景区景点的游客人数，在某一景点即将饱和时及时做到游客的分流与景区服务人员的合理分配。

⑧日承载量（daily carry capacity of scenic area），是指在景区的日开放时间内，在保障景区内每个景点旅游者人身安全和旅游资源环境安全的前提下，景区能够容纳的最大旅游者数量。日承载量的前提是日开放时间，故其核定意义在于以日为单位掌握景区游客数量与流量，以此为依据加强景区门票预售，推进景点预约体系的完善和建设。

（二）承载量运用的总体原则

1. 以人为本

以维护旅游者的合法权益为基本出发点，安全第一，保障旅游者的人身安全，确保旅游活动的有序进行，不断提高旅游者的满意度。

2. 可持续发展

合理利用和分配景区内的各类资源，强调对自然资源、历史人文资源的保护，在保证旅游资源质量不下降和生态环境不退化的前提下，协调好景区旅游与自然生态环境保护、当地社会经济发展的关系，实现可持续发展。

3. 综合协调

兼顾景区内各景点、各时段以及景区周边等多种因素，内外统筹，综合平衡旅游者、当地居民及政府等各方利益，景区和地方政府通过沟通协作共同推进。

第二节　景区承载量的核定及控制

一、景区最大承载量的核定

（一）核定原则

①景区应结合国家、地方和行业已颁布的相关法规、政策、标准，采用定量与定性、理论与经验相结合的方法核定最大承载量。

②景区应测算出空间承载量和设施承载量，并根据实际情况确定景区最大承载量的基本值；在此基础上，以生态承载量、心理承载量、社会承载量等方面的指标或经验值作为参考。

（二）核定方法

（1）瞬时承载量

景区瞬时承载量一般是指瞬时空间承载量，瞬时空间承载量 C_1 由以下公式确定。

$$C_1 = \sum X_i / Y_i$$

式中：X_i——第 i 景点的有效可游览面积；Y_i——第 i 景点的旅游者单位游览面积，即基本空间承载标准。

当景区设施承载量是景区承载量瓶颈时，或景区以设施服务为主要功能时，其瞬时承载量取决于瞬时设施承载量，瞬时设施承载量 D_1 由以下公式确定。

$$D_1 = \sum D_j$$

式中：D_j——第 j 个设施单次运行最大载客量，可以用座位数来衡量。

（2）日承载量

景区日承载量一般是指日空间承载量，日空间承载量 C_2 由以下公式确定。

$$C_2 = \sum X_i / Y_i \times \text{Int}(T/t) = C_1 \times Z$$

式中：T——景区每天的有效开放时间；t——每位旅游者在景区的平均游览时间；Z——整个景区的日平均周转率，即 $\text{Int}(T/t)$ 为 T/t 的整数部分值。

当景区设施承载量是景区承载量瓶颈时，或景区以设施服务为主要功能时，其日承载量取决于日设施承载量，日设施承载量 D_2 由以下公式确定。

$$D_2 = \frac{1}{a} \sum D_j \times M_j$$

式中：D_j——第 j 个设施单次运行最大载客量；M_j——第 j 个设施日最大运行次数；a——根据景区调研和实际运营情况得出的人均使用设施的个数；通过系数 a 去掉单一旅游者使用多个设施而被重复计算的次数。

当旅游者在景区有效开放时间内相对匀速进出，且旅游者平均游览时间是一个相对稳定的值时，日最大承载量由以下公式确定 C。

$$C = \frac{r}{t} \times (t_2 - t_0) = \frac{r}{t_1 - t_0} \times (t_2 - t_0)$$

式中：r——景区高峰时刻旅游者人数；t——每位旅游者在景区的平均游览时间；t_0——景区开门时刻（即景区开始售票时刻）；t_1——景区高峰时刻；t_2——景区停止售票时刻。

（3）生态承载量

在生态容量测定中一般不过多考虑人为的负面影响，而只考虑对污染物的吸收、净化等因素。因此，一个旅游景区生态容量的测定因子主要考虑的是自然生态环境净化与吸收旅游污染物的能力，以及一定时间内每个旅游者所产出的污染物总量。旅游景区生态容量测定公式为。

$$F_0 = \frac{\sum_{i=1}^{n} S_i T_i}{\sum_{i=1}^{n} P_i}$$

公式中，F_0——生态容量（日容量），即每日接待游人的最大允许值；P_i——每位旅游者一天之内产生的第 i 种污染物量；S_i——自然生态环境净化吸收第 i 种污染物的数量（量/日）；T_i——各种污染物的自然净化时间，一般取一天，对于非景区内污染物可略大于一天，但累积的污染物至迟应在一年内完全净化；n——旅游污染物的种类数。

生态容量的测定，最重要的是确定每位旅游者一天所产生的各种污染物量和自然环境净化与吸收各种污染物的数量这两个参数。这两个参数会随着旅游活动的性质、旅游景区所处的区域自然环境而有很大的差别。至于旅游景区自然环境对污染物的净化能力问题，目前在国内研究尚属空白。

在绝大多数旅游景区，旅游污染物的产出量都超出旅游景区生态系统的吸收与净化能力，因而一般都需要对污染物进行人工处理。在用人工方法处理旅游污染物的情况下，旅游景区可以接待旅游量的能力会明显扩大，这种扩大了的旅游接待能力同原有的生态环境限制下的旅游接待能力（生态容量）已有所不同，可以称之为扩展性的旅游生态容量。计算式如下。

$$F = \frac{\sum_{i=1}^{n} S_i T_i + \sum_{i=1}^{n} Q_i}{\sum_{i=1}^{n} P_i}$$

公式中，F——扩展性的生态容量（日容量），Q_i——每天人工处理掉的第 i 种污染物量，其他符号意义同上述生态容量计算公式。

人工处理掉污染物的速度要比自然净化和吸收的速度快得多。根据国外的经验，1 公顷的污水处理场，日可处理约 3330 人产生的生活污水。在旅游需求日益增长，旅游旺季高峰流量增大的情况下，为保护旅游景区的生态环境，大的旅游风景区一方面应配备旅游污染物的人工处理系统；另一方面应尽可能使用可循环、可降解的消耗品。例如，可以用纸盒、纸袋、可降解的塑料袋代替很难降解的塑料饭盒、塑料包装袋等，从而减少固态污染物的数量。人造或人文景观地自身基本不涉及生态容量问题。但如果人文景观周边的生态遭到严重破坏与恶化，也会殃及其生态容量。比如以湖泊为中心的人文景观地，若湖水污染严重也会造成景点的生态容量问题。

（4）日最大承载量的测定公式[①]及其推导

其测定的基本理念是设定景区开放时间均为高峰期，此处设计两方面内容，即景区开放时间的计算与高峰期人流量的计算。

用 t_0 表示景区开门时刻（即景区开始售票时刻），t_2 表示景区停止售票时刻，即景区的开放时间为：$t_2 - t_0$。

将旅游者分批，用 t 表示每批旅游者在景区的平均游览时间，则景区每日可接纳的旅游者批次为：$(t_2 - t_0)/t$。

用 t_1 表示景区第一批游客游览结束的时间，则可将 t 表示为 $t_1 - t_0$。

用 r 表示景区高峰时刻每批次的旅游者人数，则当旅游者在景区有效开放时间内相对匀速进出，且旅游者平均游览时间是一个相对稳定的值时，可得日最大承载量为：

$$C = r \times (t_2 - t_0)/(t_1 - t_0)$$

如果将景区空间规模考虑在内，则用 A 表示景区的空间规模，用 a 表示每人最低空间标准，则可将景区高峰时刻每批次的旅游者人数表示为：$r = A/a$。

此时可得到一个由空间条件与时间条件影响下的景区最大承载量测定公式为：

$$C = (A/a) \times (t_2 - t_0)/(t_1 - t_0)$$

（三）核定步骤

1. 资料采集

应收集整理景区空间承载量、设施承载量、生态承载量、心理承载量、社会承载量等方面的相关资料，包括但不限于：景区面积、有效游览面积、年均客流量、停车场停车位数、景区周围缓冲区承载量、绿化面积标准、噪声管理标准、垃圾最大处理量。

2. 指标选取

应根据景区所属类型与特殊性，结合景区敏感目标，按照空间、设施、生态、心理、社会五方面指标将数据进行归类，得出景区的基本空间承载标准。基本空间承载标准是指在景区最大承载量核定中，基本空间承载标准是直接参考应用的一项指标。基本空间承载标准与基本空间标准的主要区别在于基本空间承载标准是基于景区最大承载量考虑提出

---

① 本部分中最大承载量、瞬时空间承载量、日空间承载量、瞬时空间设施承载量、日空间设施承载量的测定公式都引自《景区最大承载量核定导则》。

的，基本空间标准是基于景区合理容量考虑提出的。表 6-1～表 6-7 是《景区最大承载量核定导则》提供的基本空间承载标准示例。

表 6-1　文物古迹类景区示例

文物古迹类景区	空间类型	核心景区	洞窟等卡口	游步道
八达岭长城	人均空间承载指标	1～1.1 平方米/人	—	—
故宫博物院	人均空间承载指标	0.8～3 平方米/人	—	—
龙门石窟、敦煌莫高窟	人均空间承载指标	—	0.5～1 平方米/人	2～5 平方米/人

表 6-2　文化遗址类景区示例

文化遗址类景区	空间类型	遗址核心区	游步道
秦始皇兵马俑博物馆	人均空间承载指标	2.5～10 平方米/人	1～3 平方米/人

表 6-3　古建筑类景区示例

古建筑类景区	空间类型	核心景区	其他区域
黄鹤楼、永定土楼	人均空间承载指标	1～3 平方米/人	>2.5 平方米/人

表 6-4　古街区类景区示例

古街区类景区	空间类型	核心景区	其他区域	保护建筑	游步道
周村古商城	人均空间承载指标	2～5 平方米/人	1～2 平方米/人	0～30 人/栋	2～5 平方米/人

表 6-5　古典园林类景区示例

古典园林类景区	空间类型	游步道	其他区域
颐和园	人均空间承载指标	0.8～2 平方米/人	>60 平方米/人

表 6-6　山岳类景区示例

山岳类景区	空间类型	核心景区	游步道
吉林长白山景区	人均空间承载指标	1～1.5 平方米/人	0.5～1 平方米/人

表 6-7　主题公园类景区示例

主题公园	空间类型	核心景区	核心游乐项目等候区
中华恐龙园	人均空间承载指标	0.5～1 平方米/人	0.5～1 平方米/人

3. 测算核定

应将空间承载指标和设施承载指标代入合适的公式中进行测算，确定基本值；再根据生态承载、心理承载、社会承载指标进行校核。

二、景区旅游者流量控制

宜充分考虑空间承载量、设施承载量、生态承载量、心理承载量、社会承载量等多种因素，建立旅游者流量控制联动系统，通过实时监测、疏导分流、预警上报、特殊预案等对景区流量进行控制。

景区旅游者流量控制建议如下。

（一）景区最大承载量提升方向

1. 空间承载量和设施承载量

①合理分配游憩用地、旅游接待服务设施用地和旅游管理用地等。

②将旅游者人均占路长度、人均占地面积等控制在合理范围内，并基于人文旅游资源或自然旅游资源不同的敏感度、旅游时段、旅游淡旺季等不同特性进行针对性控制。

③景区投资规模和强度与内外交通运载能力和便捷度、景区供水供电能力相匹配。

④景区食宿设施、游览娱乐设施、旅游购物设施满足旅游者的需求。

⑤加大景区安全卫生设施投入，提高景区垃圾处理率（已处理完成垃圾量/垃圾总量），保持景区的安全和卫生。

2. 生态承载量

①加强环境保护监管，削减污染源；完善环保措施，提高环境净化能力。

②旅游活动不对景区所在地的空气、土壤、水、植被、野生动物等产生不可逆转的破坏。

③旅游活动不对景区所在地的景观多样性、差异性和稳定性产生不可逆转的影响。

3. 心理承载量和社会承载量

①充分考虑旅游者的社会经济背景、人口特征等因素，有针对性地提高旅游者心理舒适度。

②着力提高旅游地居民对旅游社会文化、旅游经济和旅游环境的认知水平，从而提高旅游地居民在发展旅游过程中的心理开放度和舒适度。

（二）景区旅游者流量控制联动系统

1. 地方政府外部系统

地方政府组织所有相关部门，重点是交通与公安部门，构建一级指挥调度系统，对通往景区的外围道路入口和主要集散中心（地）进行流量监控，在景区外部进行引导、分流和截流。

2. 景区内部系统

景区可建立包括门票预约、实施监测、疏导分流、预警上报和特殊预案五个步骤在内的旅游者流量控制系统，并与地方政府一级总控制系统联动，通过自下而上、内外联合，对旅游者流量进行控制。

（三）景区旅游者流量控制流程

1. 门票预约

景区逐步推广门票预约预售。在经上级价格主管部门与旅游行政主管部门同意后，采用预先支付享受折扣等方式引导旅游者提前订票，以有效预估旅游者流量。

2. 实时监测

①监测常态化。景区逐步推进旅游者流量监测常态化。采用门禁票务系统、景区一卡通联动系统、景点实时监控系统等技术手段，实现景区流量监测的点、线、面布局。

②信息平台化。景区通过公共媒体、景区渠道等，并结合智慧旅游新技术，利用移动多媒体、智能终端等多样化的旅游信息平台，及时公布景区旅游者流量，供旅游者出游决策时参考。

③预案有序化。景区通过监测数据，预测景区旅游者流量趋势，对景区旅游者流量实行分级管理，为疏导分流工作预案的启动提供依据。

3. 疏导分流

景区内旅游者数量达到最大承载量80%时，启动包括交通调控、入口调控等措施控制旅游者流量。

（1）交通调控

有针对性地启动交通运力动态调整预案，通过周边道路管控、区内停车控制、公交调度控制等措施削减旅游者，错峰接待。

（2）入口调控

①合理设计旅游者排队等候的方式和途径。通过开通快速入园通道疏导分流入口处旅游者。②通过折扣补偿、延长有效期、多种形式的通票等，减少景区入口或设备设施入口的旅游者数量。③在景区入口大门及售票区，增设电子显示牌，提供给旅游者最及时的信息。

（3）区内调控

①通过分时入园、高峰限时逗留，减少景区内旅游者数量。②在主要景点前设置电子显示屏，显示旅游者的密集分布情况，供旅游者合理选择下一个景点。③必要时根据预案，派专人将旅游者疏导至广场、绿地等公共空间或应急避难场所。

（4）区外调控

通过线路优化、向周边景区景点分流等疏导措施分流旅游者。

4. 预警上报

①景区内旅游者数量接近最大承载量时，当向社会公告并同时向当地人民政府报告，同时在当地人民政府的指挥、指导、协助下，配合景区主管部门和旅游行政主管部门启动应急预案。

②景区内旅游者数量达到最大承载量时，立即停止售票，向旅游者发布告示，做好解释和疏导等相关工作。

5. 特殊预案

景区应针对节假日及大型活动制定相应的旅游者流量控制预案。

第三节　景区的饱和与超载

旅游饱和、超载及污染已经成为世界性问题，例如，酸雨的影响使德国黑森林的吸引力降低，意大利亚得里亚海滨海藻泛滥等。但是由于发达国家和发展中国家旅游业发展所经历的道路不同，经济和社会发展水平也存在很大的差异，发展中国家在旅游开发中遇到的旅游景区饱和、超载以及旅游污染的问题远比发达国家严重得多。因此，发展中国家在旅游开发管理中，应该更加关注旅游容量问题。以中国为例，中国旅游产业经历了三十余年的发展，超载、饱和等现象已经成为近十年最突出的问题之一。例如，在云南玉龙雪山景区的白水河，因建造雪山游览观光的基地、中转站，致使人流车流密集，使这一相对低温地带形成了一个高热能的"热岛"，对旅游资源产生了潜在的隐患和破坏。

目前，学界关于旅游容量的研究还不太成熟，仍处于分散、小区域或尝试性试用的初级阶段。不过政府管理部门以及景区自身都已经意识到旅游容量作为一个操作性概念用于景区运营管理的重要意义。

从政府角度来讲，立法规范、落地实施已经启动。2013 年 10 月实施的《中华人民共和国旅游法》第四十五条明确规定："景区接待旅游者不得超过景区主管部门核定的最大承载量。景区应当公布景区主管部门核定的最大承载量，制定和实施旅游者流量控制方案，并可以采取门票预约等方式，对景区接待旅游者的数量进行控制。当旅游者可能达到最大承载量时，景区应当提前公告并同时向当地人民政府报告，景区和当地人民政府应当及时采取疏导、分流等措施。"2014 年 12 月 26 日，原国家旅游局发布了《景区最大承载量核定导则》，并于 2015 年 4 月 1 日正式实施。

从景区自身角度来讲，容量管理是运营管理的基本手段。一个典型的例子是埃及的娜弗塔伊王后（Queen Nefertari）陵墓，在陵墓内参观的旅游者会增加陵墓内的湿度，使陵墓内的壁画与石灰石表面剥离。为了减少旅游者对陵墓的影响，陵墓的旅游管理部门不得不规定每天仅允许 150 位旅游者以小型旅游团的形式进入陵墓内参观，且每一团队在陵墓内停留时间不得超过 16 分钟。国内的敦煌莫高窟景区也采取了类似的措施，参见课后案例。

一、饱和、超载与其消极影响

理论上，当旅游景区承受的旅游流量或活动量达到其极限容量时，称为旅游饱和。而一旦超出极限容量值，即是旅游超载。旅游超载必然导致旅游污染、资源破坏及拥挤踩踏等事件的发生。换言之，长期的旅游饱和与超载，将会对旅游业造成致命的消极影响，因而，西方有人将之称为"旅游摧毁旅游"现象。

（一）旅游饱和与超载的时空特点

根据旅游饱和与超载发生的时空特点，可以将其分为以下几种情况。

1. 时间角度

（1）短期性饱和与超载

短期性饱和与超载包括周期性饱和与超载和偶发性饱和与超载。

饱和与超载就是季节性饱和与超载，这是旅游饱和与超载中最常见的现象。它源于人类具有周期性规律的社会经济生活以及自然气候的周期性变化。例如，每年夏季，大量人口外出度假，欧亚非之交的地中海沿岸地带和中美洲的加勒比海地区旅游者人如潮涌，许多旅游景区出现饱和与超载。随着滑雪运动的日益普及，欧洲阿尔卑斯山区和北美的落基山区出现越来越多的滑雪爱好者，有的滑雪胜地人满为患。我国在春节前后出现的"两头热"旅游现象（南部的海南和东北的哈尔滨）也属于典型的周期性饱和。

偶发性饱和与超载通常是由于旅游景区或其附近发生了非周期性的事件，这些事件在较短的时间内吸引来大量旅游者。一般情况下，偶发性的饱和与超载造成的环境影响易于控制或消除，而周期性的饱和与超载则是一个危险信号：旅游对于环境的影响（在不立即采取相应措施的情况下）可能是无法挽回的、毁灭性的。新冠肺炎疫情之前，我国许多著名景区出现的周期性饱和与超载现象，到了足以引起业界学者、主管部门及全社会关注的地步。

（2）长期连续性饱和与超载

在实践中，长期连续性旅游饱和与超载的情况多发生在热点景区，并且主要发生在热点人文旅游景区（如故宫）或其他新兴的主题乐园。为了保护旅游资源和保持旅游环境质量，通常的做法是，在发生长期连续性旅游饱和与超载的地域，实行严格的预约、分流、限制等措施。在目前实际运营的过程中，景区基于原始逐利动机的驱动，饱和与超载并未被真正重视，但相关政府部门正在通过智慧景区建设等手段进行监督和治理。

例如，虽然西湖、天柱山、九华山等景区在假日连续出现过"超限"，但截至目前，全国范围内很少见因"超限"受罚或摘牌的案例。在监管不力的情况下，最大承载量的核定与实施，是否科学很难做出判断。承载量直接影响游客体验与生命安全。一方面，在核定最大承载量时应综合考虑空间、设施、生态、社会等因素，确保科学性和可信度；另一方面，尽快明确权责关系与问责机制，对"超载"景区进行"真"处罚与问责，实行负面清单管理，保障最大承载量相关政策"不打折扣落实"。

2. 空间角度

（1）整体性饱和与超载

整体性饱和与超载意味着区域内人满为患，已无剩余的容纳能力。

（2）局部性饱和与超载

局部性饱和与超载，是指旅游景区内某些区域承受的旅游活动量已经超出景区容量，而景区的其他区域并未饱和。在大多数情况下，整个旅游景区承受的旅游活动量都未超出旅游景区的容量值。这是旅游饱和与超载中最常见的现象。由于表面上的旅游流量并未达到旅游景区容量值，因此局部性饱和与超载往往被景区管理人员所忽视。

旅游景区的饱和与超载在时间与空间的交织作用下就可能达到最大承载量，也意味着景区内每个区域在开放时间内都是饱和状态，此时旅游景区的空间容量、设施容量、生态容量、心理容量、瞬时承载量等已经超过或即将"超限"，此时，旅游景区运营管理已经处于高危状态，如果再不采取相关措施，必将出现安全事故、生态灾难、资源损毁等影响景区持续经营的事件。

（二）旅游饱和与超载的消极影响

1. 降低旅游者体验

旅游饱和与超载必然会降低旅游者体验，拥挤、嘈杂、混乱等都会让旅游者感觉烦躁不安，不能获得应有的旅游体验，旅游者的体验质量大打折扣。例如，西湖景区在假日期间的单日接待量虽很少达到 79.75 万人次的最大承载量，但"断桥变人桥"的画面已经成为一种假日"常态"。在北山路断桥出入口游客摩肩接踵，每当有游客驻足拍照时，行进的队伍便会发生间歇性拥堵。

2. 旅游设施超负荷，形成安全隐患

一般情况下，短期的饱和与超载不会对设施造成严重的损害，而持续较长时间的旅游超载带来的是设施的超负荷运行，旅游者安全将会因此受到威胁。例如，长时期的饱和与超载，会使我国一些山岳型景区的护栏和索道成为最大的安全隐患。

3. 危及旅游资源安全

旅游饱和与超载必然会给旅游资源造成严重的损害，尤其是对自然类旅游资源以及遗址、遗迹类旅游资源的破坏是不可逆的损毁。践踏、噪声、抚摸等都会危及旅游资源的安全。例如，大量游客的涌入会对部分古建筑物的表面或地砖产生严重磨损甚至毁坏。

旅游饱和与超载还会造成生态的不平衡及出现一系列的生态问题。有可能造成景区所在区域水体、植被、土壤等各方面的破坏，同时也会对当地居民的正常生活造成不便和拥挤，引起社会问题。以水污染为例，我国的一些旅游景区，由于没有正确处理旅游景区内的生活污水和生活垃圾，造成景区所在区域水体大面积污染而且很难再恢复。例如，桂林漓江的水体污染现象日趋严重，水已显混浊；新开辟的旅游景区，如九寨沟、武陵源等也开始出现一定程度的污染。

二、解决旅游景区超载的方案[①]

景区可通过旅游前的控制、旅游中的监控与调整、濒临超载前的分流与预警和超载后的定点保护等方式，并与地方政府一级总控制系统联动，通过自下而上、内外联合，对旅游者流量进行控制。

（一）旅游前的控制

旅游前的控制方案主要有门票预约和票价调节与营销控制。

1. 门票预约[②]和票价调节

门票预约是用行政管理手段来避免景区超载，票价调节是用市场手段来试图避免景区超载。

门票预约是国外旅游发达国家旅游景区运营管理的常见手段，是用主动的行政手段、

---

① 本部分中门票预约、实时监控、疏导分流、预警上报、特殊预案、政府措施等内容参考《景区最大承载量核定导则》。

② 2014 年国务院印发《关于促进旅游业改革发展的若干意见》六方面内容的第五部分就是鼓励门票预约："抓紧建立景区门票预约制度，对景区游客进行最大承载量的控制，这也是国际的惯例，能保证游客在旅游期间，在旅游景区享受良好的旅游环境。"2015 年，原国家旅游局下发的《关于促进智慧旅游发展的指导意见》，鼓励博物馆、科技馆、旅游景区运用智慧旅游手段，建立门票预约制度、景区拥挤程度预测机制和旅游舒适度的评价机制，建立游客实时评价的旅游景区动态评价机制。

借助智慧旅游的技术实现预知、预判和可控管理。景区应该推出更多的优惠措施、便利方案鼓励旅游者进行门票预约。例如，一些智慧化景区已经实现网上预约优惠打折、进入景区便捷通畅（凭借身份证或二维码等扫描进入），不再排队换票、排队验票进入。一般来说，凭借基于承载量管理的门票预约手段就能够解决景区超载问题，因为预约人数一旦达到景区设定的日最大承载量，系统就会自动关闭预约的申请。也可以用技术手段实现限制进入时间、停留时间、旅游团人数等景区运营过程管理。

景区通过票价调节来解决景区超载问题只是一个"美好的愿望"或者是一个"华丽的谎言"。这个"美好的愿望"能否实现的关键在于景区的需求价格弹性大小。在此，以 A 级景区为例来说明：1A 和 2A 面向当地游憩市场，3A 景区面向区域旅游市场，4A 和 5A 面向国内远距离和国际旅游市场。一般来说，能够吸引的市场范围越大，价格需求弹性就越小。所以，4A 以下的景区因为特色性不强而具有较高的替代性，其门票价格富有弹性；4A 和 5A 景区因为资源禀赋高、吸引力大从而具有可替代性低、门票需求价格弹性小的特征。由此得出的结论是：1A～3A 景区通过门票涨价能实现解决超载问题的"美好愿望"，而 4A～5A 景区通过门票涨价（没有承载量管理措施）无法实现解决超载问题的"美好愿望"，而可能是以治理超载、保护资源为借口的"华丽的谎言"，其背后是忽视旅游者体验、漠视景区可持续发展理念、攫取最大短期利润的动机。

2. 营销控制

市场营销中除了价格刺激外，营销组合中的其他因素也可以起到调节旅游者需求的作用。旅游淡季时，可以通过广告或与其他企业联合促销等方式来提高旅游景区旅游者数量。旅游旺季时，为减少旅游者对热点旅游景区产生的流量压力，要减少热点景区的宣传，并在公众媒体上及时发布热点旅游景区承载量实际情况、周边交通住宿状况，适时分流热点景区的旅游者。另外，也可以大力宣传新旅游景区以此来减轻热点旅游景区超载的压力。如英国的历史名城坎特伯雷（Canterbury），在城市外围开发了许多新的旅游景区，并采用了上述营销方法，致力于改变市区内大教堂拥挤不堪的状况。

（二）旅游中的监控与调整

1. 实时监控

实时监控主要是指景区逐步推进旅游者流量监测常态化。采用门禁票务系统、景区一卡通联动系统、景点实时监控系统等技术手段，实现景区流量监测的点、线、面布局。与此同时，要做到景区信息大平台化，即景区通过公共媒体、景区渠道等，并结合智慧旅游新技术，利用移动多媒体、智能终端等多样化的旅游信息平台，及时公布景区旅游者流量，供旅游者出行决策时参考。

2. 相应调整

相应调整主要包括预案有序化和承载量弹性化。预案有序化是指景区通过监测数据，预测景区旅游者流量趋势，对景区旅游者流量实行分级管理，为疏导分流工作预案的启动提供依据。承载量弹性化是指在不改变景区硬件条件的情况下，通过管理手段上的调整，在特定时间扩大或缩小景区承载量。例如，延长景区开放时间，或一年中增加开放天数；在旅游高峰期开放备用旅游通道，而在需求减少时关闭备用通道；调整景点工作人员，增派工作人员到瓶颈旅游节点疏导旅游者；设置免票人员专用通道等。如桂林乐满地主题公园就灵活运用了开放时间来调节园区旅游者容量：在7—8月旅游高峰期，开园时间不变，但闭园时间比平常推迟半小时；平时与周末节假日营业时间相同，但可根据园内旅游者数量灵活延后清场时间。

（三）濒临超载前的分流与预警

在疏导分流上主要采取承载量弹性化的方法。承载量弹性化是指在不改变景区硬件条件的情况下，通过管理手段上的调整，在特定时间扩大或缩小景区承载量。主要方法参见前文旅游者流量控制流程部分的疏导分流、预警上报及特殊预案。

（四）超载后的定点保护

在景区超载问题一时难以解决的情况下，为避免因旅游者践踏、抚摸、偷盗、乱写、乱刻等行为引起的旅游资源破坏，可采用定点保护的方式予以解决。比较常见的定点保护措施是在需要特别保护的地带利用警示性标牌告诉旅游者"什么可为，什么不可为"。另外旅游景区在旅游高峰期指派专人在特定地点疏导、提醒、监督旅游者的行为。也可以采用拉网、拉绳、放置/种植植物墙阻挡的方法保护景区资源免受损坏。例如，在天坛回音壁，为了杜绝游人对墙面的刻画、敲击等破坏行为，回音壁的内外围起了距墙两尺左右的护栏，在一定程度上防止了超载可能给景区资源造成的损害。然而，过多地采用定点保护措施也会使旅游者体验质量降低，满意度下降，这一问题在遗产类旅游景区中特别突出。

（五）其他主体方案

1. 政府措施

地方政府组织所有相关部门，重点是交通与公安部门，构建一级指挥调度系统，对通往景区的外围道路入口和主要集散中心（地）进行流量监控，在景区外部进行引导、分流和截流。

2. 对旅游者的教育

教育和讲解也能减少旅游者对旅游景区产生的负面影响。实践表明，针对旅游者的适当形式的宣传和教育会产生一些积极作用。只要旅游者明白自身的某些行为可能会带来某些负面影响，并被告知正确的旅游行为，一般旅游者都会积极响应旅游景区提出的要求和号召，这样就可以最大限度地减少超载带来的负面影响。

需要注意的是，教育和讲解的方式值得认真研究。有时不恰当的教育和讲解方式不但起不到积极作用反而可能引起消极作用。因为旅游者外出旅游的基本动机是享受而不是受恐吓式的教育，这就决定了旅游景区的教育和讲解系统应该有趣、简短和富有人情味。例如，成都碧峰峡景区在用特别设计的人造石头上写上"山青水才绿 景好人方美""我们通姓木 我们最怕火"提示语，让旅游者既受到教育又感觉有趣、容易接受。"禁止""严禁""罚款""不准"等生硬的威胁性或恐吓性语言尽量不要出现在对旅游者的教育和讲解中，这些字眼一方面会破坏旅游者的旅游心境，另一方面会引起旅游者的反感情绪，甚至产生一些故意的报复性行为。

第四节　景区的可持续发展

旅游景区是旅游业的三大支柱之一，是旅游产业发展的物质载体，也是旅游吸引力形成的核心要素，是旅游收益的主要来源，旅游业的可持续发展在很大程度上取决于旅游景区的可持续发展。

景区容量管理的核心目标就是可持续发展。旅游资源、旅游市场、旅游环境、社区发展等都要强调可持续发展，这也是景区运营管理的基本出发点。

一、景区可持续发展的定义、内涵与标准

（一）定义

国内对景区可持续发展的定义主要有以下几种。

彭德成（2003）认为，在确保旅游资源、生态环境和社会文化得到有效保护的前提下，通过对旅游景区资源的合理利用，既满足当代人对旅游景区产品的需要，又不损害后代人对旅游资源利用的需要。

邹统钎（2004）认为，旅游景区在维持文化完整、保持生态环境的同时，满足人们对经济、社会和审美的要求，它要求旅游景区既能为今天的主人和旅游者提供生计和游览条件，又能保护和增进后代人的利益并为其提供同样的机会。

由此可见，旅游景区的可持续发展（sustainable development of tourism landscape）可以定义为，在保持旅游景区资源原真性和文化完整性的前提下，使得旅游景区资源既满足当代利益相关者的需求，又能满足后代人发展的需要，保持景区资源、环境、旅游的和谐统一发展。

（二）内涵

1. 有效保护与合理利用

景区可持续发展的"保护"强调的是对旅游资源、生态环境和社会文化的有效保护，避免造成不可挽救的损失；"发展"强调的是对旅游资源的合理开发，并争取实现资源利用的最优化，"保护"和"发展"是相辅相成的，过度强调开发或过分注重保护，都不符合可持续发展的要求。

2. 正确规划和有效管理

景区的可持续发展，要以正确的规划和有效的管理为前提，在规划中明确哪些资源必须保护及如何保护，哪些资源可以开发，开发到何种程度，以此来约束运营主体，避免破坏景区资源和环境的行为。另外，还要对旅游者和社区居民进行管理，约束和引导有利于景区持续发展的行为。俗话说"不以规矩，不成方圆"，景区的发展不是无限制地发展，景

区的资源也不应无节制地利用，运营管理主体要做好景区相关规划和管理，以敬畏感和使命感来运营景区，使景区走上又好又快的集约化发展道路。

3. 景区产品的设计和提供必须体现人与自然的和谐统一

旅游景区的可持续发展必须以正确的产品导向为基础，在设计和提供景区产品时，尽量满足旅游者追求新、奇、异的旅游需求，并引导旅游者热爱自然、保护环境、文明消费，反对景区产品的过分商业化和庸俗化；提倡绿色消费、环保旅游，景区内产品的位置、文化内涵、色调等方面应与景区的主体文化相适应；提倡景区布局科学化、造型景观化、色调自然化、设施生态化、管理人本化，创造一个自然、和谐、清洁、有序的景区环境。

4. 系统优化和综合管理

旅游景区的可持续发展，必须把景区的内部要素和外部环境协调平衡起来。比如，一个景区的良好运营，必须建立在与当地社区居民关系融洽的基础上，一旦出现当地社区居民排斥或抵触旅游者的情况，那么，景区的可持续发展就无从谈起。所以，景区的发展必须兼顾当地居民的发展需要。同时，景区的发展必须考虑未来发展的需要，为未来的发展留下空间和余地，景区的持续吸引力是景区发展的动力。另外，景区的发展还要照顾到旅游者的旅游质量，做好旅游者体验管理，赢得口碑也就有可能赢得未来的市场。

5. 科技手段和管理者素养

景区的可持续发展应引进先进的科学技术，建立先进的景区解说系统、景区预警系统及信息管理系统等，并且运用诸如 VR（virtual reality，虚拟现实）等科技手段丰富景区项目，运用先进的环保技术保护和修复景区的环境等。可以说，先进的科学技术是景区可持续发展的后盾。同时，景区也应有高素养、有责任心的管理人员，因为一流的资源和一流的硬件还需要一流的运营管理才能形成一流的景区产品。有素养的景区管理人员能够在运营管理的过程中识大体顾大局、能行动敢负责，形成一个高效团结的运营团队。

（三）评价景区可持续发展的基本标准[①]

①社会发展标准，即旅游景区能否保证开发成本和收益的公平分配，当地居民能否从旅游景区的发展中获得经济利益和就业机会；社区能否参与旅游决策；旅游景区是否可以增进对优良文化传统的保护等。

②旅游经济标准，即旅游景区的经济能否实现可持续增长，不断为地方经济注入新的发展资金。

③环境保护标准，即旅游景区能否对自然环境的保护和管理给予资金支持，促进对自然和文化资源的保护；旅游景区的发展能否促使旅游者和当地居民对自然环境保护持支持态度。

④可持续地区的伦理标准，[②]可持续性的解决办法既不取决于环境保护主义者的倡

---

① 牛亚菲，王文彤. 可持续旅游概念与理论研究[J]. 旅游规划与发展，2000（3）.

② 邹统钎. 旅游景区开发与管理[M]. 北京：清华大学出版社，2004：55.

议，也不取决于政府的决议，而是靠旅游开发者自觉的行动。当开发者发现旅游对于资源的依赖性之后，他们就会了解保护自然和文化资源对于他们的意义有多重要。这一结果需要通过当地各种规范和标准的颁布实施来实现。这些规范和标准就是"对各种有着相同和不同利益的团体和个人进行信息发布、监督、交流和教育"（Nelson，1991，40 页）。Beatley和 Manning（1997）归纳了一套新的可持续地区的伦理标准（如表 6-8 所示）。

表 6-8　可持续地区的伦理标准

现有伦理	可持续地区的伦理
个人主义、自私	互相依赖、群体
目光短浅、现状导向的伦理规范	目光长远、未来导向的伦理标准
贪婪、商品导向	利他主义
区域性的、狭隘的乡土观念	超本土观念
物质性的、消费导向	非物质性的、社区导向
傲慢、自大	谦卑、谨慎
以人类为中心	人与生物界的和谐关系

二、景区可持续发展系统

以景区旅游系统和外部影响系统为基础，用景区可持续发展系统来研究景区的可持续发展问题（如图 6-1 所示）。总体来说，旅游景区可持续发展系统结构是一种循环式立体网络结构，主要影响因素有：人口、资源、环境、社会、科教、经济。可以看出，景区可持续发展系统与景区旅游系统、外部影响系统有着本质上的协同性。

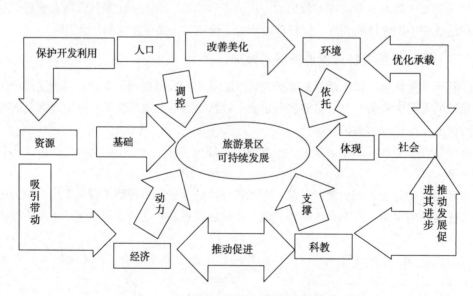

图 6-1　旅游景区可持续发展系统结构图

资料来源：邹统钎. 旅游景区开发与管理[M]. 北京：清华大学出版社，2004：56.

（一）人口

人口是旅游景区可持续发展系统的主体，对系统起调控作用，是整个系统的主体和核心因素，是全系统中最积极、最活跃的因素，主要包括旅游者、规划者、管理者以及其他利益相关者。

（二）资源

资源是旅游景区可持续发展系统的物质基础，主要包括自然资源、人文资源，必须合理利用和开发景区资源，不能过度利用和破坏，否则，会危及景区的生存。

（三）环境

环境是旅游景区可持续发展系统运行的依托，这里的环境既包括景区的内部环境，也包括景区的外部环境，如社区关系，环境质量的好坏是旅游景区可持续发展与非可持续发展的重要区别点。

（四）科教

科教对旅游景区可持续发展系统起支撑作用，通过科学技术的应用，可以更好地利用资源、保护环境，提高资源利用效率和管理水平。

（五）经济

经济是旅游景区可持续发展系统的核心部分，为景区的可持续发展提供动力支持，解决资源和环境问题需要有雄厚的资金支持。

（六）社会

旅游景区可持续发展系统的最高目标是促进社会的可持续发展。同时，合理的政治体制、良好的社会道德和风尚，也可以促进景区的可持续发展。

三、景区可持续发展的实现

（一）总体思路

坚持景区承载量管理意识，包括生态承载量——地区环境问题产生的限度；心理承载量——旅游者在转向另外的目的地前，在该地期望得到的最低心理娱乐程度；社会承载量——当地居民对来访旅游者最大忍耐程度；经济承载量——不影响当地居民活动的情况下举行旅游活动的能力。景区的开发程度不能超过这些承载量。

坚守环境影响评估（EIA）标准，分析预测可能会对环境（包括社会、生态、经济等要素）产生重大影响的旅游规划、项目建设、旅游活动等项目，评估景区及周边环境中受旅游活动影响大的因素，提出有效对策和措施，防控可能产生的负面影响。

（二）具体措施

（1）端正景区开发与发展的思想

景区开发要摒弃"有资源就开发，有游客就卖票"的急功近利行为，应该用"旅游＋"

和"＋旅游"的思路来发展区域旅游。旅游景区是吸引旅游者的核心要素，其他吃、住、行、购、厕要素的完善和升级才能满足旅游者品质旅游的需求，才能挣大钱、挣长期的钱。从现实的案例来看，一些旅游景区通过免（减）门票、优化环境、完善旅游要素甚至承担社会公益事业的"大旅游"发展措施，反而能持久吸引规模空前的旅游者，做大了旅游产业的"蛋糕"，杭州西湖和西安曲江模式就是其中的典型代表。因此，只有真正地把开发和建设思想统一到与社会和环境协调一致上来才能实现可持续发展。

（2）杜绝走"先污染后治理"的老路

不能再走曾经走过的以牺牲自然环境为代价来换取经济繁荣的错误之路。景区开发规划中必须充分论证开发对社会和环境的影响，特别是要重视对环境的消极影响，实行开发与保护相结合，或者是在保护基础上适度开发。

例如，杭州西湖从汉代脱离大海成为湖泊以来，由于上游溪流泥沙堆积和水草生长，湖面不断缩小，湖水变浅，并有沼泽化的趋势，但由于各个历史时期都实施了有效的保护和疏浚治理工程，西湖至今一直是我国著名的风景胜地，并使杭州成为我国东南地区重要的文化、经济中心。在旅游业迅速发展的今天，杭州是我国排在前10名的旅游城市、国内外著名的旅游目的地，旅游业已成为杭州地区重要的支柱产业。这一切不能不说是对西湖保护与合理开发的结果。

（3）实现旅游"生态①发展"

此处的"生态"是广义上的生态。对于人文古迹类和自然风景类景区来说，生态就是"生命"，即旅游开发和旅游活动不能违反生态规律自取灭亡。生态承载量、空间承载量、瞬时承载量是此类景区运营过程中应该关注的焦点。如果旅游者数量超越了最大承载量，则旅游景区的环境衰退和破坏现象将随之发生并加剧。旅游生态发展的实质，是要在旅游业发展中充分认识到开发与保护、经济发展与生态平衡的辩证关系，坚持经济发展和环境保护一起抓，这样才能使旅游生态发展真正落到实处。

"生态发展"与生态旅游密不可分。生态旅游这一概念是1986年在墨西哥召开的一次国际环保会议上首先提出的。1995年，中国生态旅游研究会把生态旅游的定义归纳为："生态旅游是在生态学的观点、理论指导下，享受、认识、保护自然和文化遗产，带有生态科教和科普色彩的一种特殊形式的专项旅游活动。"我国学者还认为，生态旅游必须具有促进生态保护和旅游资源可持续利用的特点。

（4）坚持旅游景区开发的有序性

所谓有序性，即开发顺序。开发有先有后，既要考虑到目前，又要考虑到未来，决不能与子孙后代"抢饭吃"。"我们不能把好事做完，此可以留作后人来完成"②，这是一个非常有远见的开发观。西安周围有秦始皇陵及许多汉、唐帝陵，大部分没有开发而是先保护起来，一方面是考虑到目前科技水平尚未达到保证地下文物，一旦出土不致变质的水平；

---

① 生态一词，通常是指生物的生活状态，指生物在一定的自然环境下生存和发展的状态，也指生物的生理特性和生活习性。"生态"一词涉及的范畴也越来越广，人们常常用"生态"来定义许多美好的事物，如健康的、美的、和谐的等事物均可冠以"生态"修饰。

② 1960年，几个农民放炮炸石头，一不小心炸出了武则天的墓道口。而后，陕西省文化部门向中央有关部门递交了《乾陵发掘计划》，但周恩来总理批示："我们不能把好事做完，此可以留作后人来完成。"

另一方面也是为了给后人留下一些开发对象。杭州的南宋太庙遗址出土后予以回填，也是基于这种考虑。早在 1997 年，国家就做出近期内暂不发掘大型帝王陵寝的决定。

（5）提倡文明旅游，杜绝旅游污染

游人的文明程度在很大程度上决定着旅游景区的环境质量，旅游者乱扔垃圾、随地吐痰、乱涂乱画、高声喧哗等不文明习惯的改变之日，就是旅游环境的改善之时。要对旅游者加强宣传教育，同时辅以严格的处罚规定。对于不文明行为，"罚而不严"等于不罚。2015年实施的《游客不文明记录管理暂行办法》是解决游客不文明行为的一种有益尝试。按照该办法第八条规定："游客不文明行为记录"形成后，旅游主管部门应将"游客不文明行为记录"信息通报游客本人，提示其采取补救措施，挽回不良影响。必要时向公安、海关、边检、交通、人民银行征信机构等部门通报"游客不文明行为记录"。但是，规定并没有明确一旦被列入"黑名单"，游客将遭到怎样的处罚。"黑名单"执行难，缺乏配套制度，与其他相关部门的配合和协调等方面还需要进一步的细化。

本 章 小 结

本章以《景区最大承载量核定导则》为依据，重点阐释了景区承载量的概念体系，删繁就简，摒弃了学术界诸多的概念争论与提法。主要从景区运营管理的实际操作层说明承载量的核定及控制方法，并对景区容量管理中的饱和与超载问题进行了对策研究。最后，将景区可持续发展的理念引入景区运营管理，并对发展系统和实现手段进行了阐释。

本章重要概念

最大承载量（carry capacity of scenic area），是指在一定时间条件下，在保障景区内每个景点旅游者人身安全和旅游资源环境安全的前提下，景区能够容纳的最大旅游者数量。

空间承载量（space carry capacity of scenic area），是指在一定时间条件下，旅游资源依存的游憩用地、游览空间等有效物理环境空间能够容纳的最大旅游者数量。

生态承载量（ecology carry capacity of scenic area），是指在一定时间条件下，景区在生态环境不会恶化的前提下能够容纳的最大旅游者数量。

瞬时承载量（instantaneous carry capacity of scenic area），是指在某一时间点，在保障景区内每个景点旅游者人身安全和旅游资源环境安全的前提下，景区能够容纳的最大旅游者数量。

复习思考题

1. 承载量运用的总体原则是什么？
2. 旅游饱和与超载对于环境和设施的消极影响有哪些？
3. 结合实际，谈谈解决旅游景区超载问题的主要方法。

预约制度和承载量管理挽救敦煌莫高窟生命

第三篇

景区运营系统的运行与控制

如何让旅游者慕名而来、快乐体验、纵情山水、畅想人文、满意而归是景区运行和控制的目标。景区营销管理、安全管理、游客管理、体验管理是实现目标的基本手段：营销管理树品牌、安全管理保底线、游客管理立规矩、体验管理提品质。本篇将结合相关的热点或典型案例，从问题入手，重点阐述营销管理、安全管理、游客管理和体验管理的内涵、方法与趋势。

第七章

景区营销管理

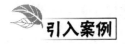

一只38元虾抵掉山东几个亿广告

2015年国庆期间，"青岛天价虾事件"成为最热的新闻。

肖先生是四川广元一家国企员工。国庆节期间，全家来了一次亲子游。夫妻俩和21岁上大学的女儿一起坐高铁，先后去了太原和石家庄，最后的目的地是青岛。4日晚他们抵达青岛，在乐陵路一家酒店住下后，他们发现酒店外街上好几家海鲜烧烤店，安顿后就下来尝尝海鲜。

"善德活海鲜烧烤家常菜"完全是随意选的一家。看到菜单后，三人想吃海虾，价目表写着38元。因为之前看过海南海鲜店宰客的新闻，他们特地叫来服务员询问过，"大虾38元"是38元一份还是38元一只。一名女店员还有一个年纪不大的男员工都明确回答，是"38元一份"。三个人点了活虾、贝壳、螃蟹，还有烧饼、豆腐和一扎啤酒。然而，买单时一份38元的虾变成一只38元，菜单上写的38元一大扎啤酒变成了120元一扎，总计2175元。肖先生选择了报警，派出所民警说，这个是价格纠纷，不归他们管，归物价部门管。肖先生又打物价部门电话，物价部门没有到场。

类似的经历也几乎同时发生在从南京来青岛旅游的朱先生一家人身上。

肖先生和朱先生凌晨时分第二次报警后去了派出所，店老板也到场，没多久店里又来了三个人"扎场子"。派出所民警在协调过程中，多次告诉肖和朱二人，这个不归他们管，对价格纠纷没有执法权。民警最后协调，让肖、朱二人先把钱给人家，明天再去物价部门反映处理。根据肖、朱二人向记者的叙述，民警先与肖先生经过讨价还价，谈妥了价格，并当着警察的面，肖先生称他屈辱地掏出了800元给了店老板，只想尽快脱身。接着与朱先生谈妥了价格，店老板态度强硬，朱被要求给了2000元放行。

10月5日，该事件被当事人发到微博上，"青岛天价虾事件"迅速引发全国网友的强烈关注，随后成为媒体热议的焦点，进而引起轩然大波。网友戏称山东在央视花几亿广告打造的"好客山东欢迎您"因为一只38元虾秒变成"宰客山东欢迎您"。

客观地讲，旅游欺客宰客现象在国内外都有可能发生。国内的三亚，国外普吉岛、塞班岛都曾经发生过类似事件。旅游欺诈在旅游产业相对成熟的欧美属于"小概率事件"，而在旅游业发展相对不成熟的区域就可能成为"大概率事件"，再经媒体曝光后就会出现旅游者决策行为代表性偏向中的风险厌恶[①]现象，进而严重影响旅游市场的健康发展。

（资料来源：作者根据相关媒体资料整理撰写。）

---

① 旅游者决策行为代表性偏向中的风险厌恶是指旅游者会过分关注被选旅游目的地发生的典型负面事件，产生以偏概全的非理性选择行为。郭亚军，旅游者决策行为[M]. 北京：中国经济出版社，2021.

引言

回顾以上案例，有两点值得关注。一是此案例凸显了政府部门协调不力，监管、执行条块分割的问题。处理旅游纠纷时，政府相关部门似乎都尽责了，但又没有解决根本问题，旅游者"被踢球"是常态，旅游部门也是"有心无力"、束手无策。"小马拉大车"成为旅游管理与旅游产业发展矛盾尴尬的现实写照。本书2005年出版时曾呼吁成立国家旅游发展委员会和组建旅游警察。可喜的是，从2009年5月海南省旅游发展委员会设立到2017年陆续有23省份设立旅游发展委员会。建立了"1+3+N"全域旅游综合执法管理体制，设立旅游警察、旅游工商、旅游巡回法庭以及N个旅游服务机构，通过旅游综合执法改革试图解决"小马拉大车"的问题。文化和旅游部成立后，"1+3+N"如何运行、效果如何还有待观察。二是相关部门危机管理或者媒体应对意识不强，"小事件"经媒体传播发酵成为负面的"大事件"。"青岛天价虾事件"经过媒体热炒后，相关政府部门虽然采取了查处涉事排档、退还费用甚至发给补偿金等措施，也只能算是亡羊补牢，上亿元营销费用造就的旅游形象受损已成事实。

第一节　旅游景区营销的概念与特征

市场营销是一门实践性很强的科学。市场营销是在创造、沟通、传播和交换产品中，为顾客、客户、合作伙伴及整个社会带来价值的活动、过程和体系①。处于市场环境中的旅游景区在经营的过程中也离不开以满足消费者需要为中心的营销活动。从经济学角度讲，资源都是有限的，要使资源有效使用必须寻求最经济的途径，在可持续发展理念的约束下满足目标市场的旅游者需求。所以，立足资源特色、找准目标市场、识别旅游需求、活用营销工具就是景区营销管理的重点。由于旅游景区产品的特殊性，景区营销必须是在传统市场营销理念基础上的传承与创新。

一、景区营销的概念体系

在本章之初，我们简要梳理一下市场营销的概念体系，这是旅游景区营销管理的理论基础。有了关于市场营销的统观性认识，将有助于我们在此基础上，拓展、创新思维体系，并进一步与旅游景区这个经营实体的特征相结合，从而明确景区营销管理的思路、途径与方法。

（一）市场营销与营销管理

早期研究的对象：早期市场营销的研究主要局限于商品的流通领域，而商品一旦到达消费者手中即进入到消费领域以后的问题，则不属于市场营销学的研究对象，显然，这是一种早期的、过时的市场营销概念。美国学者基恩·凯洛斯将各种市场营销定义分为三类。

---

① 该定义是美国市场营销协会（American Marketing Association，AMA）的定义，该定义于2013年7月通过美国市场营销协会董事会一致审核。

①将市场营销看作一种为消费者服务的理论。②强调市场营销是对社会现象的一种认识。③认为市场营销是通过销售渠道把生产企业同市场联系起来的过程。这从一个侧面反映了市场营销的复杂性。美国市场营销协会（American Marketing Association，AMA）下的定义基本能概括这种复杂性。

市场营销的主要职责在于为公司创造出具有获利性的收入成长。营销必须标示、评估、选择市场机会，并落实战略，以在目标市场取得绝对的优势或至少是显著优势。市场营销的核心是交换，交换的前提是主动、积极地寻找机会。

市场营销研究的内容主要包括以下几点。①营销原理，包括市场分析、营销观念、市场营销信息系统与营销环境、消费者需要与购买行为、市场细分与目标市场选择等理论。②营销实务，由产品策略、定价策略、分销渠道策略、促销策略、市场营销组合策略等组成。③营销管理，包括营销战略、计划、组织和控制等。特殊市场营销，由网络营销、服务市场营销和国际市场营销等组成。

而市场营销管理（marketing management）是一个过程，包括分析、规划、执行和控制，它覆盖理念、商品和服务，以交换概念为基础，目标是满足各方的需求[①]。市场营销管理的任务，就是为促进企业目标的实现而调节需求的水平、时机和性质；其实质是需求管理。根据需求水平、时间和性质的不同，市场营销管理的任务也有所不同。

从定义看，市场营销管理本质上落脚在需求管理上，这就要求在制定营销规划时，必须密切注意需求的变化，随之调整定价、沟通、产品开发等企业策略。"现代营销之父"菲利普·科特勒曾指出，市场营销管理的主要步骤可以概括如下。

R→STP→MM→I→C。

R 代表研究（research）。

STP 代表细分市场（segmentation）、制定目标（targeting）、定位（positioning）。

MM 代表营销组合（marketing mix）。

I 代表执行。

C 代表控制。

这就将营销管理过程程序化、明确化，便于理论学习和实际操作。

（二）景区营销与景区营销管理

与一般企业的营销类似，景区营销的关键任务也在于创造、沟通、传播和价值交换中，以旅游景区为物质载体，为旅游者、潜在旅游者、合作伙伴以及整个社会带来价值的活动、过程和体系。略有不同的是，景区营销的是较为特殊的景区产品，其购买风险高于一般的商品。

由此，我们将旅游景区的市场营销（visitor attraction marketing）定义为：旅游景区为满足旅游者的需要并实现自身经营和发展目标，通过创造、沟通和传播景区价值产生吸引力，实现价值交换的一系列有计划、有组织的社会和管理活动。

由于旅游景区产品凭借的物质基础是旅游资源，创造的是游客独特的旅游体验，其生

---

① 李洪波. 旅游景区管理[M]. 北京：机械出版社，2004.

产与消费的同时性、不可转移性、不可储存性、季节性、脆弱性、共享性等特征使得景区的营销管理比一般企业的营销管理更复杂、更多变、更不稳定。

景区营销管理（visitor attraction marketing management）是通过对旅游市场的分析、规划、执行和自我控制，为目标市场的旅游者提供景区产品，使之获得预期或超预期的旅游体验，实现旅游景区产品价值交换的全过程管理，本质上是一种基于旅游资源特征的综合、动态、创新的旅游者需求管理。

该定义之所以强调对旅游市场的自我控制，是因为旅游市场已经逐渐由大众旅游市场向分众旅游市场演化，旅游景区运营管理应该"有所为有所不为"，也要"扩大有效和中高端供给，增强供给结构对需求结构的适应性和灵活性"[1]，满足目标市场深层次的旅游需求。旅游景区从供给侧提供能够满足旅游者更高、更深层次的景区产品，留住旅游者蜂拥而出（国）的脚步将是未来很长一段时间的主要趋势。因此，分众营销（也称精准营销）[2]应该成为未来景区营销管理的重点。

二、旅游景区营销的特征

由于旅游景区产品是一种特殊的消费品，生产和消费的同一性、不可储存性等特点决定了景区营销具有其自身的不同一般的特征。

（一）基于"口传"的景区形象

用卡尼曼的决策模型分析旅游者的决策行为，旅游者的决策行为可以被分为两个基本阶段：备选旅游目的地的编辑阶段和意向旅游目的地的评估阶段[3]。基于作者在完成平遥发展规划时的抽样调查结果，得出的结论是国人在评估阶段做出旅游决策的首要影响因素是亲朋好友的推荐和评价，而且"羊群效应"[4]特征明显。因而，国内景区的形象是基于"口传"的结果而不完全是营销的结果。因此，真抓实干提高景区产品质量然后再通过一定渠道使公众产生对景区产品的关注，借助公众舆论和"口传"来传播景区的形象和信息是营销的重点。

（二）景区产品的共享使用权和暂时使用权

在产权关系方面，旅游景区产品不同于一般的产品。一般产品销售完毕后，产品的所有权、使用权、支配权全部转移给购买者，而景区产品只提供给旅游者共享使用权和暂时使用权。共享权的特点决定了旅游者需求可能会存在局部冲突。例如，短时间内旅游者涌入核心景点，都想拍照、观赏引起的互不相让、争吵，甚至大打出手。这就要求景区一方面加强内部客流引导与管理，另一方面通过营销手段将不同群体的游客进行错峰管理。例

---

① 2016 年 1 月 26 日，习近平在中央财经领导小组第十二次会议上的讲话。

② 分众营销就是通过周密的市场调研后，锁定一个特定的目标消费群，然后推出这一特定群体最需要的细分产品，以适应这一特定群体的特定价格，通过特定的渠道，并用特定的传播、促销方式进行产品营销的精确营销手段。

③ 郭亚军. 旅游者决策行为研究[M]. 北京：中国经济出版社，2012：93.

④ "羊群效应"也叫"从众效应"：是个人的观念或行为由于真实的或想象的群体的影响或压力，而向与多数人相一致的方向变化的现象。

如，将学生的团队优惠票限制在周一至周四之内使用。暂时使用权一般为景区正常经营的一天之内，这就决定了景区一天之内客流变化的刚性周期特征，早上9点多和下午5点左右就会出现进出景区的客流高峰，甚至会超过瞬时承载量。此时，就要结合景区特点考虑目标市场的需求特征，推出错峰或延长暂时使用权来满足旅游者需求。例如，敦煌月牙泉景区只要第一次买门票进入景区时录入指纹后，三天之内不限次数可以进入。月牙泉景区看似吃了"门票的亏"，实则延长了旅游者的停留时间、深化了旅游者体验，当然也就赢得了旅游者的"口碑"。西雅图的标志建筑——太空针，也是允许旅游者24小时之内两次进入景区游览。如果你是白天前往参观，二楼的工作人员会笑容可掬地建议你晚上来看夜景；反之亦然。

（三）旅游者和员工都是营销的重要组成部分

旅游景区产品的另一个特征是，旅游者是生产过程的一部分，而员工也是产品的一部分。旅游者是服务的对象，服务过程就是生产过程，他们的态度和行为不仅会影响自己的经历，也会影响其他旅游者的经历；而员工直接参与产品的生产和销售，员工直接和旅游者接触，他们的态度和行为也会直接影响到旅游者的经历和体验。因此，旅游者和员工都是营销的重要组成要素。

（四）易受时尚的影响

旅游景区易受大环境特别是时尚因素和潮流趋势的影响。例如，2005年香港迪士尼开园后，"香港游"重新成为内地亲子游的一条热线，香港被赋予新的内涵而成为人们追寻时尚的目的地。2016年6月16日，包括六大主题园区的上海迪士尼正式开园，"香港亲子游"的时尚正在消失。再如，最近一段时间，"特色小镇"开一个火一个，很是火爆。特色民居（民宿①）、乡土民俗、特色地方小吃、农家特产等卖点满足了旅游者（尤其是自驾游）怀旧、追求健康、返璞归真的时尚需求。但是，一拥而上开发建设的或真或假的"特色小镇"能热多久是一个值得思考的问题。景区如果能基于自身的资源特色，适时、恰当地与时尚元素整合，就能够提升景区的市场影响力和吸引力。

（五）可进入性的影响

旅游者必须前往产品所在地——景区才能得到旅游体验，景区无法将产品"运送"至客源地，只能通过旅游者的移动来实现景区产品的消费。因此，交通是否方便和行游比指数②是否合理是景区成功的关键因素之一。上海、浙江等地颁布了地方性的《旅游景区（点）道路交通指引标志设置规范》，规定了在高速公路出口附近及通往旅游景区（点）各连接道路交叉口附近，设置道路交通指引标志，提供旅游景区（点）的中文名称、英文名称、旅游项目类别图案，以及前往旅游景区（点）的方向和距离等信息，分为旅游景区（点）方

---

① 民宿是指利用自用住宅空闲房间，或者闲置的房屋，结合当地人文、自然景观、生态、环境资源及农林渔牧生产活动，以家庭副业方式经营，提供旅客乡野生活之住宿处所。

② 行游比指数 $T=Tr/Ts$，其中 Tr 表示从居住地到旅游景区（目的地）的单调旅行所耗费的时间，Ts 表示旅游者在旅游景区（目的地）所耗费的实际游览时间。只有当 T 小于某临界值时，旅游者才会做出出行决策。

向距离标志和旅游景区（点）方向标志两种。这不仅是一种景区营销手段，更是一种改进景区可进入性的必要服务。

（六）淡旺季的影响

旅游者的"闲暇时间"和景区所在地的气象气候因素是造成景区淡旺季的主要原因。淡季时门可罗雀、设施闲置，旺季时人声鼎沸、景区饱和超载。景区营销要在景区产品结构调整的基础上，努力做到淡季不"淡"，让旅游者"留得住，玩得好"；旺季不要太旺，让游客"进得来，住得下，出得去"。

（七）固定成本比重高，可变成本比重低

包括设施设备在内的景区固定成本一般都很高，包括原料、燃料、员工工资在内的可变成本在总成本中所占比例很低。旅游者数量的剧增并不会大幅增加固定成本，旅游者数量极速降低也不会大幅地减少可变成本。因为经营杠杆系数（DOL）=（销售收入-变动成本）/（销售收入-变动成本-固定成本），所以，在景区固定成本基本不变的前提下，景区应采取多种营销方式吸引游客，这样景区利润就会以经营杠杆系数的倍数增加，从而赢得"正杠杆利益"。否则，一旦景区游客数量减少，景区利润会下降得更快，形成"负杠杆利益"。

（八）景区属性的差异化

旅游景区竞争激烈，竞争程度会因类型不同有所变化，但每个旅游景区都会突出差别性营销策略，以形成自己独特的形象。各景区的营销目的差别很大，这主要取决于景区的属性。从资源特征上可以分为人文古迹类、自然风景类、人造景区类；从所有制性质上可以分为国有、民营、外资、合资等类型。不同属性的景区营销管理的出发点和目标也不尽相同。例如，私营景区的目的，通常是追求利润和市场份额，扩大产品销售量或取得满意的投资报酬率。国有景区运营的目标应该不是利润最大化，其主要目标可以是文物保护、旅游扶贫、公共服务等。

（九）景区营销主体的多元化

景区、行业协会、地方政府、中央政府甚至政府官员都有可能成为景区的营销主体。景区自己营销自己是题中之意，而行业协会、地方政府、中央政府的营销往往需要景区所在目的地"抱团取暖"，整体对外营销。比如，某国政府对其国内主要景区进行宣传，以鼓励外国人前往该国游览；地方政府会通过各种媒体整体对外营销所属的所有景区。例如，山东用"好客山东欢迎您"来整体营销，而济南则用"泉甲天下锦绣济南"来营销自己；陕西用"大美陕西"来整体营销，而延安则用中国革命圣地来宣传自己。因此，不同营销主体要突出特点的不同，但根本目标都是要提升景区吸引力，以招徕更多的游客。

第二节　景区营销管理过程

景区营销管理的任务是针对目标市场的需求特征，拟订不同的营销方案，选择合适的传播路径，目标是激发潜在旅游者的旅游动机，吸引更多的旅游者前来观光、体验和消费。

从本质上讲，景区营销管理是降低景区供需双方信息不对称程度、降低旅游者购买风险、用有效信息说服旅游者的过程。特别是在进行营销分析、计划和执行过程中，营销管理人员几乎在每个环节上都需要信息。从这个意义上讲，景区营销管理也就是有效完成信息管理的过程。菲利普·科特勒（Philip Kotler）认为市场营销管理的主要步骤可以概括为 R→STP→MM→I→C，其中 R 代表研究（research），STP 代表细分市场（segmentation）、制定目标（targeting）、定位（positioning），MM 代表营销组合（marketing mix），I 代表执行（implement），C 代表控制（control）。本节根据景区信息的不完全、不对称性特征，以科特勒的 R→STP→MM→I→C 理念为依据，将景区营销管理的过程梳理为景区营销环境调查与分析、营销战略决策、营销计划的制订、实施和控制环节。

一、R：景区环境与现状研究

相关问题研究是景区营销管理的第一步，主要任务在于分析景区所处的环境和现状，确定景区面临的机会与挑战。

（一）研究内容

宏观层面的研究主要包括景区所在区域的政治、社会、经济、文化、生态、技术、市场等方面的因素；微观层面的研究主要包括资源禀赋、规划方案、基础设施、管理体制等方面的因素。概括起来讲，景区环境与现状的研究主要包括以下内容。

①景区宏观环境与现状的分析。主要包括六个方面：人口环境、经济环境、自然环境、科学技术环境、政治法律环境和社会文化环境。人口环境和经济环境方面主要研究人口结构、受教育程度、购买力因素、商品价格因素等，这些因素影响景区的运营成本和运营能力。自然环境方面主要关注与旅游者有关的大气、水、生物物种、温度等；科学技术环境主要研究高新技术在景区产品开发、设计、销售和管理中的应用；政治法律环境方面主要研究与景区开发和运营有关的国家与地方法律法规情况；社会文化环境方面主要关注社会结构、社会风俗和习惯、信仰和价值观念、行为规范、生活方式、文化传统、人口规模与地理分布等因素的形成和变动。一方面，以上这些因素是景区运营管理的依托条件，影响甚至决定了景区的淡旺季长短、生态承载量和社会承载量的大小等景区管理要素；另一方面，这些因素也是发现和提炼景区营销卖点的主要来源。例如，乌镇的"来过，便不曾离开"；黄山的"安徽黄山——感受黄山，天下无山"；九华山的"神奇灵秀地，天下九华山"；宁夏沙湖的"人与自然的神奇物语"等营销口号，都是基于景区资源特征的宏观环境与现状因素的综合分析的结果。

②景区竞争对手分析。分析竞争对手在市场定位、营销渠道、营业收入、游客构成、产品特色、市场占有率等方面的情况，从而制定出合理的竞争策略。

③景区可能的客源市场调查。之所以说"可能"，是因为这是在景区市场定位前的一种"假设"，这种假设来自于对区域旅游市场的客观认识、景区发展趋势的判断、旅游者消费趋势的把握。主要分析研究假设客源市场的人口学特征（学历、性别、年龄、职业等）、消费行为、旅游动机、旅游偏好、决策行为及游客的地理特征。

④景区的营销渠道模式分析。"得渠道者，得天下"，营销渠道建设历来是众多景区建设的重点，事关景区生存和发展的命脉。随着景区竞争的白热化，景区渠道争夺战将会愈演愈烈。不管是以地接为主，还是以组团为主的景区都面临渠道建设模式的选择问题。常见的营销渠道模式包括独家代理合作制模式、选择性合作模式、广泛性合作模式和景区直营模式。合作的对象可以是有实力、有号召力、有销售渠道的旅行社、旅游咨询公司、航空公司、其他相关企业等。独家代理制适合于资源禀赋高，但知名度不高、品牌力不强、市场长期低迷、渠道网络数量稀少的旅游景区；选择性合作模式是在某一区域有选择性地确定几个合作对象合作；广泛性合作模式是在景区品牌知名度、美誉度、忠诚度的逐步提升的前提下，不再刻意选择合作对象，不再通过价格、资源、推广、激励去整合市场，而是优选合作对象。

⑤景区自身因素分析研究。主要包括本景区近年来的经营情况和营销效果分析，景区现有产品所处的生命周期特征，景区形象定位、知名度、美誉度等方面的情况。

（二）研究工具与方法

对景区所面临的宏观大环境和微观小环境的分析，可以按照图 7-1 的思路展开，用 PEST 与 SWOT 工具可以比较全面地实现对景区环境与现状的研究。

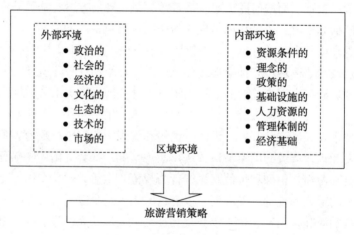

图 7-1　旅游景区环境系统

1. PEST

PEST 是一种对企业所处宏观环境的分析模型，所谓 PEST，即政治（political）、经济（economic）、社会（social）、科技（technological），这些是企业的外部环境，一般不受企业控制。PEST 有时也被称为 STEP、DESTEP、STEEP、PESTE、PESTEL、PESTLE 或 LEPEST（政治 Political、经济 Economic、社会文化 Social-cultural、科技 Technological、法律 Legal、环境 Environmental）。2010 年后更被扩展为 STEEPLE 与 STEEPLED，增加了教育（education）与人口统计（demographics）。景区管理人员受各种条件的限制，一般很难完成与本景区有关的 PEST 分析。建议景区的经营管理人员通过研读行业报告、委托专业机构、召开专题讨论会等方式完成 PEST 分析。

2. SWOT 分析法

SWOT 为英文优势（strengths）、劣势（weaknesses）、机会（opportunity）、威胁（threats）的第一个字母的缩写。在区域旅游业发展中通过分析景区内部优势和劣势、外部机遇和威胁来认清旅游景区的环境因素，是明确营销环境的有效方法。

①优势分析。旅游景区的优势就是景区核心竞争力的主要来源，也是景区营销的基本出发点。可能成为景区优势的因素包括：独一无二的资源、便捷的交通、舒适的气候条件、好客淳朴的民风、地道美味的小吃等。

②劣势分析。劣势是景区运营管理中"木桶效应"中的短板，例如，市场知名度低、交通不便、接待能力弱、资源禀赋低等。但是，如果策划得当，劣势有时也可以反转为优势。例如，大陆降水量最大、雨水不断的雅安，被成功策划嫁接了"女娲文化"。

③机会分析。机会是指环境中对景区发展过程产生促进作用的各种契机，既可以是景区外部不可控因素的变化，也可以是景区内部可控因素的变化，这些变化因素就有可能成为景区营销主题素材的来源和引爆市场的契机。

④威胁分析。所谓威胁，是指对景区发展过程产生不利影响和抑制作用的消极方面。威胁因素与机会因素一样也是来自于景区内外环境的变化。例如，对景区旅游兴趣（动机）的消退、景区各投资主体矛盾的激化、经济下行导致的可自由支配收入的下降等。

（三）景区市场调查的方法

1. 调查准备阶段

问题导向是准备阶段的基本出发点。景区营销管理过程中面临的问题是什么？要解决什么问题？以问题来引导市场调查的目标，进而分析影响问题的因素，这些因素包括但不限于如下九项。

①客源地分析。客源地分析旨在明确景区现有旅游者和潜在旅游者的客源地构成和变化趋势。是同一客源地旅游者主体有变化？还是客源地构成将要变化而旅游者类型不变？或是客源地构成将要变化且旅游者类型也要变化？通过这些问题的分析就可以认识现状、摸清趋势，关键是能从中发现目前营销管理中的问题，为下一步营销策略的制定打下基础。

②年龄结构。一般将年龄结构分为以下几个层次：小于 18 岁、18～24 岁、25～35 岁、36～55 岁、56～65 岁、65 岁以上。通过一定的样本量的抽样调查，就可以判断景区目前客源市场的年龄结构特征。不同年龄群体的消费习惯和特点有所不同。例如，18～24 岁的旅游者：旅游支出不愿超过年收入的 6%，喜欢自助游，节约为主；36～55 岁的旅游者：旅游支出可以占到年收入的 8%～10%，多在节假日报团出游为主，减压是他们主要的旅游动机。

③职业结构。根据中国目前的职业分类的基本情况，为便于统计，建议可分为以下职业类型：中小学生、大学生、医护人员、公务员、退休人员、教师、管理人员（企业、公司、事业单位）、军人、商人、农民、个体户、工人。此调查能反映出旅游景区对不同职业群体的吸引力，反映出旅游产品结构是否合理。

④家庭收入状况。该调查是为了了解现有市场的消费能力及潜在目标客源群体的需要，对旅游产品价格策略的制定有一定的参考价值。

⑤家庭规模及结构。该调查旨在掌握潜在客源市场的消费能力。在家庭收入一定的前提下，家庭规模越大，在旅游方面的支出就越小；家庭规模越小，在旅游方面的支出就越大。家庭结构包括三种状态：已婚、单亲家庭、空巢家庭。

⑥消费构成。调查旅游者的消费构成主要是了解旅游者的旅游活动在交通、餐饮、购物、娱乐、住宿、门票等方面的消费分别占总花费的百分比。此分析一方面能够判断景区产品结构是否合理；另一方面可以判断旅游者消费的行为特征，为景区产品结构调整及营销策略打好基础。

⑦旅游交通方式。交通方式有以下几个方面：自驾车、公共汽车、火车、飞机、轮船、摩托车、自行车或徒步。这些调查涉及景区的可进入性问题，同时也为营销渠道的选择提供了帮助。

⑧通过何种途径了解旅游景区。调查分析各种媒体对旅游者产生影响的程度，以及旅游者最喜爱媒体的类型，为景区营销手段的选择、广告的投放提供依据。常见的媒体渠道包括：亲友介绍、电视、报纸、杂志、广播、书籍、网络、微博、微信、旅行社推荐等。

⑨旅游形式及旅游目的。旅游形式调查可分为以下方面：自行安排、单位组织、旅行社组团。旅游目的一般分为：观光、休闲度假、商务、会议、探亲访友、宗教朝拜、修学、专项考察等。此分析有助于发现潜在旅游者及其旅游动机，为营销渠道选择、景区产品营销重点提供依据。

此外还可对旅游者的重游率、停留时间、教育背景等方面进行调查。

2. 正式调查阶段

该阶段的主要任务是按调研计划系统地收集各种数据资料，包括一手资料和二手资料。

（1）调查方法。

我们将景区市场调查可能会用到的调查方法用表 7-1 表示出来。此处要特别强调大数据对旅游市场调研的重要作用。旅游大数据的来源包括两个渠道：一是智慧景区[①]借助于地理信息系统（geographic information system，GIS）、射频识别（radio frequency identification，RFID）、红外感应器、全球定位系统等技术产生的现实旅游者行为的海量数据；二是基于网络产生的海量数据，主要来源于搜索引擎的后台数据以及微博、微信、论坛、点评、攻略等海量信息转化的数据。这些数据能够对潜在旅游者行为特征进行比较准确的预测分析。通过对真实旅游者和潜在旅游者的大数据分析，可以知道旅游者从哪里来？什么人要来旅游？什么时候来？怎么来？怎么吃住行游购娱？他们"知道了"景区什么？如何知道的？他们怎么评论景区？基于这些大数据的分析结果，旅游景区就可以实现对目标旅游者的"精准"营销。

---

① 指能够实现可视化管理和智能化运营，能对环境、社会、经济三大方面进行更透彻的感知、更广泛的互联互通和更深入的智能化的景区。

表 7-1　旅游市场调查方法表

方法类型			形　式	特　点	主要用途	缺　点
全面调查			对所有对象都进行调查研究	全面精确	用于人口、车辆等调查	工作量巨大
典型调查			选择典型代表	工作量较小	适用于对象庞大，且对该对象已经熟悉	难以准确选择典型
网络大数据分析			对上网用户情况进行统计	样本量大、数据真实、获取容易	对潜在客源市场调查	对象的社会学特征难以了解
抽样调查	系统抽样		排列对象，等距抽样	等距，简单易行	适用于对同类对象作一般分析	对异质分析不易深入
	随机抽样	简单随机抽样	完全随机地抽取样本	随机性	适用于对象总体均质性较高地情况	受条件制约，可能沦为任意抽样
		分层随机抽样	先按质归类，再在各同质层简单随机抽样	能增加代表性，工作量大	用于异质差异明显的场合，如按年龄段分层再研究各段分列特征	取决于分层的准确性
		分群随机抽样	先按空间分群，再在各群简单随机抽样	空间针对性强	用于客源地抽样调查	异质分析不易深入
	非随机抽样	任意抽样	视条件方便程度抽取样本	任意性	对象同质性较高时	偏差较大
		判断抽样	按专业人员的判断选择	较简便	对象个性极不相同时	受调查人员素质影响很大
		配额抽样	划分群体，规定各群体的样本数，再任意抽样	工作量小，较均、信度、效度较高	适用于一般性、小规模调查	调查人员素质对结果有一定影响
第二手资料收集	外部资料		政府和专业出版物	较简便	宏观调查、背景调查	时效性较低，难以满足专业性要求
	内部资料		档案、文件等	简便	历史、内部情况调查	
第一手资料收集			有计划地调查专门信息	时效性好，针对性强	调查本地特定部门	成本高
观察调查法			旁观或借助仪器观察	间接性、客观性	调查旅游者的行为规律及其隐含态度	原因要靠主观推测
询问调查法	面谈法		面谈，询问、启发判断	灵活、亲切、较准确	常用于小组专题访谈	成本较高，受调研员影响
	电话询问法		通过电话征询意见	成本低，灵活	用于长途、补样本和大范围较简单问题调查	复杂问题不易配合
	邮寄调查法		邮寄问卷	较客观	常用于问题多、不便面谈，或者易受调查者影响的问题	返回率低，受问卷设计质量影响
	留置问卷法		面交问卷，回家填写	较明确、客观	可用于问题多且需时间考虑的问题的调查	周期长，返回率低
实验调查法			控制变量，了解变量间的关系	科学、客观	以小规模实验，为推广做准备	难以完全控制实验条件

（2）调研问卷的设计

问卷是迄今为止最常用的调研工具，是用来收集调研数据的一种重要工具，现在又插上了互联网的"翅膀"，威力大增：成本降低的同时样本量几乎可以无限制地提高，问卷对象的地域范围也可以被无限制地扩大。调研工具强大还必须有好的问卷设计才能完成景区市场调查目标。问卷设计的好坏直接关系到调研结果的真实性、针对性、准确性，关系到能否解决营销管理中需要解决的问题。从内容上看，营销调研问卷应包括如下构成要素。①开头部分。这部分用来指导被调查者正确填写问卷，具体内容包括标题、简短的问候语、自我介绍及问卷填写说明。重点在于说明调研目的和要求，请求被调查者予以合作并表示感谢。②背景部分。这部分主要是了解被调查者的基本情况，如年龄、性别、家庭结构、职业、教育、经济状况等。③主体部分。该部分是问卷的核心，设计恰当的问题，提供对应的回答方式。所提问题必须具体、客观、简明、可操作、通俗易懂。问题的个数也不宜太多，以免被调查者失去耐心放弃答题或者敷衍调查。④问卷编码，便于汇总整理。⑤调研人员备注。注明调研人员的姓名、调查时间、调查地点等，以备检查和修正调研计划的执行情况。

问题是调研问卷的核心内容，是问卷的主体。问题类型主要有封闭式问题和开放式问题两大类（如表7-2所示）。①封闭式问题是给出了所有可能出现的答案，被调查者只要在其中选择就可以了。封闭式问题所提供的答案更容易解释和用软件处理，便于进行定量研究。②开放式问题是指在设计调查问题时，不设计备选答案，让被调查者自由地用自己的语言来回答和解释有关想法的问题类型。此类问题有利于调动被调查者的兴趣，得到较为深入的观点和看法，便于进行定性研究。

表 7-2　问卷问题的类型

名称	含义	举例
A. 封闭式问题		
两分法	提供两个备选答案的问题	您对景区所提供的服务还满意吗？ □是　　□否
多项选择	提供三个或更多备选答案的问题	您认为国内风景最优美的景区是？（多选） □广西桂林 □安徽黄山 □四川九寨沟 □河南天台山
里克特量表	被调查者可以表示同意或不同意的程度的一种陈述方式	小景区通常比大景区提供的服务好。 □非常反对 □反对 □既不赞成也不反对 □赞同 □非常赞同
语意差异量表	在两个意义完全相反的词语间提供不同的尺度，被调查者选择其中某个点来表示自己的判断	您认为本景区正在投放的广告形象是： □深刻　　□肤浅
重要程度量表	将某种性质从"不重要"到"极其重要"加以排列的一种量表形式	景区个性化服务对我而言： □极其重要 □很重要 □比较重要 □不很重要 □不重要
等级量表	将某种属性依照"差"到"极好"的顺序加以排列的量表	九寨沟景区的交通服务： □较好 □很好 □好 □一般 □差
购买意向量表	描述被调查者购买意向的量表	如果景区提供一场大型主题演出，我： □肯定购买 □可能购买 □不确定购买 □可能不买 □肯定不买

名称	含义	举例
B. 开放式问题		
完全无结构	被调查者几乎可以毫无限制地回答问题	您对焦作市的云台山景区有什么看法？
文字联想	提供一些文字，由被调查者写出或陈述他想到的第一个词汇	当您听到以下这些词汇时，您最先想到的一个词汇是什么？ □景区住宿　□景区内外交通　□景区景点
补充句子	提供一些不完整的句子，由被调查者完成这些句子	当我想选择一个旅游目的地去旅游时，考虑最多的因素是＿＿＿。
补续故事	提供一个没有完成的故事，请被调查者将其补充完整	"几天前，我游览了敦煌月牙泉景区，我发现月牙泉景区不仅景观独特，而且服务管理规范。这是我产生了如下感想"现在请您完成这个故事。

资料来源：菲利普·科特勒. 旅游市场营销[M]，谢彦君，译. 大连：东北财经大学出版社，2006. 有改动.

二、STP：旅游景区市场营销战略

营销管理在经历第一步"R"之后，进入到"STP"构建的阶段，它是景区市场营销战略的主体构成，主要任务是确定景区的价值所在，然后进行目标市场选择，进而设计出营销战略，这是一个动态过程。首先是对景区进行市场细分，细分目标客源市场及其旅游消费群体，其次是逐一分析每个客源市场的不同类型游客群体的消费习惯和旅游偏好，然后进行市场定位，进而提炼宣传主题和旅游宣传口号，设计或调整景区产品构成，拓展渠道，策划景区营销活动。

（一）细分市场（segmentation）

景区细分市场就是依据景区环境与现状的研究，根据旅游者在人口特征、地理区位、消费行为等方面的差异，将整个旅游市场分为若干个小的群体市场的过程。每一个群体具有相对一致的特征。在营销实践中，通常还使用产品类型和分销方式两种变量。用产品变量进行细分，如滑雪旅游市场、温泉度假市场、避暑旅游市场等。用分销变量进行细分，如全包价度假旅游市场、自由行市场等。值得注意的是，这两种新的细分变量必须与基础变量结合使用才会得到有价值的细分市场。例如，华东老年乡村旅游市场就是使用了地理区位——华东、年龄——老年、产品——乡村旅游这三种变量进行细分得到的市场。

景区客源市场细分是景区选择目标市场的基础。通过市场细分，可以了解不同细分市场的特征，帮助经营者选择适合本景区的目标市场，开发出满足目标市场需求的产品和服务，进而展开有针对性的营销活动。

1. 景区客源市场细分的基本步骤

①明确景区的发展目标和产品（资源）特点。②分析旅游者的需求特征和趋势。③选定合适的细分标准，对景区进行市场细分。一般要满足可测量性、可进入性、规模性和独特性的特征。④分析研究各细分市场的主要特点。

2. 景区客源市场细分的标准

景区市场细分变量体系如表 7-3 所示。

表 7-3　景区市场细分变量体系

一级变量	二级变量
旅游者人口特征	年龄、性别、收入、民族、职业、受教育程度等
地理区位	世界大区、国家、地区、气候带等
心理因素	生活方式、态度等
行为因素	购买目的、消费诉求、产品使用情况、购买过程及方式、购买时机、消费忠诚度等

（1）依据旅游者人口特征细分

人口学特征的市场细分主要是依据人口的年龄、职业、性别、收入、家庭规模和结构等来进行市场细分，这一细分方法资料容易获得，变量容易被量化。依据人口学特征细分的客源市场类型及特点如表 7-4 所示。

表 7-4　人口学特征的客源市场细分

市场类型	主要特点
儿童市场（4～14 岁）	儿童个体以团队形式旅游时，以夏令营、冬令营、专题活动形式为主。家庭出游时，以儿童为中心，以儿童游乐与家庭休闲放松相结合
青少年市场（15～24 岁）	个体喜欢追求新奇和刺激，家长和学校主推研学旅游
中青年市场（25～44 岁）	摆脱日常压力的动机较强，观光、休闲、公务旅游等形式多样
中老年市场（45～60 岁）	没有孩子拖累，喜欢跟同事、同学、好友等结伴出游，旅游支付能力强，以自驾和自助游为主
空巢市场（60 岁以上）	有足够的闲暇时间，追求疗养度假、文化旅游，不喜欢快节奏的活动

（2）按照地理区位因素进行细分

其理论基础是旅游者距离衰减规律[①]。在实践中往往根据旅游景区离客源地距离的远近或客源地旅游者出行半径的大小将客源市场分级划分。例如，一级市场就是以某景区为中心 100 千米范围内的游客群，二级市场就是以某景区为中心，100 千米以外 200 千米之内范围的游客群。还有学者和景区管理人员用车程时间来代替地理距离划分一、二级市场。距离衰减规律可能有一定的道理，也被学者用定量的数据验证了。但是，在景区的实际运营过程中，受旅游景区吸引力大小不同、感知距离变化、旅游动机变化等因素影响，距离衰减规律表现出到访率的波动性和不连续性甚至有背离距离衰减规律的现象。旅游决策行为中有所谓的"灯下黑"现象：新疆的很多旅游者去青岛看海而从没去过家门口的天池，上海的旅游者组团或自驾去新疆看沙漠、胡杨林而不去家门口的豫园。所以，以地理因素划分细分市场只能作为一种重要的参考依据。

---

① 游客流量一般会随着与目的地距离的增加而逐渐减少，但是由于其他因素的作用，旅游客流量的空间分布会在距离衰减规律的基础上产生一定的波动。

（3）依据心理因素细分

根据心理学特征进行旅游市场细分，主要是基于游客的旅游动机、个性特点、生活方式、活动偏好等进行市场细分。例如，根据旅游动机，可以将旅游者划分为观光型、文化研学型、度假保健型、宗教朝觐型、生态/探险型、购物型等。

（4）依据行为因素细分

购买行为特征细分是根据游客的购买方式、购买时机、购买水平（消费水平）、旅游者地位等方面来进行旅游市场细分。根据购买方式，可细分为团体市场和自助市场；根据消费水平，可细分为高端市场、大众市场和专业市场；根据购买时机，可细分为旺季市场、淡季市场、平季市场、寒暑假市场。

以上这些划分依据没有孰优孰劣的区别，只是划分细分市场时不同的角度选择，是为了给寻找和确定景区目标市场提供依据。

（二）目标市场的选择（targeting）

旅游目标市场是指在市场细分的基础上，旅游景区决定要进入的细分市场。景区运营管理者根据自己的条件，从细分市场中选择出一个或几个子市场作为从事市场营销活动的对象，这一过程被称为目标市场的选择。

一般来说，一个细分市场的购买潜力越大，就越值得将其作为目标市场，但同时，还要考虑景区是否有足够匹配的产品优势、营销能力来满足该细分市场的旅游需求，否则，就是景区一厢情愿的"单相思"。如果说各细分市场是"滋味各异的肉"的话，景区运营管理者实际上要考虑：我有没有吃这块肉的资格（产品或资源匹配问题）？我能不能吃上这块肉（运营能力和渠道建设能力问题）？这块肉我能吃多长时间（市场潜力问题）？其实，从细分市场中确定目标市场就是一个不断选择的过程。

景区目标市场的选择主要有以下三种方法，如图7-2所示。

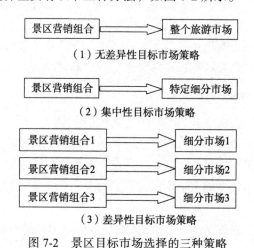

图 7-2　景区目标市场选择的三种策略

1. 无差异性目标市场策略

无差异性目标市场策略是指旅游产品的销售者不对市场进行细分，将市场作为一个整体，采取无差别市场策略进行营销，只推出一种旅游产品，制定一种价格，运用一种统一的旅游营销组合，满足所有旅游者的需求。无差异性目标市场策略能够降低成本，简化市场调研及分析过程，容易形成垄断性旅游产品的形象和地位。例如，早期我国的大部分国家级风景名胜区，主要依靠这种策略进行市场宣传与营销。这种策略的缺点是只能满足旅游者浅层次的旅游需求（到此一游），不能完全满足旅游者深层次和差异化的需求。因此，本策略主要适用于旅游景区产业发展初期、景区产品供不应求、资源垄断、消费者行为不成熟等背景下。显然，在旅游业已经进入"微消费，动旅游，云服务"[①]的今天，无差异性目标市场策略已经不适合绝大多数旅游景区。

2. 集中性目标市场策略

与无差异性策略企图满足市场中所有消费者的需要不同，集中性策略主要表现在旅游景区集中力量于一个小的、特定的子市场，并以自己特定的营销组合策略来满足该市场的需要。该策略的优势在于：一方面，可以使旅游景区充分运用其有限的资源，"集中优势兵力打歼灭战"，使旅游资源发挥尽可能大的作用；另一方面，也是避实就虚、扬长避短、充分发挥自己优势的有效方法。在适当的时机，该策略还有可能创造出意想不到的运营效果。例如，陕西铜川的照金景区依托红色革命历史资源打造红色旅游景区，一举成名，成为全国百家红色旅游经典景区之一、全国爱国主义教育基地和全国国防教育基地。

3. 差异性目标市场策略

差异性目标市场策略是旅游景区同时经营几个细分市场，并为每个细分市场设计不同的营销策略。差异性策略有效地把无差异性策略和集中性策略结合起来，既认识到了消费者的需求是异质性的，所以进行差异市场分类，又认识到同一特征细分市场需求的无差异性，所以有针对性地提供同一旅游景区产品。差异性策略在给旅游企业带来比无差异性策略更大的销售额的同时，避免了集中性策略的各种风险。这种策略的局限性表现在，由于景区产品种类多，会导致运营管理难度增大、营销推广的费用提高、人工成本增加等问题。

景区在进行目标市场策略选择时，还应该考虑以下几项重要的因素：景区的资源禀赋水平、市场需求的同质性和异质性、景区产品的生命周期阶段、竞争对手的策略等。

（三）景区定位（positioning）

市场定位是由美国营销学家艾·里斯和杰克·特劳特在1972年提出的，其含义是指企业根据竞争者现有产品在市场上所处的位置，针对顾客对该类产品某些特征或属性的重视程度，为本企业产品塑造与众不同的、给人印象鲜明的形象，并将这种形象生动地传递给顾客，从而使该产品在市场上确定适当的位置。简而言之，就是在目标客户心目中树立产品独特的形象。

景区的定位是在确定目标市场的基础上，通过分析目标市场的旅游者需求特征和偏好，

结合景区自身条件，对旅游景区所提供的产品和服务进行组合设计，以确定景区在目标市场上的竞争地位。其本质是让景区在目标消费群体心中形成清晰的、具有排他特征的品牌形象，定位追求的首要目标是景区某个或某些产品成为目标市场心目中的第一。例如，一想到滑雪看冰雕，"冰城夏都，风情哈尔滨"就跳入消费者的脑海，旅游消费行为就可能发生。

目前，我国的旅游需求结构正在发生变化，旅游消费层次和品质要求在提高，旅游方式、旅游体验、消费习惯也在多元化发展，旅游市场横向的碎片化和景区产品纵向的专业化特征正在显现。所以，对绝大多数旅游景区来说，"有所为有所不为"是目标市场策略选择和景区定位最朴素的真理，景区产品"做专做精做特色"是市场定位的基本出发点。

三、MM：旅游景区营销组合

此阶段是实现旅游市场营销组合"MM"（marketing mix）的过程。旅游市场营销组合指"旅游企业为达到在目标市场上所追求的销售水平而采用的可控性营销变量的组合"（Kotler，1984）。可控性营销变量组合包括景区产品策略、景区价格策略、景区营销渠道策略和景区促销策略。

（一）旅游景区产品组合

1. 产品组合

产品组合是指将不同产品类型、不同档次的旅游产品进行合理组合，从而使产品结构更能适应市场需求，以最小的投入最大限度地满足目标市场的需求，以实现景区的经济效益。旅游景区可以从产品的广度、深度和综合三个方面进行产品组合。

（1）产品的外延式开发（广度）

所谓产品的外延式开发，即开发新产品，尤其是在景区现有产品进入成熟期和衰退期时，产品吸引力趋于下降时，迅速推出与景区主题相关的新产品，不仅可以稳定现有的客源市场，还可以招徕新的旅游者。当然，对于开发时间的把握，需要景区管理人员有敏锐的观察力和判断力，在原有产品吸引力下降时，可以准确地判断产品是否处于成熟期还是衰退期。如果判断失误，或者提前或者滞后，都会给景区带来很大的损失。

（2）产品的内涵式提升（深度）

所谓产品的内涵式提升，即对景区现有产品的深层次开发，升级景区现有产品，提升其文化品位，使其更能满足游客更深层次的需求，更具有号召力和吸引力。简单地说，就是进一步强化景区主题，将景区主题做专、做精。在这一过程中，基于资源的文化是内涵式提升的主轴，文化是景区最大的卖点，没有文化的烘托，景区产品是苍白的、无力的。例如，全国的青铜器博物馆众多，其中就包括1998年开馆的宝鸡青铜器博物馆，虽立足于青铜器之乡，但品牌号召力一般，规模小、种类少是主因。2010年的新馆做专做精了"青铜铸文明"的主题，进行了内涵式提升，博物馆分为"青铜之乡""周礼之邦""帝国之路""智慧之光"四部分。展出包括何尊、折觥、墙盘、逨盘、爬龙在内的1500余件珍贵文物。2015年被命名为中国青铜器博物馆，如今青铜器博物馆已经成为宝鸡一张亮丽的名片。

（3）优化产品组合（综合）

所谓优化产品组合，就是对景区内各种产品进行重新优化组合，精练主题，凸显优势，达到经济效益、社会效益和环境效益的统一。景区可以在宽度、深度、关联度等方面组合开发，可以基于自身的资源级别、特色以及旅游者需求趋势，考虑目标市场的需要，发挥比较优势，使景区产品焕发新的旅游吸引力。

外延式开发、内涵式提升、优化组合这三种景区产品策略可以从游憩方式的设计入手。旅游过程中的游憩活动包括 10 个方面，即吃、住、行、游、娱、购、体、疗、学、悟。不同的旅游资源有不同的游憩方式，可以在景区核心产品设计的基础上，按照观赏、娱乐、运动、疗养、修学、感悟等不同类别，横向、纵向或综合交叉来具体设计，包括游憩功能结构设计、主题理念策划、独特性卖点策划、观赏方式设计、游线与交通方式设计、情境体验方式设计、游乐化设计等。

2. 整体产品设计

旅游景区以创造游客体验为中心，运用产品整体概念设计产品将是未来景区产品策略的主流。根据景区产品构成理论，旅游景区在营销管理过程中，应该注重产品的核心层——基于旅游资源的吸引物，并在形式层和扩展层上有创造性地形成自身产品的独特性，以赢得产品的市场优势。许多景区往往是不惜花大力气开发旅游资源形成旅游吸引物，但却忽视了形式层和扩展层构成中要素的供给和管理。例如，形式层中的服务质量、景区活动项目、安全，扩展层中的处理投诉的程序、景区管理和服务、辅助服务设施、停车场等往往被认为是"小事"而忽略或者疏于管理。其实，旅游景区之间的竞争，除了最根本的旅游吸引物的竞争之外，还有景区整体产品的竞争。"一流的资源，二流的管理，三流的服务"揭示的就是很多景区在整体产品设计和运营上出问题了。例如，一些世界级的旅游资源景区附属的是管理混乱的停车场、污秽不堪的厕所、低质高价的餐厅、效率低下蛮横粗野的服务。在此背景下，再好的营销创意、促销宣传和营销渠道只会给景区带来短期的"人气"和长期的"怨气"，形成负面的"口碑"。

3. 新产品开发

在旅游者需求升级和消费结构多元化的背景下，景区必须不断开发或者优化自身产品体系，才能通过营销手段稳定和创造目标市场，也才能更好地生存和发展。景区一般是通过增加服务项目、模仿竞争者的旅游项目、改进产品质量等方式进行新产品开发。旅游景区新产品大致可以分为三种。

（1）全新产品

为满足旅游者新的需求而开发的新景点，这种景点往往是在产品形式和体验内容等方面有创新，在旅游市场或者区域旅游市场上第一次出现。全新产品往往耗时较长，投资巨大且风险性高。

（2）换代或改进新产品

对现有景区产品要素进行较大规模的优化和改造升级，满足旅游者更高的体验要求，形成换代或改进新产品。一般是在形式层和扩展层动脑筋做文章，提升旅游者体验进而增强景区吸引力。例如，一些山岳型景区通过架设索道的方式，扩大了游客的游览范围和体验方式，也吸引了腿脚不灵便的老年人前来旅游。

（3）仿制新产品

景区模仿市场已经存在且市场反响较好的产品，在仿制升级的基础上利用后发优势进行营销推广，获取消费热点市场的平均利润。例如，被称为"关中印象体验地"——袁家村一炮走红后，"复制＋粘贴"的模式随后出现了兴平的马嵬驿、富平的和仙坊等各种号称"吃货的天堂"的"古镇古村"。只是这种"排浪式"的旅游形式和仿制产品的生命力值得投资方、运营方甚至地方政府思考甚至警惕。目前，"特色小镇死亡名单"已经出现。

（二）景区价格策略

价格是以货币表示的产品或劳务的价值。价格策略既是决定景区收入高低的核心营销要素，又是景区市场竞争的有效手段。价格策略运用得当，景区的市场份额和盈利率能够大幅提高；价格策略运用不当，景区的目标市场就会出现动荡，甚至产生严重的市场后果。对于景区的运营管理者来说，要成功地运用价格手段调控市场，保障景区客源和收益的稳定增长，关键是要建立起较为完善的价格管理体系。这个价格管理体系，应包括价格决策、价格组合和价格管理三方面的内容。

1. 价格决策

旅游景区应该如何定价？这是一个比较复杂的问题。国内多数景区至今仍是国有体制，定价决策因而受到各种非市场因素的综合影响，比如地方政府的行政干预、上级领导的长官意志及国家对价格的政策限制等。不过，随着景区产品在数量规模上的持续膨胀，景区之间的市场竞争也日趋激烈。这样，即便是完全由政府主导的旅游景区，其价格决策也越来越需要充分考虑市场因素。

从一般的营销理论来讲，定价决策是为实现市场目标服务的，它与企业的经营战略密切相关。根据企业经营战略的不同，定价大体有三种决策方向：一是利润导向，就是追求利润最大化；二是销售导向，就是谋求较大的市场份额；三是竞争导向，就是采用对等定价或持续降价的策略，以应对竞争或者回避竞争。对旅游景区来说，这三种定价方式孰优孰劣，很难一概而论，关键要看景区产品特性及其所处市场的营销环境。

（1）利润导向与高价策略

景区经营战略以利润为导向，并不意味着产品一定要高价，因为有需求价格弹性的存在。当景区品质较高，资源具有不可替代性，市场又处于供不应求状态时，需求价格弹性系数小于 1 时，即需求缺乏弹性或低弹性时，景区运营管理部门多采取高价策略。从国内旅游市场的实际运营情况来看，景区采用高价策略，的确也赚得盆满钵溢。比如九寨沟，票价高达 310 元（门票 220 元＋游览车 90 元），但是国内外游客仍然趋之若鹜。其实，很多具有公共资源性质的旅游景区本身应该承担向社会提供（准）公共产品的责任，如果很任性地只追求利润实行高价策略，不但会导致旅游者感觉被宰，心生怨恨，而且会导致媒体的口诛笔伐，影响景区的品牌形象。因而，降价甚至免票是此类景区未来的价格策略。当景区资源品质一般且具有较强的替代性时，此时的需求价格弹性系数大于 1，一般不能采取高价策略或涨价策略。例如，替代性较强的周庄景区曾将门票价格从 60 元提高到 100 元，遭到旅行社和游客的抵制。结果，新建不久的乌镇景区乘虚而入，迅速侵占了周庄原有的市场份额，使该景区的年客流量一举突破 150 万人次。而周庄景区非但未能享受到涨价带来的预期收益，反而因客流量急剧下降而元气大伤。

其实，景区要摆脱"门票经济"实现利润最大化，可以有多种途径。比如，选择优质中价的"高价值战略"，就不失为一种明智之举。例如，无锡的灵山大佛景区，当地政府在景区二期工程中投入巨资，使景区品质得以大幅提升（换代或改进新产品），但是，其门票价格历经两次提价，仍然控制在百元以内，实现了市场份额和盈利率的同步增长。

（2）客流导向与低价策略

新建景区在市场导入期，为了赚取人气，吸引来更多的旅游者，常会选择以客流为导向的经营战略，实行低价甚至免费的价格策略。还有一些景区在进入市场成熟期之后，也会采取这种价格策略，例如，杭州西湖景区直接宣布取消门票，获得了超预期的旅游收益。景区采取低价策略的目的是通过游客量的增加带来旅游综合收益剧增，所谓的"舍小钱挣大钱"，但其基本前提是需求价格弹性系数大于 1，即价格的下降能带来更多客流的增加。

旅游经销商对于景区价格的任何变动，通常十分敏感。鉴于这种情况，一些资源不占优势的中小型景区，常会采用大幅度让利于旅行社的低价策略，主动对大型景区发起攻击。由于大型景区运营成本较大，价格难以大幅度下降，中小型景区的这种低价策略，有时也会十分奏效。比如，无锡太湖边的一个小景区蠡园，为了争取旅行社将其纳入线路，就曾采用这种低价策略与周边的大型景区展开竞争，取得了一定的市场效果。

（3）竞争导向与竞价策略

当某个旅游目的地内各大景区所占有的市场份额相对稳定，市场竞争处于均衡态势时，景区之间常会出现某种默契，采取互相紧盯门票价格的竞争导向与竞价策略。景区可以根据自身的资源特征、市场位置、品牌知名度等要素采取引领、相同和跟随的价格策略。例如，同处珠江三角洲区域，深圳欢乐谷票价为 140 元，于是新建的广州长隆欢乐世界就以之为基准，将自己景区的票价定为 145 元；再比如同处四川阿坝地区，九寨沟票价为 220 元，而黄龙景区就将票价定为 200 元。

有趣的是，在国内其他行业，价格平衡一旦被打破，其结果往往是竞相杀价，而景区之间却会出现"涨升一片"的奇特现象。比如，无锡主要的三大景区鼋头渚、灵山大佛和三国城景区，三年前的门票价格分别为 45 元、35 元、35 元。但是，灵山大佛景区在完成二期工程之后，将门票价格提高到 68 元，使该景区的市场份额和盈利率大幅上升。而鼋头渚景区的市场份额则出现下降。为了维持经营收入的稳定，鼋头渚景区将票价涨到 70 元。不久，灵山大佛景区再次涨价，将门票价格提高到 88 元。随后，鼋头渚景区也再次涨价，将门票价格提高到 110 元。两大景区的轮番涨价，使旅行社实际得到的代理费大幅提高，这就对三国城景区形成了涨价压力。于是，三国城景区也不得不将门票价格提高到 55 元。出现这一现象的本质原因是旅游景区不具有完全替代性的经济学特征。

2. 价格组合

旅游景区的价格组合策略，主要分为两种类型：一是单一景区的价格组合，二是系列景区的价格组合。一般来讲，旅游景区在发展初期，大多是以单一景区进入旅游市场。随着旅游企业规模和实力的不断壮大，逐渐形成不同类型的景区产品线。例如，深圳的华侨城集团，早年成功开发运营了世界之窗、锦绣中华、中华民俗村和欢乐谷等主题公园。此外，大型景区还可能同时经营饭店和旅行社，甚至将业务领域拓展至地产、娱乐和传媒等其他关联产业。这样，景区就需要根据产品所针对的不同细分市场和目标人群，采取灵活多样的价格组合策略。

（1）单体景区的价格组合

单体景区是指资源空间独立、运营管理主体唯一的景区。价格组合分为三类：挂牌价、社会团体价和旅游团队价。挂牌价，主要针对旅游散客。景区公开面向市场的挂牌价，应保持稳定性和连续性，不宜轻易变动。社会团体价，主要针对两种情况：一是旅游散客结伴出行的人数较多，到了景区票房购票时，临时希望获得一定的价格折扣；二是景区营销人员针对大型企业进行促销，由于企业旅游团体的总量较大，因而提出折扣要求。对于这两种情况，景区管理人员应该既坚持原则，又保持弹性。所谓坚持原则，就是社会团体的优惠价格，在通常情况下不得低于景区给予旅行社的折扣上限。保持弹性是指经营者应在既定框架内给予营销人员和票房人员一定的价格自主权，以便快速处理团体消费者的折扣要求，从而最大限度地避免游客不满和客源流失。

旅游团队价，主要针对旅游经销商。运营管理的难点主要有两个问题：一是旅行社作为旅游经销商的主体，数量众多、大小各异、渠道扁平；二是除旅行社之外的其他经销主体众多。旅游定点餐厅、旅游购物商店、宾馆饭店、机场火车站等机构手里也掌握着大量客源，会向景区提出价格折扣要求。针对这种情况，重点应该把握好两个原则：第一，价格优惠应以旅游经销商对景区的实际贡献为标准；第二，对旅游经销商的回报方式应该多样化。当旅游经销商对景区的贡献很大时，不能一味压低票价，以免后患，而是应该调动景区的综合资源，采取多种形式和手段，对旅游经销商主动进行"超值回报"。比如，在价格优惠之外，再给旅游经销商一定数额的广告费用；在年终对旅游经销商给以特别奖励；支持旅游经销商的企业公关活动等。

（2）多个主体景区的价格组合

多个主体景区价格组合是指在某一区域内运营管理主体相对独立、资源特色相互补充的景区，采取购买通票（联票）给价格优惠、游览时间灵活、检票便利等促销方式。参照国际经验，一般的通票价格相当于各景区门票总价格的40%左右。一些旅游目的地的众多景区发展到一定阶段，有可能形成一个旅游主题的多景区（点）产品序列，此时，各景区运营主体从互相抢夺客源转向联手合作扩大客源、让利方便旅游者的价格策略。例如，平遥古城将区域范围内的古城墙、日升昌、县衙、清虚观、城隍庙、财神庙、明清古街、同兴公镖局、古民居博览苑、华北第一镖局等20个景点以150元联票的优惠方式推出。再如西雅图、纽约等城市推出的旅游联票CITYPASS①都属于此类价格组合。国内一些旅游城

---

① CITYPASS，中文称为城市通票或城市景点套票，简称为"城市通"，是世界各主要旅游城市，为方便游客在最短的时间、最有效地体验当地的旅游项目，特意推出的为博物馆、交通、体验项目等打包并实行整体价格优惠的通票套餐项目。目前提供城市通票（citypass）的地方包括欧洲、北美和亚洲的中国香港和中国澳门。

市也推出了类似的旅游年票。但是，多个主体景区的价格组合也应该注意以下三个问题。

第一，价格组合不是价格捆绑。有些旅游目的地将吸引力差、游客稀少的景区与某一个知名景区捆绑销售，听起来是"打包销售"，实则是合谋垄断的价格捆绑。"打包销售"和"价格捆绑"的重要区别是，前者主要运用价格杠杆进行市场引导，渠道商和终端消费者依然可对景区产品进行自由选择；而后者则完全剥夺了旅游者对景区产品的最终选择权，它在本质上属于一种"强买强卖"的不正当市场竞争行为。

第二，价格组合一定要将优质景区包括在内。只有将有吸引力、有知名度、有美誉度的景区包括在内，才能扩大客源规模，形成价格组合的市场效果。国内一些旅游城市发行的旅游年票（套票）只是将除著名景区或核心景区之外的不知名景区囊括在内，市场影响力和销售量逐年下滑直至消失。当然，著名景区或核心景区"缺席"现象背后有管理体制不顺、利益冲突、部门掣肘等诸多原因。

第三，价格组合不能只考虑景区利益多寡。要做好"舍与得"的文章，兼顾消费者、渠道商和企业的三者利益，甚至要承担社会责任。例如，横店影视城现有八个景区，站在企业的角度考虑，自然是希望游客全部游览，这样才能获得最大收益。但是，游客也许只对其中的两三个景区感兴趣。而旅行社的常规线路由于行程安排和线路报价等原因，也许只能选择景区系列产品的部分。面对这种情况，景区运营管理者应对目标市场的需求状况和目标人群的消费特性进行深入研究，要将不同价格组合可能产生的市场效果进行比较分析和反复推演。在此基础上，可以推出包括不同景区（点）的多个价格组合方案供游客选择，找到企业利益和市场需求的平衡点。

3. 价格管理

景区的价格管理分为两种情况：一是对外开放的，利用公共资源建设的景区门票及景区内垄断性的交通运输服务价格，一般实行政府定价；二是没有利用公共资源建设的景区及景区内非垄断性的交通运输价格实行市场调节价，一般由经营者依法自主确定价格水平，不实行政府定价管理。前者的价格管理要求合法合规，后者的价格管理强调合情合理且遵循市场规律。

（1）管理原则

政府价格主管部门要坚持既有利于增加社会效益、环境效益，又兼顾补偿服务成本和资源价值的原则，保持门票价格在合理水平上的基本稳定。同时，对社会反映较为集中的随意设置园中园门票、捆绑销售、强制消费等进行严格规范。联票价格应低于各单项门票价格之和。

（2）定价制度

①时限和涨幅要求。2007年，国家发改委发布了《关于进一步做好当前游览参观点门票价格管理工作的通知》。除了明确了"旅游景区门票价格的调整频次不低于三年"之外，还规定了"三年后的涨幅"：门票价格在50元以下的，一次提价幅度不得超过原票价的35%；50元至100元的，一次提价幅度不得超过原票价的30%；100元至200元的，一次提价幅度不得超过原票价的25%；200元以上的，一次提价幅度不得超过原票价的15%。而且景区必须在调价前6个月向社会公布。

②听证会制度。2013年始实施的《旅游法》又明确规定了"听证会"程序，具体内容是，"利用公共资源建设的景区的门票以及景区内的游览场所、交通工具等另行收费项目，拟收费或者提高价格的，应当举行听证会，征求旅游者、经营者和有关方面的意见，论证其必要性、可行性"。在这一过程中，景区是定价或涨价申报的客体，发改委下属的物价管理部门是组织听证会的主体。

③禁设园中园及变相涨价。2015年，国家发改委、原国家旅游局联合发布《关于开展景区门票价格专项整治工作的通知》，要求实行政府定价、政府指导价管理的景区，不严格执行规定的价格水平或浮动幅度，擅自增设收费项目、提高门票价格，通过违规设置"园中园"、临时门票、不同景区联票等形式变相提高门票价格，不落实门票价格减免优惠政策，或采取价格欺诈等形式侵害消费者合法权益的，应立即纠正，并依法予以处罚。例如，莫高窟景区曾将数字展示中心门票打包进入景区门票变相涨价，违反了"相邻的参观点门票合并成联票，应低于各参观点价格相加总和"的规定。

④实行价格的"成本监审"。对实行政府定价、政府指导价管理的景区，开展定价成本监审，监审时，景区应扣除维持景区正常运营以外的其他开支，并主动公开成本监审结果。对实行市场调节价的景区，门票价格明显偏高，社会反映强烈的，由价格主管部门开展成本调查，引导其适当降价。

（3）优惠政策

《国家发展改革委关于进一步落实青少年门票价格优惠政策的通知》（发改价格〔2012〕283号）中规定：各地实行政府定价、政府指导价管理的游览参观点，对青少年门票价格政策标准是：对6（含6周岁）以下或身高1.2米（含1.2米）以下的儿童实行免票；对6（不含6周岁）～18周岁（含18周岁）未成年人、全日制大学本科及以下学历学生实行半票。列入爱国主义教育基地的游览参观点，对大中小学学生集体参观实行免票。鼓励实行市场调节价的游览参观点参照上述规定对青少年等给予票价优惠。各地游览参观点对青少年的门票价格优惠幅度未达到上述标准的，按上述标准执行；优惠幅度已达到上述标准的，仍按地方规定标准执行。

青少年购票入园时需出示居民身份证或学生证等有效证件。香港、澳门、台湾青少年凭港澳居民来往内地通行证、台湾居民来往大陆通行证或学生证件等有效身份证明，办理购票入园手续，享受门票优惠价格。

公益性的城市公园、博物馆、纪念馆等，除重点文物保护单位和珍贵文物收藏单位外，应当逐步免费开放。未来，其他利用公共资源建设的景区门票价格不应该是"逢听必涨"，而应当是逐渐减免门票，以公共产品的形式提供给公众。

（三）景区营销渠道组合

景区产品销售渠道是指景区产品提供者，通过各种直接和间接的方式，实现旅游产品销售的有组织、多层次的销售系统。

1. 直接销售渠道

直接销售渠道简称直销，它是指在旅游景区与目标市场之间不存在中间环节，直接面对旅游者进行销售。由于旅游目的地和客源市场的地域关系，两者之间存在距离且较分散，旅游者永远不会相对集中于一个区域，需要由大量处在不同地方的经营主体提供服务，如饭店、餐馆及交通等和产品销售中介旅行社组成一个庞大的网络，才能完成景区直接销售和接待任务。

旅游电子商务的实现，使旅游直销渠道形成网络系统，其发挥的功能之大，以至于旅游产品（票务、服务等）通过电子商务系统进入了每一个家庭，让每一个人都可能成为旅游直接销售渠道的购买者。毫无疑问，这正在很大程度上改变着我们的营销理念。

2. 间接销售渠道

间接销售渠道在景区和旅游者之间存在着中间环节，它往往由旅游批发商、零售商、经纪人、代理人等组成，并由他们组合成一个市场的销售网络体系。

对景区来说，建立起自己完善的分销渠道是十分重要的，特别是对自己力所不及的市场，以及省外、海外的市场，培育起自己的分销网络更是意义重大。在初期，景区往往对分销渠道的中介商还要给予大力支持，如为中介商提供大量分销提成来提高中介商的积极性。这些手段在初期也是必要的，尽管会提高分销成本，但比亲自销售所耗的成本低得多。在旅游市场发展成熟后，这种景区产品应该由专业的供应者整体包装后进行分销，借此培育起了自己的市场销售网络。

另外，还可以用安索夫矩阵对景区营销渠道进行分析，可以将市场渗透、市场开发、产品开发、多元化经营四种不同的成长性策略来调整渠道组合。

（四）景区促销策略

景区产品的促销是指景区旅游产品的推广手段，其目的是将有关景区的各种信息推送给目标受众，以激发旅游者的购买行为。它是营销组合中最大的一个变量，采取何种方式进行促销，既要看景区产品的性质，又要看目标市场受众的喜好，还要在实践中因地制宜地选用成本较低、效果较好的促销手段。旅游者对各种景区吸引物的主要利益诉求如表7-5所示。

表7-5　旅游者对各种景区吸引物的主要利益诉求

景区类型	旅游者期望点
主题公园	追求兴奋，各种现场吸引物，气氛，需要他人的陪伴，物有所值，愉悦的追求
滨海度假区	日光浴、海水浴、经济型、需要他人陪伴或独自一人
教堂	历史，对建筑的艺术欣赏，氛围—和平神圣的气氛
博物馆	新事物的学习，怀旧情结，购买纪念品
戏院	娱乐、氛围，身份地位
娱乐中心	健身、体力挑战与对抗竞赛，地位

资料来源：埃文斯，坎贝尔，斯通休萨. 旅游战略管理[M]. 马桂顺，译，沈阳：辽宁科学技术出版社，2005.

1. 景区常用的促销方式

（1）广告

景区广告是指旅游景区以公开付费的做法，借助视频、旅游形象大使、文字等媒介，通过各种媒体向目标市场传播有关景区产品、服务和主题活动及景区形象等有关信息，以扩大影响力和知名度、招徕旅游者前来旅游的一种促销方式。广告的媒体种类繁多，除了报纸、杂志、广播、电视、网络五大媒体以外，还有电影、传单、户外广告、招贴画、外包装图案、手机 App、微信、微博等。广告媒体的选择，一是要考虑目标市场潜在旅游者接触媒体的习惯；二是要考虑广告的传播速度、范围和费用。

景区广告语的设计是景区营销管理中的关键点。一句好的广告语能起到事半功倍的效果，甚至能瞬间"点燃"海量目标市场。分众传媒创始人江南春认为"好的广告都一样，差的广告各有各的差法"，他提出的"广告三段论"同样也适合景区广告借鉴：第一步，说出差异化；第二步，写出信任状；第三步，完成功能勾引[①]。

第一步：用主广告语说出差异化。广告语不只是市场部门的工作，因为广告语背后是品牌的竞争战略，因此值得公司管理层也参与考虑。一个好的广告语，必须要包含产品的差异化卖点，并且能被销售人员直接拿来转化成销售的话术。一是直接说明产品能给消费者解决哪方面的需求，直击痛点，而且这句话一定要简洁、包含品牌露出、要足够口语化。比如"困了累了喝红牛"这句广告语，解决的需求就是困了和累了，有品牌露出，而且短促有力，很口语化。二是让人印象深刻的戏剧化表达，比如饿了么的广告语"饿了别叫妈，快上饿了么"。三是新闻陈述法，这种方法是利用大众多年来养成的对新闻陈述方法的信任感，比如分众的广告，"4 亿城市人口，每天 2 亿看分众"。其中的数据使用，很像新闻报道会用到的。第四个方法是提问式广告。这种方法可以用提问来唤起用户需求以及用户的好奇心，然后再给出答案和方法论。比如"怕堵、怕挤、怕赶时间？"然后给出解决方案：用某某某。

第二步：写出信任状，来获取用户对品牌的信任。获得消费者信任的方法，就是去调用和借助消费者本来就相信什么的心理。第一类是借助从众心理，"7 亿用户都在用的新闻App""三年累计销量 1.1 亿台"这样的广告语，就是强调大家都在用，所以值得信任。第二类是借助大家已经有信任的人和机构来背书。请意见领袖来做背书、借助权威专家，消费者会出于对这些受欢迎的明星、人，以及对权威专家、权威机构的信任对品牌产生信任。第三类是强调品牌地位的与众不同，比如，是市场领导者、是行业开创者、是历史最悠久的品牌。第四类是强调自己制作方法和技术上的不同。强调自己制作方法的精益，比如纯手工。强调自己技术的突破性，其他人没有。

第三步：简单粗暴的完成功能勾引的工作。就是要告诉消费者产品到底有什么用，消费者买了产品能给消费者什么好处。像好吃、好看、好玩、耐用、速度快、服务好、节能、作用快等都是功能。

江南春还提供了一个检验广告语好坏的标准。他总结为三句话：顾客认不认、员工用不用、竞争对手恨不恨。景区广告语虽然跟一般产品的广告语有些差别，但本质上是一样。例如，现实中的很多旅游景区（旅游目的地）广告语就没有"品牌露出"："人文荟萃 生态宜居城"，花钱广告的结果是旅游者不知道你是谁。成功的案例也基本上符合以上"三段论"，例如，"宽窄巷子最成都"就是用简单粗暴的占位营销说出差异化并实现

① 江南春. 抢占心智[M]. 北京：中信出版社，2018.

功能勾引。陕西商洛的广告语"秦岭最美是商洛"也是类似的设计思路，也是被竞争者恨的广告语。

（2）营业推广

营业推广也称销售促进，是刺激市场快速或激烈反应所采取的鼓励达成交易的促销措施。它包括消费者推广、中间商推广、内部激励推广。消费者推广主要促成潜在旅游者的直接购买，如降价、优惠、赠券等。中间商推广主要是通过让利于中间商并借助中间商的影响和渠道，刺激中间商积极宣传和推销景区产品。中间商除了传统的旅行社之外，还有 OTA（online travel agent，在线旅行社）和网络旅游平台。前者更广泛地传递了线路信息，互动式的交流更方便了旅游者的咨询和订购。例如，携程这种 OTA 拥有呼叫中心、大量的会员，有先进的管理模式，创立了标准化的服务模式，将每个业务分成大小不同的模块，从而提高服务质量；网络旅游平台主要提供旅游信息搜索，为顾客提供旅游代理商，其中也包括 OTA 在内的旅游产品信息。例如，去哪儿网主要是抓取各种旅游信息并整合，然后形成旅游信息数据库，使潜在旅游者自主选择性价比最高的旅游产品。前者依靠代理商佣金获利，后者依靠竞价收入和广告获利。由于 OTA 和旅游网络平台将较为复杂的旅游产品要素进行了"一站式"整合，不仅方便而且价格优惠，很受中青年旅游者的喜欢。内部激励推广主要是针对景区的销售人员而采取诸如奖金、竞赛等措施，激发销售人员主动、积极地对外促销。营业推广具有非常规、灵活、效果明显等特点，可以有效地加速景区产品进入旅游市场的进程，有效抵御和击败竞争者的促销活动。

（3）公共关系

公共关系是指景区为了获得景区内部及社会公众的信任与支持，为自身发展创造最佳的社会关系环境，在分析和处理自身面临的各种内部和外部关系时，所采取的一系列的人际传播、机构传播和大众传播的行为。景区公共关系的传播方法主要有：制作宣传品（旅游手册、邮票等）、参与各种会展、网络公关传播、设驻外办事处、特色节庆、公益事件、电影拍摄赞助等。景区公共关系的作用主要体现在：一是树立良好的景区形象，提高景区影响力；二是能够融洽景区内外关系，增强景区凝聚力。

公共关系比之于广告，是成本效益比较高的一种促销手段，同时比广告更有利于树立旅游景区的形象和品牌。由于它旨在与公众沟通，并不仅限于目标市场，便于在公众中树立有口皆碑的良好形象，培育潜在客源群和增加销售额。所以，旅游景区的促销，应在公共关系上多下功夫，公共关系促销更适合旅游景区产品的特性。

（4）人员推销

人员推销是指景区从业人员直接与潜在旅游者接触，通过面对面沟通来宣传介绍景区特色和服务，以达到促进景区产品销售目的的销售方式。一般是在居民社区、购物中心、交通枢纽等人流聚集的地方展开。这是一种最古老的促销方式，同时也是一些旅游景区最常用、最直接的销售方式。它具有针对性强、互动效果好、组团灵活等特点，同时它还具有公共关系的作用。

2. 景区促销的实施过程

旅游景区的促销活动主要通过以下几个步骤来实现。

（1）明确促销对象

景区每开展一次活动，首先要明确促销对象是谁？分布在哪里？兴奋点是什么？购买行为特征是什么？然后再有针对性地选择促销方法和促销内容。

（2）确定促销目标

促销目标是促销活动要解决的问题，分为以下三个层次。①认识，通过促销，让潜在旅游者知道和了解景区产品。②感觉，通过促销，让潜在旅游者对景区产品和服务产生好的印象和评价。③行动，通过促销，让潜在旅游者购买景区产品和服务，达到景区产品销售的目的。一次促销活动可以以这三个层次为目标，也可以以第一个层次或者第一个和第三个层次为目标。例如，人员促销时，让人们扫景区二维码送礼品一般就是以第一个层次的认识为目标的。

（3）设计促销方案

促销方案是景区促销活动的核心环节，它直接影响景区促销活动能否顺利开展以及能否取得预期的效果。设计促销方案应注意以下三点。①促销活动的主题要鲜明突出。只有富有个性的、鲜明的主题才能吸引潜在旅游者的注意力。②促销活动的形式要新颖、有特色，图文、语言、表现形式都要符合当下潮流的特点。③信息要真实可信，选择权威度高、传播面广的传播工具来发布信息。

（4）选择信息沟通渠道

确定采用何种渠道来传递信息。景区可以选择人际传播、机构传播和大众传播其中的一种，也可以选择其中几种的有效组合。

（5）进行促销预算

根据景区经营状况、景区特点、目标游客需求、竞争对手情况以及景区流动资金等情况制定合理的促销费用预算。

（6）分析影响促销活动的限制因素

为保证景区促销活动顺利进行，应充分预判对促销活动可能产生不利影响的不可控因素并拟订可操作的预案。例如，天气变化因素、竞争对手经营策略变化、公众消费心理变化等。

（7）促销结果分析

按预先确定的促销目标，比较营业收入、公众知晓度等指标，综合判断促销活动的成效，并及时总结成功经验和失败的教训。

需要说明的是，景区促销不能过于急功近利，不能强求通过促销"刀下见菜"，因为景区产品不同于普通商品（尤其不同于快消品），有一个市场孵化、培育和成熟的过程。

四、IC：营销执行、控制

市场营销计划的实施概括起来分为以下几个步骤：制定行动方案、调整组织结构、形成规章制度和协调各种关系。

营销控制主要包括盈余控制、效率控制和战略控制。

盈余控制是指盈利能力分析以及最佳调整措施的选择。景区可以通过对财务报表和数据的一系列处理，把所获利润分摊到诸如产品、地区、渠道、顾客等因素上面，从而衡量每个因素对企业最终盈利贡献的大小、获利水平的高低，之后采取措施，排除或者削弱不利因素影响。

效率控制包括景区投放广告的效率、促销效率和分销效率等的控制。

战略控制是确保景区经营目标、政策、战略和措施与市场营销环境相适应。由于在复杂多变的市场和环境中，原来的目标和战略往往容易落伍，因此景区很有必要定期地、批判性地重新评估景区的战略、计划及其执行情况。

第三节　与旅游景区类型相适应的营销管理

本节将在案例引入的基础上，力图在实际操作中深化对理论的阐述。选取有代表性的不同类型的景区，在景区营销共性理论上寻找景区营销的个性差别，针对性地提出营销运作的关键点。

一、世界遗产类旅游景区

（一）典型案例①

乐山大佛开凿于唐玄宗开元初年，距今已有 1200 年的历史，大佛是世界上最大的石刻佛像。1996 年，峨眉山——乐山大佛被联合国教科文组织世界遗产委员会列入世界文化和自然双重遗产名录。2001 年，阿富汗巴米扬大佛被炸，乐山大佛在此时组织了规模浩大的大佛修复工程，从而引起了国际社会的广泛关注。

乐山大佛的"营销"始于 1981 年，北京电影制片厂摄制的故事片《神秘的大佛》，是我国第一部武打题材的影片，给当时的观众留下了深刻的印象。影片给乐山带来的无形宣传是巨大的。1994 年，原国家旅游局推出了"中国文物古迹游"主题旅游活动，乐山大佛景区又借势举办了首届"国际旅游大佛节"，并于 1995 年和 1996 年又接连举办了两届。

2002 年，乐山市举办了"中国民间艺术游·四川乐山第四届国际旅游大佛节暨首届峨眉山——乐山大佛世界遗产保护节"，并同时庆祝了乐山大佛 1200 岁生日。在 9 月 1 日至 3 日节庆期间，乐山通过一系列宣传活动的开展，吸引了海内外的注意力。开幕式推出了三首乐山旅游歌曲；举办"郭沫若诞辰 110 周年暨郭沫若与 20 世纪先进文化学术座谈会"，强化了乐山市名人故里的形象；三大武林门派峨眉论剑，宣传了中国武术文化；来自 29 个世界遗产地的代表和专家等参加了"全国世界遗产保护论坛"，宣传了乐山保护世界遗产的理念，提高了大佛在国际上的影响。节庆期间，各新闻媒体给予了很高的关注，中央电视台、《中国旅游报》、深圳电视台等纷纷大篇幅报道了乐山的节庆活动。

乐山大佛景区频繁参加旅游交易会、展览会和其他相关旅游活动。在 2000 年中国国际旅游交易会上，推出了乐山大佛等四条精品旅游路线。另外，通过前往客源国或潜在客源国或城市推介旅游产品达到促销效果。如 2001 年与西南航空公司合作，赴韩国汉城（现首

---

① 选自邹统钎. 旅游景区开发与经营经典案例[M]. 北京：旅游教育出版社，2003. 有修改。

尔）、釜山、济州等城市宣传四川"世界遗产游"；2003 年乐山大佛、九寨沟等六大景区联合赴上海拓展旅游市场，举行了"四川世界遗产之旅"推介会，并把上海作为发展自助游的首选客源地。

乐山大佛景区自 1997 年以来一直维持 40 元的门票价格，直到 2004 年 10 月提价到 70 元，而同时期的峨眉山为 120 元/人。随后，乐山又在 12 月实行年票制，外地旅游者去乐山旅游，可以和本地市民一样享受"同等待遇"，花上 38～198 元办张年票，就可以享受峨眉山景区或乐山大佛景区一年畅游待遇。这在其他世界遗产景区轮番涨价的背景下显得尤为可贵。

（二）案例启示

选用乐山大佛的案例主要是因为它是我国较早成为世界遗产的景区，且代表了世界遗产现在主要采用的政府主导型营销战略。我们从案例中可以得到如下启示。

（1）世界遗产类景区更容易调动区域整体资源优势，联合营销，强强联手是不错的选择。乐山景区营销过程中整合了一切相关的要素，如佛教基础、名人故里、武林论剑等全面丰富了世界遗产的内涵。

（2）乐山借势营销非常成功。巴米扬大佛被炸，保护人类遗产的呼声响彻全球，乐山充分利用这一国际背景，对即将开展的大佛维修工程进行全方位、多渠道的报道，产生了轰动效应。这也引起世界银行和联合国教科文组织的关注，进而争取到了 200 万美元的无息贷款用于大佛的维修工程。世界遗产地应该关心世界同类景区的动向而不断做出营销调整。

（3）对于乐山大佛景区的门票价格策略，管理方的立足点是，年票制主要优惠本地和周边地区的经常旅游者。本地市民对世界遗产保护等做出的贡献、周边地区经常旅游者对景区的长期支持，都可以在年票制提供的优惠中得以回馈。周边旅游者的增加，不仅加大了景区淡季的客流量，甚至使旅游者在乐山市内、景区以外的其他消费都得以增加，从而拉动整个城市旅游经济的增长。

（三）营销管理环节的强调点

在世界遗产类景区的营销管理中强调品牌价值的保持。怎样在高端的品牌阵营中长效施加景区的影响力，是管理者应主要关心的问题。

在营销策略和营销管理环节中，世界遗产类景区应该在关注基本环节操作的基础上，还应特别注意沟通和成本环节。因为品牌吸引力的传达应该与旅游者保持良好的互动关系，世界遗产的客源构成往往比较多元化，所以应该将促销策略多元化和范围化。另外，由于世界遗产的资源稀缺和公共特性，要求将资源保护放在首位，营销活动应服从于资源保护的前提要求。同时，利用价格杠杆调节时应该能够让更多的人享受到人类共有的资源。

二、主题公园类旅游景区

（一）典型案例[①]

环球嘉年华这种传统的游乐场经营方式在欧洲已有数百年历史，香港汇翔公司注册了

---

① 选自张文. 中国旅游目的地发展研究报告 2004[R]. 北京：旅游教育出版社，2005.

"World Carnival"品牌后在营运模式上进行了创新，形成了一种有别于"迪士尼"和"环球影城"的独特营销理念。汇翔公司只有 20 多个员工，为了降低成本，环球嘉年华走"移动"和"巡回"之路，移动游乐场的土地、设备都是临时租借的，既能有效压缩成本，也能很快更换设备，根据不同国家的不同场地搭配不同的设备和游戏的组合，使每一次嘉年华都是独一无二的，永远保持一种新鲜感和吸引力。巡回的方式摆脱了季节和国界的限制，在合适的季节出现在适合的国家。无论是以代币代替货币的模糊消费方式，还是看似简单、让人感觉奖品触手可得的游戏规则等，都是用刻意营造出的氛围来不断刺激人的消费欲望。它独特的欢乐氛围和大量持币消费的人流，给本土的企业和周边的商家带来了绝好的商机，也给主办单位提供了理想的商业运作空间。

（二）案例启示

嘉年华属于娱乐休憩类的主题公园景区，主要在体验经济的发展趋势下有了巨大的发展空间。从案例可以看到，嘉年华所有的游艺机、游戏、文艺演出和风味小吃，其实只不过是一种道具，其所营造的互动的、令人疯狂的氛围也仅仅是一种无形的服务，而嘉年华真正提供给旅游者的其实是由上述内容有机组合起来而产生的"欢乐"体验。嘉年华主要的成功点在于它立足于目标市场的需要，使其有形和无形的产品都能满足顾客价值的需要，所应用的营销运营方式也与顾客群体相契合。

（三）营销管理环节的强调点

主题公园类的景区在进行营销管理的过程中应该特别注意顾客价值的实现，即从产品的吸引力和更新入手，提供给旅游者较为满意的体验。

旅游者导向型的人造主题公园景区，社会时尚的变化和人们兴趣的转移，会对营销工作产生重大影响，必须持续密切关注社会潮流的变化，根据变化趋势及时添置新的游乐项目，取代过时的设备和设施。此外，还应借助现代科技手段去优化展示和解说方式。

三、自然山水类旅游景区

（一）典型案例[①]

栾川县拥有老君山、鸡冠洞两个 5A 级景区，拥有龙峪湾、重渡沟、养子沟等 8 个 4A 级景区。栾川旅游经历了接待型→事业型→产业型的历史跨越。经过短短几年时间的努力，栾川已初步形成了山水游、森林游、溶洞游、农家游、温泉游、滑雪游六大代表品牌。

2005 年 3 月 19 日，河南省委政研室、河南省旅游局、洛阳市政府和中国旅游报社联合主办的"栾川模式"研讨会在北京顺利召开，使栾川旅游真正走向了全国。2015 年，栾州荣膺"世界十大乡村度假胜地"。2020 年，栾川县成功创建国家全城旅游示范区。"栾川模式"是一个高端发力的典型，是一个政府主导型发展经济的典型，是部门协力、群众参与的典型，同时也是一个市场运作、按经济规律办事的典型。

---

① 作者根据 www.luanchuan.gov.cn 资料撰写。

十几年前，栾川用现在看起来很"土"，当时看起来很"潮"的办法营销。无论省内还是省外营销，几十个部门的领导，都肩挎绶带，带上所属人员摆摊设点，散发资料，向公众介绍栾川旅游产品，浩浩荡荡成了一大风景。这样的旅游推介会当时搞了 100 多次，共有 50 多个县直单位、企业的 300 多名干部职工参加，走出去营销的城市达 50 多个。他们还组织了 2300 多家省内外旅行社来栾川踩线，组织了 50 多家新闻媒体前来采访。近几年，栾川提出"全区域营造旅游环境，全领域融汇旅游要素，全产业强化旅游引领，全社会参与旅游发展，全民共享旅游后成果"的全景发展方式，"旅游引领、融合发展、产业集聚、全景栾川"的旅游发展模式被原国家旅游局确定为全域旅游发展五种模式之一。

（二）案例启示

栾川模式是立足于山水资源形成得比较成功的政府营销模式，它是立足于多个山水景区整合成的富有吸引力的旅游目的地，它给我们的营销启示如下。

（1）龙头战略。突出重点，寻求突破式的发展。栾川一直在努力集中优势力量，集中打造旅游精品，以期尽快形成龙头景区、旅游中心枢纽。在一个县里有 7 个 4A 级以上的景区，这是很了不起的。

（2）市场战略。栾川开创性地采取了一些开拓市场的新方法，这种政府身份下的强有力的目标责任整体营销方式是非常有特色的。

（三）营销管理环节的强调点

山水资源基础型的景区，应该以保护为先，需要在营销管理环节中考虑到淡旺季和容量控制问题，在总量平衡的前提下，达到双赢，多一些市场因素的政府造势，少一些计划指令。其次，还应该注意旅游者的需求变化，完善市场调查环节，以便获得更为贴合的目标市场信息。另外，由于同等类型的山水景区有资源的替代性，所以还应该在景区营销策略中强调品牌、服务等无形要素，合理定位，以延续景区的生命周期，避免同类景区的替代性竞争。

四、人文遗迹类旅游景区

（一）典型案例[①]

谈到三星堆遗址，常用"沉睡数千年，一醒惊天下""非常奇妙、非常独特"来描述。三星堆古遗址分布面积 12 平方公里，距今已有 5000~3000 年历史，是迄今在西南地区发现的范围最大、延续时间最长、文化内涵最丰富的古城、古国、古蜀文化遗址。现有保存最完整的东、西、南城墙和月亮湾内城墙。三星堆古遗址被称为 20 世纪人类最伟大的考古发现之一，昭示了长江流域与黄河流域一样，同属中华文明的母体，被誉为"长江文明之源"。三星堆尤以青铜纵目面像、青铜神树和金杖最为引人注目。这些文物的发现，将蜀文化历史推前了约 1500 年，其历史价值和艺术价值令世人瞩目。部分文物先后在世界众多国家展

---

① 根据三星堆官网 https://www.sxd.cn/#/相关资料撰写。

出，引起了巨大反响。一些境外媒体认为三星堆比兵马俑更要非同凡响，甚至把三星堆想象为远古外星人的杰作。

三星堆景区目前只发掘了 500 平方米，令世界神往的三星堆文明，在族属来源、文化渊源、文明起源与国家形成等方面，深藏着无数待破之谜，这些因素在景区营销中被充分利用，景区向外界抛出"七大千古之谜"，引起世人的广泛关注。比如，三星堆文化来自何方？三星堆古蜀国何以产生、持续多久，又何以突然消亡？金杖等器物上的符号是文、是族徽、是图画，还是某种宗教符号？诸如此类的疑问使更多的人愿意亲临这一神秘之地。

2003 年 12 月，三星堆成为世界首家被"绿色环球 21"认定的"绿色管理"博物馆，"绿色环球 21"作为当今唯一的全球性可持续旅游标准体系，是认证要求最为严格的旅游管理标准，包括旅游景区、生态旅游和旅游企业等系列标准和多达 20 个门类的达标评估指标体系，在世界旅游界享有盛名。这是三星堆博物馆拥有的第一个国际"桂冠"，取得了打造国际旅游精品的一项重要成果，极大地提升了博物馆的知名度和影响力，树立了良好的环保公众形象，给三星堆文物保护注入了可持续发展理念，为实现文物的"恒久保护、永续利用"开辟了新的途径。

2017 年 5 月，成都市文广新局报请审定《关于进一步加强文物工作的实施意见（送审稿）》透露，金沙遗址和三星堆遗址联合申报世界文化遗产。目前三星堆正在有条不紊地推进当中，已经进入国家文物局申报世界文化遗产的预备名录中。

2021 年 3 月，三星堆又开始遗址考古工作，新发现 6 个"祭祀坑"发掘收获颇丰，已出土丝绸、规整精致的象牙微雕、涂有朱砂的神秘木匣等重要文物一千余件。出土文物一次次更新，犹如打开了三星堆遗址的考古"盲盒"，引发了一轮又一轮的关注。

（二）案例启示

此案例中，三星堆营销主要立足于神秘感的传达，集中诉求点，强化一点吸引力，这种针对性营销对于景区形象的达成很有效率。另外，较容易使目标市场获得最需要的旅游信息。

三星堆景区使用的其他营销策略还有，进入世界旅游景区发展的"VIP"阵营、申遗的启动和通过"绿色环球 21"认证，这些都是景区进入高端市场发展、提高品牌知名度的成功的市场营销行为。

（三）营销管理环节的强调点

此类景区往往因为资源禀赋的独特性而在营销管理环节中特别注意提炼独特差异性，主要是指分析景区独特的人文内涵，选取最有可能成为创新点的吸引力元素，然后采取聚焦化的营销策略与目标市场建立联系。

第四节　旅游景区营销的前沿动向

《"十四五"旅游业发展规划》提出要创新旅游宣传推广，围绕"旅游是一种生活、学习和成长方式"的理念加强宣传推广，进一步挖掘国内旅游市场潜力，营造良好的社会氛围。旅游景区在市场营销传统理论引入过程中，也在逐渐形成景区特有的一些营销新策略，我们将其总结为景区营销的前沿动向。

一、景区营销纵深性发展策略

这个角度是指用相应的策略将景区的营销管理工作深入化，体现为立足于景区本身产品的深度挖掘，为景区产品多元化、特色化和增强吸引力提供可能。

（一）事件营销

我们现在通常看到的最为典型的景区事件营销是各种节庆活动的策划。其实，旅游活动中还有很多可以利用的营销事件。有营销开发价值的应该是具有新闻价值、社会影响以及名人效应的人物或事件。

1. 概念理解

景区事件营销[①]是指有计划地策划、组织、举办和利用具有新闻价值的景区外部发生型和景区内部策划型事件，进行营销组合，运用新闻公关，进行正面宣传，吸引现实和潜在的旅游者的注意和兴趣，以达到丰富景区现有旅游产品、扩大产品销售、增加景区收入和提升景区知名度与美誉度的一种现代营销手段。

2. 操作思路

旅游景区是否应该对某一事件实行营销，不但要看景区本身的能力和素质，还要看这一事件本身有没有营销的价值，所以有必要对事件进行有效的分类。根据事件发生的属性来分，可以把事件分为外部发生型和内部策划型两种。

（1）外部发生型事件

此类事件的发生有以下几个特点：第一，景区对事件的发生与否一般没有直接的影响作用；第二，景区对事件在潜在发生期的信息敏感度相对较弱；第三，外部发生型的事件更能考验一个景区的综合素质，因为对有些事件来说，主要看景区能否抓住发展和转折的机会，在机遇或困境中谋取更大的发展或转折。根据外部事件对旅游景区所造成的影响，可以把其分为积极的外部发生型事件和消极的外部发生型事件两种。积极的外部发生型事件会对景区产生积极的作用和影响，例如，2008年北京奥运会、2010年上海世博会、2022年北京—张家口冬奥会等事件，都会对事件所在的区域与其波及范围内的旅游景区产生很强的积极效应。而消极的外部发生型事件则会对景区的发展产生负面的作用，会阻碍景区的健康发展，如新冠肺炎疫情的爆发，景区在这个时期一定要迅速果断地采取有效的危机营销管理，以抓住机会实现转型和再造。

（2）内部策划型事件

此类事件的发生是与景区紧密联系在一起的，景区的运营主体直接参与到整个事件的策划与实施当中去，对整个事件的发生情况有着决定性的影响。一般说来，内部策划型的事件有以下几个特点：第一，内部策划型事件对景区有着直接营销的价值，景区对事件的

---

① 刘名俭，赵蕾. 旅游景区的事件营销[J]. 中国旅游报，2004（12）.

能否发生或者能否在景区的预期范围内发生有着重要的影响作用；第二，景区内部也可能会出现危机管理事件；第三，外部发生型的事件在经过景区有效地组织管理后，随着时间和管理的递进，可以转化为能被景区直接营销的内部策划型事件。其实，在景区众多可以营销的事件当中，基本上其初始阶段都是外部发生型的事件，但经过景区对其信息的捕捉和实行有效的事件营销后，外部发生型事件就可以转化为对景区有直接营销价值的内部策划型事件。

根据事件可以转化以及其他的一些特点，可以把社会上经常发生的对景区有营销价值的事件分为以下八大类。①文化庆典类事件：节庆、狂欢节、宗教事件、大型展演、历史纪念活动等；②文娱事件：音乐会、其他表演、授奖仪式等；③商贸会展类事件：展销会、交易会、博览会、会议、广告促销、募捐/筹资活动等；④体育赛事类事件：职业比赛与业余竞赛等；⑤教育科学事件：研讨班、专题学术会议、学术讨论会与教科发布会等；⑥休闲事件：游戏、趣味体育、娱乐事件等；⑦政治事件：就职典礼、授职/授勋仪式、贵宾观礼等；⑧私人事件：个人庆典、周年纪念、家庭聚会、宗教礼拜、舞会、同学/友谊联欢等。

3. 事件营销的优势

（1）提高景区知名度

在旅游景区进行事件营销的过程中，通过广播、电视、报纸、刊物、通讯社、互联网等新闻媒体的宣传，中外客商亲自到现场考察、洽谈贸易、进行经济文化交流与合作，必然会提高景区知名度。

（2）强化景区的品牌形象

通过事件营销，把旅游景区宣传成一个充满各种迷人故事的地方，可树立地方友好、文化多样或激动人心的主题，或通过大型焦点事件来吸引公众传播媒介，产生某种光环效应。

（3）形成新的旅游旺季

受景区资源等因素的影响，旅游者客流的流向、流量会集中于一年中相对较短的时段从而形成旅游旺季。进行事件营销，受资源等因素的影响较小，旅游景区可以选择恰当的时段，针对合适的客源需求，策划大型旅游活动，如节庆活动、展示会、博览会、艺术节、纪念日等，形成新的旅游吸引物，形成旅游景区新的旺季，弥补旅游淡季的经济损失。

（4）现实操作状况

国内各景区发展的过程中，对这种营销策略用得已经比较多了，但是我们更多地将其狭义地视为策划节庆活动，对景区外部发生的事情却少有关注，营销策划得还不够，且缺乏新意。

事件营销中应该利用新闻传播的权威性、公正性、客观性和及时性，多角度地提升旅游景区的品牌美誉度，实施品牌战略，在旅游消费者的心目中留下良好的印象，培养长期客户，增加旅游者的回头率。可以策划一系列与旅游景区主体形象相关联的事件，以使旅游景区能够长期成为公众关注的焦点。旅游景区在进行事件营销的整个过程中要善始善终，做好收尾工作，使得旅游景区能够通过多次的事件营销获取长期效应。

（二）蜂鸣营销

口碑（word of mouth）营销就是利用顾客的口口相传作为营销手段和渠道。后来，在口碑营销基础上又发展出两个分支：病毒营销和蜂鸣营销。蜂鸣营销，俗称"口头宣传营销"，是传统的"口耳相传"方法在新经济下的创新营销方法。口头宣传营销的英文术语"Buzz Marketing"中的"Buzz"，意即"叽叽喳喳的声音，或嗡嗡声"，因此，也有人将 Buzz Marketing 译成"蜂鸣式营销"。它是一种主要通过人们（可以是消费者，也可以是企业的营销人员）向目标受众传播企业产品（或服务）信息而进行的非常廉价的营销方法，蜂鸣营销主要基于人们对于企业产品和服务的直接体验。

1. 概念理解

景区蜂鸣营销是依托旅游者的实地旅游感受，借助新经济时代背景下的新媒体传播手段，将"口碑相传"进行几何级放大。景区蜂鸣营销就像是一个增生反应堆，在 10 个人中，如果每个人有 10 次旅游经历，那么就产生了 100 次的直接经验。如果每人再将自己的旅游经历告诉 10 个人，那么旅游经历的次数就会增加到 1000 次。通过社交网络、微信朋友圈等传播手段就能传播给更多人，像野火一样蔓延。相反，杂志上、电视上、户外广告上的景区广告只能被有限的人群看到，曝光范围有限且认可度较低。

2. 景区蜂鸣营销实施步骤

景区蜂鸣营销是一个需要精心策划的项目，可以像做广告、促销那样进行策划和控制，景区运营中的任何一个环节的疏漏都可能造成无可挽回的负面作用。换句话说，蜂鸣营销是一把双刃剑，用好了所向无敌，用不好则一败涂地。蜂鸣营销不能被有效利用恐怕是营销活动中最危险和可惜的失误。推动蜂鸣营销有一个过程，包括以下五个步骤。

（1）识别营销点

分析旅游者为什么购买旅游景区产品，寻找他们的兴奋点或者体验点。以此为基础从旅游者的角度对景区产品进行分析，明白景区蜂鸣营销的核心在哪里。例如，宽窄巷子的营销点是"最成都"的生活体验，清明上河园的营销点是原汁原味的宋文化。

（2）明确方向

识别景区的目标市场和需求形态，明确将来努力的方向。针对景区运营的周期特点，采取不同的蜂鸣营销策略。例如，新景区产品侧重于创新和时髦，蜂鸣营销的重点是新奇特；传统人文古迹类景区侧重于历史和文化，蜂鸣营销的重点是沧桑与文化；传统自然风景类景区侧重景色与环境，蜂鸣营销的重点应该是怡人的美景。

（3）了解旅游者决策步骤

通常来说，旅游者做出旅游决策的过程包含信息收集→识别→判断→选择等几个步骤，其中"判断→选择"过程中就存在"选择黑箱"问题，这也是蜂鸣营销的瓶颈问题。目前，解决这一瓶颈问题的关键就是蜂鸣营销信息的真实性。例如，微信朋友圈中分享的景区体验应该是真实的体验分享而不是假扮旅游者的虚假分享。

（4）传递旅游者最愿意听到的信息

目前，最简单最直接的方式就是让旅游者扫二维码，然后再推送有用真实的相关信息。在目前旅游消费市场诚信缺失的背景下，真实可靠的信息是蜂鸣营销的成败的关键点，一定意义上讲，诚信比金子（利润）还珍贵。

（5）蜂鸣营销的实施

旅游景区蜂鸣营销的实施应该主要抓住三大要素：意见领袖、热点信息、传播方式。菲利普·科特勒将"意见领袖"定义为：在一个参考群体里，因特殊技能、知识、人格和其他特质等因素而能对群体里的其他成员产生影响力的人。意见领袖就如同顾客自己的代言人，是口碑宣传"段子"的制造者。景区可以用大 V、网红、社会名人等意见领袖刺激潜在旅游者的购买动机（也被称为影响者营销）。热点信息是景区推出或"制造"的对旅游者产生吸引力的兴奋点，可以是罕见的美景、独特的体验、动态的旅游活动等。在网络时代背景下，蜂鸣营销传播方式应该不再局限于口头传播，微信朋友圈、微博、博客、虚拟社区、虚拟论坛等都能起到口头传播的作用。只是要注意，不同类型的旅游者对不同传播手段的依赖程度和认可度不同。

3. 实施优势

（1）节省营销费用

蜂鸣营销比传统的营销方式更能节省营销费用。在今天的信息世界中，人们已经淹没在广告和超量信息中，人们的购买决定过程更加复杂。蜂鸣营销省去了越来越高昂的媒体购买和广告制作费用，传播费用极低，因为维护一个老客户的费用是开发一个新客户的1/5。

（2）比真诚的推销更能获得信任

旅游景区提供的是一种体验服务，本身购买风险就高于一般的实物产品，而蜂鸣营销比真诚的推销更能获得信任。"蜂鸣营销"创始人埃曼纽尔·罗森认为，消费者都有自己的个人圈子。他们基本不听厂商的推销，但都听朋友说的话。口头传播的累进速度令人称奇，不需要很长时间，每一个人就会听到关于某个产品的优点是什么，这样会使用户得到信息变得更加可信，因为"所有人都在谈论它"。蜂鸣营销实际上是让他人参与了信息收集、产品试用并承担了相应的风险。这一方法节省了时间、减少了资源的损耗、降低了自行运作的风险。

（3）高投资回报率和传播到达率

蜂鸣营销效果可以度量，具有很高的投资回报率和传播到达率，它促使人们立即采取行动。大量的研究发现，口头传播成了购买行为的触发器。在同事或朋友之间的闲聊中，个人旅游经历如何，常常是热门话题。

目前，中国消费者"排浪式"消费的特征和传统信息的"失信"更加强化了蜂鸣营销的积极效果。很多旅游景区都在有意识或无意识地借助"互联网＋"进行蜂鸣营销。

二、景区营销拓展性发展策略

这个角度所指的营销策略主要目标在于拓展景区整体的影响力，利用外部环境资源扩大景区的吸引力范围，这相对于前一个角度可以视为横向拓展，有利于景区整体发展。

（一）景区微营销

1. 理解概念

景区微营销是以景区营销战略转型为基础，通过景区营销策划、品牌策划、运营策划、销售方法与策略，适应旅游需求精细化、多样化的变化趋势，通过互联网＋景区营销，借助微博、微信、微信公众平台、App 等方式实现快速、精准和低成本的营销过程。

2. 实施的优势

①如果说腾讯的 QQ 是 PC 互联网时代的第一沟通工具，那么微信、微博、App 就是移动互联网时代沟通工具的代表，短短几年便拥有了数以亿计的微信、微博用户，发展速度远远超越了任何同类产品。任何旅游景区和相关企业都不能忽视如此庞大的客户群。

②微信、微博、App 绑定于智能手机，很适合以游玩为主的旅游，其自带的拍摄、分享、评论等功能也满足了年轻人渴望"晒"的心态，让游客更加主动地去帮助宣传，也更容易将营销内容辐射到更广阔的用户群。

③借助于网络和手机的微营销拓展性很强，几乎能整合所有和旅游有关的旅游要素。例如旅游线路预览、门票预订等功能已逐步进入平台。各大旅游门户网站的访问调查也发现，近 20%的初次访问是因为点击微信或微博上的信息。功能之强大，拓展之广泛，不可谓不惊人。

④微营销实现了景区与旅游者的双方互动交流。改变了信息不对称的局面，使旅游者在景点选择上处于主动地位，有更大的选择自由，让旅游者参与项目设计、定价以及反馈，在这个平台上可以比较容易地获得旅游者对景区的意见，从而改进服务等。

⑤微营销使景区营销突破时空限制。可以在任何时间对全球范围内的旅游者展开营销，有利于开发远程市场。通过网络平台展示景区资源，减少了市场和地区壁垒，为景区发展提供了更大的空间。

⑥降低了营销成本。借助有线网络或者无线网络，可以方便快捷地"黏住"旅游者，减少销售中介和促销费用，可以扩大市场覆盖面，提高工作效率。

3. 现实状况

微营销在我国中东部一些旅游景区的应用已经逐步进入巅峰期，通过智能手机平台，利用微信、微博、App 等媒介，营销已经实现无视地域、时间、空间地将信息传递给精准的潜在旅游者。可以说，在智能手机已经"长在"人身上的背景下，景区微营销的潜力巨大、前景可期。

（二）景区共生营销

1. 理解概念

旅游景区的共生营销是指两个或两个以上的景区（或与景区业务关联的企业，如交通、餐饮等）通过分享市场营销中的资源，达到降低成本、提高效率、增强市场竞争力目的的一种营销策略。由于市场竞争的日益激烈，加之景区营销的正外部性特征，共生营销作为一种新的营销方式，正逐渐在景区营销实践中得到推广。

2. 实施的优势

①降低营销成本。共生营销的核心理念是双赢或多赢，其最大优势在于规模和市场资源整合所获得的经验互补、网络终端互享所产生的经营成本下降和共生力的提升。景区资源的共享可降低经营成本和营销费用，提高景区产品的质量或创新卖点，从而提高市场竞

争力。

②提高营销效率。如果分享异地景区的销售渠道，可实现短时间内在更多客源地推出景区产品，形成"先入为主"的占位优势。

③吸引注意力，制造轰动效应。共生营销具有特别的形式，能引起人们特别关注，制造轰动效应。

④拓宽景区产品的价值。在分工日益精细的今天，单个景区的产品已经不能满足旅游者多样化和个性化的需求。这就要求景区之间进行线路组合，既方便顾客，也可以使本景区产品的价值扩大化、完整化。

⑤减少无益竞争。同类型景区在激烈竞争中往往会产生负效应，饿死同行、累死自己的恶性竞争时常发生。共生营销就可避免这种情况发生。

3. 现实状况

新冠肺炎疫情突如其来，文旅企业面临新的形势和挑战。北京东城区文旅局以"故宫以东"品牌为抓手，制定共生营销规划，策划"故宫以东一见如故"文化旅游系列活动。其中，年轻世代与京味古都一见如故，联合哔哩哔哩启动"'故宫以东'20 小时寻找北京"视频征集赛，联合光明网举办"故宫以东·指尖阳光"36 小时极限短视频创作大赛；时代潮流与历史传承一见如故，举办"有梦有趣有你""故宫以东×完美世界"全国校园文创设计大赛，将八大东城非遗元素植入文创设计理念中，将"故宫以东"品牌的影响力扩展到校园年轻消费群体；西方精致与东方雅致一见如故，与携程集团就产品升级、内容建设和营销推广三个方面展开深度合作，促进文旅消费提质落地。

整合资源、优势互补，将地缘上邻近的但景观类型不同的景区连接成线，发展区域旅游合作，打造黄金旅游线路，已成为旅游景区运营发展的必然趋势，成功范例也已多见。例如，湘西、黔东南黄金旅游线，华东五市旅游圈，山东与江苏两省的"一山、两汉、三孔"，四川世界遗产之旅等营销联合体。

（三）景区 IP 营销①

1. 理解概念

IP，是 Intellectual Property 的缩写，字面译为"知识产权"，特指具有长期生命力和商业价值的跨媒介内容运营，凡是有内容、有一定知名度和一定粉丝群的文化产品或文化产品碎片，都是 IP。也可以把 IP 理解为爆款＋全产业链。爆款是内容，全产业链则是基于内容的后续开发。

因此，IP 就是景区形象认知物，可以是内容、产品、氛围、文化、故事，也可以是任何用来吸引游客的元素。同时，IP 可以连接一切，如图形、文字、视频、游戏等；IP 是市场化的产物，是旅游景区的人格化赋予，是凸显自己产品与其他竞争对手差异性的特征，是自己与众不同的地方，通过 IP 可以在繁杂的市场迅速找到并定位景区，乃至于传播景区。

---

① 此部分参照网名为"红鲤鱼与绿鲤鱼与菊"2019 年 6 月 25 日发布的文章《当今世界流行 IP，"旅游目的地"们都想来一个》，https://baijiahao.baidu.com/s?id=1637327931990424136&wfr=spider&for=pc，有修改。

2. 景区 IP 的构成

明星 IP 是具有较高曝光度、知名度和稳定粉丝群的优质 IP。明星 IP 包含五项基本要素（如图 7-3 所示），各要素符合一种由内到外层层包裹的"洋葱型"结构。其中，最核心的要素是价值观（values），然后依次向外展开的要素为鲜明形象（image）、故事（story）、多元演绎（adaptation）与商业变现（commercialization）。

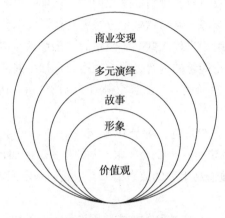

图 7-3　旅游景区 IP 构成

如图 7-3 所示，越向内层，IP 价值的实现越由内容创意者决定，而 IP 的文化属性越强，越向外层，IP 价值的实现越由文化企业决定，而 IP 的商业属性越强。

旅游景区 IP 的打造，与文娱 IP 的打造有着异曲同工之处：一个能够引起共鸣的价值观内核，一个让人印象深刻的人格化形象和一个可观可游可玩的故事世界等。

例如，熊本熊是日本熊本县的官方萌物，也是日本第一位吉祥物公务员，负责宣传熊本县的旅游景区及特色产物。2017 年"熊本熊"的周边产品销售额达到 1408.742 亿日元。为了发展旅游经济，熊本县脑洞大开地提出了用虚拟 IP 带活旅游经济的战略。当地政府创造了"熊本熊"这个呆萌的卡通熊，在推广时，没有把"熊本熊"当做卡通玩偶上电视台曝光，而是真的把"熊本熊"当成一个明星，去做它的艺人经济规划，做话题营销。

而熊本熊 logo 设计的灵感来源于熊本县的地方特色，使用了熊本城的主色调黑和萌系形象经常采用的腮红，而红色也蕴含了熊本县"火之国"的称号，它不仅代表了熊本县的火山地理，更代表了众多美味的红色食物。在整体造型上，熊本熊几乎综合了所有最受欢迎形象的必备要素，比如，管形身材（tunnel-shape body），短小四肢，中性面部表情，给人柔软触觉的形象设计。这样的形象具有显著的"娃娃脸效应"，令人感觉亲切、安全，就是说长得娃娃脸的人，会容易被人当做拥有小孩子的性格特点。比如说：软弱、无辜、热情、容易疏忽犯错。这样会让他人滋生保护的欲望。

当地政府允许熊本县当地的农产品企业或是旅游观光产业免费使用熊本熊作为宣传手段来招揽顾客发掘商机，另一个成功因素就是为了讨得观众喜欢，对它来说，能够完成的事情越多，就越受观众欢迎，做蛋糕、跳舞、画画、甚至是赛跑都会积极去尝试，这让它看起来不像是一只吉祥物，而是和我们一样就是城市中的普通市民，在视觉上令人喜欢，也勾起了众人的同理心。

3. 实施路径

第一步：梳理资源，凝练价值观，赋予 IP 灵魂。

价值观是原创 IP 内容是否具有开发和传播价值的第一标准，不管是 IP 的故事还是 IP 的形象设计都需要价值观去感染每个粉丝。

每一个旅游景区，都具有自身独特的文化内涵、背景故事、自然风光、特色膳食、民风民俗、歌舞服饰等诸多资源。针对这些地方特色进行深度挖掘和筛选，提取能够契合当代人审美和趣味的、能够引起当代人共鸣和想象的文化意涵与精神品质的部分，过滤掉暴力、色情、封建迷信等非正能量的内容，着重表达契合社会共同认同的核心价值。只有这些有深度、经得起推敲的 IP 价值，才能真正得到受众的认可，达到吸引游客，聚集粉丝的效果。

第二步：设计符号，创造角色，赋予 IP 血肉。

一个经久不衰的 IP 一定有一个令人印象深刻的形象，例如，或许我们已经忘记了《甄嬛传》《蜡笔小新》和《灌篮高手》的故事情节，但我们一定记得有一些人物形象叫甄嬛、野原新之助和樱木花道。

旅游 IP 同样如此，在一个旅游目的地中，不论是传统的民族服饰特点、还是信仰图腾的花纹；不论是语言文学的字体、还是民族节日的习俗；不论是历史传承的遗迹、还是宗教文明的传播，都是一个个旅游目的地 IP 构成的重要元素，只不过这些元素过于分散和厚重，从外形上来看太过抽象，从内涵来看太过深奥，不易与现代主流思想与文化契合。

好的 IP 不仅让人一见钟情，更让人一见如故。不仅喜欢它的外在形象设计，也能大致明了所表达的内涵意义，而此时，聚集这些传统的各类元素，将其整合成一个形象鲜明活泼的可视角色形象，更利于激起受众的同理心，可以成为旅游 IP 的元素极多，并可以不断地进行发散演绎，创意出各种引人入胜的故事，让游客既对旅游地的 IP 形象有明显的记忆，也对其背后的人文故事有了一定的了解。

第三步：跨媒介与立体化地讲述故事，构筑 IP 的生存世界。

故事在某些创作语境中又被称为世界观，具有共鸣性的内容表达，当 IP 形象给人造成一个视觉记忆点之后，要加深这个记忆点，就需要有一个完整生动的故事情节加以支持。近两年，很多试图孵化 IP 的品牌，开始尝试重金为自己的 IP 构造动漫故事，IP 形象需要一个广阔的故事世界来容身，需要在丰富的故事内容中丰满和成长。

当前文化产业 IP 的运营有两个热点，一是媒介融合背景下的跨媒介叙事，二是文化旅游融合发展趋势下的全产业链开发。两个热点实际上是同一种模式在不同视域、不同阶段下的不同表达。

讲述 IP 的故事，实际就是将具备价值观、形象等优质内容的"IP"，在不同的载体上进行转换，在不同的产业链条上进行延伸，例如，将 IP 转化成小说、漫画、动画、电影、电视剧、综艺、纪录片、游戏等各种具有吸引力、感染力、传播力的虚拟故事，媒介故事；将 IP 转化为文创产品、主题公园、博物馆、旅游项目、仪式体验等具有互动感和沉浸感的体验故事，场景故事；利用 IP 人设，讲述各种公关故事，营销故事，广告故事等。从而通过持续建立情感连结来扩容受众，将更多的受众转化成"粉丝"，实现全产业链的延伸，这是真正实现 IP 的立体化开发的成熟环节。

例如，继"中国园林古镇""乾隆六次到过的地方""姑苏十二娘"后，木渎古镇又迎来了自有文创品牌——"木渎风物记"。木渎古镇历史悠久，有 2500 年的历史，是苏州的一个园林古镇，但江南有很多水乡古镇，存在一定的同质化，木犊就需要打造一个苏式的休闲体验目的地。

木渎的 IP 孵化来源于乾隆六次下江南游木渎的历史故事，这就已经拉开了它和其他江南水乡园林古镇的一个距离，因为它有皇家古镇的潜在意义在里面。在商业应用上的，打造以乾隆出游的主题，结合皇帝六次下江南，沿着大运河，沿着这个国家遗产古镇而来。乾隆 IP 是木渎品牌赋能的不二之选，以乾隆六次游玩木渎故命名"黄六爷"。在 IP 角色设计上，还原了乾隆乘船下江南的场景，通过活泼轻松化表达，既体现了下游木渎的愉悦心情，同时与故宫博物院庄严的乾隆形象形成鲜明对比，IP 以小见大的具象表意，为古镇焕发新鲜生命力。在商业应用上，木渎古镇 IP 主打的是出游的乾隆，结合乾隆六下江南以及大运河文化，从皇帝出游这点出发，为木渎古镇商业升级提供新的解决思路，包括主题形象店以及配套的苏式业态升级。

"木渎风物记"从符合当下年轻人消费价值观的提炼，从乾隆故事、文创、风味、非遗四个维度入手，设置了渎行记、渎好集、渎味堂、渎物斋四大子品牌，子品牌下共设 12 个产品系列，总计产品研发逾 300 款，其中六爷系列（抱枕、旅行贴纸、笔记本、冰箱贴、笔记本、马克杯、拼图、T 恤、多种帆布袋和食品"朕就酱紫""无豆腐不丈夫"等等）为运作重心。

但是"黄六爷"文创产品系列总体并没有达到这个部分的理想状态，真正做到了跨媒介叙事和全产业链开发的 IP，就是超级 IP，目前多见于影视娱乐产业，比如漫威等迪士尼系列 IP 等。

对旅游 IP 的研究，和明星 IP 模式有着异曲同工之处，对于旅游景区核心价值有精炼的挖掘，形象有精心的设计和打造，对情节故事有深度的挖掘为旅游景区的营销传播助力，也许就能抓住机遇成就旅游景区的辉煌。

本 章 小 结

景区市场营销，是旅游景区整体经营活动的中心环节。一个成功的旅游景区，除了科学的规划、开发和经营决策外，要想实现可持续发展，现代市场营销工作必不可少。市场营销工作的好坏，实际上决定着整个景区总体经营效益的高低，直接关系到旅游景区开发建设与经营目标的最终实现。

本章从景区营销概念体系入手，围绕市场营销工作的开展，阐述其一般程序，并针对较为典型的四种类别的景区提出营销管理的策略。最后，考虑到市场营销理论创新的速度在不断加快，为了在景区运营方面与该趋势同步，简要介绍了近年来景区营销的一些前沿趋势。

本章重要概念

旅游景区市场营销是旅游景区组织为满足旅游者的需要并实现自身经营和发展目标，通过旅游市场实现交换的一系列有计划、有组织的社会和管理活动。

旅游景区营销管理是通过旅游市场分析，准确确定目标市场，为旅游者提供满意的产品和服务，使之获得预期的旅游体验，是旅游景区产品实现交换的全过程的管理，也是一种旅游者需求的管理。

景区蜂鸣营销是依托旅游者的实地旅游感受，借助新经济时代背景下的新媒体传播手段，将"口碑相传"进行几何级放大。

复习思考题

1. 选取一个较为熟悉的景区，试用 SWOT 分析其所处的市场环境。

2. 根据第四节所提到的景区营销的前沿动向，选取一种营销策略结合营销组合理论谈谈策略的具体应用。

 业界声音

如何打造景区 IP？

景区安全管理

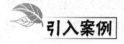

阿里山小火车的翻车事故

2011年4月27日，台湾阿里山景区的森林小火车被倒塌的大树砸到，导致4节车厢翻覆，5人死亡，109人受伤。这列挂有8节车厢的森林小火车大约在12:17从神木站开出，准备开回阿里山总站，行驶不到200米，突然有棵大楠木枝干断裂，砸中第7节车厢，将车厢砸至侧翻，第5、第6节车厢翻滚到路基下，第8节车厢倒在铁轨上。

事发当日阿里山游客特别多，不少游客是站在车厢里，车厢侧翻时可能有游客被甩出车厢，导致伤亡惨重，更有可能游客被压在车厢下，造成失踪。因为阿里山的公路不太好走，伤者怎么运送成为难题，台湾地区有关方面派出两架空中直升机运送。

对于这次小火车翻覆意外，台湾有关人士表示，虽然事故判断是自然现象，且无超载或是人为操作疏失，但仍应警惕天然灾害的无常。他表示，未来对铁路沿线的巡视不应只看表面，应建立更严谨的标准作业程序，设法排除可能危及安全的因素，防患于未然。

（资料来源：根据搜狐新闻《台湾阿里山小火车发生翻车事故已确认5死84伤》，中国新闻网《阿里山小火车翻车事故已致6死50余人受伤》整理撰写。）

引言

老虎咬人、树木砸人、缆车摔人等安全事故，无论是不是景区管理的直接责任，都会导致景区运营管理正常秩序受阻甚至停业整顿。可以说，景区安全是景区运营管理的"底线""红线""生命线"。由于受到各种人为或自然因素的影响，景区运营过程中的安全问题一直备受拷问和挑战。

第一节　景区安全问题的形态

景区安全管理是指景区为了确保游客、员工和景区的安全，消除安全问题发生的各种潜在因素，确保景区秩序井然，保持良好运营状态而实施的一系列计划、组织、指挥、协调、控制等管理活动。

对于旅游景区来说，可能发生的安全问题主要有两大类：一类是由自然因素引起的突发性事件，例如，地震、泥石流、台风等引起的伤害游客的突发性事件；另一类是由人为因素引起的突发性事件，例如，维护或操作不当致使景区设施发生故障而引起的伤害游客事件。

一、景区自然灾害

景区自然灾害是旅游活动中由于天气、洪水等不可控的自然原因引起的安全问题，是旅游安全问题的常见表现形态。虽然这类灾害属于天灾不属于人祸，但是，由于自然灾害对景区资源、旅游活动、旅游者与旅游从业人员的生命、财产都有可能造成巨大的损害，因而应该引起景区管理者的高度重视。常见的景区自然灾害可分为三种类型。

①威胁人类生命及摧毁旅游设施的自然灾害。重大自然灾害均会威胁人类生命和旅游设施，如台风、沙尘暴等气象灾害；地震、火山喷发、海啸、雪崩、泥石流等地质及地貌灾害；其他如水灾、旱灾、森林大火等。

②危及旅游者健康和生命的其他自然因素与现象，例如，高原缺氧、高寒低温、紫外线暴晒等。

③旅游者与野生动植物、昆虫等的接触产生的危险。例如老虎、狮子等大型动物的伤人、吃人事件，毒昆虫、植物叮咬接触导致旅游者皮肤乃至身体的伤害事件。

二、景区公共安全事故

景区公共安全事故是指非自然因素引起的、伤害游客数量较多、影响恶劣的突发事件。这些事件不仅直接危及旅游者的人身安全，而且会对景区形象产生负面影响，从而导致旅游景区游客数量锐减甚至停业整顿。景区的公共安全事故包括但不限于以下四类。

（一）火灾

景区火灾的原因主要包括人为纵火、演艺活动火源失控、电路设备老化或者过载等。由于一般景区运营面积的范围大、人员数量有限等原因，一旦发生火灾，很难第一时间控制，将会对旅游资源和游客造成难以挽回的损失和伤害。近年来，景区火灾呈起伏交替上升趋势，主要发生在景区宾馆饭店、各类公共场所及森林景区内。

（二）犯罪

犯罪是旅游景区安全中最引人注目的表现形态之一。旅游活动中存在的犯罪现象大体分为盗窃、欺诈、暴力型犯罪三大类型。此外，毒品、赌博等也是威胁旅游安全的潜在因素。

旅游犯罪是旅游业发展中负面影响程度最严重的一种行为。就一般旅游景区而言，其地形、气候复杂多变，同时景区面积较大，客观上给景区的安全管理带来了很大困难；再者，景区的游客流动性大而且较为分散，旅游者的无组织、无秩序的游览活动常为犯罪分子提供可乘之机。尽管旅游犯罪在景区发生的可能性较小、时间较短，但对景区经营的直接影响是不容忽视的。例如，在国内的一些景区，常常是多名嫌疑人以卖中药材、土特产、工艺品为"道具"，通过"角色扮演""联合作战""假戏真做"等手段，实施柔情蜜意欺诈游客主动上钩，或者武力威胁游客掏钱就范的犯罪行为。

（三）食物中毒

景区食物中毒是指景区餐饮单位向旅游者提供的不合格的食物或者水，致使旅游者出现群体性中毒现象。食物中毒发病快、来源点难以判断、影响恶劣。因此，无论是景区自营的餐饮企业还是招商租赁的餐饮主体（摊点），景区运营管理部门都应该担负起监督和检查的责任。

（四）交通事故

旅游交通事故是经常出现的旅游安全问题，事发突然、伤亡率高的特点也让景区运营管理者头痛不已。景区的交通事故中，常见的有以下四种类型。

1. 景区内路面交通事故

在一些面积较大的景区，景区内巴士是一种常见的交通方式。虽然景区内车速并不高，但是，由于人车混行、弯多路陡、冰雪路滑等因素，很可能发生倾覆、碰撞的交通事故。

2. 景区水难事故

景区水难事故指的是在水体中出现的安全事故，包括在景区内游泳、漂流、水上游船等过程中出现的安全事故。近年来，此类安全事故出现的频率呈上升趋势。

3. 缆车等景区交通事故

缆车索道等的建设在方便游客参观游览的同时，由于超负荷运行、检修不当、设备或电力故障等都会引起安全事故，轻则游客被长时间滞留空中，重则出现伤亡事件。

4. 踩踏事故

景区的踩踏事故，是指在景区容量饱和或超载、举办大型活动等过程中，游人聚集在狭小的空间，特别是在整个队伍产生拥挤移动时，有人意外跌倒后，后面不明真相的人群依然在前行，对跌倒的人产生踩踏和叠压，从而产生惊慌、加剧的拥挤和新的跌倒人数，并恶性循环的群体伤害的意外事件。

第二节　景区安全管理的内容

一、景区安全管理的依据：法律法规

国家和地方人大及常委会颁布的法律，国务院、原国家旅游局及地方旅游局颁布的行政法规和规章，只要与旅游景区安全相关的法律法规都是景区安全管理的依据。景区运营管理人员应该积极主动学习这些法律法规，并且要进行对照检查，找问题、提对策、抓落实。

与旅游安全有关的法规主要有《中华人民共和国旅游法》（全国人大常委会，2013 第六章，旅游安全）、《旅游安全管理办法》（文化旅游部，2016）、《中华人民共和国安全生产法》《中华人民共和国突发事件应对法》《生产安全事故报告和调查处理条例》等。

有些景区内部还建有酒店、民宿等住宿设施。景区管理人员就要了解《关于加强旅游涉外饭店安全管理严防恶性案件发生的通知》的相关规定。一些景区有水上漂流或游船项目的，景区管理者还要熟知《漂流旅游安全管理暂行办法》《旅游汽车、游船管理办法》。

发生安全事件后，处理有关旅游投诉的法规可以参考《旅游投诉办法》（原国家旅游局，

2010）。

此外，一些地方旅游局也根据本地情况制定了一些措施或方案，如《浙江省旅游领域安全生产风险普查工作方案》（浙江，2021）。

二、景区安全管理的关键：预警管理

景区安全预警是通过景区收集到的可能出现的安全事故的数据和信息进行示警和预报。景区安全管理的关键工作是预警管理，因此，政府管理部门也在推行包括景区在内的旅游应急预案报备制度。贯彻落实"安全第一，预防为主"的方针，坚持事故灾难应急与预防工作相结合。做好预防、预测、预警和预报工作，做好景区运营常态下的风险评估、物资储备、队伍建设、完善装备、预案演练等工作。

（一）安全预警管理工作的内容

景区应建立有效的预警体系，健全安全管理部门，具体工作从以下方面着手。

1. 预警信息的获得

景区应与地震局、气象局、防汛抗旱指挥办公室等相关灾害信息发布机构合作，从而随时获取当地未来 48 小时内的天气变化情况和灾害预警信息。

2. 预警信息的发布

当景区可能发生因灾害性天气、传染性疾病、社会骚乱等原因危及旅游者人身、财产安全的安全事故时，经营者应及时通过媒体向旅游者做出公开、真实的说明和明确的警示，提示游客某地区正值某灾害多发季节，并告知目前情况和应采取的相应措施。

在景区内部，也可以通过景区音响系统等设备进行预警信息的发布。此外，还应该设置安全宣传栏，发放安全手册，在事故频发、有危险的地段设置安全告示牌、警示牌，提醒旅游者在旅游过程中应该注意的事项和出事后应当采取的紧急措施。在导游图上，介绍景区的安全保障情况和游览注意事项。

3. 预防措施的准备

根据可能出现的安全问题，采取有效的安全防护措施。例如，通过景区智慧化系统对实时承载量的监测，及时有效地进行信息发布，从而进行有效的分流或者调峰，以减轻景区巨大的安全压力。

（二）旅游景区危机预警系统

旅游景区危机预警系统是指建立一个专门的组织系统，利用一定的监测工具、手段，运用科学的方法监测景区经营管理的全过程，并对所获取的各种数据信息进行分析，获取景区危机的警示信号，提醒景区管理者及时采取恰当措施把景区危机扼杀在萌芽期的一种系统。

旅游景区危机预警系统作为旅游景区危机管理系统中的一个子系统，是对预警对象、预警范围中的预警指标等关键因素进行分析，从而获得危机信息并加以信息评估，预测出危机的等级，然后决定是否发出危机警报，并进行危机处理的过程。应当坚持早发现、早报告、早研判、早处置和早解决的"五早"原则。旅游景区危机预警系统包括五个子系统。

1. 信息收集系统

信息收集是危机管理的关键，对于旅游景区来说，应该收集旅游景区外部环境信息（地震、气象、防汛、政治、经济、政策、市场等）和内部经营信息（财务、人力资源、营销、管理等）。该系统要根据旅游景区的发展规律和结构特点对景区的外部环境信息进行收集、整理和分析，并集中精力分析处理那些对景区发展有重大意义或影响的外部环境信息；同时还要重点收集能够灵敏、准确地反映旅游景区内部经营管理的信息，并对其进行分析、处理，根据分析找出景区运营管理过程中出现的问题和可能引起危机的因素。

2. 信息加工系统

信息加工主要对危机环境进行分析，对可能引起危机的经济、文化、社会、自然等环境因素进行详细的了解、评价和预测，及时识别、评价旅游景区经营管理中的薄弱环节、外界环境中的不确定因素以及景区出现危机的征兆信息，从而及早进行防范。

3. 危机预测系统

首先对景区经营方面的风险、威胁进行识别和分析，主要对象包含景区的旅游产品、环境、人身安全、财务、自然灾害等；其次对各种风险进行分类，并找出管理各种风险的有效策略；然后对已经确认的各种风险、威胁的大小及发生的概率进行评估，建立各类危机管理的优先次序；最后集中财力物力来应对最迫切的风险。旅游景区发生危机大都有先兆，主要表现在：一是内部管理混乱、部门协调困难、信息沟通渠道堵塞、设施设备疏于保养维护、安全培训和学习缺失等；二是员工士气低落，干工作敷衍塞责、推诿扯皮。

4. 危机警报系统

危机警报系统主要判断景区的各项指标是否已经超出危机警戒线，根据结果来决定是否发出警报。例如，当设施承载量、最大承载量大于核定值时应发出警报。

5. 危机预处理系统

旅游景区危机以多种形式无时无刻不在威胁着景区的生存和发展，因此要预先制定危机预处理方案，把景区危机消灭在萌芽阶段。虽然景区的危机各不相同，但旅游景区危机管理的原则和目的是一样的，旅游景区要想摆脱危机、正常发展，就必须预先制定多种预处理方案，确保在危机到来时处于主动地位，从而削弱危机带来的负面影响，甚至把危机变成机遇。

另外，景区应根据自己的实际情况，联合公安、交警、医院、消防、客运、海事、电力等多个部门对既定救灾预案进行多次实地演习，并请相关专家针对演习中的薄弱环节完善救灾预案，加强各部门应对灾害时的协调能力。

总之，旅游景区危机预警系统是一个层次高、结果复杂的系统，该系统的思想是评估和监测景区内外环境的变化，消灭危机甚至将危机转化为景区发展的契机。

三、景区安全管理的主要内容

景区安全管理的核心内容包括旅游设施安全管理、景区交通设施安全管理、景观安全管理及景区治安管理。

（一）旅游设施安全管理

1. 旅游设施的安全控制

景区在引进、安装旅游设施尤其是游乐设施时，要特别关注产品应具有的生产许可证，杜绝无生产许可证产品进入景区，危及游客的人身安全。另外，在旅游设施的规划、安装和运营过程中，应始终将游客安全放在首要因素来前置考虑。

2. 旅游设施的安全管理制度与安全管理措施

（1）安全管理制度

景区应建立各项安全管理制度，主要包括安全管理制度、全天候值班制度、定期安全检查制度、游乐机及游客项目安全操作规程、水上游乐安全要求及安全事故登记和上报制度。

（2）安全管理措施

设立完善高效的安全管理组织与机构（安全委员会），明确组织内各级、各岗位人员的安全职责；对员工开展经常性的安全培训和安全教育活动；对旅游设施（主要是游乐设施）开展定期的年、季、月、节假日和旺季开始前的安全检查；树立安全检查档案，每次检查前要填写检查档案，检查的原始记录由责任人签字存档；严禁使用超过安全期限的旅游设施、设备载客运转；凡遇有恶劣天气或游艺、游乐设施发生机械故障时，须有应急、应变措施；在旅游设施周边醒目位置张贴游客须知、警示等标识，保证周围场地开阔、通畅，且有敞亮的照明。安全隔离栅栏应牢固、可靠，高度及间隙应满足技术标准要求。

3. 员工安全管理制度和措施

员工安全管理包括以下内容。

①未持有专业上岗证的，不得操作带电的设备和游艺设施。

②员工应注意着装安全；高空或工程作业必须佩戴安全帽、安全绳等安全设备。

③员工在工作过程中应严格按照安全服务操作规程作业，包括营业前做好对旅游设施的安全检查，确认一切正常；营业中要向游客介绍游客规则、注意事项及谢绝不符合乘坐条件的游客参与活动；严禁超员，引导游客系好安全带；维持游客游乐秩序；密切关注游客动态，及时制止个别游客的不安全行为；营业后要整理、检查各承载物、附属设备及设施场地，确保其整齐有序、清洁干净，无安全隐患；对于旅游设施中的游乐设施，按照相关管理部门出台的《景区大型娱乐设施的安全标准》《特种设备安全监察条例》《生产安全事故报告和调查处理条例》等制度执行。

（二）景区交通设施安全管理

景区的交通设施主要包括景区的缆车、景区内观光巴士等设施。景区内缆车的安全管理可以参照景区游乐设施安全的管理。

对景区内观光车安全管理的影响因素主要可以归纳为人、车、道路环境三个方面。与交通安全有关的人员主要有驾驶员、乘客、行人、骑自行车的人和交通管理人员等。其中，驾驶员是所有人员中与道路安全关系最密切的人。

车辆的性能、技术状况与交通安全也有着巨大的关系。车辆中驾驶员座位的舒适性、操作设备的适应性和轻便性、驾驶室的视野和车辆的安全防护措施也直接影响着景区交通的安全。

1. 驾驶员安全管理

驾驶员安全管理制度主要有驾驶员的岗位责任制度，驾驶员的教育与审验制度，驾驶员的心理、生理定期检测制度，驾驶员的医疗保健制度，驾驶员的车辆例行保养制度，驾驶员的安全行车奖惩制度，驾驶员的安全行车监督检查制度等。

2. 景区内旅游观光车运行安全管理

①车辆运行安全管理制度主要包括以下内容：车辆保险制度，车辆维修制度，车辆性能状况检查制度，车辆年度检测制度，车辆固定专人保管、使用与替班审核制度。

②车辆运行安全检查制度主要包括以下内容：每日例行检查与安全否决制度、节前安全大检查制度、领导跟车上路检查安全行车制度。

3. 景区道路安全管理

建立健全相关制度，主要包括景区道路养护制度；景区建立或完善危险路段安全防护措施和安全警示标志，加强公路巡查，及时消除路障，消除塌方和飞石等公路安全隐患，保障公路的安全通畅。

（三）景观安全管理

对景观的保护是景区运营需要坚持的原则之一。危及景观安全的因素主要有地震、森林大火、雷电、洪水、山体滑坡及人为原因导致的火灾等。景观安全管理主要从以下方面着手。

①防雷电。在古建筑上安装避雷针，吸引闪电击中自身并安全地将闪电导入地中。在古树上安装接闪器、引下线和接地体，减少树干流过的雷电流，要求把接地体做成大环，使接地体埋设的沟槽离开主根，不伤害树木的主要根系。

②防火。景区的防火管理应符合《中华人民共和国消防法》和其他相关标准的规定，并对消防设施进行定期检查。在寺庙等香火比较旺盛的地区及在举办重大节事活动时，更需要加强防火安全的管理。建立健全景区的消防设施和消防安全管理部门。

③防洪。建设景区的排涝系统、调蓄系统，加固建筑，加强夏季防洪管理。

④其他方面。不断巡查，及时发现安全隐患，防范景区碎石滑落、枯木折断等事故的发生。

（四）景区治安管理

景区发生治安问题不仅危害游客的人身和财产安全，而且还会严重损害景区的形象。所以景区管理者对景区的治安管理必须高度重视。景区作为游客集中地带，人员复杂，人口流动性强，且大多数景区地形或内部布局较为复杂，所以景区的治安问题就显得比较突出。

景区的治安问题有偷盗、诈骗、抢劫、谋杀等。景区的治安管理主要可以从以下方面入手。

①建立完善的立体防控体系。建设包括民警、保安、治安积极分子、志愿者服务队等警民联动的防控队伍。

②加强数字景区建设，健全"全球眼"视频监控系统：在门票站、游览线路、旅游停车场、游客聚集地、景区接待单位、宾馆酒店等地安装电子眼监控系统，并实现与公安监控网的对接，实现资源整合，资源共享，落实统一调动，应急联动措施。

③完善警务服务机制。在景区警务室配备急救药箱、担、急救绳等物品，与景区内外诊所、急救站互动，开通游客救护绿色通道；组织景区民警、保安等进行急救知识和攀爬技巧培训。

第三节　景区安全的危机管理

世界旅游组织发布的《旅游业危机管理指南》（Crisis Guidelines for the Tourism Industry），指导成员国如何进行危机应对与管理工作，提出旅游业危机管理的主要途径是沟通、宣传、安全保障和市场研究四个方面，旅游业危机管理包括危机之前、危机期间和危机过后三个阶段。对景区而言，应借鉴《旅游业危机管理指南》构筑景区安全管理的阶段性任务，从而实现科学、规范、安全的运营管理。

一、危机之前

在沟通方面，要制订安全管理计划，选任景区专门的发言人，设立一个和媒体沟通的部门，定期对安全管理计划进行预演排练；在宣传方面，建立与相关管理部门、媒体、门户网站等对象的联络通道，以便出现景区安全问题时能及时联络和沟通，将信息发布的主动权掌握在景区一方；应预留出特别事件基金，以应付紧急情况；在安全保障方面，要有安全应急预案，要保持与其他负责安全保障部门的工作联系，旅游部门要制定旅游行业的安全保障措施，成立旅游从业人员安全工作组，设立应急电话中心。

二、危机期间

危机发生的第一个 24 小时至关重要，科学合理、系统有效的反应能够把突发性事件对旅游景区的破坏程度降到最低。在此阶段，要牢记危机管理的 3T[①]原则。

①以我为主提供情况（tell you own tale）。强调景区（或景区主管部门）要牢牢掌握信息发布的主动权。通过景区发言人或者主流媒体迅速发布准确可靠的安全信息，及时向政府主管部门、公安部门、防灾减灾组织、旅行社、相关旅游者家属等报告或通告有关情况。

②尽快提供情况（tell it fast）。强调危机处理时应该尽快不断地发布信息。景区危机事件发生时，媒体聚焦、受众关注、当事人或家属焦急，必须用及时、最新的事件信息赢得相关各方的理解和支持。

---

① 3T 原则由英国危机公关专家里杰斯特（M. Regester. Michael）在 *Crisis Management* 一书中提出，强调危机处理时把握信息发布的重要性。

③提供全部情况（tell it all）。强调信息发布全面、真实，而且必须实言相告。欺骗、隐瞒、扭曲相关信息将会失去相关当事人的信任，增加解决问题的难度。坚持了这三个原则就能基本保证危机管理的成功处置，甚至能将危机转化为景区发展的良机。

另外，还可以利用政府的公信力努力降低危机的消极影响，帮助恢复景区的正面形象。例如，由政府出面召开新闻发布会，及时发布事态进展并进行适当的承诺。例如，2015年东方三星号翻沉事件成功处置的经验就是：及时正确引导舆论，发挥主流媒体作用。主动设置相关议题，认真回应社会关切。组织专家解疑释惑，正确深度有效引导。大范围的危机事件发生后，政府还可以实施金融救助或财税措施支持旅游景区，在困难时期，政府需要与景区紧密合作，用临时性的税收优惠、补贴措施来激励旅游景区迅速恢复运营。

三、危机过后

研究表明，即使景区危机过后，危机带来的负面影响仍然会在旅游者心中保持一段时间，危机过后的工作也非常重要。在安全保障方面，需要重新审视安全保障系统，以保证其在危机结束后依然有效，通过旅游接待调查反馈，奖励先进，鞭策后进，提高安全保障服务的质量；在宣传方面，要将景区采取的防范措施、预案、景区恢复正常运营等积极信息，通过各种媒体传播给公众，用正面报道抵消危机在旅游者心目中形成的不利影响。

2013年实施的《旅游法》专门有第六章"旅游安全"共有七条法律规定，既从政府、旅游经营者，也从旅游者角度对旅游安全的权利义务进行了全方位、立体化的规范。这些条文既是景区进行安全危机管理的法律规范，又是景区进行安全危机管理的行动指南。

本 章 小 结

本章主要是围绕景区安全管理展开，首先阐述了景区安全管理的表现形态，即自然灾害和公共安全事故；然后重点谈到了景区安全管理的项目内容，包括相关法律法规、预警管理和安全管理的主要内容。最后对景区安全管理中的危机管理进行了阐释。

本章重要概念

景区安全管理，是指景区为了确保游客、员工和景区的安全，消除安全问题发生的各种潜在因素，确保景区秩序井然，保持良好运营状态而实施的一系列计划、组织、指挥、协调、控制等管理活动。

景区公共安全事故，是指非自然因素引起的、伤害游客数量较多、影响恶劣的突发事件。这些事件不仅直接危及旅游者的人身安全，而且会对景区形象产生负面影响，从而导致旅游景区游客数量锐减甚至停业整顿。

复习思考题

1. 列举景区安全问题的形态。

2. 简述景区安全管理的主要内容。

 **课后案例**

伤心的大峡谷——贵州马岭河峡谷缆车坠毁事件

第九章

旅游景区游客管理

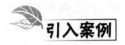
引入案例

老虎为何频频吃人？

老虎吃人事件一：2016年7月23日下午3点左右，北京八达岭野生动物园的东北虎园内。一辆白色小轿车在游览过程中突然停下，接着副驾驶座位上一位梳着马尾、身穿裙子的年轻女子打开车门，从前方绕到汽车驾驶座。不料身后突然蹿出一只老虎。女子被老虎扑倒在地并拖走。驾驶座位上的年轻男子和车后座上的一名老年女子赶紧下车追赶。紧接着，园内巡逻车飞快赶过来，向被叼走女子的方向驶去。据了解，遇袭的年轻女子之后被工作人员救下，并被紧急送往医院抢救，但遗憾的是，赶去解救的老年女子被另一只老虎袭击，当场死亡。最终这起事故造成1死1伤的结果。

老虎吃人事件二：2010年6月13日13时20分，西安秦岭野生动物园，来自合阳县的一对父子非法越入动物园猛兽区之虎区，一人被放养的老虎当场咬死，动物园工作人员冒着生命危险将另一人救上斑马车（救援车）。野生动物园分为车行和步行两大区域，即使工作人员和动物饲养人员也绝不能直接进入猛兽放养区。

在西安秦岭野生动物园的门票背面和导游图上的游客须知中明确写着：猛兽区、草原区参观请统一乘车。"猛兽威严，游客止步""猛兽危险，请勿靠近""内有动物，请勿翻越"三处醒目的警示标语就写在西安秦岭野生动物园门上和虎区门上。事发当天，张昌乾父子没有注意阅看，这也是他们最大的过失，但园方如果严格执行了4号门门禁制度，悲剧也还是可以避免的。

作者查阅资料发现，2005年以来，类似老虎吃人事件至少发生了六起，如表9-1所示。

表9-1　2005年以来老虎吃人事件

时间	地点	当事人	死伤情况	事发原因
2010年3月	哈尔滨北方森林动物园	哈尔滨市阿城区平山镇居	仅剩腿骨和头骨	有多年精神病史，翻越围栏
2010年3月	上海动物园	动物园饲养员	当场死亡	初步判断是饲养员进入虎舍时，未将老虎出入的门关闭
2009年3月	北京八达岭野生动物园	3名河北籍男子	其中20岁的郭某被一只东北虎咬中喉咙，当场死亡	爬完野长城后，为了抄近路下山，翻阅围栏进入虎园
2007年2月	昆明圆通山动物园	6岁女孩	被老虎咬伤，后经抢救无效死亡	与老虎合影时，老虎兽性大发

续表

时间	地点	当事人	死伤情况	事发原因
2005年4月	常德市临江公园	8岁男孩梅昌华	被猛虎撕咬，送往医院途中死亡	在无大人照看时，翻越1米高的防护栏
2005年6月	哈尔滨北方森林动物园	一名刚参加完高考的学生	被老虎咬死	和几名同学庆祝毕业，喝完酒后翻越防护网

　　奥斯特洛夫斯基说："人最宝贵的是生命，生命属于人只有一次。"以上这些偶发事件都是让逝者家属悲痛欲绝、痛心疾首、追悔莫及的大事。我们不禁要问：老虎为何频频吃人？

　　（资料来源：作者根据相关资料整理撰写。）

引言

　　简单地说，老虎频频吃人的核心原因就是对规矩的漠视：游客对规矩的漠视、饲养员对规程的漠视。以在八达岭野生动园发生的死伤事件为例，自驾游的游客入园前都要签订《自驾车入园游览车损责任协议书》，该协议第一条即写明"猛兽区必须关好、锁好车门、车窗，禁止投喂食物、严禁下车"。虽然《中华人民共和国侵权责任法》第八十一条规定，动物园的动物造成他人损害的，动物园应当承担侵权责任，但能够证明尽到管理职责的，不承担责任。但是，即使动物园尽到了管理职责，事后相关动物园一般还是至少被要求停业整顿，还有的要经济赔偿甚至批捕抓人。

　　俗话说，没有规矩不成方圆。这是千百年来人们在生活中归纳出来的一个朴素而实用的道理。它告诉人们：做任何事都要有规矩、懂规矩、守规矩。规矩是无情的，它不会对任何人做出让步；规矩又是有情的，它会保护遵守规矩的任何人。旅游者在旅游景区旅游也要有规矩意识，但实际情况是规矩意识在国人心中严重缺失，不守规矩的行为屡屡发生。因此，旅游景区的游客管理就成为运营管理的重要内容。

　　游客管理是景区管理的重要组成部分，通过组织和管理游客的行为活动，通过调控和管理来强化旅游资源和环境的吸引力，在提高游客满意度和体验质量的同时实现对旅游景区资源的可持续发展。完整意义上的游客管理至少有三种理解：一是游客管理就是游客行为管理，即游客责任管理，目的是规范与引导游客行为，以减少对游客自身的伤害及对景区环境与资源的破坏；二是游客管理是游客体验管理，其目的是为了提高旅游体验质量，增加游客满意度；三是游客管理是协调环境保护与游客需求关系的一种工具，从景区规划与建设的角度考虑供给与需求关系的协调。本章将重点阐释景区运营中的一般游客行为管理，此处的游客行为主要是指不文明行为或不当行为，不包括旅游者的决策行为和消费行为。

第一节　游客特征分析与管理办法

　　游客的不文明行为，是指旅游者在旅游途中由于公共道德缺失而做出的违背公序良俗的举止和动作。例如，不自觉排队、公共场所吸烟、乱扔垃圾、随地吐痰、践踏花草破坏绿化、忽略靠右行走（上楼梯）、大声喧哗影响他人、乱涂鸦（如×××到此一游）等。游客不当行为的范围大于游客的不文明行为，主要构成是不文明行为，但除此之外，还包括在景区内不遵章守纪、用语言或肢体挑衅攻击景区工作人员或其他游客，例如，罔顾警示牌"珍爱生命禁止下车"而在老虎散养区下车等。

一、游客不当行为产生的原因

了解游客不当行为产生的原因是正确引导游客行为的必要条件。游客不当行为产生的原因比较复杂，具体有以下几种。

（一）游客"二元行为"现象是主因

旅游者二元行为理论（theory tourist dualistic behavior）认为，旅游者的行为是具有二元性的（二元情境，即常居地情境和异地情境），二元性的第一个变化是旅游者的购买行为会有更强的冲动性，二元性的第二个变化是旅游者的社交行为会趋向于真实。第二个变化是游客产生不当行为的根源。游客在惯常（常居地）情境下好比是生活在舞台上，扮演着各式各样的角色。受到众多亲人或熟人的监督和约束，但在旅游情境下，游客暂时离开了熟悉的社会规范，卸下一些角色或面具，想要还原自我的真实性，有随意、懒散、放任、无约束的心理倾向。摆脱了日常生活圈中的清规戒律及道德的约束，对自己的行为举止少了许多顾忌与约束。由此产生了一些不当行为。

（二）文化背景的原因

中国的传统文化以儒家文化为主导，作为一种带有浓厚农耕文化色彩的中国传统文化，种种道德规范虽然汗牛充栋、多如牛毛，但针对的主要是熟人社会，即家庭、上下级和亲戚朋友，鲜有关与陌生人相处的道德说教与规范，私德过多而公德过少。这一点与"二元行为"现象叠加，更加助长了不当行为的发生。私德是"大节"而公德往往是"小节"，大节是忠、孝、义和贞操，小节就是脏、乱、吵、邋遢等。而不拘小节还一度成为中国名士骚人的另类潇洒风流的代名词。传统文化深厚的轻公德之根，自然会在今天国民的身上反映出来。所以，"礼仪之邦"的确重视礼仪，但主要是指私德方面的礼仪。

（三）社会转型的原因

中国当前正处于转型期，经济体制、社会机制等都在进一步的变化发展之中，在一批规则退出历史舞台之前，新的规则、规范还没有及时建立或仍在建构之中，这样的社会状况，必然影响到国民的整体表现。同时，在国内，因为人多而资源有限，人们凡事喜欢"抢"，比如乘车船、赶飞机、过马路、购买紧俏商品等，哪怕是只有两个人也要抢。习惯成自然，不管在国内或国外的旅游中表现出来，也就不足为奇了。

（四）个人修养和素质原因

事实上，在境内外旅游的国民中，只有少部分有陋习，并非整体国民都如此，但却影响了整个国民的形象。因此，提高个人的修养与素质，事关国家形象。

虽然我国政府提出物质文明与精神文明要"两手抓，两手都要硬"，但在具体实践中，往往是抓经济建设不遗余力，而精神文明建设却往往流于形式，在公民道德与素质的提升上效果难显。长期以来，我国从小学到大学的教育更多注重考试分数，培养的是高智商的"精致的利益主义者"，加之独生子女的家庭环境和唯利是图的不良社会环境，我行我素、骄横无礼、目中无人等行为几乎成为常态，个人修养和素质亟待提高。

（五）缺少规矩意识的原因

"规矩意识"是一种自律观念、底线观念，这种对规则、制度的敬畏与遵从一旦形成，就可以内化于心，外化于行。但是，长期以来，制度与规则在人治社会和熟人社会的背景下经常被肆意践踏，由此形成了一些游客对规矩的漠视。旅游景区的运营管理者和旅游者都应该有规矩意识，在旅游景区内，景区管理者要立规矩和讲规矩，旅游者在景区内的行为也要讲规矩和守规矩。

当然，除上述五个方面的原因外，还有其他一些原因。例如，很多游客缺乏旅游常识以及对当地风土民俗缺乏了解，往往由于无知而在无意识的情况下做出一些"不文明旅游行为"。中央文明办、原国家旅游局公布了经归纳整理的、民众反映比较普遍的不文明行为，如表 9-2 所示。

表 9-2　旅游中常见的不文明行为

国内旅游中常见的不文明行为	国外旅游中常见的不文明行为
（1）随处抛丢垃圾、废弃物，随地吐痰、擤鼻涕、吐口香糖，污染公共环境 （2）在非吸烟区吸烟，打喷嚏不掩口鼻，危害他人健康 （3）坐公交车、乘电梯、购物、买票、参观、就餐时争抢拥挤、插队加塞，不谦让老幼病残孕 （4）在公共交通工具、宾馆饭店、剧场影院等公共场所高声接打电话、猜拳行令、喧哗吵闹 （5）在景观文物、服务设施上乱刻乱划，踩踏禁行绿地，攀爬摘折花木 （6）不听劝阻喂食、投打动物，危害动物安全 （7）在他人面前打赤膊、袒胸敞怀，在房间外穿睡衣活动，穿着不合时宜 （8）讲黄色段子、宣扬封建迷信、传播胡编乱造的政治笑话，热衷低级趣味 （9）强拉外宾合影，违反规定拍照、录像 （10）吃自助餐时多拿多占，离开宾馆饭店时取走非赠品，贪占小便宜	（1）随处抛丢垃圾、废弃物，随地吐痰、擤鼻涕、吐口香糖，上厕所不冲水，不讲卫生留脏迹 （2）无视禁烟标志想吸就吸，污染公共空间，危害他人健康 （3）乘坐公共交通工具时争抢拥挤，购物、参观时插队加塞，排队等候时跨越黄线 （4）在车船、飞机、餐厅、宾馆、景点等公共场所高声接打电话、呼朋唤友、猜拳行令、扎堆吵闹 （5）在教堂、寺庙等宗教场所嬉戏、玩笑，不尊重当地居民风俗 （6）大庭广众之下脱去鞋袜、赤膊袒胸，把裤腿卷到膝盖以上、跷"二郎腿"，酒足饭饱后毫不掩饰地剔牙，卧室以外穿睡衣或衣冠不整，有碍观瞻 （7）说话脏字连篇，举止粗鲁横行，遇到纠纷或不顺心的事大发脾气，恶语相向，缺乏基本社交修养 （8）在不打折扣的店铺讨价还价,强行拉外国人拍照、合影 （9）涉足色情场所、参加赌博活动 （10）不消费却长时间占据消费区域，吃自助餐时多拿浪费，离开宾馆饭店时带走非赠品，享受服务后不付小费，贪占小便宜

二、旅游者的人格特征分析

旅游者的人格特征与旅游者的行为之间的关系既十分复杂又紧密相关。通过对旅游者人格类型和人格结构的分析，有助于旅游工作者更好地预测和引导旅游者的行为。关于人格类型的划分有两种方式：一种是基于纯心理学理论研究的成果，如内倾和外倾、男性气质或女性气质、内控型或外控型、自尊或自卑等；另一种是出于应用的需要而划分的人格类型，如经济学家从消费行为特点的角度把人划分为多虑型、文静型、不拘礼节型、性情急躁型、友好型等。

（一）心理学研究中划分的几种人格类型

（1）内倾型和外倾型

最早在心理学领域内规范化地使用内倾和外倾这一概念的是心理学家荣格。他认为人在与周围世界发生联系时，人的心灵一般有两种指向：一是指向个体内在世界，叫内倾；二是指向外部环境，叫外倾。具有内倾性格特点的人一般比较沉静、富于想象、爱思考、退缩、害羞、敏感、防御性强；而外倾者则爱交际、好外出、坦率、随和、轻信、易于适应环境。内倾和外倾实际上是个连续体，而不是各自独立的两个极端。大多数人处于内倾和外倾这一连续体中的某一位置上，绝对内倾或外倾的人并不多见。

（2）男性气质和女性气质

男性气质是指有进取心、喜欢专断和控制人的，而且独立性较强；而女性气质是指温和的、容忍的、细腻的，有依赖性。一般而言，男人更多地具有男性气质，女人更多地具有女性气质。但这并不是绝对的，有的男人具有女性气质，如较温和、能容忍。同样，有的女人具有男性气质，如有进取心，爱控制人。

（3）内控型和外控型

内控型的人坚定地认为自己是自己命运的主宰，只有自己才能控制自己的命运。这种人独立性强，不容易受外界影响而改变自己的行为。这种人如果碰到了好事，则认为是自己努力的结果。如果遇到了倒霉事，也只怪自己，认为是自己造成的，因而这种人从不怨天尤人。外控型的人则相反，认为一切事情都是命运主宰的，自己只是处于被动地位。因此，无论成功或失败，他们总认为是外力的结果。例如，在景区内翻越禁止翻越的护栏摔成骨折，内控型的人会认为是自己不对，不应该违规翻越；而外控型的人则可能会找景区管理部门理论并要求赔偿。而在现实中，景区为了息事宁人往往满足了这些人的无理要求，从而造成了"维权意识极强守法意识极差"的怪现象。张建新[①]（2013）认为，中国人的行为是外控型的，即行为正确与否并非出自内心，而是别人的评价。只要别人不谴责、不约束，就被默认为是可行的。

（4）自卑和自尊

自卑就是认为自己软弱、无能，对自己评价较低。自尊则是认为自己了不起，对自己估计过高。一般情况下，人们有时会有自卑感，但这并不表明这个人有问题或不正常；相反，他会构成一种追求卓越的力量，促使人做出更大的努力，最终获得成功并因此而产生优越感。但是，如果过于自卑，就可能摧垮一个人，整日唉声叹气，最终一事无成。有时，人们为了掩饰自卑心理以求得心理平衡，会显出很高傲的样子，表现出强烈的自尊。但这

---

① 中国科学院心理研究所副所长、亚洲社会心理学会主席、中国心理学会国际工作专业委员会主任。

种高傲假象很容易被识破，因为这种高自尊的人比较敏感、脆弱，而且攻击性较强，一有机会就会贬低别人以抬高自己。恰当的自尊是维护个人心理完整性、保持心理健康的重要前提。但如果一个人优越感过强、自视太高，就可能变成一个专横跋扈、自吹自擂、傲慢无礼、爱贬低别人的人。

（二）游客管理中的人格类型分析

了解旅游者不同人格类型背景下的行为特征，就可以为游客管理提供基本的工作思路，也便于更好地理解旅游者，找到不冲突、不对抗、和谐相处的游客行为管理方法。

1. 根据旅游者在生活中的表现来划分

（1）神经质的旅游者

神经质一词更多地用在变态心理学中。神经质的人指的是具有敏感、易变等不完善人格的人。神经质的旅游者的特点表现为：厌倦、脾气乖戾、急躁、大惊小怪、兴奋、易激动、无礼、事必挑剔、敏感、难以预测。

这类游客最难管理，对服务及管理人员是最大的挑战。通常情况下，这类游客所占比例较小，但随着社会的发展、生活节奏的日益加快和外在压力的增大，人们体验到的失败感越来越多，导致神经质的旅游者有增加的趋势。从景区运营的角度来说，景区工作人员没有选择客人的权利，只能以最大限度的同情和忍耐给客人以舒适、抚慰、尊严。

（2）依赖型的旅游者

依赖型的旅游者的特点是自理能力弱、羞怯、易受感动、拿不定主意。这类游客包括人格不健全的幼稚型人格者、初次出门旅游者、年老和年幼难以自理者以及不熟悉情况的外国客人。这类游客需要给予更多的关注和同情，他们需要详细了解景区所提供的服务项目、收费情况等。对这类游客如果不能给予充分的关注，他们不会主动享受和消费景区提供的服务和产品，从景区运营的角度看也就失去了商机，也难以提高他们的满意度。

（3）使人难堪的旅游者

使人难堪的旅游者的特点是自私尖刻、爱挑刺、爱指责批评别人、缺少同理心。“一喊二闹三要钞票”是这些游客经常的行为特征。这类游客的心中好像有许多不平事，好像全世界的人都对不起他。这些游客只是对别人提出要求，而很少理解和关心别人。他们也从不由己推人，进行心理换位。因此，面对这些游客，景区工作人员要压住心中的怒火，要谨慎、周到、有理有据地给他们提供必要的服务。

（4）正常的旅游者

除了以上三种类型的旅游者以外，绝大多数的旅游者属于有礼貌、有同理心的正常游客。对于这些正常的旅游者，景区工作人员可以充分发挥自己的聪明才智，把各种服务充分有效地提供给他们，让他们旅游满意的同时，还能成为景区良好口碑的传播者。

2. 根据生活方式来划分

生活方式是指社会生活的形式，它作为一种综合性的人格特征，与人的日常生活中的各种行为关系密切。按照生活方式来划分，旅游者的类型大致有以下三种。

（1）喜欢安静生活的旅游者

这类旅游者重视家庭、关心孩子、维护传统、爱好整洁，而且对身体健康异常注意。一般情况下，他们选择的旅游景点大多是环境宜人的湖滨、海岛、山庄等旅游区。他们喜欢这里清新的空气、明媚的阳光，喜欢去狩猎、钓鱼、与家人野餐。这种人喜欢平静的生活，不愿意冒任何风险，而且对广告从来都抱怀疑态度，尤其是报纸和杂志上面的广告，他们更相信朋友圈的推荐。此类型的旅游者不喜欢被过多的服务打扰，自我约束能力强，遇事一般也不会大喊大叫，是受景区欢迎的消费主体。

（2）喜欢交际的旅游者

这类旅游者活跃、外向、自信、易接受新鲜事物，他们喜欢参加各种社会活动，认为旅游的含义不能局限于休息和放松，而应该把它看成是结交新朋友、联络老朋友、扩大交往范围的良好时机。他们是敢作敢为的、活跃的，对新经历充满兴趣，喜欢到遥远的、有异国情调的景点去旅游。此类型的旅游者喜欢参加各种旅游活动、要求有更多的旅游服务，自我约束能力弱，常常有不当的旅游行为出现，遇事经常会大喊大叫。此类旅游者是景区应该重点关注和管理的游客群体。

（3）对历史感兴趣的旅游者

这类旅游者认为旅游的主要收获就是能够增长见识，而娱乐只是一个次要的收获。他们认为旅游是了解他人、了解当地风土人情的良机，是对今天这个世界产生过影响的历史人物和事件进行了解的良机。这类旅游者之所以对受教育和增长见识如此重视，是因为他们把自己的家庭和孩子看成是生活中最重要的部分，认为帮助并教育孩子是做家长的主要责任。因此，他们认为假期应该是为孩子安排的，并且认为全家能在一起度假的家庭是幸福的家庭。此类型的旅游者常常由于对孩子的溺爱而放纵孩子的行为，产生不良后果后要么逃避责任，要么不依不饶要求赔偿。

三、不同出游方式的旅游行为分析

（1）团队游客及其旅游行为特征

团队游客是由旅行社组织并安排的，按照固定的路线、活动日程与内容，进行一日或数日游的旅游者。团队游客的人数一般为15人左右，这些游客的行为往往受到较多约束，游客的行程安排大多比较紧凑，团队游客大多统一行动，旅游活动按既定路线和内容进行。此类型的旅游者常常在就餐、购物或其他公共场所有不当的行为，例如，大声喧闹、不守秩序的拥挤、就餐过程中的多拿多占、攀爬涂写等行为。

（2）散客式自助游客及其旅游行为特征

散客是相对团体而言的自行结伴、自助旅游者，他们根据自己的兴趣或爱好，按照自己的意志自行决定旅游线路和内容。散客通常包括个体出游的游客、小团体结伴出游的游客和家庭出游游客等。散客旅游是人们突破传统团体旅游约束、追求个性化的行为表现，具有策划自主性、内容随机性和活动分散性等特点。由于散客一般在出游前都做足了"功课"，对景区比较了解，他们渴望深度体验旅游，因而很多旅游行为自主性、随意性较大，可能给景区或游客本人造成破坏或者伤害。

第二节　正确引导游客的行为

一、正确引导游客的行为的意义

一个国家的综合国力，不仅体现在经济、科技等"硬实力"上，同时也表现在文化、社会风尚和国民素质等"软实力"上。因此，激发公民的集体荣誉感、民族自豪感和爱国热情，展示国家、民族的良好风范，维护国家的荣誉和尊严，应成为政府公共管理的当务之急。

很多游客存在不文明行为，这些不文明行为可能导致旅游景区环境污染、景观质量下降甚至寿命缩短，其最终结果必然是造成旅游景区整体吸引力下降，旅游价值降低。它严重影响和直接威胁着景区（点）的可持续发展。更有甚者，还可能给景区带来灾难性影响，如违章抽烟、燃放爆竹、违章野炊等行为很容易引起火灾。一旦发生，后果不堪设想。

游客的不文明行为直接会产生以下影响。①游客的不文明旅游行为给景区的环境管理、经营管理带来极大的困难。②游客不文明行为本身往往成为其他游客游览活动中的视觉污染，影响游兴，破坏环境气氛，进而影响其他游客的游览质量。③游客不文明行为往往会给自己的人身安全带来隐患。如到一些未开放的景区（点）游览、违章露营、随意给动物喂食、袭击动物、不按规定操作游艺器械等行为，都可能给游客自身带来意外伤害。近年来，已有不少景区出现类似的安全事故，但很多游客意识不到这一点，因此，正确引导游客行为至关重要。

上述不同人格特征和不同出游方式旅游行为的分析，给景区运营管理者提供了游客管理的方向，也有可能拟定有针对性的措施。另外，景区还要拟订并实施游客管理的一般方法。

二、引导游客行为的方法

（一）服务型管理方法

服务型管理方法是一种软性的管理方法。由于游客与管理者关系的特殊性，游客既是管理者的管理对象，又是管理者的服务对象，因而需要管理者在为游客提供服务和帮助的过程中提醒游客哪些该做、哪些不该做。

1. 印制门票、导游图或旅游指南：让游客清楚自己的责任

旅游景点可以在门票、导游图或者旅游指南上加印提醒游客文明行为的提示语句，使游客一进入景区就开始接受旅游文明教育和提示。以常见的旅游指南为例，其印制和发放应达到如下要求：①排版合理，重点突出，色彩鲜艳，有吸引力；②在游客进入景区前后及时免费发放（或自取）；③指南中除了介绍景区资源特征、旅游活动的时间和地点之外，应特别提醒在景区中被禁止的旅游行为。

2. 设施引导：建立旅游警示或提示标志

（1）警示标志

梳理景区内有可能给游客带来伤害的因素，以警示标志的方式郑重提醒。告知游客注意事项、禁止游客的危险行为。为达到醒目的目的，设施多采用红色和黄色，例如，游园须知、请勿进入、请勿吸烟、请勿拍照、高压危险、进入猛兽区请勿下车等。

（2）提示标志

为了方便游客游览，让游客在景区内快捷获取信息，全面了解景区，避免游客迷路及不当行为的发生，用柔性善意的语言设立提示标志，主要包括全景指示牌、道路指示牌、景点指示牌、服务指示牌、观赏提示牌等。

另外，旅游景区还可设置引人注目的宣传画和公益广告，使旅游文明行为潜移默化、深入人心。

3. 导游引导：适时提醒、监督引导

旅行社在组团出游之前，要对游客进行文明旅游行为教育，说明目的地的风俗习惯、礼仪规范、民族禁忌及行为方式，必要时可组织文明旅游考试，签订《文明旅游承诺书》。在旅游活动中，导游要及时提醒和制止游客的不文明行为。另外，旅游管理部门在导游考评、导游词设计等方面可适当增加有关游客行为管理和景观保护常识等内容，引导和鼓励导游负责任地行使好游客行为管理和保护资源的职责。

（二）控制型管理方法

服务型管理方法是基于游客都有公德心、责任心、羞耻心、敬畏心等人性中善的思考，通过引导游客的行为来实现管理的目的。但是，不是所有的游客都有这样的心理特征，对于那些我行我素、任性骄横、不守规矩等恶劣行径的游客应该采取控制型管理方法。旅游景区管理方应该在政府相关部门法律法规的基础上，制定必要的景区管理规则及惩罚措施，并配备必要的人员保证实施。

除了常见的指派专人在景区关键点制止不当行为之外（事中控制），常见的控制型管理办法（事后）包括批评、罚款、报警、录入旅游黑名单等。其中旅游黑名单制度是目前较为有效的控制型管理方法。2016 年，原国家旅游局将《旅行社条例》和《中国公民出国旅游管理办法》两部行政法规进行了合并修订，形成了《旅行社条例》，在保障游客权益的同时，规定如果游客因不文明行为被记入黑名单，将旅游者相关信息纳入不文明行为记录，向社会公布，并向公安、海关、检验检疫、边检、交通、金融等部门和机构、行业组织及有关经营者通报。有关部门和机构、行业组织、经营者可以根据职责权限在征信系统中记录，采取在一定期限内限制出境旅游、边境旅游、参加团队旅游、乘坐航班等惩戒措施。例如，被列入黑名单的陕西游客李某某（男），在吴起县胜利山景区内，攀爬红军雕塑照相，被其他游客拍照记录后在网上传出，引起公众广泛谴责，造成严重的社会不良影响。

（三）示范型管理方法

景区员工在履行其正常职责的过程中，可以随时与游客交流沟通，提供游客所需要的信息，并听取他们的反映，向游客阐明注意事项。同时，要以自己的实际行动教育游客尊重环境、遵守规章。例如，国内不少景区组织工作人员与青年志愿者一起开展环保活动，这既可以强化工作人员的环保意识，又能起到对公众的宣传作用。黄山之所以卫生保持得

很好，除随处可见石砌的垃圾箱外，游客还能看到清洁人员不辞劳累、默默无闻地捡拾游客留下的垃圾，还有哪个游客会忍心乱扔乱倒垃圾给他们添麻烦呢？此外，带队导游也要注意自己的一言一行，为游客树立好榜样。

服务型与控制型管理方法属于直接管理，示范型管理方法属于间接管理方法。学者周峰曾经编译了鲁卡斯（R. C. Lucas，1984）、道格拉斯（R. W. Douglass，1982）、皮格兰姆（J. Pigram，1983）和努森（D. M. Knudson，1980）等人的论著，其中列举了游客管理的若干直接或间接的具体措施，归纳如表 9-3 所示。

以上阐述的是景区运营过程中引导游客行为的方法。另外，政府相关部门也必须采取相关措施引导游客行为，主要措施包括：加强宣传教育、制定相关规范、加强监督管理、建立奖惩制度等。

表 9-3　游客管理的直接方法和间接方法

方　法	技　术　层	具体措施
直接管理法	实施规则	加强巡视 罚款 雇用看护员 使用闭路电视或摄像机监视
	分区管理	禁止在某些区域或某些时间段内从事某些活动 关闭某些地域的活动场所
	限制利用量	限制游客数量 限制团体数量 限制停留时间
	限制活动	禁止篝火晚会 禁止走出道路和游径的旅行 禁止野营 禁止带狗，或者规定必须给狗系上牵引绳 禁止乱扔废物 禁止游客纵容马匹啃食植物等
间接管理法	物理变更	改善维护（或不改善维护）通入道路 有选择地封闭道路 新建道路 改进停车设施 改变游径，或仍保留为无游径的区域 改进通往水域的道路 增加鱼类或野生动物种群量，或不增加 开辟水体 扩大视野
	宣传	设置较多方向标志，或很少设置 利用宣传工具作旅游景区和游憩机会的广告，或不这么做 向游客介绍活动类型，特别是介绍开放的场所和时间 教育游客遵守规则 号召游客予以协助
	适当要求	收取固定入场费 根据场所和季节收取不同的费用

第三节　旅游景区游客管理的未来发展

目前，国外旅游目的地游客管理的理论和实证研究主要集中在以下六个方面：游客需求和偏好（visitor demand preference）、游客行为管理（visitor behavior management）、游客容量管理（visitor carrying capacity management）、游客安全管理（visitor safety management）、游客体验管理（visitor experience management）和游客冲击管理（visitor impact management）。这六方面的研究国内学术界都有涉及，而且一般都是国外的研究比国内的研究要深入和全面。但是，属于游客行为管理的不当行为（不文明行为）的研究在国外学术界几乎是空白，在国内学术界有一些研究，在管理实践和媒体讨论中更是热点问题。梳理现有资料，可以对我国景区游客管理的未来发展做出如下判断。

一、游客：不当行为逐渐下降，管理压力逐渐减小

长期的二元经济结构背景下的短缺经济和贫困是不文明行为的根源之一，西汉史学家司马迁在《史记·管晏列传》中说"仓廪实而知礼节，衣食足而知荣辱"，因而，不文明行为的出现有其一定的客观原因，即物质文明的缺失导致精神文明的缺失。随着中国成为世界第二大经济体、全面进入小康社会及素质教育的全面推行，包括不文明行为在内的不当行为将会逐渐下降，管理压力将逐渐减小。

可见，世界在进步，中国也在进步，不应该将不文明行为的标签贴在中国游客身上。不文明行为不分国界，在任何国家的游客身上都有可能发生。

二、景区：被动防御转向积极管理

过去，基于安全考虑，景区采取了很多措施防范游客不当行为的发生。例如，为了保障游客安全，将动物关在笼子里；用安全网（绳）隔离游客；为了避免触摸及拍照等不当行为对文物或生物的损害，直接关闭一些参观点。现在及未来，旅游体验是旅游者消费升级追求的核心。因而，更加开放、人性化、浸入式的旅游项目设计将成为未来的主流。在此背景下，通过对游客不当行为的积极管理，达到游客满意与景区安全的双赢。例如，重庆多个景区添设了电子签名墙，有效缓解了"到此一游"现象；黄山风景区管委会发布并施行《黄山风景区旅游文明行为记录管理办法》，以"红黑榜"的形式记录和管理游客的旅游行为。其中，游客上"红榜"将在一定期限内享有免黄山风景区门票的优待，上"黑榜"将在一定期限内被作为"黄山风景区不受欢迎的人"在该景区政务网站公布；在黄石公园，所有的雇员和志愿者都被鼓励参与对游客的教育活动，尤其是教育的内容涉及资源保护时。我国一些景区也开始组织志愿者对游客进行宣传教育。

三、政府管理部门：宣传教育和严厉惩戒双管齐下

游客不当行为问题的解决，小到家庭教育，大到国家宣传教育与法律法规，都需要不

断努力。其中，具有国家公权力的政府管理部门责任重大，正面的宣传教育和反面的严厉惩戒是未来很长一段时间的主要工作。政府管理部门的主体单位是中央文明办以及文化和旅游部，中央文明办坚持国内游出境游一起抓，有针对性地开展教育引导工作，推进依法管理，强化公民文明出游意识。推出一批"最美导游""最美游客"，抓好反面曝光，形成警示效应。原国家旅游局颁布实施了《游客不文明行为记录管理暂行办法》，将不文明游客公布于众，截至目前已公布了四批"黑名单"，共计16名游客上榜。不过，无论中央文明办、旅游主管机构还是航空公司，"黑名单"制度要真正发挥效力，法律撑腰才是硬道理。例如，意大利佛罗伦萨市的警察提醒坐在圣玛利亚教堂台阶上的游人站起来，否则将被罚款。为了维护著名历史古迹的环境卫生，佛罗伦萨和威尼斯两个城市规定禁止游人在教堂和中心广场上坐卧，不听警察劝说者将处以50欧元的罚款。

四、旅行社：从被动适应到主动担责

过去，更多情况是旅游景区、酒店等要求旅行社导游提醒游客避免不当行为的发生，进行事前规划和劝导。今后，由于散客旅游市场逐渐替代团队旅游市场成为知名或热点景区的主体，旅游景区的话语权随之增加，就可以挑选那些组团游客素质高、购买力强的旅行社成为合作伙伴，淘汰那些通过低价组团、拼团，不当行为发生概率高的旅行社。所以，旅行社除了借助导游的嘴被动地规劝游客要有文明的行为之外，还应该主动担责，"挑选"高素质的游客群体，在出游前就开始进行教育和引导，"培养"具有绅士风度的旅游者。

综上所述，对游客行为的管理是项艰苦的工作，景区的终极目标是在不破坏旅游地资源环境的前提下，最大限度地满足游客需求和提供高质量的游客体验，同时，能够实现旅游地社会、生态、经济三大系统的可持续发展。立足现状展望未来，要将这门功课做好，将是一项比较复杂的系统工程，涉及游客、景区、政府管理部门和旅行社多个环节。景区游客管理的最终目标是旅游资源不再以不当行为"蒙羞"，而是因文明行为"添彩"。

本 章 小 结

本章介绍了旅游景区游客管理的相关知识，从游客不当行为产生的原因入手，基于游客人格和出游行为分析，提出正确引导游客行为的方法，并对游客管理的未来进行了展望。本章的重点在于研究、分析、解决热点频发、饱受诟病的游客不当行为问题，试图让旅游回归旅游，让快乐体验、纵情山水、畅想人文成为景区运营管理的美丽图景。

本章重要概念

游客管理，是通过组织和管理游客的行为活动，通过调控和管理来强化旅游资源和环境的吸引力，在提高游客的满意度和体验质量的同时实现对旅游景区资源的可持续发展。

服务型管理方法，是基于游客都有公德心、责任心、羞耻心、敬畏心等人性中善的思

考，通过引导游客的行为来实现管理的目的。

复习思考题

1. 简述游客不当行为产生的原因。
2. 列举引导游客行为的方法。
3. 简述我国旅游景区游客管理的未来发展方向。

课后案例

砚洲岛游客溺亡事故

第十章 景区体验管理

 **引入案例**

体验：主题公园的命脉

迪士尼在成立之初便明确了它的目标：它的产品不是米老鼠、唐老鸭，而是"快乐体验"，人们来到这里是享受欢乐、寻找知识的。沃尔特·迪士尼在创办加州迪士尼乐园时，就再三强调"一切以旅游者为主"的理念。为了使旅游者在迪士尼乐园有快乐的体验，乐园在产品创新上做足文章，为世人创造了一个童话般的世界，让人们体验到了惊险与快乐。不仅如此，乐园还在服务上下足了功夫。

以香港迪士尼为例，内部的主题区域包括：灰熊山谷、反斗奇兵大本营、美国小镇大街、幻想世界、探险世界等旅游区域，每一个主题区域内又有很多的游乐项目。下午还有一场惟妙惟肖的街头狂欢大巡游，迪士尼的各种经典卡通形象都会悉数登场表演。晚上，以迪士尼经典的城堡为核心还有一场烟花和音乐表演。这些项目不仅让小朋友们乐翻天，而且让很多大人也欢乐开怀。值得一提的是，每天到香港迪士尼旅游的人很多，几乎所有的游乐项目都要排很长的队，但旅游者的快乐体验并没有因此而受影响。首先，旅游者根据自己排队的位置可以知道将要等待的时间，可以选择继续排队，也可以选择去别的人少的项目排队。其次，干净有序的环境让旅游者很放松。方便的直饮水服务、干净充足的休息座椅、一尘不染的路面让旅游者忽略了人多的现实。香港迪士尼的路面不但有员工随时清扫，而且还要每天吸尘。最后，面对每天至少三万人的旅游者，迪士尼的所有员工始终表现出自然温馨的微笑和耐心的服务。因此，迪士尼成为主题公园的巨无霸绝不是浪得虚名。

另一个成功的主题公园是好莱坞环球影城（Universal Studio Hollywood）。该主题公园是世界上最大的以电影及电视制作为题材的主题公园，在这里旅游者可以乘环球影城小火车看熟悉的电影外景，参观电影的制作过程，回顾经典影片片断。穿越还在冒着烟的空难现场、荒漠小镇、泥石流现场、爆炸现场等惟妙惟肖的拍摄现场。影城内有三个游览区，分别是电影车之旅、影城中心与娱乐中心。在影城中心，旅游者可以在电影拍摄现场亲身体验电影的拍摄过程，从技术合成、道具到声音合成旅游者都可以亲身体验。在娱乐中心，除了最受欢迎的鬼屋、辛普森4D影院、木乃伊4D影院等最经典的项目之外，新开放不久的3D金刚之旅和4D变形金刚影院是影城最有刺激体验的项目。整个好莱坞环球影城的项目体验可以用震撼刺激、出其不意、目不暇接来形容。该项目通过独特的创意与高科技的完美结合，将旅游者体验推向了一个新的高度，以至于所有的文字描述都显得苍白，唯有实地体验后才能感受到该项目的精彩。

（资料来源：作者实地体验后整理撰写。）

引言

以迪士尼、环球影城为代表的主题公园吸引着越来越多的旅游者，包括各类嘉年华①游乐项目在我国的流行，都验证了一个趋势，即体验经济时代已经到来。旅游的发展必然是朝着体验化趋势的方向发展，旅游者将更多地追求自身生理或心理上的满足，因此充分体现人文精神、生态文明、以人的体验为核心设计开发的旅游景区将会大行其道。而我国传统的旅游景区的开发和管理，以体验经济的尺度来衡量，还做得不深不透。本章从阐述体验经济的概念、特征和旅游发展的体验化趋势入手，提出了旅游景区应如何塑造旅游者体验感受，以及在体验经济时代下旅游景区管理的基本原则。

第一节　体验经济的概念和特征

一、体验经济的概念

1970 年，著名未来学家阿尔文·托夫勒（Alvin. Toffler）在《未来的冲击》一书中提出：继服务业发展之后体验业将成为未来经济发展的支柱；而未来学家甘哈曼在《第四次浪潮》一书中也宣告了第四次浪潮，即一个以"休闲者"为中心的特种服务性经济时代即将到来。这个以"休闲者"为中心的时代，在 21 世纪的今天，正逐渐成为一个日益备受关注、富有生机和活力的体验经济时代。美国学者约瑟夫·派恩（B. Joseph Pine）与詹姆斯·吉尔摩（James H. Gilmore），在他们 1999 年合著的《体验经济》一书中，对体验经济做了较为系统的阐述。他们认为体验经济是继农业经济、工业经济、服务经济之后第四个经济发展阶段；所谓体验，就是企业以服务为舞台，商品（产品）为道具，用以激活消费者内在心理空间的积极主动性，引起胸臆间的热烈反响，创造出让消费者难以忘怀的经历的活动。

于是，体验也就成为一种独特的经济提供物，本身代表一种经济产出类型，经济提供物在从产品、商品、服务、体验的角色转换中不断升值，从而使体验成为一种新的价值源泉，各种体验将成为未来经济增长的基础。

于是体验经济就成为一种以服务为舞台，以商品为道具，以体验作为主要经济提供物的经济形态。它与服务经济的不同就在于消费者在沉醉于整个情感体验过程并获得满足的同时，心甘情愿地为如此美妙的心理感受支付一定（或额外）的费用。从上述可见，体验经济实际上是甘哈曼所预言的以"休闲者为中心"的一种注重提升心理生活质量的经济形态。时代发生变化了，人们的消费形态也势必跟着变迁，并进而影响到各行各业。

二、体验经济的特征

（一）经济价值演进过程

派恩与吉尔摩将经济价值演进的过程分为下列四个阶段。

---

① 嘉年华的英文单词是 carnival，这个概念源于威尼斯，翻译过来就是"狂欢节"的意思。起初，嘉年华只是欧洲贵族们私下里举行的一个狂欢舞会，从 15 世纪开始就逐渐演变为一个全民参与的狂欢大会，并上升为一场纵情、刺激的节日盛筵。几个世纪后，嘉年华在欧洲、美洲等国家已经成为放纵、刺激的代名词。

1. 农业经济时代

这个阶段以农业耕作生产生鲜产品提供消费，附加价值有限。

2. 工业经济时代

这个阶段以经过加工的产品提供消费，产品渐有差别性，附加价值升高。

3. 服务经济时代

这个阶段是最终产品加上销售服务，服务差别性大，附加价值更高。

4. 体验经济时代

这个阶段是布置一个舒坦安适、气氛高雅的环境，体验的差别感觉最大，消费者享受贴心的产品与服务，附加价值最高。

农业经济、工业经济和服务经济到体验经济之间的演进过程，就像母亲为小孩过生日，准备生日蛋糕的进化过程。在农业经济时代，母亲是拿自家农场的面粉、鸡蛋等材料，亲手做蛋糕，从头忙到尾，成本不到 1 美元。到了工业经济时代，母亲到商店里，花几美元买混合好的盒装粉回家，自己烘烤。进入服务经济时代，母亲是向西点店或超市订购做好的蛋糕，花费十几美元。到了今天，母亲不但不烘烤蛋糕，甚至不用费事自己办生日晚会，而是花一百美元，将生日活动外包给一些公司，请他们为小孩筹办一个难忘的生日晚会。这就是体验经济的诞生。

（二）体验经济与传统的非体验经济的区别

派恩和吉尔摩把体验经济同产品经济、商品经济和服务经济做了如下比较（如表 10-1 所示）。

表 10-1　不同经济类型的比较

经济提供物	产品	商品	服务	体验
经济	农业	工业	服务	体验
经济功能	采掘提炼	制造	传递	舞台展示
提供物的性质	可替换的	有形的	无形的	难忘的
关键属性	自然的	标准化的	定制的	个性化的
供给方法	大批储存	生产后库存	按需求传递	在一段时期后披露
卖方	贸易商	制造商	提供者	展示者
买方	市场	用户	客户	客人
需求要素	特点	特色	利益	突出感受

从表 10-1 中可以看出，体验经济与产品经济和商品经济的区别是很明显的，但是与服务经济的区别却需要进一步辨析。派恩和吉尔摩对服务经济特点的概括是："服务是根据已知客户的需求来订制的无形的活动。服务人员以商品为依托，为特定的客户服务（如理发和眼科检查），或者为客户制定的财产和物品（修剪草坪或者维修计算机）服务。"而体验经济的特点则是："无论什么时候，一旦一个公司有意识地以服务作为舞台，以商品作为道

具来使消费者融入其中，这种刚被命名的新产品——'体验'就出现了。"

概言之，服务经济是以商品为依托的，以人的活动为内容的经济类型；体验经济则是以服务为依托（以服务为舞台），以商品为道具，通过感觉和记忆使消费者对某种事物或现象留下深刻印象或丰富感受的经济类型。体验经济与服务经济相比，其最突出的特点是它的表演性。在体验经济中，不仅提供者要搭建舞台、扮作演员，通过展示性的活动给消费者留下美好的印象，而且消费者也要消除以前购买服务的客户意识，消费者在体验经济中是参与者，甚至是演员。因为消费者只有以积极的参与意识投入体验经济的展开过程中，才能身临其境地得到深刻的体验，留下美好或者难忘的感受。参加过美国西弗吉尼亚州白河漂流的游客会留下终生难忘的美好回忆，这里水流湍急、滩险礁奇、峰峦叠翠、丽景环生，时而令人惊心动魄，时而让人心旷神怡。更重要的在于那是一次探险者的经历，漂流者要身穿救生衣，被指定为橡皮船上的一个特定位置的水手，承担着特有的任务，大家必须在船长的指挥下齐心协力，才能绕过一个又一个急流险礁。人们时而被迎面腾起的浪峰拍得浑身冰凉，时而因船撞险礁引起一阵恐慌，甚至被颠入河中，留下一次终生难忘的"遇难记忆"。这些体验只有在积极参与和角色投入中才能获得。舞台、角色和体验，是艺术装置和艺术经历，其核心是审美。而审美如席勒所言，是具象性的感性意识。"体验事实上是当一个人达到情绪、体力、智力甚至是精神的某一特定水平时，他意识中所产生的美好感觉"。如果体验经济的实质是产生美好的感觉，那么，体验经济的发展及人们对它的认识，将是人类经济生活在21世纪的一场最为深刻的革命。因为人类有史以来的经济活动都是以谋取物质利益为直接目的，而体验经济却是以产生美好感觉为直接目的，这实在是一个值得深思的变化。

总结来看，体验经济和传统的非体验经济的区别在于以下几点。

1. 从规模经济转变为不规模经济

规模经济的发展是随着工业革命的爆发及以后的经济运行发展起来的，早已成为经济发展的巨大力量，并继之在服务经济的运行中发挥着巨大的推动作用。而体验经济则认为，如果一个企业能使其经济运行轨迹沿着不规模经济的道路前进，那么，这个企业一定是一个先进的组织。

不规模也经济，这在逻辑上是自相矛盾的。但这种自相矛盾存在于产品经济、商品经济和服务经济时代。在这样的经济时代，任何经济运行如果达不到一定的经济规模，想实现预期或理想的经济目标几乎是不可能的事情。只有在一定规模的基础上，出现了效益拐点，成本才会降下来，经济目标才得以实现。然而，在体验经济条件下，这一简单的逻辑论证则出现了悖论。因为，体验经济中针对特定顾客的任何一次"体验"设置都是个性的，都是针对需求者个体的，它不可能达到规模的程度，但通过体验经济的运行，企业一定会出现经济效益提升的态势。其间的逻辑思想是，体验经济在为每一位目标顾客定制商品与服务时，其成本增加值都会远远低于产品经济、商品经济和服务经济时代的个别运行成本。

2. 从规模目标市场转变为小众目标市场

在非体验经济的环境中，企业针对的目标市场均以规模性、潜在性、可进入性等指标作为衡量标准，衡量的结果是企业在市场的选择中，愿意选择规模较大、未来有发展潜力及容易进入的市场。而在确定目标市场的性质方面，也是更多地考虑需求的共性，较少乃至几乎不考虑特定顾客的个性要求。这是企业在针对大众市场开展经济运营工作时所必须遵守的一个经济规则。而在体验经济的环境中，企业的经济运行首先要考虑特定消费者的个性需求（小众市场），企业在策划与提出体验运行的思路、方法与程序时，也必须保证给特定消费者以更大的想象与愿景空间。企业提供的是舞台，真正的表演者是顾客。企业所主张的是消费者个性的张扬，并竭尽全力保证消费者个性需求的全面满足。体验经济的这一运营思路要求企业提供的商品与服务乃至各种类型的消费不可能达到规模化和普及化的程度。

3. 从满足目标市场需求转变为满足特定市场需求

在非体验经济的环境中，企业如果想从事为个别顾客提供特制品和特制服务的项目，一定会由于成本过高而失去应有的市场份额。体验经济的到来，使企业为顾客量身打造产品或服务成为可能，并通过网络化的手段使其成为现实。这是一种定制化服务，也是一种为满足特定市场的个性需求而确定的方案。满足特定市场的需求不同于满足整体目标市场的需求。在体验经济时代到来之前，企业确定整体的目标市场，是确定企业所要满足的目标人群。对于确定的目标人群，企业所能满足的是人群中的共性要求，而不能满足人群中的个性要求。只有到了体验经济时代，企业才真正能够关注特定市场需求的个性要求，即企业所满足的是市场人群中每个个体的特殊要求。体验经济的宗旨就在于满足这种个性化的要求。

4. 从产品竞争、服务竞争转变为"体验"竞争

工业经济时代的市场竞争集中体现在产品竞争的篱落之中，竞争的表现是技术水平、产品品质、功效、性能、产品价格等。在服务经济时代，市场竞争的手段集中体现在服务的内涵、服务的质量、服务的速度等方面。无论是工业经济还是服务经济，一切经济活动都出自于经济主体——企业的思想与行为，消费者在其中扮演的是被动的角色，即被动地接受产品与服务，被动地接受企业对消费者的各项经济政策。体验经济时代，企业参与竞争的手段，不是通过产品与服务的各项指标给予衡量的，而是通过顾客的感受、顾客的满意程度而形成的顾客对企业及其品牌进行"体验"的评价。企业旨在通过对"体验"的策划与展示（例如时下流行的线下剧本杀），吸引消费者前来感受其中的内涵。当一次"体验"的经历结束时，人们把对"体验"的感受珍藏在心中，并念念不忘。

第二节 旅游发展的体验化趋势

一、旅游的本质

旅游是什么？中外旅游学者和旅游机构对"旅游"下过种种定义，做过各种诠释。1995年世界旅游组织和联合国统计委员会将旅游定义为"人们为了休闲、商务和其他目的，离开他们惯常的环境，到其他地方去以及在去的地方停留的活动"。

在国内，早有一些学者对旅游的本质特征进行过探讨。把旅游定义为"离开惯常的环境到异地去休闲或其他非谋生性的活动的总和"，该定义并没有真正揭示这种活动的本质特征。邹统钎在其1996年出版的《旅游度假区发展规划》一书中把旅游科学的核心概念定位为"经历"，其定义为"旅游者通过对旅游目的地的事物或事件的直接观察或参与而形成的感受与体验"。王兴斌认为："旅游本质上是向旅游者提供一种离开惯居住地的新鲜经历，一种以一定的物质条件为依托的服务，旅游者得到的是游历过程中的印象、感受和体验，而不是具体的资源和设备。"谢彦君认为："旅游根本上是一种主要以获得心理快感为目的的审美过程和自娱过程，其本质在于审美和愉悦，旅游的基本出发点、整个过程和最终效应都是以获得精神享受为指向。""人们普遍赞成将旅游景区产品看作一种经历。这种经历是从访问景区的打算和旅行的计划开始，接下来是访问的过程，包括前往景点、离开景点及在景区的活动，最终形成对旅游的整体印象。"[①]这些学者在对旅游进行界定时，都认为旅游的本质就是一种经历或一种体验。

二、旅游发展的体验化趋势

虽然旅游从本质来说就是一种体验或经历，但体验经济赋予了旅游新的含义。随着近年来人们旅游观念的转变，"上车睡觉、下车看庙、走到景点拍拍照，回到家里什么都不知道"，这样的旅游体验已被日益成熟的旅游者所厌烦。旅游者已不仅仅满足于传统的"有物可看，有话可说"的旅游经历，而希望通过视觉、味觉、嗅觉、听觉等全方位的参与或体验，充分理解旅游目的地的内涵和特色。旅游需要休闲的状态，旅游需要自由的感受，旅游需要艺术的想象，旅游需要审美的情趣。阿尔卑斯山上山的公路上立着一块提示牌："慢慢走，请欣赏"，这正道出了旅游的真谛。日本著名美学家今道友信将审美知觉表述为"日常意识的垂直中断"，这也可以作为旅游状态的描述。真正的旅游者不应该是浮光掠影、走马观花、直奔目的地的匆匆过客，而应该是玩物适情、神与物游、品味全过程的体验者。体验式旅游是体验经济时代旅游消费的必然需求。它强调旅游者对文化、生活、历史的体验，强调参与性与融入性。因此，未来旅游业的发展必然是体验化趋势。

首先，从旅游的本质来看，体验是旅游的核心属性之一。有学者认为旅游根本上是一种主要以获得心理快感为目的的审美过程和自娱过程，其本质在于审美和愉悦；旅游的基本出发点、整个过程和最终效应都是以获得精神享受为指向。旅游最终将会在一种文化和环境的差异中获得永生，旅游不仅仅源于这种差异性，而且是对这种差异性的经历或者体验。文化和环境在此是一种较为泛化的概念，文化是对人类在"物质—行为制度—心理精神"三层面观念形态的一个动态表述，而环境则是对分布在特定时间、地域上的自然生态状况、社会物质生活等实体形态的一种静态描绘。旅游就是在时间和地域的跨越中，从对那种与自己习惯的文化和环境存在差异的别样文化和环境的体验中，寻求审美和愉悦等精神享受的活动，而诸如美食、康体、探险等特种旅游，其实也是一种差异化体验，体验的结果也许是生理或心理的满足，但当离开那种特定时间和地域之后，留下的最终还是一种精神上的享受。所以，旅游的本质属性就在于差异化体验中的精神享受。

---

① John Swarbrooke. Development & Management of Visitor Attraction.

其次，从体验的内容来看，旅游是体验的大舞台。体验是一种参与经历，它能为参与者提供身心享受，留下难以忘怀的回忆。它包括娱乐（entertainment）、教育（education）、逃避（escape）和美学（estheticism）四个领域，简称"4E"。娱乐体验是通过主动的感觉经历而得到愉悦；教育体验是客人在积极参与的同时，吸收在他面前展开的事件，让他有所得，有价值满足感；逃避体验者就是想在积极参与到一种浸入式的、与现实习惯不同的环境中，得到一种逃脱束缚后的轻逸感觉；而美学体验者就想到达现场，在自然或人工营造的体验中得到真实的审美刺激，进而融于其中获得愉悦。它们都与旅游的本质是一致的，甚至是融合于一体的，在旅游的大舞台上将得到充分的展示。有学者更进一步指出：在未来以"经济和文化为圆心"所构成的"椭圆的时代"，在进入包括娱乐消费、旅游消费在内的"体验消费"时期，旅游给人带来的主要是以精神愉悦为主要特征的心理满足。因此，为旅游者服务的旅游业，顺理成章地成为体验经济的大舞台。旅游本身就是体验的一种主要方式，包含了体验经济的诸多精神要点，两者在同一快车道上发展，但作为体验展示的主要舞台，旅游应领先于其他体验舞台而走在体验经济的最前方。在这里，作为旅游产业核心的旅游景区无疑是充分展示体验经济魅力的最佳场所之一，旅游的这种领先地位也集中体现在旅游景区体验化创新的进程上。

最后，从核心理念上来看，旅游业与体验经济是紧紧联系在一起的。在发展和繁荣旅游业的时候，以顾客的体验需求为出发点，以满足这种需求为旅游业开展业务、开发项目的基础，往往能够收到事半功倍的效果。从事旅游开发与经营的企业，向旅游者提供满足他们体验需求的环境、条件，而旅游公司则往往扮演这种旅游体验的组织者与引导者的角色，为旅游者寻找到他们渴望体验到的那种生活内容与生活方式，找到旅游者可以进入角色的"规定情境"。体验经济时代的经济生活更加人本化和人文化，人们在经济生活中无论是创造还是享受，都十分强调"体验"的满足程度。这种认识给旅游业的启示在于：用一种全新的理念来运作经营全过程，在提供优质的食宿条件之外，更要着眼于充分满足旅游者多种多样的、健康的体验需求。这里有一个根本的转变，即很多旅游者更喜欢从一般意义上的观光客转化为经历一种特殊生活、一场特殊仪式、一次特殊经历、一次有惊无险项目的体验者。因此，对于旅游业来说，体验经济的引入，是经营理念上的创新。它可以引导旅游景区的经营管理者，以更明确的思路来开发旅游新产品。

三、旅游者体验的类型

旅游者的旅游目的地不同，他们所追求的旅游体验也不同。派恩和吉尔摩在《体验经济》中把体验分为四种：娱乐、教育、逃避和审美，简称"4E"。根据旅游活动的本质及旅游者心理需求的特点，可以将旅游者体验的类型大致分为五类，即娱乐、教育、逃避、审美和移情。

（一）娱乐体验

娱乐是人们最早使用的愉悦身心的方法之一，也是最主要的旅游体验之一。旅游者通过观看各类演出或参与各种娱乐活动使自己工作中的紧张神经得以松弛，让"会心微笑"

或"开怀大笑"抚慰心灵的种种不快，从而达到愉悦身心、放松自我的目的。娱乐体验渗透到旅游者体验的整体过程中，无论是景区动物一个滑稽的动作还是美丽景观带给人的视觉冲击，都会起到娱乐身心的作用。

（二）教育体验

教育体验是旅游者主动参与、吸收信息的访问参观、户外教学、感性旅行等，以获取知识、技术为目的的体验方式。旅游者在旅游中见所未见、闻所未闻、尝所未尝，每一次旅游都会有新的收获。无论是自然风光的旖旎，还是人文类景点的底蕴，总会令旅游者耳目一新，通过参观学习进而将求新求知的体验融入旅游的全过程。

（三）超脱现实（逃避）体验

在工作、生活等繁重的压力下，许多人希望通过旅游活动暂时摆脱自己在生活中扮演的各种角色。或在优美、轻松、异于日常生活的旅游环境中获得一分宁静、温馨的体验，寻找生活中另一个摆脱压力的真实自我；或在冒险、刺激的旅游中挖掘自身潜能，通过不断挑战自我、不断超越目标获得极大的心理满足，在活动的过程中体验舒畅、愉悦、忘我的感觉。这样的旅游者往往更主动参与、更能融入情境。例如，农村人观光大都市：乘快车、吃快餐、登高塔、眺全景，现代都市的节奏、现代都市的脉搏，冲击着他的感官，形成与他日常现实生活不同的体验。城里人游览小山村：过小桥、趟溪水、坐牛车、住民宿、看炊烟，山村的节奏、乡野的风貌，陶冶着他的性情，并深深地定格在他的记忆深处。

（四）审美体验

对美的体验贯穿于旅游者的整个活动中，美好的事物可以令人心情舒畅、精神愉悦，使美的感受者获得从身体到精神的放松、通畅和忘我。旅游者在旅游活动中的审美体验首先是耳目愉悦，景区的资源和环境如繁花、绿地、溪水、瀑布、林木、鸟鸣、动物、蓝天等优美的自然景物给人带来极大的视觉愉悦。同时，在与自然的亲密接触中，由于精神的不设防，使人可以把对美的体验发挥至淋漓尽致，从而达到悦心悦意的境界。在审美体验中，旅游者虽主动参与少，但深度融入情境，个性的感受却很多。

（五）移情体验

移情体验（empathize experience），是指旅游者将自己内在的某种情感外射或迁移到他人或他物身上，在移情过程中体验旅游的快乐。旅游者在旅游中可以暂时摆脱在日常生活中自己所扮演的诸多角色，如父亲、儿子、职员等。把工作中的种种压力、人际交往中的各种冲突、生活中的琐碎事务统统抛到脑后，在陌生的旅游环境中扮演另一个自我。追寻"理想的自我"，逃离"现实的自我"，从而逃离现实，获得情感上的补偿。旅游活动中旅游者的角色扮演就是最典型的移情体验，例如，坐老爷车、穿绅士服、住古城堡、扮新郎（娘）等。电影《甲方乙方》中，好梦成真一日游公司为旅游者提供美梦成真的服务，书店老板可以当一次巴顿将军、当红歌星可以体验普通人的生活、吃腻了山珍海味的富商可以体验穷山沟普通人的生活……

旅游业的繁荣，应该是一种体验经济的繁荣。

第三节　旅游者体验的塑造与强化

旅游的过程就是一个求新、求异、求美、求知、求乐的过程[①]。这一过程也就是旅游者体验的过程。旅游发展的趋势是体验化，为使旅游者获得最佳的旅游体验效果，旅游景区应突出体验主题，同时在旅游产品、旅游服务、旅游设施和旅游纪念品等方面来加深旅游者的感官刺激。进行旅游者体验的塑造与强化之前，必须分析旅游者在旅游景区的体验点。这些体验点主要来自于景区内复杂多样的产品和服务。按照其在旅游者体验过程中的不同角色，旅游者的体验点可以划分为核心体验点和基本体验点。

旅游者的体验点包括：游览点、游乐设施、旅游项目、服务设施、旅游秩序、旅游环境、服务意识、服务态度、服务时效、服务可信度、服务人员的仪表仪容与基本素质等。其中游览点、游乐设施和旅游项目属于核心体验点，其他则属于基本体验点。基本体验点属于旅游者体验的保障因素，核心体验点属于旅游者体验的生成因素。前者决定了旅游者是否满意，后者决定了旅游者是否兴奋。在我国旅游景区经营管理的过程中，一方面要全面提高管理水平[②]，保障旅游者基本体验点的塑造；另一方面应该以文化挖掘为基础，以独特创意为突破口，提升旅游景区的核心体验点。具体来说，主要包括以下六个方面。

一、创意体验主题

体验主题是景区的灵魂，没有主题的景区只是散乱的体验点的堆积，旅游者游后无法留下难忘的经历。一般而言，创意好的旅游景区体验主题包括以下四个特点。

（一）调整人们的现实感受是体验主题的出发点

人们到某一景区游览，是为了放松自己或者寻求平常生活中缺乏的特殊体验。景区体验必须提供或是强化人们所欠缺的现实感受。迪士尼的旅游人数之所以如此众多，人们就是被"人们发现快乐和知识的地方"这样一个简单而美妙的主题所吸引过来的。

（二）空间、时间、事物等多维度的巧妙组合是体验主题的实现手段

通过空间、时间、事物等三维甚至多维度的巧妙组合，彻底改变旅游者对现实的感觉，获得不同一般的感受。比如，"美国的荒野体验"融真（动物）、假（人造树林）、虚（电影特技）于一体，创造了"在广阔的户外漫步"的后现代旋律。而无锡的三国水浒景区，通过人造景观静态展示与影视剧情节模拟动态表演相结合，生动再现了旧时风貌和市井风俗，使旅游者仿佛置身于古代传奇之中，获得了极大的成功。

旅游者的体验是完整的，包含了空间、时间和事物的整合，因此，要做到让旅游者"在适当的地方、适当的时间做适当的事"。所以，任何一个景区的体验主题必须根据景区的特

---

① 魏小安. 旅游目的地发展实证研究[M]. 北京：中国旅游出版社，2002.

② 通过导入 ISO 9000 质量管理体系来提升管理水平是一种较有效的方法。深圳的锦绣中华是我国第一个通过 ISO 9002 国际质量标准认证的旅游景区。其后，九寨沟、张家界、峨眉山等旅游景区也通过了相关认证。

性，寻找关联的主题，并根据不同时间旅游者的心理氛围来推出，才能真正有吸引力。

（三）多景点布局是体验主题的表现形式

景区是一个立体的多景点体验的集合，因此，推出的景区体验主题，要能够让旅游者对景区进行立体的体验。美国荒野体验的五个生物群落区，从红木林、高山、沙漠、海滨到山谷的风景变化，囊括了影视中的故事，调动了人们的积极性。占地998亩，投资13亿元的西安大唐芙蓉园通过多景点体验布局和各类表演让旅游者体验到了盛唐文化。全园12个景观区域分别演绎着12个文化主题，有紫云楼、仕女馆、御宴宫、芳林苑、凤鸣九天剧院、杏园、陆羽茶社、唐市、曲江流饮等众多景点，全景式、多角度地展示了盛唐文化的博大气势、繁荣和尊贵。同时通过五感①体验、《梦回大唐》水幕电影、皇苑盛装巡游等活动强化了旅游者的体验。

（四）特色是体验主题的生命线

推出的体验活动，只有和景区本身所拥有的自然、人文、历史资源等文脉特征相吻合，才能够强化旅游者的体验，也才能有持久的生命力。目前，在主题选择方面比较成功的景区主要是一些主题乐园，例如迪士尼、华侨城、华强方特、长隆等（迪士尼的创意主题如表10-2所示），其主题创意的思路值得其他类型景区借鉴。

表10-2　迪士尼的主题选择

所在地	洛杉矶	奥兰多	东京	巴黎	香港	上海
面积	74.84公顷	12 342公顷	46.21公顷	56公顷	180公顷	390公顷
开业时间	1955.7.17	1971.10.1	1983.4.15	1992.4.12	2005.9.12	2016.6.16
园内布局	一个主题公园"神奇王国"内分八个部分：美国大街 冒险乐园 边域乐园 新生物区 幻想乐园 未来乐园 卡通城 新奥尔良广场	四个主题公园 1. 神奇王国 美国大街 冒险乐园 边域乐园 自由广场 幻想乐园 未来乐园 米奇卡通城 2. 动物王国 3. 米梅高影城 4. 世界橱窗	一个主题公园"神奇王国"内分七个部分：世界集市 冒险乐园 西部乐园 新生物区 幻想乐园 未来乐园 卡通城	一个主题公园"神奇王国"五个部分：美国大街 冒险乐园 边城乐园 发现乐园 迪士尼村	一个主题公园"神奇王国"六个部分：美国大街 幻想世界 边城乐园 冒险世界 明日世界 卡通城	乐园拥有六大主题园区：米奇大街 奇想花园 探险岛 宝藏湾 明日世界 梦幻世界

二、开发体验旅游产品

体验旅游产品属于旅游者的核心体验点，即在一定时间中、特定地域内，围绕审美和愉悦等精神享受这个核心，为旅游者差异化体验和消费而提供的价值综合体。开发体验旅

---

① 大唐芙蓉园拥有全球最大的户外香化工程，实现了中国首个五感（视觉、听觉、嗅觉、触觉、味觉）主题公园。

游产品的主要方法包括以下两种。

（一）外延式开发新产品

菲利普·科特勒（Philip Kotler）提出了产品开发的八个阶段：创意产生、创意筛选、概念发展和测试、营销战略、商业分析、产品开发、市场试销和商品化[①]。由于旅游产品的特殊性，八大程序中的市场试销和商品化往往被市场调查和各种形式的广告宣传所替代。

景区进行新产品开发时，要把握景区自身的资源条件和市场需求条件，逐次进行。广东肇庆的鼎湖山生物保护区在开发之初，"在飞水潭照一张相，到庆云寺烧一炷香"一度成为旅游者对鼎湖山的刻板印象。景区管理者适时地推出鼎湖泛舟、原始森林探险、"品氧谷"养生保健游等旅游体验产品，丰富了旅游者体验、延长了旅游者的停留时间。

新产品开发的关键在于创意，旅游景区创意的途径通常包括：文化移植、文化嫁接和本土文化再现三种。囊括中国各少数民族风情和建筑特色的锦绣中华主题公园就属于文化移植。而迪士尼主题公园在项目设计时就进行了文化移植的创意，既突出了迪士尼自身的特色，又充分考虑了当地的文化特色。例如，香港迪士尼乐园在设计自然景观时，就参考了中国景观设计中的风水学原则，不管是地点的选择，或是乐园入口处的设置都讲究风水学。从乐园的每条街、每间商店或餐馆门口，到炉灶和收银机的摆设都经过精心计算。另外，香港迪士尼乐园的另一特色是配合中国节日，如农历新年和中秋节举办各种中西合璧的活动，给旅游者带来不同的体验。以展现大宋文化为主题的开封清明上河园则是本土文化再现的最好例证，园区以张择端的《清明上河图》为建设蓝本，通过杨志卖刀、包拯巡游、开封盘鼓等体验性较强的表演节目及工作人员的角色扮演等使游人仿若置身于一千多年前宋朝的市井之中。

（二）内涵式升华

内涵式升华是对景区现有产品进行深层次开发，实现产品的高级化。变出售资源为出售产品，变被动服务为主动设计，变参观型为体验型。文化是内涵式升华的主要切入点。例如，颐和园恢复"耕织图"、天坛修缮神乐署、香山复建勤政殿、丽江古城再现纳西古乐等都是对原有景区文化的深度挖掘。概括起来说，以自然资源为主要构成的旅游景区应重视自然文化的导向，深掘其科学、美学内涵，以科普教育、原始风光、生态考察为主题增加体验旅游产品；以人文旅游资源为主要构成的旅游景区应以历史文化为主导，以民族性、艺术性、神秘性、地域性为特色设计体验旅游产品。

三、提供体验式服务

任何经济时代都需要服务，无非是表现形式和人们的关注点不同而已。为满足人们日益变化多样的需求，服务也要"水涨船高"。

旅游体验实际上是一个旅游者综合的感受。旅游者从打算出行和制订旅行计划，到旅

[①] 菲利普·科特勒. 市场营销管理[M]. 北京：中国人民大学出版社，2002.

游的过程，包括前往景区和离开景区，以及在景区的活动，最终形成旅游的整体体验。因此，宾馆、饭店、景区小卖部及乘坐高铁飞机过程中旅游者所享受到的服务，都会提供给旅游者难以忘怀的体验。其中，尤以在旅游景区的体验最为深刻和重要，因为，旅游景区产品是旅游六要素中的核心要素——"游"的物质承担主体，满足了旅游者的核心需求。

在旅游景区，亲切、专业化、富有特色的服务是增强旅游者旅游体验的主要途径之一。

这些服务主要来自与旅游者直接接触的景区服务人员，这些服务人员主要分布在接待旅游者的各个环节，包括：闸口问讯和检票服务、旅游者物品（行李和车辆）保管、导游服务及有关表演、安全、景区交通、环境等的协同服务。亲切、专业化、角色化的服务能够让旅游者感觉到受尊重、受感染，同时增强了旅游者的安全感，让旅游者能够全身心地欣赏和享受旅游景区提供的体验产品。例如，迪士尼要求新员工必须迅速学习的语言是：员工是"演员表上的演员"，顾客是"贵宾"，群众是"观众"，值班是"表演"，职务是"角色"，制服是"戏装"，人事部门是"分派角色的部门"，当班是"在舞台上"，下班是"在后台"。通过这些意识培训，迪士尼的员工具有了发自内心的微笑和不折不扣的专业化精神。

四、完善公共服务系统

旅游体验虽然强调旅游者的个人感受、强调针对旅游者个体的经历，但是旅游景区的体验化设计决不排斥景区内的公共服务系统的体验化设计，这些公共服务系统是旅游体验的支持系统。例如，解说系统、生活服务系统、安全保障系统、引景空间①系统等，这些系统一方面保障了旅游过程"畅"的要求，另一方面也形成了旅游者深度体验的环境。例如，从欧美旅游回来的旅游者总是啧啧赞叹其良好的环境和周到细致的服务系统、解说系统、安全保障系统等。如果说景区服务管理水平是塑造旅游体验的软件的话，那么，旅游服务设施就是塑造旅游体验的硬件。目前，我国旅游景区中过多的不协调建筑和不完善的景区设施是影响旅游体验的两个主要问题。

（一）建筑设施

无论是自然类旅游景区还是人文类旅游景区，任何人为的建筑设施相对于旅游资源来说都只能处于从属地位，决不可危及旅游资源的整体性、安全性和美学价值，破坏旅游者良好的旅游体验。

近几年，我国旅游景区已经开始注重景区建筑设施与景区环境的协调，拆除了一些不协调的建筑设施。一方面，有力地保护了旅游资源；另一方面，也提升了旅游者在旅游景区的体验水平。例如，九寨沟景区斥资1.2亿元拆除了景区内10万平方米的经营性房屋，包括沟内宾馆饭店近70余户，使自然风光恢复到其最原始的风貌，原先10万平方米的经

---

① 所谓引景空间，是旅游者从外部空间进入旅游景区之前实现预体验（pre-experience）的特定空间，是联结世俗空间与旅游空间的缓冲地带。

营性房屋全部被绿色草坪所代替，其绿化率将达到 95%以上。类似的举措很多。例如，青城山都江堰拆除价值两个多亿元的不协调建筑，洛阳龙门石窟为恢复绿地，拆除东华龙宫、环幕影城等违章建筑投入了 6000 多万元，西藏清除大昭寺附近不协调非文物建筑 523 处，少林寺景区为了营造"深山藏古寺，碧溪锁少林"的形象，拆除了景区内多座现代建筑，庐山拆除了其景区内严重影响整体形象的新建别墅群等。

（二）景区内的交通系统

交通系统一般由燃油汽车、电瓶车、高空索道、人力车、畜力车、水上交通船（艇）、自行车（双踏自行车）等构成。燃油汽车因其噪音和排放污染破坏了旅游者体验且不符合景区环保要求而逐渐被舍弃；其他的交通工具在各个景区都有存在，但从旅游者体验的角度来看，富有特色、机动性好、视野开阔的交通工具更受欢迎。例如，滑竿、老式三轮车、人抬轿、双踏自行车等。

（三）建设完善的景区解说系统

景区解说系统是运用某种媒体和表达方式，使特定信息传播并到达旅游者，帮助旅游者了解旅游景区相关事物的性质和特点，并起到服务和教育的基本功能。有效的解说系统不仅在为旅游者提供良好的旅游体验方面发挥着有效作用，而且也为旅游景区提供了一种有效的管理工具，帮助减少一些负面影响。景区解说系统分为向导式解说服务（personal or attended service）和自导式解说服务（non-personal or unattended service）两类。

向导式解说服务的职责包括：信息咨询、秩序引导、向团队讲解、现场解说。目前，我国大多数旅游景区已经有景区解说员来承担解说工作。存在的问题是解说员大多只能背诵编排好的解说词，不能提供更详细、准确的旅游信息。因而向导式解说服务的设计思路是：提高景区解说员的素质，将"移动式录音机"转化为"移动式问答机"，通过双向沟通为旅游者提供个性化服务。因此，在吸引高素质人才的同时，应该强化培训学习，提高解说员的职业素养和文化素养。

另外，我国景区的自导式解说系统还很不完善、很不规范。优化的基本思路是：接轨国际、完善系统、富有文化。

五、重视旅游纪念品的宣传效应

人们到一个地方旅游，通常会购买旅游纪念品以示纪念，如明信片、工艺品等。旅游纪念品买回来以后人们通常会有两种做法：一是珍藏，二是送人。珍藏纪念品的旅游者往往把它们看作是一次难以忘怀的体验的纪念。根据心理学分析，他们中的很多人会向别人炫耀自己的体验、讲述自己的经历，而把纪念品作为礼物赠送他人的旅游者即使不主动讲述旅游中的所见所闻，也会被受赠者所问及。就像布诺努·吉乌沙尼说："纪念品是一种使体验社会化的方法，人们通过它把体验的一部分与他人分享。"体验经济消费者的口头传播十分重要，这部分消费者体验过后，对"Impression"进行咀嚼和品味，他们是最能对这种体验把握到位的、最有发言权的，也是最易被他人信赖的人。可见，作为体验经济的纪念品是一种无声的广告，一种默示。体验经济时代，旅游纪念品的开发也需增加体验的成分。

一是使用个性化的设计。在好莱坞，客人的签名被放在电影画面的底部，并且画面上客人会与某位明星站在一起，同时明星们的签名也印到了上面。这类纪念品常常成为人们旅游结束后向亲友炫耀的道具。

二是设计特殊意义的文创产品。如同心锁的设计能使人们在若干年后还回忆起当初的浪漫情景，并可能成为促使旅游者旧地重游的助推器。目前，故宫文创在此方面颇为成功。

三是免费赠送纪念品。不是所有旅游者都愿意购买纪念品，要把这些旅游者也纳入到为景区义务宣传的队伍中去，赠送免费纪念品不失为一种好方法。如在桂林漓江游览后，有些游船会赠送给旅游者一枚印有漓江风光的金箔书签。这不仅会在将来唤起旅游者美好的回忆，还会加强旅游者对景区的好感，自觉地加以宣传。

六、营造诚信安全的旅游环境

裴特斯（Printice）和威特（Witt）在《提供体验的旅游》（*Tourism As Experience*）一文中综合多家观点，归纳出体验的五种等级模式，分别为享受自然、摆脱紧张、学习、价值共享和创造。这五种体验模式存在的基本前提是诚信安全的旅游环境。在我国的旅游景区管理中，安全问题已经基本得到解决，不再赘述。目前比较突出的问题是诚信的旅游环境还远未建立，"坑蒙拐骗"现象在很多旅游景区仍比较常见。在旅游景区"回回都上当，当当都不一样"已经成为旅游者心头挥之不去的阴影。一方面，旅游者在旅游景区处处小心、不敢消费，更谈不上良好的旅游体验；另一方面，旅游景区管理者慨叹旅游者在景区不停留、不花钱，收入途径有限。解决问题的途径之一就是景区诚信环境的建立与维护。具体解决的途径包括以下两条。

（一）政府管理层面

政府主导和政府监管是旅游景区发展的两个抓手。为了营造诚信安全的旅游环境，有效的政府监管是最强有力的措施。政府应该在日常监管的基础上再建立快捷高效的旅游投诉处理机制，对旅游景区的规范经营和诚信水平进行监督，始终以维护旅游者的利益为第一要义。例如，中国香港旅游局一直坚持的授牌经营和高效投诉处理机制成就了中国香港"购物天堂"的美誉，诚信和安全成为香港地区旅游发展的助推器。

（二）景区管理层面

理顺景区内部的经营机制，尽量避免以简单的承包制代替整体经营管理，避免景区内出现"各自为政、舍大利取小利、杀鸡取卵"的现象。中、小型旅游景区可以在旅游纪念品售卖、餐饮服务、内部交通服务等过程中，实行统一采购、统一价格、统一管理。大型旅游景区可以实行基于量化考核"准入和退出"机制，将规范经营、诚信经营、旅游者满意等指标纳入日常管理。不让规范经营的企业吃亏，将坑蒙拐骗旅游者的企业清除出场，杜绝"劣币驱逐良币"现象的发生。

第四节　体验经济时代下的景区管理

一、旅游景区提供的体验资源

（一）自然旅游资源

自然旅游资源又称自然风景旅游资源，指凡能使人们产生美感或兴趣的、由各种地理环境或生物构成的自然景观。它们通常是在某种主导因素的作用和其他因素的参与下，经长期的发育演变而形成。

根据《中国旅游资源普查规范》，自然旅游资源又分为四大类，即地貌景观类、水域风光类、天气气象类和生物景观类。

自然旅游资源按其形态特征和成因归纳为以下几类。①地貌景观旅游资源。如山地景观、喀斯特景观、丹霞景观、砂岩峰林景观、风成地貌景观、火山景观、冰川景观、海岸景观等。②水体景观旅游资源。包括海洋、河流、湖泊、瀑布和各类泉水。③生物景观旅游资源。包括森林、草原和各种野生动植物、海洋生物。④自然地带性景观旅游资源。如热带景观等。⑤气候旅游资源。如避暑、避寒胜地和四季宜人的暖温带与副热带游览地。⑥天气气象类。极光、云海等。⑦其他自然旅游资源。如特殊自然现象等。在众多的自然风景旅游资源中，那些分别以水光山色、奇石异洞、流泉飞瀑、阳光海滩、宜人气候和珍禽异兽、琼花瑶草为特色的景象组合，往往形成不同风格的景区，成为人们观光览胜、避暑消夏、度假疗养和开展各种体育活动的旅游胜地。

（二）人文旅游资源

人文旅游资源是人类创造的，反映各时代、各民族政治、经济、文化和社会风俗民情状况，具有旅游功能的事物和因素。根据《中国旅游资源普查规范》，它也分为三大类，即古迹与建筑类、消闲求知健身类（包括科教文化设施、疗养和福利设施、动物园、植物园、公园、体育场馆、游乐场所、节庆活动、文艺团体等）和购物类（包括市场与购物中心、著名店铺、地方产品等）。

明确以上体验资源的意义在于明确景区管理过程中应该关注的核心是什么、应该重点保护和开发的对象是什么，杜绝舍本逐末的经营行为的发生。

二、基于旅游体验的景区管理途径

成功的旅游景区必须要为旅游者生产快乐的体验，同时要实现景区的资源、环境与文化的完整统一。正如地中海俱乐部提出的经营信条那样："我们的工作就是创造快乐！"地中海俱乐部"完全无忧无虑的度假、全包的假期与一次性付费"的经营理念就是要让旅游者真正享受快乐。从本质上说，旅游景区就是一个快乐剧场，旅游者与居民、员工共同演出一场欢乐剧。总的来看，在体验经济时代景区管理要体现以下几个原则。

（一）明确体验主题

旅游体验是一种以超功利性体验为主的综合性体验。派恩与吉尔摩根据旅游者参与的主动性与投入程度，将旅游体验主题划分为娱乐型体验、教育型体验、逃避型体验和审美型体验四种类型，认为每个旅游者的旅游经历都是以上四类体验的不同程度结合。旅游景区应该根据自身的资源禀赋和文脉特征选择合适的体验主题。

1. 营造娱乐型体验主题

消遣是人们最早使用的愉悦身心的方法之一，也是最主要的旅游体验之一。旅游者通过观看各类演出或参与各种娱乐活动使自己在工作中造成紧张的神经得以松弛，让会心的微笑或开怀大笑抚慰心灵的种种不快，从而达到愉悦身心、放松自我的目的。娱乐体验渗透到旅游体验的整体过程中，无论是景区动物一个滑稽的动作，还是美丽景观带给人的视觉冲击，都会起到娱乐身心的作用。例如，被誉为中国最大的主题娱乐公园的欢乐谷（深圳、北京、成都、上海、武汉、天津、重庆七大欢乐谷连锁），用不同的娱乐主题满足游客多样化、个性化的旅游需求，使旅游者感受到不同的娱乐经历：过山车让人体验穿越矿区的惊险与刺激，四维影院让人感受全方位的视觉冲击，卡通城让人沉迷于童年的回忆，魔术晚会则让人在瞠目结舌中体验超凡的感受，不同的娱乐主题为不同年龄的旅游者塑造了属于自己的娱乐经历。

2. 策划教育型体验主题

"读万卷书，行万里路"，旅游就是在"行万里路"，也是一种学习方式。尤其是人文类景点，如博物馆、历史遗迹、古建筑等，其深厚的文化底蕴、悠久的历史传统、高超的建筑技术都会令旅游者有耳目一新之感，学习因此而融入旅游者旅游的全过程。近年来在我国各地兴起的"农业研学"项目，也成为许多父母教育子女的方式，让孩子亲自种植蔬菜、水果，亲自管理，体会种植的乐趣和收获的快乐，在潜移默化中将节约、勤劳的教育理念融入孩子的意识中，寓教于乐。

3. 设计逃避型体验主题

工作的压力、日常生活的烦琐、人际交往的复杂令现代人在生活中很少有时间摘下戴在脸上的层层面具来审视自己内心的真正需求。因此，他们更渴望通过旅游活动，暂时摆脱自己在生活中扮演的各种角色，抛却大堆的日常琐事，把工作置于脑后，在优美、轻松、异于日常生活的旅游环境中获得一份宁静、温馨的体验，寻找生活中另一个摆脱束缚和压力后的真实自我。到农家体验田园生活，可以使旅游者在相对淳朴的人际关系中放松自我，在恬淡的、与平常生活相隔绝的田园世界中把自己从日常的紧张状态中解脱出来，从而获得解脱后的舒畅、愉悦；探险旅游、极限运动则使旅游者在极度的刺激中、在不断的超越中冲破心理障碍，跨越心理极限，在获得巨大的成就感和舒畅感的同时，忘却生活中的种种琐碎、压力和不快，进而实现自身的精神解脱。

4. 整合审美型体验主题

对美的体验贯穿于旅游者的整个活动中。旅游者首先通过感觉和知觉捕捉美好景物的声、色、形，获得感观的愉悦，继而通过理性思维和丰富的想象深入领会景物的精髓，身心俱沉迷其中，心驰神往，从而获得由外及内的舒畅感觉。自然景物中的繁花、绿地、溪水、瀑布、林木、鸟鸣、动物、蓝天等，人文景物中的雕塑、建筑、岩绘、石刻等都是旅游者获得美感体验的源泉。此外，景区布局合理，营造出天人合一的整体环境氛围，以及旅游从业人员、景区居民的友好、和善、热情也是游客获得审美体验的途径。如碧峰峡景区融幽谷、飞瀑、清溪、珍禽于一体，森林覆盖率达 95%，游客在景区中可以享受与温驯的野生动物零距离接触的乐趣，也可以在晚上租一顶帐篷，体味野居的滋味。

（二）实施旅游景区容量管理

旅游景区容量管理既是旅游景区可持续发展的保障，也是塑造旅游者良好体验的管理工具。一方面，最大承载量、空间承载量、设施承载量、生态承载量等容量管理可以保证旅游者体验对象的存续和完整；另一方面，心理承载量、瞬时承载量、日承载量等容量管理又可以促进旅游者体验水平的提高。为此，各旅游景区应该根据自身的资源特点，确定相应的容量管理体系，并应用于日常的景区经营管理工作中。

例如，在我国的敦煌和九寨沟已经实行了定时定量方法来限制旅游人数，莫高窟每日限定 4000 人次，九寨沟确定每日最佳容量 1 万人次进区旅游。黄山则实行景区内景点的轮休制度。苏州开始通过政策杠杆与价格杠杆来达到保护园林的目的。在碧峰峡，为保证统一规划，万贯集团斥资 1000 多万元搬迁了景区内的数十户农户，其房屋除一部分改作竹制别墅外，其余部分全部拆除，恢复自然状态。

（三）鼓励社区居民参与

社区是塑造旅游者体验的重要道具，社区参与的原因主要有两个：一是社区居民对景区开发的影响感受最深，二是社区居民本身是构成旅游者体验友好气氛的必要组成部分。社区为旅游者的新鲜感以及亲切感提供必要的基础。景区开发要带动社区发展，增加地方就业、社会收入与人民生活水平。但是现实中社区居民往往承担了旅游开发过程中的各种隐性成本，如环境、社会成本等，而得不到旅游开发带来的好处，由此产生抵触情绪甚至对抗行为，这样旅游者在旅游过程中得到的体验必定是不愉快的。

因此在景区的开发与管理中要注意当地社区的发展。首先，要创造条件给予居民一定的经济收益作为其日常生活的补偿；其次，要使目的地居民在物质方面获益的基础上，在精神上享受发展旅游带来的好处。

（四）强化景区服务管理

旅游体验中同样存在"100 - 1 = 0"的效应，服务质量只有好坏之分，不存在较好较差的比较等级。好就是全部，不好就是零。旅游过程中的任何瑕疵和过错都会破坏旅游者的体验。因而，旅游景区服务无小事。在共同营造景区氛围中，员工起着主导作用。这表现在对旅游者的服务行为上，包括微笑、眼神交流、令人愉悦的行为、特定角色的表演，以及与旅游者接触的每一细节。例如，黄石公园在低垂的树枝上挂上"小心划伤"的提示语，杭州西湖等景区提供自助式的直饮水服务设施等。目前，我国景区服务的精细化管理首先应该是以人为本的景区服务的标准化。1999年颁布的国家标准《旅游区（点）质量等级的划分与评定》（GB/T 17775—1999）（2003年有修改）提供了提高服务水平，促进景区管理规范化、制度化的工具，通过1A～5A五个级别的评定，督促旅游景区的服务逐步规范，并向精细化方向迈进，为旅游者体验水平的提高奠定基础。

三、基于旅游体验的景区项目设计思路[①]

（一）从直接体验出发

从直接体验出发，就是从旅游者的切身感受出发，运用各种手段让旅游者通过感受器官感受和体察预设的体验主题。主要的设计思路包括以下几项。

1. 视觉设计

视觉设计是针对眼睛官能的主观形式的表现手段和结果，也是一个旅游景区最基本的设计。

（1）景观建筑

景观建筑的设计要与周围环境和文化氛围相协调，并在视觉上融为一体。景观建筑和一般建筑相比，有着与环境、文化结合紧密，生态节能，造型优美，注重观景与景观和谐等多种特征。由于设计景观建筑的制约因素复杂而广泛，比一般建筑设计要求更高，因此，需要丰富的建筑、规划、美学、历史等多方面知识的良好结合。例如，苏州园林充分体现了"自然美"的主旨，在设计构筑中，采用因地制宜，借景、对景、分景、隔景等种种手法来组织空间，造成园林中曲折多变、小中见大、虚实相间的景观艺术效果。通过叠山理水、栽植花木、配置园林建筑，形成充满诗情画意的文人写意山水园林，在都市内创造出人与自然和谐相处的"城市山林"。

（2）文化景观

景观一般指地球表面各种地理现象的综合体，可以分为自然景观和文化景观两大类。自然景观指完全未受直接的人类活动影响或受这种影响的程度很小的自然综合体。文化景观则是指居住在其土地上的人，为满足某种需要，利用自然界所提供的材料，有意识地在自然景观之上叠加了自己所创造的景观。文化景观是通过多样化的元素来吸引人的，体现的方式很多，什么都可以被视为文化景观。风光、田野、建筑、村落、厂矿、城市、交通工具和道路以及人物和服饰等构成了文化景观的复合体。在景区项目设计中，小到一个垃圾桶，大到一座雕塑或建筑，都需要从文化景观的整体来设计和规划。例如，有些城市在建筑的外立面上适当点缀一些建筑符号、文化符号，旅游者就会觉得这个城市有味道。

（3）环境景观

环境景观是旅游者对旅游景区的第一印象。旅游景区中的环境景观主要包括道路环境景观、单体建筑外部景观和复合界面要素组织（包括景观雕塑、地形、植物、水体等）。对于旅游景区来说，环境景观设计的中心是空间行为和行为在空间中的秩序，通过通道、活

---

① 魏小安，魏诗华. 旅游情景规划与项目体验设计[J]. 旅游学刊，2004（4）. 作者有较大修改。

动区域、景区标志、节点、交通交叉或汇聚点、集散地或围合广场等将旅游者的行为"设计"出来。通过空间变换、要素组织达到移步换景的效果。值得注意的是，环境景观的细节设计是体现景区品质的关键要素之一。

2. 活动设计

活动设计是景区各种动态场景设计的统称。一般来说，一个景区的体验设计里，必须要有活动，没有活动就是一个死景区。在日常生活中有这样的体验，一片草原，如果没有牛、马、羊，觉得很死，如果有的话，就觉得活了。从设计的角度来看，一般有大活动、小活动、表演性活动和参与性活动四类。搞大活动，比如每天固定时间的花车游行。小活动，比如做情境表演。表演性的活动比较好组织，广场式的表演应该是最重要的方式，尤其是旅游城市，只要有一个小广场，肯定有人表演，这样旅游者就觉得这个城市活了。参与性活动的主要对象是青少年和儿童，他们的顾忌很少，但是要想发动中年以上的人参与，基本上没有可能性，有些地方搞参与性的活动，设想很好，却经常冷场，大家都希望别人上去，自己当观众。中国人不像意大利人、巴西人，天然就有狂欢的文化。在活动设计方面，必须研究我国的一些独到的地方，研究我国特有的东西，才能把活动设计出来。

3. 声音设计

景区最大的声音来源是旅游者的声音。研究声音设计，从某种意义上讲，也是研究如何反噪声。

（1）设立集中地点

需要集中的场所，例如游客服务中心、餐饮服务中心等。让游客集中，噪声也集中，但是不能听之任之，必须通过分流、扩展空间、降噪技术等手段来调整。

（2）背景音乐

背景音乐，即 BGM（back ground music），指在公共场所连续放送的音乐，以不影响人们对话为放音的响度标准，可以调节人们的精神状态，创造舒适、温馨的环境。它的特点是渲染感情，烘托主题；引起联想，提高效率；维系注意，消除惰性；张弛有度，以动促静。其主要功能体现在四个方面：从心理上掩盖环境噪声，使游客身心放松；创造与环境相适应的气氛；使游客对景区产生强烈的印象和深刻的记忆；减轻景区工作人员压力，提高工作效率。需要注意的是，景区的背景音乐声音不宜太大（40～50 分贝为宜）、音乐类型与景区主题能吻合、放音设备要巧妙自然。

（3）大自然的声音

大自然的声音是最美妙、最能深入人心的体验要素。林涛怒吼、泉水叮咚、小溪淙淙、小鸟呢喃、动物嚎叫等大自然的声音都能让厌烦了城市喧闹的旅游者怦然心动、欣喜若狂。严格来说，大自然的声音并不能人工设计，只能通过景区内的旅游节点和游路设计、生态保护和环境恢复来逐渐实现。

4. 嗅觉设计

嗅觉与视觉、听觉、味觉、触觉一起，构成了我们五种主要的感知外部世界的方式，各种气味通过刺激人体嗅觉引发人的情感，从而在一定程度上左右着人们的旅游体验。人文类旅游景区的嗅觉设计实际上是对景区主题的强化。例如，在庙宇寺院中焚檀香供奉神祇（嗅觉刺激），低沉诵经声和悦耳的法器声（听觉刺激），绚丽庄严的神像（视觉刺激），庄严肃穆的气氛立即就包围了身处其中的每个人。自然类旅游景区的嗅觉设计实际上只是对大自然气息的引导与强化，任何人工的设计与模仿都显得多余。例如，随风飘来的花香、森林中腐木烂叶的气味、雨中泥土的气息等都是强化旅游者体验的嗅觉要素。

5. 触觉设计

触觉（tactile sense）是皮肤觉中的一种，是轻微的机械刺激使皮肤浅层感受器兴奋而引起的感觉，是接触、滑动、压觉等机械刺激的总称。触觉是人类的第五感官，也是最复杂的感官。触觉感受器在头面、嘴唇、舌和手指等部位的分布都极为丰富，尤其是手指尖。在景区游览的过程中，第一是手的触觉，第二是脚的触觉，第三是全身心的触觉，旅游景区的触觉设计应该围绕这三个方面展开。

触摸是游客触觉的最主要的表现形式。讨吉利、求健康、除晦气、找乐趣是很多游客触摸的基本心理需求，所以，旅游景区经营管理者应该在触摸对象不被破坏的前提下设计和引导游客的触摸行为，满足游客的触摸体验。例如，意大利罗马有一个有名的人面雕刻，名叫"真实之口"[①]，是老人张开大口的雕像。传说情侣同时把手伸进"真实之口"，若有一方不是真情，手就会被咬伤。很多情侣趋之若鹜，每一对情侣到了"真实之口"都会兴奋地把手伸进去拍照留念。类似的还有华尔街的铜牛，被来自世界各地的旅游者摸得油光发亮。独特、唯一，且富有特色的触摸对象可以提高旅游景区的吸引力，甚至可以提高景区游客的重游率。

（二）从功能出发

功能设计是基础，体验设计是方向。

1. 行

第一是行的方式和工具。上文讲的支线功能的设计，只强调交通不行，应该按景观路、生态路、文化路、交通路的四路合一来设计。营造恰如其分的"引景空间"，使大家没有到景区就感觉进入了景区，这样会减少客人的烦躁程度，增加兴奋程度。

第二是游览线路的设计。总的原则是既要避免平铺直叙，又要避免精华景点过于集中，让游客眼花缭乱。景点安排要体现游览过程有入景、展开、高潮、尾声等段落。反映主题的景物，要安排多处观景点，从不同角度、不同高度、不同层次重复加强。同时，对于具有个性的景点，也要有机组合，体现游览线路的变化和层次。另外，在进行游览线路设计时，要考虑到将来步道建设及游客对资源环境的影响。如游线可以考虑避开一些环境敏感

---

① 坐落于长方形大竞技场 Circo Massimo 西侧的这座广场位于古 Boarium 旧墟遗址上，该旧墟是当时的牲畜市场和公共屠宰场，并没有什么浪漫气氛。但是广场边一个大理石制成的圆形"真实之口"（the Mouth of Truth），却因电影《罗马假日》女主角被吓得花容失色的一幕戏而闻名于世。其实，每个观光客都尝试着伸进手去的那张嘴，只是古时候的一个出水口而已。

地带，如湿地、沼泽地、饮用水源地、红树林保护地等，或者采取如栈道、高架廊道等形式减少游线对旅游区资源与环境的破坏。

2. 游览

旅游包括两个方面：一是观赏，二是游览。这就得研究怎么样让客人关注，尤其是让客人的精神参与进去。针对不同的旅游者，有不同的参与方式。比如同样是看庙，文物专家看文物，建筑专家看建筑，一般的客人看外表，信教的最投入，但都是精神参与，要把这些精神参与转化为旅游体验的兴奋，甚至高潮。

3. 住宿

一般而言，大景区才研究住的问题，"景区地产"模式形成景观房产，要使住宿功能和园子紧密结合在一起，主题建筑更要突出特点。

在旅游项目的体验设计中，应该是将住宿功能、主题建筑、景观房产加在一起，目的是使客人达到深度体验。现在有一些大景区的住宿，实际上是把城市房地产直接搬过来，这样在文化上基本是失败的。

另外，强调"主客共享"的民宿已经并将继续成为景区住宿的有益补充，甚至一些富有特色的民宿本身已经成为旅游吸引物。文化和旅游部发布了《旅游民宿基本要求与评价》，将旅游民宿等级分为三个级别，由低到高分别为丙级、乙级和甲级。

4. 饮食

在吃的方面，基本是大小结合、快慢结合，这里的核心也是如何突出特色，从主题出发，突出特点。有的是集大成的排挡方式，也有的是餐游结合的方式，如船宴，需要在文化内涵上、在体验设计上来研究餐饮。

5. 购物

在景区内部不必设立过多的购物点，一般是一处规模较大、种类齐全、统一管理的购物商店就可以满足游客需求。参照国外景区的布局方式，购物商店一般设置在景区出口附近，这样的安排也符合旅游者的购买行为习惯。

6. 娱乐

娱乐设计的一般方式是有一个比较集中的游乐场所，同时考虑广场性的表演方式，广场的方式更贴近旅游者。

从功能出发，基本是这六要素。设计时也要考虑六要素之间的相关关系，如何优化配置。核心问题是游，就是一切围绕着游，进行优化配置，围绕着游，进行游线的设计，然后考虑在什么地方安排餐饮，在什么地方安排购物，在什么地方安排娱乐，把从体验出发的几个设计融到里边，因为每一个功能设计都涉及几个方面的体验问题。把两条线结合起来，这样的设计就会达到一流的水平。

本 章 小 结

本章主要阐述了体验经济的概念和特点、旅游和体验的互动关系、如何塑造旅游者的体验及在体验经济时代下，旅游景区如何开发和管理等问题。由于篇幅所限，我们没有对不同类型旅游者的体验差异进行深入分析，这一问题的研究是非常重要的。因为不同职业、年龄、性别、文化背景、宗教信仰和知识结构的旅游者体验要求肯定是截然不同的。旅游景区开发和管理成功的关键是能否把握住目标客源市场的旅游者的体验要求，根据目标群体不同的体验要求开发相关的旅游产品。这一问题的解决要求旅游景区的开发和管理者结合本章的理论，对旅游者的需求及行为习惯进行深入的调查和分析。

本章重要概念

体验经济（experience economy），是以服务为依托（以服务为舞台），以商品为道具，通过感觉和记忆使消费者对某种事物或现象留下深刻印象或丰富感受的经济类型。

移情体验（empathize experience），是指旅游者将自己内在的某种情感外射或迁移到他人或他物身上，在移情过程中体验旅游的快乐。

复习思考题

1. 在旅游者的体验塑造和强化方面你有没有更好的建议？
2. 应如何进行旅游产品的体验化设计？
3. 我国旅游景区的开发和管理存在哪些问题？在体验经济下应当如何改进？

 **课后案例**

高速服务区变网红景区？

第四篇

景区运营管理的趋势与前沿

　　未来五年，是旅游业走向绿色发展、融合发展和高质量发展的五年。作为一种生活方式、学习方式和成长方式的大众旅游，将迎来主客共享美好生活的新时代。在建设世界级旅游景区和度假区、国家级旅游休闲城市和街区的进程中，文化引领、科技赋能、融合发展，将成为智慧旅游现代化的全新动能。为了一个更加平等、更加自由和无限可能性的旅游业的未来，我们需要凝聚共识，推广旅游业的共同价值，也需要学习和借鉴包括迪士尼在内的一切先进经验。

　　　　　　　　　　　　戴斌，《旅游是平等，是自由，更是无限的可能》

第十一章

智慧景区的运营管理

让景区插上"智慧"的翅膀

景区范围大，无法防范非法进入者；景区旅游项目多，多次购买手续繁杂、营销成本高、目标不明确、散客旅游体验差等现象是困扰很多景区运营管理者的头疼问题。

地处敦煌市的鸣沙山月牙泉景区通过智慧景区建设，让景区运营管理插上"智慧"的翅膀，初步解决了以上问题。

解决非法进入问题：安装景区电子围栏报警系统，只要一定体量的热源体靠近电子围栏，报警系统自动报警，并全程开始播放警告，附近的景区工作人员也会收到指令前往制止。这样就可以有效杜绝闲杂人员及部分游客的非法进入问题，24 小时实现对景区资源、客流、票证以及交通、安全的管理和控制。

提升游客体验。①自助解说体验系统：利用现代通信技术、地理信息技术，开发了景区的虚拟全景展示系统，实现了景区内部景点的虚拟化、数字化、网络化，让世界各地的人们从网上就可以全方位感知、认识、享受景区美景、美文、美图。推出了互动游览、手机客户端服务，为游客提供景点介绍、电子地图、自主导览、语音讲解服务，实现了把"导游装进手机里"的目标。②免费上网：全覆盖 WiFi 免费网络向游客开放。③打包购买景区产品，一次购票多次进入景区：游客在线上不仅可以购买景区门票直接扫码入园，而且景区大漠乘驼、沙漠摩托、滑翔机、直升机等娱乐项目均可打包购买、网上支付、扫码消费。同时通过独一无二的指纹验票功能，为游客提供一次购票、三天内多次入园游览的服务，既满足了游客深度体验的要求，也有效延长了游客在敦煌的逗留时间。

解决营销成本高、目标不明确问题：建设景区指挥中心，接入显示全景区监控点的视频，对景区游客和管理人员进行可视化管理；与百度网盟合作，通过对游客上网轨迹的精准画像，得出对敦煌感兴趣的游客的年龄、性别、属地、职业等大数据，通过沉淀的大数据对敦煌旅游人群精确画像、精准营销、精细服务、综合管理，去分析、预测、严判敦煌旅游的近期、远期走势，做好规划、调度、服务，由经验管理转向数据管理，并为敦煌旅游宣传营销、优惠政策的制定提供数据支持。建立了功能完备的"敦煌线上服务窗口"，并提供实时互动、私人订制等个性化、全天候服务。景区可以通过 WiFi 网络向游客推送景区公告、景区动态、商家信息、预警信息等文字图片、视频信息，便于管理服务和应急处理。

鸣沙山月牙泉智慧景区为游客带来了超出预期的旅游体验和无处不在的旅游服务，信息服务无障碍、沟通体验零距离，真正实现了管理、服务、营销的智慧化。

另外，国内的九寨沟、黄山、颐和园等景区也走在了智慧化景区的前列。

（资料来源：作者实地考察与景区提供资料整理撰写。）

引言

智慧景区建设是目前景区运营管理的热点趋势之一，很多景区通过改建或新建的方式实现或正在实现智慧化景区的目标。中国的旅游景区正在由整体运营向精细化项目运营转变。除景区整体运营状态数据外，对景区内部各运营项目状态数据进行采集，实现各项目的目视化管理，实现景区针对每一个项目的精细化监管、运营。国内的智慧景区建设已经从起步阶段的内部信息化走向互联网，从单纯的信息管理走向以服务为本的协同一体化服务，做到四上（到手上、桌上、车上、路上）全程服务。游客或用户在任何时间、任何地点通过咨询平台、手机等便可查看信息或咨询、旅游、举办商务会议，将景区旅游、历史文化教育、学习、工作、咨询等融合一体，最终形成以公众服务为核心的一体化景区数字中心。

第一节　智慧景区的内涵和建设基础

一、智慧景区的内涵

智慧景区是智慧地球的具体化，也是数字景区的升级化。

"智慧地球"是 IBM 公司首席执行官彭明盛 2008 年首次提出的新概念。他认为，智能技术正应用到生活的各个方面，如智慧的医疗、智慧的交通、智慧的电力、智慧的食品、智慧的货币、智慧的零售业、智慧的基础设施甚至智慧的城市，这使地球变得越来越智能化。智慧景区是智慧地球的一个具体应用。三个智慧推动力，即更透彻的感应和度量、更全面的互联互通和更深入的智能洞察，它们同样也是智慧景区的推动力。

数字景区是随着 3G 视频服务的应用而诞生的，指为景区管理人员监控各景点提供远程监控及手机监控功能，可以在各具体景点安装视频采集设备，将现场的风景和游人的实时视频传送到监控中心，为公众开放的景点还能免费提供给游人观看。这样，整个景区和游客都在监控范围内，可以为游客提供及时的指导和帮助，这样景区就从传统的园区服务人员管理方式转变为数字化管理。电子地图、实时监控和远程访问是数字景区的主要功能。

广义的"智慧景区"是指将科学管理理论同现代信息技术高度集成，实现人与自然和谐发展的低碳智能运营景区。这样的景区能够更有效地保护生态环境，为游客提供更优质的服务，为社会创造更大的价值。狭义的"智慧景区"是"数字景区"的完善和升级，指能够实现可视化管理和智能化运营，能对环境、社会、经济三大方面进行更透彻的感知、更广泛的互联互通和更深入的智能化的景区。狭义的智慧景区强调技术因素；广义的智慧景区不仅强调技术因素，还强调管理因素。

广义智慧景区的内涵主要包括：①通过物联网对景区进行全面、透彻、及时的感知；②对景区实现可视化管理；③利用科学管理理论和现代化信息技术完善景区的组织结构，优化景区业务流程；④发展低碳旅游，实现景区环境、社会和经济的全面、协调、可持续发展。

二、建设智慧景区的必要性

（一）促进资源保护和管理转型

随着社会经济的日益发展、旅游产业的逐年升温，景区的自然资源和生态资源面临越来越大的压力，传统的管理方式和手段已经无法满足更高水平的景区产品需求和各种复杂因素。景区必须向现代信息技术寻求帮助，借助其提高景区的服务水平、资源监测能力、应对危机的能力等运营水平。通过智慧景区建设，不断优化服务流程、减少了手工作业、实现信息资源共享，为景区管理者提供实时有效的决策信息。这将有效地帮助景区管理部门提升管理效率，降低管理成本，一定程度上倒逼景区管理体制的改革和管理水平的提高。

（二）满足个性化旅游的需要

在个性化旅游的发展趋势下，旅游者对信息服务的依赖程度越来越高；传统的商业模式，信息服务能力较差，已经不能满足旅游者的需求。而随着互联网的普及，游客更愿意通过网络来了解适合自己的景区相关信息，更愿意通过网络实现从选择、决策、购买到付款的旅游购买过程。据此，旅游景区需要建立面向顾客的、便捷的、人性化的信息服务系统，为游客提供更加个性化的旅游服务，提高游客的满意度。未来几年，要推进以"互联网+"为代表的旅游场景化建设，推动停车场、旅游集散中心、旅游咨询中心、游客服务中心、旅游专用道路、旅游厕所、景区内部引导标识系统等的数字化、智慧化改造升级。

（三）依法管理的要求

国务院《风景名胜区条例》第三十一条第一款明确规定，"国家建立风景名胜区管理信息系统，对风景名胜区规划实施和资源保护情况进行动态监测"。建立景区管理信息系统，搞好智慧景区建设，是法律赋予景区主管部门和每一个景区管理机构的重要职责。景区主管部门和国家级风景名胜区管理机构有责任、有义务搞好智慧景区建设，将《风景名胜区条例》的规定落到实处。其他类型的旅游景区也有类似要求。

（四）管理手段的革命

智慧景区建设，不是简单地用计算机代替手工劳动，也不是将传统的管理方式照搬到计算机网络中，而是借助现代信息技术，引进现代管理理念，对计划经济时期形成的不适应科学管理规律的落后经营方式、管理方式、僵化的组织结构、低效的管理流程等进行全面而深刻的变革。没有观念的更新，就没有机制的创新；没有机制创新，无论多么先进的信息化设备都不能转化为景区先进的生产力。

（五）引领景区未来发展

智慧景区建设是信息化技术发展和景区管理模式创新的产物，是总结先进景区管理经验、从供给侧满足游客更高品质的旅游需求而提出的卓有成效的管理手段，代表和引领着景区运营管理的未来趋势。随着全球化信息时代的到来，智慧景区建设不但要与国际接轨，学习国际上先进的管理经验，而且要用中国创造的精神实现我国智慧景区建设的跨越式发展，增强旅游景区的国际竞争力。总之，智慧景区的建设与推进，将提高景区的综合实力和水平，代表了景区现代化管理的前进方向。

三、智慧景区的建设基础[①]

（一）指导理论

（1）系统论

系统论的基本思想方法是把研究的对象当作一个系统，分析系统的结构和功能，研究系统、要素、环境三者的相互关系和变化的规律性，使系统达到最优化。景区要站在全局的、历史的、发展的高度，用全面、协调、可持续和统筹兼顾的方法，从整体上考虑智慧景区的建设问题，从过去多"点"管理向整体"面"的管理过渡。

（2）学习型组织

彼得·圣吉将学习型组织定义为"大家通过不断共同学习，突破自己的能力上限，达到真心追求的目标，培养全新、前瞻而开阔的思考方式，全力实现共同愿望的组织"，强调通过学习提高组织的学习能力和创新能力。景区需要通过个人、团队和组织不断的学习来掌握智慧景区建设需要的科学管理理论和现代信息技术。

（3）业务流程优化

业务流程优化是针对原有业务流程出现的问题进行反思后的改进计划，利用信息技术对它进行简化和整合，以提高效率、降低成本、提高服务质量，使组织绩效获得巨大提高。景区需要根据市场需求和智慧景区建设的需要，突破原有的思维方式，打破固有的管理模式，对原有的工作和服务流程、决策方式、信息系统以集成的方式进行再设计，打破传统景区组织的边界、畅通信息流通的渠道，以保证智慧景区建设的成功实施。

（4）战略联盟

战略联盟是指由两个或两个以上有着对等经济实力的企业，为实现某种共同的战略目标或联盟竞争优势，在自愿、互信、互利、互补的基础上，通过协议或股权参与等策略的实施，而结成的一种企业联合体或相互依存的企业网络。智慧景区的建设技术含量高、周期长、投入巨大，景区需要通过组建战略联盟整合各类相关资源。

（二）技术依托

1. 信息技术

信息技术主要指应用计算机科学和通信技术来设计、开发、安装和实施信息系统及应用软件。信息技术正不断突破时间、空间的限制以及终端设备的束缚，从计算、传输到处理，从感知、传感到智能，正在全面改变着我们生活的世界。景区在此背景下可以运用信息技术，搭建景区智能化管理平台，实现景区智能化管理。

2. 物联网

物联网是通过射频识别（RFID）、红外感应器、全球定位系统、激光扫描器等信息传

---

① 此部分内容参考章小平，邓贵平《对"智慧景区"建设的思考》一文，原文载于《智慧景区管理与九寨沟案例研究》[M]. 北京：清华大学出版社，2013，有修改。

感设备，按约定的协议把各类物品与互联网连接起来，进行信息交换和通信，以实现智能化识别、定位、跟踪、监控和管理的一种网络。物联网实现了人与人、人与机器、机器与机器的互联互通。通过把 RFID、传感器、二维码等信息传感设备植入门票、桥梁、公路、建筑、供水系统、电网等景区的各种物体中，可以实现对景区的更透彻的感知；通过与互联网的融合，能将景区事物信息实时准确地传递出去，从而实现更为广泛的互联互通；通过利用云计算、模糊识别等各种智能计算技术，对海量的数据和信息进行分析和处理，能够帮助运营管理者对景区内各类人和物实施智能化的控制。

第二节 智慧景区建设的框架及路径

一、总体框架

根据信息技术及信息社会发展的趋势和景区运营管理的发展需要，可以拟定"智慧景区"建设的总体框架，可以从五个方面开展智慧景区的规划与建设，包括：信息基础设施（构建网络传输与通信系统：传感网+物联网+互联网）、数据基础设施（构建数据仓库与云数据中心，涵盖空间数据与属性数据）、共享服务平台（实现信息共享与应用服务）、应用服务平台（构建众多业务应用系统）以及决策支持平台（开展综合分析与辅助决策）。同时，需要注重相关的政策保障（政策、机制、资金等）、技术保障（技术、标准、人才）及安全保障，最终实现景区规划、管理、保护、运营、发展的全面信息化。

总体框架必须为实现景区服务的智慧化、营销的智慧化、管理的智慧化功能的实现服务，并且技术应用和功能实现要有一定的前瞻性。例如，目前要实现景区运营管理线上线下相融合的功能，技术上要实现应用集中化、授权便捷化、接口生态化的目标。

（一）三个平台

三个平台是指"信息感知与传输平台、数据管理与服务平台、信息共享与服务平台"。其中：信息感知与传输平台包括信息自动获取与高效传输两个方面；数据管理与服务平台包括数据集成管理与计算服务；信息共享与服务平台则是借助于信息基础设施和数据基础设施，面向五大应用系统提供信息服务与流程服务。

1. 信息感知与传输平台（信息基础设施）

信息自动获取设施主要是指位于智慧景区信息化体系前端的信息采集设施与技术，如遥感技术（RS）、射频识别技术（RFID）、GPS 终端、传感器（sensor）以及摄像头视频采集终端、地感线圈或微波交通流量监测等信息采集技术与设备。信息高效传输设施是指有线或无线网络传输设施，主要包括通信光纤网络、3G 或 4G 无线通信网络、重点区域的 WLAN 网络等，以及相关的服务器、网络终端设备等。

2. 数据管理与服务平台（数据基础设施）

数据集成管理主要是借助于数据仓库技术、分类管理组成"智慧景区"的数据库系统，涉及空间数据与属性数据库、删格数据与矢量数据库、资源数据与业务数据库以及面向应用的主题数据库；在数据集成管理的基础上，借助云计算技术，通过共享服务平台为五大应用系统提供数据信息与计算服务。

3. 信息共享与服务平台（共享服务设施）

信息共享与服务平台是基于 SOA 和云计算的共享服务中心、平台集成遥感技术（RS）、地理信息系统（GIS）、全球定位系统（GPS）、虚拟现实技术（VR），面向智慧景区的五大应用系统提供技术及信息服务，可以实现整个智慧景区的信息管理、应用请求响应、应用服务提供等任务，保障整个景区信息的共享与服务。

（二）五大系统

五大系统是基于景区资源特点及应用系统功能、系统服务对象、系统使用部门等因素考虑而划分的，包括资源保护系统、业务管理系统、旅游经营系统、公众服务系统、决策支持系统，共同构成智慧景区的应用服务系统。

（1）资源保护系统

资源保护系统主要实现对景区资源全面保护与监测的信息化，所涉及的主要应用系统可以进一步划分为：自然资源保护与监测系统、人文资源保护监测系统、自然环境保护与监测系统、人文环境保护与监测系统。

（2）业务管理系统

业务管理系统主要实现对景区业务管理工作的信息化，所涉及的应用系统按照业务类型可以划分为：电子政务系统、规划管理系统、园林绿化管理系统、人力资源管理系统、资产管理系统、财务管理系统、视频会议系统等。

（3）旅游经营系统

旅游经营系统主要实现对景区旅游管理与游客服务的信息化，根据景区旅游经营体系所涉及的应用系统主要是三种类别，即侧重于内部应用的旅游管理系统、侧重于外部服务的网络营销系统以及游客安全与应急调度系统。

（4）公众服务系统

公众服务系统主要实现景区面向广大民众服务职能的信息化，所涉及的应用系统类型主要包括两个方面，一是面向景区以外广大民众的外部服务类系统；二是面向景区游客的内部服务类系统，两者相辅相成，共同完成景区的社会服务。

（5）决策支持系统

决策支持系统主要在上述四大应用系统的基础上，结合专家知识系统、综合数据分析、数据挖掘与知识发现，通过虚拟现实、情景模拟等手段对景区的重大事件决策、应急预案演练等多系统综合应用，提供技术支撑和信息支持。

（三）七项保障

为保障智慧景区建设的有序开展，应当在政策、机制、资金、技术、标准、人才和安全七个方面予以保障，建立与健全智慧景区建设的保障体系，为智慧景区的建设、管理、运行、维护与发展全方位保驾护航。

（1）管理政策

政府相关管理部门必须制定关于智慧景区建设的专项政策，包括对于信息中心职能的定位、信息化项目的管理政策、信息基础设施、数据基础设施、共享服务基础设施的建设与管理政策等，保障信息化建设的顺利开展。

（2）运行机制

在政策保障的前提下，景区信息中心需要进一步建立信息化项目规划立项、招标采购、设计开发、调试运行、项目验收、业务操作、日常运行、管理维护、文档管理、安全管理、信息服务的流程规范与管理制度。

（3）资金投入

智慧景区建设需要大量资金，需要积极拓宽融资渠道，加大资金支持力度，在充分利用自有资金的同时，积极争取财政资金、科研立项、银行贷款、企业投资、社会融资等多方面的资金支持，为智慧景区建设提供可靠稳定的资金保障。

（4）信息技术

智慧景区建设是多种信息技术的集成，必须始终把握技术发展方向，应用先进技术解决三个平台与五大系统建设中的问题。然而，信息技术的发展日新月异，景区管理业务也在不断变化，这就要求智慧景区的建设必须是一个动态的过程，静态的规划设计是不能满足持续的运营需求的。

（5）规范标准

智慧景区建设必须遵循国家住房和城乡建设部、国家文物局、国家测绘地理信息局、工业和信息化部、原国家旅游局等制定的有关技术规范，以做到标准规范统一和信息服务共享；同时，需要根据智慧景区的建设特点，研制智慧景区行业规范与标准。

（6）人才保障

专业技术人才的引进与培养，是智慧景区建设的重要组成部分。一方面，要根据管理业务的需要，有计划地引进高层次的专业人才；另一方面，需要加大对现有技术人员的培训力度，开展信息化建设有关政策法规、技术规范、专业知识的培训与辅导，提高他们的专业技术水平，以适应智慧景区建设的需要。

（7）安全保障

智慧景区的安全问题是至关重要的，涉及信息安全、系统安全、设施安全等各个层面，需要通过安全制度、安全策略、安全技术等不同路径，确保三个平台及五大系统的安全运行，保障智慧景区的管理与服务。

二、建设路径

智慧景区建设是一个复杂的系统工程（如图11-1所示），既需要利用现代化信息技术，又需要将信息技术同科学的管理理论集成。智慧景区的建设是对景区硬实力和软实力的全面提升，其建设路径主要由信息化建设、学习型组织创建、业务流程优化、战略联盟和危机管理构成。信息化建设和业务流程优化能够帮助景区实现更透彻的感知和更广泛的互联互通，提高运营管理的效率和游客满意度；创建学习型组织和战略联盟有利于提高景区管

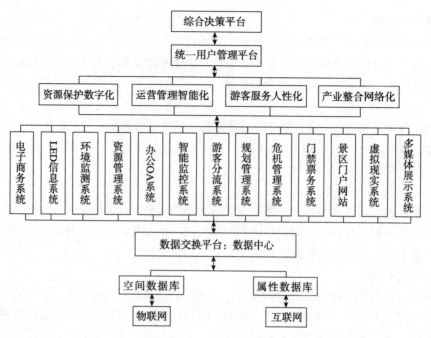

图 11-1　智慧景区建设架构图

理团队的创新能力，培养景区的核心竞争力；危机管理可以提高景区的危机响应能力，降低危机发生的概率和减少危机造成的损失。

（一）信息化建设

信息化建设是智慧景区建设的基础和核心内容。其建设内容主要包括信息基础设施、数据中心、信息管理平台和综合决策平台。

1. 信息基础设施

信息基础设施需要在国家信息基础设施建设的基础上，根据景区保护与发展的需要进行延伸，要能够实现人与人、人与物、物与物之间的通信，使彼此之间按需进行信息获取、传递、存储、认知、决策和使用。这不仅需要将电信网、互联网和有线电视网三网融合，还需要在景区推广物联网技术。景区可以将各种传感设备（射频传感器、位置传感器、能耗传感器、速度传感器、热敏传感器、湿敏传感器、气敏传感器、生物传感器等）嵌入景区物体和各种设施中，并与互联网相互连接，使物体和设施通过自组织来实现环境感知、自动控制，可实现对游客、社区居民、工作人员和景区基础设施、服务设施、地理事物、自然灾害等进行全面、透彻、实时的感知，从而实现景区智能化管理。

2. 数据中心

数据中心是景区信息资源数据库的存储中心、管理服务中心和数据交换中心，是景区信息化建设的基础。数据中心的建设不仅要能实现景区管理各环节间的信息共享，消除各系统之间的"数据孤岛"；还应为公众提供智能服务，使不同用户能够通过资源共享平台，根据其权限获取他们所需的数据。景区在建设数据中心时还需努力统一数据标准，使数据能深度整合；要确保数据安全可靠，富有弹性。此外，景区还可以通过使用虚拟数据库和云计算技术减少能耗，降低成本。

3. 信息管理平台

景区信息管理平台要能实现资源监测、运营管理、游客服务和产业整合等功能。它主要由以下系统构成。

（1）地理信息系统

它是建立资源管理、环境监测、智能监控、高峰期游客分流等系统的基础和前提，通过它不仅能更直观地将游客行迹、视频监控、环境监测等数据以图形化真三维方式展示出来，还能把多媒体技术、数字图像处理、网络远程传输、卫星定位导航技术和遥感技术有机地整合在同一平台，为景区管理决策提供重要支持。

（2）旅游电子商务平台和门禁系统

通过旅游电子商务平台，景区可以为游客提供旅游资源、旅游线路、景区文化等信息，实现航空、酒店、景区门票、绿色观光车、保险等网上预订，不仅方便游客出行，还能限制游客人数、整合区域旅游资源、打造区域旅游品牌。此外，由于网络技术的普及和飞速发展，游客了解旅游信息越来越倾向于使用网络搜索。

（3）景区门户网站和办公自动化系统

门户网站是景区网络上的"门脸"，可以搭起景区与游客沟通的桥梁，能够帮助上级主管部门及时掌握景区最新动态。办公自动化系统可以减少或缩短办事流程，提高信息发布速度，降低办公成本，提高办事效率。

（4）高峰期游客分流系统

配合景区容量管理的要求，高峰期游客分流系统可以均衡游客分布，缓解交通拥堵、减少环境压力，确保游客的游览质量。景区可以通过预订分流、门禁分流和交通工具分流实行三级分流。首先，通过旅游电子商务平台对团队游客进行分流。当团队游客预订的时点数量接近或超过景区承载量的某一个指标体系值时，就可以错峰预订或者停止预订。其次，通过门禁系统对游客进行实时分流，让游客分时段进入景区。最后，通过对交通工具的灵活调度对游客进行分流。这需要运用射频识别技术（RFID）、全球定位、北斗导航等技术实时感知游客分布、交通工具的位置及各景点游客容量，并借助分流调度模型对游客进行实时分流。

（5）其他配套系统

景区要实现智能化管理，还需要建设其他配套系统，如规划管理系统、资源管理系统、环境监测系统、智能监控系统、LED信息发布系统、多媒体展示系统、网络营销系统和危机管理系统等。

4. 综合决策平台

为实现管理和服务的深度智能化，景区需要搭建综合决策平台。该平台建立在信息管理平台和众多业务系统之上，能够覆盖数据管理、共享、分析和预测等信息处理环节，为景区管理高层进行重大决策提供服务。该平台还应该将物联网和互联网充分整合起来，使景区管理高层可以在指挥中心、办公室或通过 5G 智能手机全面、及时、多维度地掌握景区实时情况，并能及时发号施令，以实现景区可视化、智能化管理。

（二）学习型组织创建

智慧景区的建设需要一支具有创新能力的管理团队，这支团队既有技术人才，又有管理人才，还要有既懂管理又懂技术的复合型人才，景区可以通过创建学习型组织来打造这样的团队。学习型组织不仅强调个人、团队和组织的学习能力，更重视将这种能力转化为能量，创造更高的景区绩效。景区可以根据"圣吉模型"创建学习型组织：以建设智慧景区为共同目标，打破束缚个人和集体发展的心智模式；以超越自我为动力，激发个人和团队的潜能；以团队学习为特征，以深度会谈为模式，培养团队精神，提高创新能力；以系统思考为方法，提高团队整体的竞争力。

（三）业务流程优化

业务流程优化是智慧景区建设的重要内容，它将影响景区信息化建设的推进过程。大多数景区进行信息化建设时注重设备投资和技术更新，却往往忽视与之配套的管理流程的变革，这将影响信息的收集、传递、加工和运用，最终影响到景区信息化建设的效果。这是因为景区传统的流程多以部门为基本单位来组织，以个人的沟通为手段来实施，以此为基础的信息系统必然是一个个部门"信息孤岛"的零散集合，流程也是冗长或者支离破碎的，信息无法及时、有效和准确地沟通和传递，无法发挥信息系统的资源整合功能。

景区在进行业务流程优化时要以环境保护和游客利益为出发点，倡导低碳旅游；以流程为主线，变职能管理为过程管理，变以人为中心管理为以事为中心管理；利用先进的信息技术以及科学管理理论，最大限度地实现技术上的功能集成和管理上的职能集成，以打破传统的职能型组织结构，建立全新的过程型组织结构；既要按照游客的需求和资源保护的需要将原来分散在各个功能部门、被分割成许多工序的流程整合成单一流程，删除不能增值且降低效率的过程和活动，将交叉、重叠、断裂的流程改为并行的流程，从而畅通信息渠道，提高服务质量和管理效率。

（四）战略联盟

战略联盟是智慧景区建设不可或缺的内容，它具有节省成本、集聚资源、降低风险、增强景区竞争力等优势，可以整合智慧景区建设所需的资金、技术和人才资源，提升景区智能化管理水平。景区可以通过与科研院校、酒店、旅行社、航空公司、IT 公司等签订协议，组建资源共享、优势互补、风险共担的战略联盟。景区在慎重选择联盟对象后，可以在政府和金融机构的支持下组建基于项目、共建研究机构和共建经营实体这三种战略联盟。此外，景区需要构建战略联盟合作机制，加强战略联盟动态管理，以实现战略联盟的稳定发展。

（五）危机管理

智慧景区的建设不仅要加强常态管理，更应努力提高危机管理水平，是否能够有效应对各种危机是智慧景区建设成败的试金石。景区可以利用物联网技术建设智能检测系统、风险评估系统、应急响应系统和危机决策系统，以有效应对火灾、洪水、极端天气、地震、泥石流等自然灾害，尤其可以在景区容量管理方面发挥优势，防止过度拥挤、踩踏等群体危机事件发生。

综上所述，信息化建设、学习型组织创建、业务流程优化、战略联盟和危机管理五者之间相互联系、相互影响，一起构成建设智慧景区的路径。

第三节　智慧景区评价体系

智慧景区评价标准体系主要是基于景区"智慧化"发展理念，统筹考虑城市和景区信息化水平、游客体验、景区管理、旅游产品等方面的因素综合而成，其目的在于准确地衡量和反映智慧景区建设的主要进度和发展水平，为进一步提升以景区为核心的旅游目的地竞争力、促进全域旅游建设提供有益参考。

根据智慧景区标准体系构建的思路、方法及现阶段智慧景区建设的主要内容，标准体系分为游客体验、景区管理、旅游产品 3 个维度，共包括 17 个二级标准、41 个三级标准。[1]

一、游客体验

智慧景区语境下的游客体验是指通过智能化的移动终端（智能手机或定制导览终端），配合二维码、GPS（北斗）定位等技术手段，为游客提供全程式的游览服务、丰富的旅游消费体验、互动便捷的交互方式和拓展的消费形式，主要包括 5 个二级标准、13 个三级标准。

（一）网络与通信服务

1. 通信设施布局应合理

景区出入口及游人集中的场所设有公用电话，并具备国际、国内直拨功能。手机信号覆盖主要景点，通信方便，线路畅通。在游客中心实现无线局域网覆盖。

2. 信息门户

景区设置专门的信息门户，支持电脑、手机、信息触摸屏等终端设备访问。门户支持会员注册、建立会员档案。

电子商务。利用网络信息技术实现景区门票、景区内交通、住宿、旅游线路等旅游产品的网上预订和网上交易。支持多种支付手段，包括网上支付、手机支付、银行转账、电汇、前台 POS 机刷卡、现金支付等。

在线交流。建立互动社区，利用论坛、在线咨询与投诉、征文活动等形式增强在线互动交流，及时了解游客需求，提供优质服务，满足游客个性化需求。

多媒体信息展示。为游客提供旅游信息展示和自助查询检索服务。游客可自行查询景区的景点介绍、交通、天气、旅游服务设施情况等。重点考虑展示内容的美观和生动性、

---

① 此部分内容参考邓贤峰，李霞《"智慧景区"评价标准体系研究》一文，原文载于智慧景区管理与九寨沟案例研究，北京：清华大学出版社，2013，有修改。

游客操作的便捷性及数据更新的简单快捷等因素，表现形式可借助地理信息系统（GIS）、虚拟现实等多种技术。

景区实时信息播报。为游客提供景区当前客流量、环境质量、交通状况、旅游专用交通工具空闲情况等实时信息。

3. 客户端软件

景区能够为游客提供基于多种智能手机操作系统的旅游类客户端软件，并通过信息门户、运营商增值业务等渠道对外发布，供游客下载和使用。客户端软件可以提供旅游查询、旅游预订、导航、聊天结伴、微博微信发布、照片上传等多种实用功能。

（二）导游

①电子导游。景区能够为游客提供贴身化、个性化的电子导游服务。景区具有通过智能手机、自助导览移动终端或固定导览终端等设备为游客提供导游服务的能力。手机和导览移动终端能为游客提供基于位置的电子导览服务，具备游客和景点定位、游览路线指引、自动讲解（文字、图片、音频）、多媒体资料点播等基本功能。

②游客中心。景区游客中心设置信息触摸屏，提供电子信息发布与信息查询服务。同时专门设置设备发放点，提供自助导览设备租借服务。

③电子信息发布和引导设备。景区主要路段设立 LED 显示屏、触摸屏等多种电子信息发布和引导设备。显示的信息内容由后台统一更新，通过有线或者无线通信网络传输到前端显示设备。信息内容能烘托或符合景区整体环境，发布屏位置设置合理。

④电子信息资料。在游客中心、导览设备及电子信息发布设备上展示的景区电子信息资料可以做到内容丰富、特色突出、文字醒目、制作精美并及时更新，展示方式能体现游客互动、便捷或环保的特点。

（三）导航

①景区提供的移动导览终端和手机客户端能够为游客提供电子导航服务。电子导航服务能帮助游客了解景区内部及周边的交通、餐饮、娱乐、购物和公共服务设施的位置和简要情况。有景区专用交通工具时，要在信息发布屏上动态显示当前在用交通工具的数量、空闲情况、移动轨迹等信息，便于游客进行游览路线规划和时间管理。

②电子地图。景区导航地图能正确标注景区内部主要景点、内部及周边交通道路、服务网点、公厕等游客常用基础设施的位置。

（四）导购

①手机客户端软件。手机客户端软件能够根据游客当前位置，提供附近区域的消费引导信息。

②电子支付。景区中的旅游设施、旅游商铺、餐饮店等具备为游客提供刷卡消费和在线电子支付、手机支付等便捷支付的能力。

③购物宣传。景区具备通过手机终端、门户网站、信息屏等多种信息化传播方式提供旅游商品宣传和推广的能力，突出商品的本地区及本景区特色。

（五）紧急帮助

手机客户端软件能够提供安全呼救功能，帮助游客在紧急情况下一键联系公安、医疗单位。安全呼救功能可以自动提供游客当前的位置。

二、景区运营管理

智慧景区的运营管理是指将一切可利用的信息技术与景区的保护、管理、服务、发展等工作有机地结合起来，以提升景区工作的信息化、智慧化水平，整合景区资源，实现信息共享，创新管理模式，实现景区运营过程有效管理和严密监控的全程智慧化管理，主要包括9个二级标准、20个三级标准。

（一）规划和制度管理

①智慧景区规划。有正式批准的景区信息化、智慧化建设规划，开发建设项目符合规划要求。

②电子档案。旅游质量、旅游安全、旅游统计等各项经营管理制度健全有效，贯彻措施得力，定期监督检查，记录和总结进行电子档案备案。投诉制度健全、人员落实、电子办公设备专用，投诉处理及时、妥善，电子档案记录完整。

（二）资金投入水平

景区每年编制的资金预算中有专门用于景区信息化、智慧化建设的预算，每年实际的建设投入在景区经营收入中达到一定比例，可以满足景区信息化建设的实际需要。

（三）人力投入水平

景区设置专门负责智慧景区建设工作的相关人员，能有效保障景区日常信息化系统的正常运作和维护，技术人员的技能水平与学历程度能满足智慧景区各类信息与通信系统运行维护工作正常开展的需要。

（四）游客管理

①客流统计分析。能够自动收集、全面统计、及时上传和智能分析景区客流量，对容量饱和与超载情况能够自动报警，协助景区管理者进行人员分流。客流统计可考虑利用景区电子门禁、智能视频监控、射频识别（RFID）、红外感应器、全球定位系统等多种手段实现景区客流精确和实时管理。

②客源统计分析。可以通过游客安装的手机客户端软件进行客源信息收集，获取游客的归属地情况。

③手机客户端游客使用情况统计。手机客户端软件或导览移动终端能够自动记录游客对各种不同功能的使用情况。

（五）安全防范

①保障应急机制。通过专门的安全管理信息化保障机制和应急响应机制，对于突发事

件能够及时有效地自动获取和告警，同时开展相关多部门的联合救援，安防档案和资料实现信息化管理。

②景区消防、防盗、救护交通、机电、游览、娱乐等设备能够有效通过信息与通信系统进行管理，保障设备齐全、完好、运行正常，无安全隐患。

③视频监控。景区内重要景点、客流密集地段、事故多发地等重点区域实现视频监控设备覆盖。前端实时视频通过有线或无线通信网络传输至监控后台，由后台进行视频存储，并实时监控。可以采用智能视频技术对视频中的预设目标进行分析（如越界、进入、离开、移走等），为游客不当行为管理、疏导、重要物品监控、灾害预防、应急预案制定实施、指挥调度提供保障。能够对景区安保人员进行远程管理和调度。可通过手机、集体通信等设备实现远程通信。

④火情监控。具有有效的火灾防范和自动报警机制，相关设备运行正常。对于拥有大面积林区的景区，建设有专门的森林火灾监控系统。利用视频监控技术、热敏传感技术等对林区进行实时监控，及时发现险情并统一指挥调度。系统具备最高温自动追踪、自动设定温度报警值等功能。

（六）交通

①车船管理。利用美国全球定位系统（GPS）或者北斗卫星导航系统（BDS）定位技术、电子地图技术，提供对景区内车辆、船只等旅游专线交通工具的监控、调度、导航和防盗功能。车船消费支持手机支付、旅游一卡通、现金等支付方式。利用 GPS 或 BDS 获得车船位置坐标，通过无线通信网络发送到后台，后台存储数据，完成坐标信息获取并在电子地图中显示车辆位置。具备增加反向通信功能，由后台通过无线通信网络向目标车辆发动调度信息，完成指挥调度。对进出景区的车辆能通过信息发布屏进行指引和疏导，有效保障景区内部交通畅通。

②停车管理。对景区所属的停车场能实现自动管理和调度，使景区停车场得到充分利用，满足景区游客接待量要求。停车费用支付支持旅游一卡通、手机支付、现金等方式。

（七）资源和环境保护

①资源保护。自然景观和文物古迹保护手段科学、技术先进，能有效预防自然和人为破坏，保持自然景观和文物古迹的真实性和完整性。对于重要的景观资源设置电子档案，并通过视频监控手段进行实时监管。

②环境监测。根据景区资源保护的侧重点不同进行水质、空气监测等。景区通过信息化手段能够获取天气、空气、水质、噪声等环境信息。水质和空气监测能够利用相应的数据自动采集系统定期采集样本，通过分析仪器获取监测指标情况，并做出环境变化情况的评价。

③环境监测信息发布。景区能够提供环境信息发布功能，将前端环境监测数据通过有线或者无线通信方式上传至后台，并在网上和信息发布屏上进行发布，信息发布能够适时更新。

（八）旅游购物

①购物点管理。对景区管辖范围内的购物场所进行集中管理，建立电子档案。

②商户在线推广与销售。为景区内商户建立网上交易平台，为其产品提供在线的信息发布与销售渠道。

（九）统一服务与管理

①景区下辖子系统管理。对于智慧景区下辖的各个信息与通信系统能够进行统一指挥与调度，实现信息的及时感知、系统间的全面互联互通、信息资源与物理资源的高度整合、旅游服务和景区管理应用的深度开发，最终为游客和运营管理部门提供集需求采集、服务管理交互、效果反馈于一体的"智慧化"景区服务管理新模式。

②景区管理中设计的管理体系均可开放接口给上级旅游管理部门的管理平台，为其自动提供各个信息与通信系统的运行数据，实现数据的自动汇总。

三、旅游产品

景区的旅游产品是指运营管理主体利用旅游资源提供给旅游者的旅游吸引物与服务的组合。主要包括 3 个二级标准、8 个三级标准。

（一）旅游产品开发

①产品设计。开发设计符合游客需求的个性化、创新型信息化旅游产品，产品设计理念新颖，技术先进，具备可扩展性，本地区及本景区特色突出、独创性强，符合用户使用习惯。

②旅游产品种类和数量。旅游产品种类和数量丰富。通过智能手机或移动终端作为产品提供载体，开发体现景区固有历史文化的旅游产品。开发基于景区资源和文化的游戏产品，实现线下旅游与游戏娱乐的结合。

（二）旅游产品运营

①运营模式。旅游产品具备持续运营潜力，有合理的运营模式。

②市场反向。旅游产品投放市场后运行情况良好，能够获得持续盈利。

③购买方式。为游客提供具有景区门户网站、智能终端设备的在线订购服务。游客可以直接通过专门的订购平台获取需要的旅游产品。支持网上支付、手机支付等支付方式。

（三）旅游产品推广

①市场辐射力。旅游产品及其运营模式应具备推广价值，市场辐射力强，可复制性强。

②产品推广方式。能够与移动运营商或其他信息化新产品销售商合作，在原有旅游活动的基础上推出网络和手机版的体验活动。

③产品评价与定制。能够提供旅游产品的在线评价与自主定制业务，通过在线评价收集产品推广效果的反馈信息。

尽管目前还没有颁布智慧景区评价的国家标准，《旅游景区质量等级的划分与评定》（GB/T 1775—2003）也鲜有涉及信息化和智慧化的内容，但是，智慧景区的建设已经在全域旅游建设和旅游产品供给侧改革的背景下成为未来景区运营管理的重中之重。原国家旅游局曾发布了《"旅游＋互联网"行动计划》，推动了4A和5A景区的智慧化进程。以上评价体系可以使景区决策层及相关部门很好地把握智慧景区建设的方向，对建设项目进行正确的评估，以便找出不足之处加以纠正，从而确保智慧景区建设快速、健康地发展。

（四）国家智慧旅游建设工程①

①加快智慧旅游景区建设。科学推进预约、限量、错峰旅游，促进旅游景区实现在线、多渠道、分时段预约，提高管理效能。建设旅游景区监测设施和大数据平台，健全智能调度应用，促进旅游景区资源高峰期合理化配置，实现精确预警和科学导流。普及旅游景区电子地图、线路推荐、语音导览等智慧化服务，提高游览便捷性。支持各地区因地制宜建设特色化智慧旅游景区，运用数字技术充分展示特色文化内涵。"十四五"期间，推动国家4A级以上旅游景区基本实现智慧化转型升级。

②完善智慧旅游公共服务。以提升便利度和改善服务体验为导向，引导模式创新，构建开放、共享的智慧旅游公共服务体系。规范智慧旅游公共服务平台建设，支持开发针对老年人等特殊群体的专门应用程序和友好界面。

③丰富智慧旅游产品供给。鼓励旅游消费新模式发展，打造沉浸式博物馆、主题公园、旅游演艺等旅游体验新场景。引导开发数字化体验产品，推动文化和旅游资源借助数字技术"活起来"。

④拓展智慧旅游场景应用。建立健全智慧旅游标准体系，强化现代信息技术在旅游领域的应用普及，丰富拓展智慧旅游场景应用，推出一批智慧旅游创新案例和项目。

本 章 小 结

智慧景区建设是目前景区运营管理中的热门话题。本章从智慧景区的内涵、建设基础的阐释入手，对智慧景区的建设框架和评价体系进行了说明。这些内容一方面厘清了数字景区、智慧景区的关系，明确了建设的主要目标和评价指标；另一方面明确了智慧景区建设的基本路径和方向。

本章重要概念

"智慧景区"（广义），是指将科学管理理论同现代信息技术高度集成，实现人与自然和谐发展的低碳智能运营景区。这样的景区能够更有效地保护生态环境，为游客提供更优质的服务，为社会创造更大的价值。

---

① 《"十四五"旅游业发展规划》，国发〔2021〕32号，2021年12月22日发布。

复习思考题

1. 简述智慧景区的建设基础。
2. 列举并简要说明智慧景区建设的框架。
3. 简述智慧景区建设的路径。

九寨沟景区的"智慧化"之路①

---

① 资料来源：章小平，邓贵平《论"智慧景区"建设——以九寨沟景区为例》，有较大修改和删减。

第十二章
中国旅游景区的治理模式

2002 年，景区经营权能否出让是业界和媒体讨论的一个热点问题。当年 7 月 15 日，《光明日报》曾刊文《景区经营权：不得不说的话题》。下面是当时发生的一个热点事件。

刘永好梦断桂林山水

"将最优美的景区纳入帐下，中国首富十亿包装桂林山水""刘永好吃定桂林山水"……2002 年 4 月，多家媒体报道，新希望集团董事长刘永好与阳朔县政府签订了漓江支流——八公里遇龙河及遇龙河畔 303 亩土地 50 年经营权的框架协议，计划在这 303 亩的土地上开发旅游房地产，建小别墅出售或出租。新希望集团还签下了桂林山水中最著名的月亮山风景区以及榕树公园、美女梳妆、骆驼过江等一批最好景点 50 年的租赁协议。

当年，国务院《关于加强风景名胜区保护管理工作的通知》①规定："风景名胜资源属国家所有，必须依法保护。各地区、各部门不得以任何名义和方式出让或变相出让风景名胜资源及景区土地。"媒体引用国务院这一法规提出问题——被刘永好"买断"经营权的 8 公里遇龙河及两岸 303 亩土地是不是属于桂林风景名胜区？如果是，则刘永好"包装桂林山水"的合法性就要打个大大的问号。

媒体的报道虽有不实之处，但在法律障碍和建设部叫停的压力下，刘永好投资桂林山水项目还是以失败而告终。

一个私营企业，将以什么模式经营投资原属国家的风景区？当作公共物品向公众免费或基本免费提供？显然不现实；当作共有地去管理和做有限的经营？恐怕也终究难以为继。让私人企业经营国家所有的垄断性的资源，要不要政府管制？政府如何管制？由哪一级政府管制？

（资料来源：根据《北京青年报》《国内首富刘永好 10 亿"买断"桂林山水》与相关资料撰写。）

引言

时至今日，理论界关于景区经营权问题还在探讨，实践中还在制度范围内摸索发展。中国旅游景区的治理方式，总体上分为企业化治理与非企业化治理两种方式。对于企

---

① 2016 年修订的《风景名胜区条例》第三十七条规定：进入风景名胜区的门票，由风景名胜区管理机构负责出售。经营者应当缴纳风景名胜资源有偿使用费，第三十九条规定：不得将规划、管理和监督等行政管理职能委托给企业或者个人行使。

业化治理的旅游景区，它有完整的董事会、股东、监事会等治理结构，可以把景区的治理结构作为研究对象；而对于非企业化治理的旅游景区，就无法将研究内容称之为景区治理结构了，因为治理结构的存在是以独立的企业治理为前提的，本章的研究内容主要是景区的外部治理问题。为了涵盖企业化治理与非企业化治理的景区，本章将研究的目标确定为旅游景区治理模式的研究，而没有称之为旅游景区治理结构的研究。中国的旅游景区治理模式尽管不完全等同于现代企业的治理结构，但也是一种制度安排，这种制度安排决定旅游景区产品由谁提供、由谁控制，其性质是什么，风险和利益如何在相关利益主体之间分配等一系列问题。

第一节　中国旅游景区治理模式研究概述

钱颖一教授在他的论文《中国的公司治理结构改革和融资改革》中提出，"公司治理结构是一套制度安排，用来支配若干在企业中有重大利害关系的团体，包括投资者、经理、工人之间的关系，并从这种制度安排中实现各自的经济利益"。由此，我们可以类推出旅游景区治理模式的概念，即是指一套有关旅游景区的制度安排，用来支配相关主体，包括政府监督部门、景区投资者、景区管理人员、社区居民甚至后代的关系，并从该模式中实现经济、社会和生态效益或其中的某方面的效益。

一、旅游景区治理问题研究现状

（一）关于旅游景区经营管理的研究内容

旅游景区虽然是旅游业的核心要素，但是关于旅游景区经营管理的理论研究比较少。有关景区经营管理的论著只是在近几年才出现了一些，例如，岳怀仁的《风景旅游区经营管理》、马永力和谈俊忠的《风景名胜区管理学》、邹统钎的《旅游景区开发与经营经典案例》、约翰·斯沃布鲁克的《景区开发与管理》、张凌云的《旅游景区景点管理》等。

由于关于旅游景区的名称还没有完全统一，所以，涉及的研究成果非常庞杂，也就是外围边界模糊。但归纳起来，有关旅游景区经营管理的研究内容主要包括以下几项。

①旅游景区资源的价值评估和保护开发问题。例如，《"无价之宝"如何进行资产评估》（臧焕华，1993）、《风景名胜资源保护以及保护与旅游开发的矛盾和对策》（刘秉生，1994）、《风景名胜区旅游经营管理调控指标体系初探》（金戈、丁登山，1998）等。

②中外旅游景区经营管理的对比研究。例如，《中美风景区管理比较研究》（王莹，1996）、《韩国国家公园的管理现状》（钱薏红，2001）。

③旅游景区管理模式的研究。例如，《中国自然文化遗产管理模式的改革》（王兴斌，2002）、《怎样认识风景资源的旅游经营》（徐嵩龄，1993）、《庐山的无奈？管理的无奈？》（袁茂华，人民日报，2002）、《生态旅游景区运营模式研究》（胡永盛，2014）等。

④旅游景区的生命周期及可持续发展问题。

⑤旅游景区的资源保护和环境容量问题。

（二）关于旅游景区治理的研究内容

对于旅游景区治理问题的研究成果不多，其研究内容主要集中在三个方面。

①对旅游景区管理体制的研究。例如，《改善我国风景名胜区现行管理体制的对策研究》（汪德根，1999）、《风景文物旅游资源管理体制和经营机制改革初探》（王兴斌，2000）、《论风景名胜区的政府规制》（张昕竹，1999）、《旅游景区可持续发展制度安排研究——以云台山风景区为例》（熊元斌等，2011）、《新制度经济学视角下旅游目的地社会冲突治理研究——基于对四川泸沽湖景区的案例分析》（郭凌、王志章，2016）等。

②旅游景区的产权和经营权问题。这也是前一段时间理论界讨论的一个热点问题。例如，《风景名胜区资源产权辨析及使用权分割》（胡敏，2003）、《我国风景资源产权及其管理问题》（杨振之，2002）、《旅游资源经营权探悉》（杨广虎，2003）、《旅游景区经营权出让是祸是福》（王小润，光明日报）、《旅游景区"新两权分离"模式的探索》（刘锋，2012）、《旅游景区治理绩效:政府与利益相关者的博弈》（周大庆，2013）等。

③旅游景区的融资体制问题。主要集中在公共类资源上市问题的讨论上，其实质也是旅游景区的产权问题。例如，《从国家风景名胜区股票上市说开去》（张晓，1998）、《怎样认识风景资源的旅游经营问题——评"风景名胜区股票上市"争论》（徐嵩龄，2000）、《关于旅游景区公司上市争论的几个问题》（张凌云，2000）等。

④旅游景区治理模式的研究。例如，《我国旅游景区治理模式的特征及风险分析》（郭亚军、曹卓，2008）、《治理模式分异对旅游地发展的影响机制研究——阳朔遇龙河景区个案分析》（杨昀、保继刚，2018）、《国际旅游组织介入背景下山岳型景区治理演化路径研究》（尹寿兵、刘红婷，2021）等。

二、旅游景区治理模式问题研究的必要性

如果说在旅游景区的日常运营管理中，管理体系、产品体系和服务体系是构成其核心的三大体系，那么旅游景区治理体系就是保障三大体系顺畅运行的前提。

（一）旅游景区的滞后发展成为我国旅游业发展的新"瓶颈"问题

在中国旅游业发展的初期阶段，"交通瓶颈"和"饭店瓶颈"问题曾一度阻碍了我国旅游业的发展。直至20世纪90年代，两个"瓶颈"的问题才逐渐解决。时至21世纪的今天，旅游景区的"瓶颈"问题又逐渐浮现。从供给角度看，突出表现在管理混乱、景区产品单调、服务意识差等问题。"一流的资源，二流的管理，三流的服务"也许就是旅游景区现状的一个总结。据魏小安统计，在全国的旅游投诉中，对旅游景区的投诉的数量已经超过了对旅行社和饭店的投诉。从需求的角度看，随着"体验经济"时代的到来，追求美好生活的旅游者对旅游景区提出了更高的要求，旅游者从"走马观花"到"下马赏花"、从"团队出游"到"散客自助"、从"到此一游"到"到此享受"等。需求与供给的矛盾产生了我国旅游业的第三个"瓶颈"问题，由此，也就产生了旅游景区供给改革问题。

（二）旅游景区治理模式成为区域旅游业发展的首要制约因素

丰富的旅游资源通过何种制度安排能够实现其价值的最大化，进而带动地方经济的发

展，成为地方官员和投资人苦苦思索的问题。很多地方领导对于发展旅游的热情和积极性都很高，但却对以何种方式发展旅游业有些迷茫，尤其是在资金短缺、体制不顺的情况下，对采取哪种方法实现地方旅游业的跨越式发展头疼不已。尽管在我国出现了下文将要论述到的雅安碧峰峡、安徽黄山、长春净月潭等成功的治理模式，但限于复杂多变的治理环境，简单的拷贝与复制往往导致失败的结局。刘永好"买断"桂林山水"流产"、曲阜整体租赁失败的案例多少能说明一些问题。如何透过纷繁复杂的治理环境，为我国旅游景区的深度发展设计一套切合国情的治理模式，也就成为现实的迫切需要。

（三）旅游景区治理模式成为理顺旅游管理体制的切入点

旅游业特殊的产业性质，决定了政府主导旅游业发展的必然性，理顺管理体制目前依然是中国旅游走向绿色发展、融合发展和高质量发展的关键。然而，政府主导战略在目前更多地表现为条块分割、政出多门。出现了"神仙打架，凡人遭殃"的现象。据初步统计，目前我国旅游景区归属（或涉及）的政府部门多达 12 个[①]，有建设、林业、环保、文化、文物、宗教、国土资源、海洋、交通、水利、旅游和科学院系统等。涉及的部门都认为自己是政府的代表，互相掣肘，严重影响了旅游景区的健康发展。通过旅游景区治理模式的研究，准确界定政府各部门的职能、各负其责、各司其职，真正起到政府主导的作用。

（四）旅游景区治理模式的完善是提升旅游景区经营管理水平的前提

前文已述及，景区的经营管理问题更多的是景区内资源整合与运营问题，其水平的高低一方面决定了提供给旅游者景区产品质量的高低（即旅游者体验的好坏）；另一方面，也决定了经济、社会和生态效益的好坏。但是，景区经营管理的基本动力来源于景区的治理结构的安排。科学、合理的治理模式确定了一种明确的制度安排，清晰的管理主体、明确的治理目标、合理的利益分配机制和有效的控制机制，这些制度安排保证了景区经营管理的持续、健康发展。景区经营管理过程中表现出来的种种不良现象，绝大多数都可以归因于不合理的治理模式。

因此，从实践和理论的需求上来看，旅游景区治理模式的研究是非常有必要的。

三、影响旅游景区治理模式的因素

分析旅游景区治理模式的影响因素必须从公司治理结构的特点和旅游景区的特点入手。影响景区治理模式的因素主要有以下几个方面。

（一）旅游景区的主体性质

中国旅游景区的格局是从 20 世纪 80 年代开始逐渐形成的。政府主导建立建设是主体，国有国营性质长时期未变。因而旅游景区的主体性质类同于计划经济时代的国营企业。只是到了近几年，民营资本才开始介入旅游景区的建设，而且一般都集中在人造景区上。在

---

① 2018 年 3 月 13 日，国务院机构改革方案公布，根据该方案，改革后，国务院正部级机构减少 8 个，副部级机构减少 7 个，除国务院办公厅外，国务院设置组成部门 26 个。将文化部、国家旅游局的职责整合，组建文化和旅游部，作为国务院组成部门。此次机构改革精简了部门构成，提高了行政效率。

实践中，这种主体又演变为从地方到中央的多套行政管理主体，例如国家建设部门、国家文物部门、国家环保部门、国家水利部门等从地方到中央的管理系统。从实质上看，其主体性质仍是单一的国家性质。

从个体上来看，旅游景区经营企业不同于按照公司法设立的普通法人企业，而是一种特殊的法人企业。因为其属性既不同于由政府所有并直接经营，向公众提供公共产品或准公共产品的企业（例如，军火制造企业、市政公司、自来水公司等），又不同于从事竞争性行业、以盈利为目的、从事私人产品生产的一般工商企业。旅游景区的经营受《中华人民共和国文物保护法》《中华人民共和国自然保护区条例》《风景名胜区管理暂行条例》等法律法规的约束，以提供准公共产品为主要政策目标，同时还要兼顾其他的商业性或非商业性目标。各个目标在旅游景区目标体系中的权重大小，从根本上决定了治理模式的类型。

（二）景区治理的政策法规环境

早在 20 世纪初（1904 年），马克斯·韦伯（Max Weber）就指出："具有毋庸置疑重要性的是法律和行政机关的理性结构。因为近代理性的资本主义不仅需要生产的技术手段，而且需要一个可靠的法律制度和按照形式的规章办事的行政机关。"张维迎（1996）认为，公司法的条款类似于"公共产品"，由国家统一提供更为有效。有了与治理结构有密切关系的公司法，当人们要组成公司时，他们可以集中于磋商"特殊契约"，他们需要干的只有两件事：一是选择企业形式（有限责任还是无限责任），二是根据公司法规定形成章程。后者是构成当事人之间契约的另一个重要组成部分。

对于旅游景区来说，其面临的环境要更为复杂。它不仅要受到一般法律的约束，还要受到上文所说的部门法规的规范。目前，相关的法律、法规和公约主要包括：《中华人民共和国环境保护法》《中华人民共和国森林法》《风景名胜区管理暂行条例》《中华人民共和国文物保护法》《中华人民共和国公司法》《中华人民共和国证券法》《世界自然与文化遗产公约》等。

20 世纪 90 年代，学术界和业界就出现了出台国家旅游法的呼声。在各方的努力和推动下，2012 年 8 月《中华人民共和国旅游法（草案）》首次提请全国人大常委会审议，并向社会公开征集意见。2013 年 4 月十二届全国人大常委会第 2 次会议通过，2013 年 10 月1 日起已经施行。《中华人民共和国旅游法》共分 10 章、112 条，内容涉及旅游者、旅游规划和促进、旅游经营、旅游服务合同、旅游安全、旅游监督管理、旅游纠纷处理等。地方政府在这方面也进行了不懈的努力，相继出台了一些地方法规。

景区治理模式的重塑必须要有相关法律的支持，没有法律的支持或者与法律相悖，其结果要么是治理模式的让步（制度的重新安排），要么是法律的让步（修改法律）。成功的碧峰峡模式和不成功的桂林山水"买断案"遭遇的最大问题就是法律问题，其成功或失败的结局更多的是与法律博弈的一种结果。

（三）旅游景区的所有权问题

所有权问题本来是一个法律问题，但在我国又与政治制度、意识形态、传统文化等有着千丝万缕的关系。我国实行的是社会主义制度，人民是国家的主人，一切公共资源的所有权都属于国家。《中华人民共和国文物保护法》第五条规定：中华人民共和国境内地下、内水和领海中遗存的一切文物，属于国家所有。修订前的《风景名胜区管理暂行条例》第八条规定：风景名胜区的土地，任何单位和个人都不得侵占。风景名胜区的一切景物和自然环境，必须严格保护，不得破坏或随意改变。2016年修订的《风景名胜区条例》从设立、规划、保护、利用和管理等角度进行了更详细的规定。

按照公司治理理论，所有权问题实质上是国有公司和私有公司如何处理委托代理权的问题。国有公司与私有公司委托代理关系的区别在于两类企业委托人效用函数的差异性。一般认为，私有公司的委托人追求的目标应该是利润最大化或股价最大化，而对国有公司的初始委托人而言，他们追求的目标应该是福利函数的最大化。我国旅游景区的性质更接近于国有公司，但是，旅游景区委托代理关系的处理却非常复杂。

学者一般将旅游景区经营权理解为"旅游企业在一定期限内对旅游资源占有、使用和享受收益的权利"。景区经营权实质上是指景区旅游资源开发经营权，具体主要包括为游客提供增值服务经营权、开发经营旅游项目权、门票收费权等。经济学家认为所有权是指企业的剩余索取权和剩余控制权。所有权权能分离的内容，就是占有权、使用权、收益权和处分权部分权能的分离或者权能与权能之间的分离。

目前吸引大多数旅游者的旅游景区包括国家级风景名胜区、自然保护区和森林公园、历史文化名城、全国重点文物保护单位等，分别归属于建设部、林业部、国家环保总局、国家文物局等部门管理，这些部门同时也是这些旅游资源所有者的代表。一些寺庙道观则分属于国家宗教局及宗教协会管理[1]。在一些乡村地区（南方居多），旅游资源及其所在的山体、水体、土地、森林等属于乡村集体所有。因此在开发过程中出现了包括村庄、乡镇在内"各方齐上阵"开发旅游资源，有意或无意无序开发的不良现象。

我国的旅游景区所有权也同国有企业一样，存在着一个"所有者虚位"的问题。吴必虎（2000）以国家建设部主管的风景名胜区为例阐述了这一问题，名义上其所有权和使用权都由建设部管理，实际上，风景名胜区所在的地方政府，主要是县或者县一级以下的政府拥有更大的管理、开发和利用权力，形成了"县官不如现管"的局面，从而导致两个方面的问题产生：一方面建设部门就其管理方式而言，着重于旅游资源的保护，这一点非常重要而且必要，但对旅游者游憩机会的提供和保障方面却重视不够；另一方面在许多情况下，中央政府和省级政府失去了对"国家级"风景区的实际控制权，多由地方基层政府主导开发利用，常常导致资源的开发性破坏。而这种破坏的不良后果却往往被归咎于旅游发展的结果。这一状况在我国其他部门主管的旅游景区同样存在。

随着市场经济的发展，旅游景区的所有权问题（往往体现为资源的所有权）受到空前的关注，这一问题也是治理模式中的关键问题。

（四）旅游景区的治理主体

现代公司理论认为，治理的主体有两个：一个是宏观治理主体，即国家；另一个是微

---

① 寺庙道观的产权归宗教团体（佛教协会或道教协会）所有。僧、尼、道士一般有使用权，但均无权出卖、抵押或相互赠送。任何使用、占用单位或其他机关团体都不能任意改变其所有权。

观治理主体，即公司。对于发展中国家或转轨经济国家而言，国家作为公司治理主体的作用就更加突出，它承担着双重使命，一方面要建立起现代公司治理运行的基础体系，包括法律、制度、市场体系等；另一方面又要保障和完善这些体系的正常运行。可以说，如果没有政府直接参与，是难以建立起有效的公司治理结构的。

同样，对于中国旅游景区来说，其治理主体也有两个：一个是宏观治理主体，即旅游资源的所有者——国家，往往由地方政府或行业主管机构代表；另一个是景区的经营主体，公司、管理局、博物馆、管理处等。本章的研究重点放在旅游景区治理模式的推动主体和模式运行过程中的经营主体的判断分析上，至于微观主体内部的结构分析不是本章分析的重点。

（五）政府的因素

以原国家旅游局为例，1998年体制改革后，人员精简了40%，新增了制定并组织实施各类旅游景区设施标准和服务标准的职能，并明确了指导优秀旅游城市创建工作的职能。各级旅游局与自办的经济实体逐步脱钩，将精力放到旅游行业管理和旅游政策的制定和实施上来。旅游行政管理体制改革的总体趋势是不同程度地强化了职能，扩大了行业管理的范围和力度。党的十八届三中全会提出："全面深化改革的总目标是完善和发展中国特色社会主义制度，推进国家治理体系和治理能力现代化。"政府的角色逐渐由"全能政府"向"权能政府"转换。

文化和旅游系统只是涉及旅游景区治理问题的政府职能部门之一。除此之外，还有文物部门、园林部门、宗教部门等十几个职能部门。这些职能部门在行使各自的职能时，经常发生部门冲突与摩擦，例如旅游管理部门与文物管理部门，这些矛盾如果没有更高一级职能部门——国务院的调解，就会成为旅游景区治理的最大制约因素。

F. 哈耶克在他的《自由法则》中指出：就一个国家来说，一个起作用的市场经济是以特定的活动为先决条件，其他一些特定的活动也因其所起的作用而获得支持……重要的是，政府作用的范围和方式至少在原则上同一个自由的市场是可以取得一致的。吴必虎（2000）也认为，政府所需要做的，从根本上来说，是为企业和市场创造一个良好的机制和运作环境，也就是以弥补"市场缺位和市场失败"的弊端为依据，对旅游企业实行间接控制。

旅游景区发展的关联性和开放性特征，决定了旅游景区的治理必须依靠政府和市场两种力量来完善自身的发展结构。在市场经济不太发达的中国，政府因素的影响显得尤为重要。

第二节　中国旅游景区治理模式的实证分析①

类似于寒武纪生命大爆发（Cambrian Explosion），20世纪末这个有点特别的时段，产生了很多有影响力的企业：阿里巴巴（1999年）、亚马逊（1995年）、流媒体巨头 Netflix（1997）、蒙牛（1999年）、腾讯（1998年）、百度（2000年）、京东（1998年）。无独有偶，

---

① 本节部分基础资料参考彭德成.中国旅游景区治理模式［M］. 北京：中国旅游出版社，2003.

本节研究的案例也都发生在这个时点，个中原因读者可以进一步研究。本节这些案例虽然有些老旧，但却是我国旅游景区治理过程中的"寒武纪"，值得仔细研究。

一、雅安碧峰峡模式

雅安碧峰峡模式也被称为整体租赁模式，将旅游景区的所有权与经营权分开，由政府统一规划，授权一家企业较长时间地（最长为50年）控制和管理，组织一方或多方投资，成片租赁开发，垄断性建设、经营、管理该景区，并按约定比例由景区所有者和出资经营者共同分享经营收益。

（一）碧峰峡模式的产生

1. 产生条件

四川雅安是全国年平均降水量最大的地区之一，被称为"雨都"。碧峰峡景区位于成都的西南方向，距离成都128千米，距离雅安市8千米。1986年碧峰峡被列入省级风景名胜区，但作为全国贫困地区的雅安市却无力投资开发。景区内的农民祖辈守着青山绿水过着贫穷落后的生活，开采景区内石头和砍伐景区内林木成为他们主要的收入来源，人地关系紧张。

1993年，雅安市成立了外事旅游局，并投资200万元开发碧峰峡。到1997年年底，景区累计投入580万元，年接待旅游者仅1万余人，年旅游收入仅30万元。在国家加强长江流域天然生态林保护的情况下，"三头"（石头、木头、水头）产业面临强大的政策约束，雅安市的财政日益困难。一方面，碧峰峡自然旅游资源价值较高，但相关的基础设施落后，其建设需要大量资金；另一方面，雅安的财政又捉襟见肘，投入资金难以保证。碧峰峡景区的发展面临极大的困难，这一困难在我国的其他景区也不同程度地存在。

雅安市政府根据自身的旅游资源优势和旅游区位优势，确立了旅游兴市的发展思路，决定将旅游业作为新的支柱产业来培育和发展，希望尽快把雅安丰富的旅游资源优势转化为经济优势。碧峰峡景区以其良好的区位优势和资源优势成为雅安市委、市政府优先开发的重点。与此同时，原来经营皮具、化工建材、商业零售的万贯集团，存在着企业扩张的内在动力和产业调整的内在需求。当时西部开发的号角也已吹响，西部地区丰富的旅游资源和诱人的市场前景，吸引着万贯集团的领导层，应该说这是一种资本的原始冲动。

2. 产生过程

第一步，万贯集团的调研分析。万贯集团委托专业的调查公司进行了细致的旅游者市场调查，了解到旅游者最理想的出游距离、最希望的旅游感受、对名山大川景区的满意度和美誉度，以及人们外出旅游的消费偏好和行为偏好。

万贯集团认为，国内旅游景区资源保护不力、服务质量低下、营销宣传乏力、产品缺乏特色等问题，根本上是由传统的景区投资经营规模造成的。因而，万贯集团提出的开发思路是，让一个企业对一个旅游景区在相当长的时间内拥有唯一的绝对控制权和开发经营权，既可以避免多家投资模式的多元主体、多重目标、分散决策、低效资源利用的弊病，又可以避免单一投资模式下的短期开发经营行为，实现旅游景区的可持续发展。

长期经营和拥有绝对的经营权（即要求转让经营权）是万贯集团投资的实质要求。当万贯集团与四川省雅安市政府商谈合作开发碧峰峡景区时，雅安市政府带着发展地方经济的强烈要求和招商引资的强烈渴望，经过多方争取与协调，最终与万贯集团达成了整体性开发的协议。

第二步，签约。1998 年 1 月 8 日，成都市民营企业万贯置业投资有限公司（简称"万贯集团"）与碧峰峡所在的雅安市政府签订《开发建设碧峰峡的合同书》，将碧峰峡的经营权转让给万贯集团，由其在雅安市政府的监督下独家开发碧峰峡景区，万贯集团由此开创了在全国闻名的碧峰峡模式。2020 年 1 月 7 日，被文化和旅游部确定为国家 5A 级旅游景区。

（二）碧峰峡模式的特点分析

特点之一：成功突破所有权与经营权不可分离的禁区，是碧峰峡模式的核心内涵。客观地说，碧峰峡模式并不是我国国内第一家采取整体租赁形式经营的旅游景区，因为山西三佳煤化有限公司与介休市政府早在 1996 年就签订了转让绵山景区 50 年经营权和开发权的合同。但它却是西部第一个取得成功的旅游景区。《四川省风景名胜管理条例》第十三条的规定是阻碍碧峰峡模式的最大的地方性法规，其中规定，风景名胜区及其外围保护地带的重要地段，不得设立开发区、度假区，不得出让土地，严禁出租、转让风景名胜资源。而碧峰峡模式的核心就是"政府出资源，企业出资金"，"政府出资源"就是出租转让行为。1985 年 6 月国务院发布的《风景名胜区管理暂行条例》第八条也规定，风景名胜区的土地，任何单位和个人都不得侵占。风景名胜区的一切景物和自然环境，必须严格保护，不得破坏和随意改变。2006 年实施的《风景名胜区管理条例》第三十九条也规定"不得将规划、管理和监督等行政管理职能委托给企业或者个人行使"。所以，政策法规风险是当年万贯集团投资碧峰峡的最大的风险，如果被戴上违法经营的帽子，不仅无法获得收益，而且连前期的巨额投资都将无法收回，因为前期很多投资用于农民搬迁和基础设施建设。好在万贯集团以实际行动抵住了各方的压力，用成功的事实对相关法规提出了质疑。

特点之二：独家投资、独家长期租赁经营是碧峰峡模式成功的必要保障。彭德成（2002）认为，旅游景区的开发，是旅游资源与投资主体的结合。根据投资主体的多寡，旅游景区开发模式存在"1 + n"和"1 + 1"两种方式。前者是指一个景区与多家投资主体的同时结合，国家、集体、部门、个体等一起共同投入该旅游景区的开发经营；后者则是一个旅游景区仅与某一家投资主体相结合，由该投资主体独家控制，垄断性经营。

碧峰峡模式采取的就是"1 + 1"模式，由万贯集团独家投资、独家长期经营。这一制度安排适应了目前的社会、经济环境。从投资方万贯集团的角度来看，在信用缺失的经济环境下，由于资本意愿多元化，"1 + n"模式容易导致"矛盾丛生、掣肘不断"的现象，旅游景区的持续经营也就难以维系。从资源所有者——政府的角度来看，旅游资源的保护是头等大事，而资源保护的人为威胁就是经营企业"杀鸡取卵"的短期经营行为。政府赋予企业长期的经营权，就是在引导企业经营行为由短期利益向长期利益转换，长期利益的实现就要求保护生态环境，实现可持续发展，这样一来，资源所有者和企业的目标就合二为一，实现了双赢。

特点之三：对旅游资源的有力保护是碧峰峡模式存在的基本前提。《开发建设碧峰峡的合同书》在签订之初遭到方方面面的反对，其主要原因就是担心经营权的转让会导致旅游资源的破坏，因而资源能否得到良好的保护也就成为碧峰峡模式能否成功的关键。四川雅安万贯碧峰峡有限公司董事长陈清华从理念上提出了"深生态开发、边缘性效应"的深度开发模式。万贯碧峰峡有限公司坚持以下几点。①确立三个指导思想，即景区生态是景区的生命；生态效益等于或者大于经济效益；不仅仅使环境得到保护，而且使环境更美好、更丰富。②在规划中，做到三个"之外"，即主要接待设施建在核心景区之外、污染物排放在景区之外、农民搬迁到景区之外。③在建设中，实行门前三包政策，即建设队伍包种（砍一棵树补种十棵树）、包补（毁坏一平方米草地，补种十平方米）、包赔（如属不可弥补损失，则施工队伍应承担十倍罚款）。④在经营中，处理好三个关系，即把动植物、水、空气、岩石、文物、阳光等资源当作景点向游人介绍，把动植物、水、空气、岩石、文物、阳光等资源当作企业的财富与资产进行管理，把生态效益放在比经济效益更高的角度处理。⑤在管理中，建立三个保障，即健全生态保护的机构、人员、资金，对旅游者、员工、社区居民进行生态教育，考核景区领导的指标应有经济效益、社会效益、生态效益三方面的内容。

特点之四：良好的监督协作机制是碧峰峡模式顺利运行的机制保证。对于一个企业来说，政府的力量处于优势，尤其是在当年的经济转轨时期更是这样。如果缺少当地政府的总体协调，碧峰峡模式也就无法生存。当然政府还要通过景区管理委员会行使监督权和国有资源转让的收益权（如图12-1所示）。

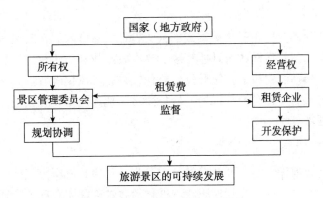

图12-1　碧峰峡模式的治理结构

特点之五：媒体的正面造势是碧峰峡模式成功的外在关键因素。在实地调研中，作者了解到，碧峰峡景区在运营之初，曾花大力气通过主流媒体对碧峰峡进行积极、正面的报道和宣传，这些正面报道为碧峰峡模式的成长赢得良好的舆论环境。尤其是在四川很有影响的《华西都市报》的头版头条显著位置大篇幅刊登《碧峰峡模式》《碧峰峡精神》《碧峰峡冲击波》等文章。其后又邀请各级党政领导来碧峰峡参观访问，借机通过各种媒体资源在全国进行大规模的正面报道。

毫无疑问，没有媒体的正面报道，碧峰峡模式只能胎死腹中，无法存活。因为碧峰峡模式本身在当时的政策环境下有"违规"嫌疑，在此过程中，强大的舆论力量足以达到"积毁销骨"的作用。万贯人很清楚地意识到这一问题，花大力气借媒体的力量进行正面报道。与碧峰峡模式形成鲜明对比的是，2002 年希望集团刘永好运作桂林山水的失败，很大程度上来自于媒体的负面炒作。《北京青年报》首先以"亿元'买断'桂林山水"的提法展开讨论，"买断"两字激起了最大范围的反对声，最终第二个"碧峰峡模式"胎死腹中。

（三）碧峰峡模式治理结构分析

碧峰峡景区由万贯碧峰峡有限公司经营，具有独立的法人地位，其治理结构既有一般工商企业股份公司治理结构的基本框架，同时又具有旅游景区企业的特性。

1. 治理的主体

1998 年 1 月 8 日以前，雅安市政府及碧峰峡所在地方政府是该景区的治理主体，也就是说地方政府是碧峰峡的治理主体。1998 年 1 月 8 日以后，原有的治理主体转变为宏观管理主体，而万贯碧峰峡有限公司非常明确地成为碧峰峡景区的新治理主体，负责该景区的长期经营。

两个主体的转换，实质上是两种体制的转换。前者是计划经济的代表，后者是市场经济的代表。两种治理主体各具优势，在碧峰峡景区的发展过程中都起到了关键的作用。例如，没有地方政府的开放意识和多方游说，万贯集团不可能长时期租赁碧峰峡景区。同样，没有万贯集团的巨额资金投入及成功的市场运作，也不可能有碧峰峡景区的成功。但是在碧峰峡景区的发展过程中，显然后者更适合于作为景区的治理主体。

2. 所有权与经营权

所有权与经营权的分离是碧峰峡模式的最大特征。碧峰峡属于省级风景区，所有权归国家所有，由建设部门和当地政府具体管理，享有收益权和监督权。万贯碧峰峡有限公司拥有碧峰峡景区的长期经营权，独家开发、整体规划、市场化经营。按照公司治理结构理论，拥有所有权的政府和拥有经营权的万贯集团之间形成的是委托代理关系，万贯碧峰峡有限公司就是代理人。

3. 监督与控制机制

由景区所在地政府设立专门的景区管理委员会，作为政府派出景区管理的监督控制机构，行使政府对旅游景区的行政管理职能。这种行政管理职能表现为宏观的管理和协调，并不介入景区内部具体的管理工作。其行政职能包括：负责旅游景区的规划编制和实施；按照规划审批旅游景区建设项目，对旅游景区日常经营管理及旅游资源与环境的保护措施进行有效监督，协调景区开发经营与地方政府和当地居民的关系；通过各种行政、立法、税收、物价、计量、工商、行业管理等手段对景区进行宏观监督与控制。

碧峰峡管理委员会的成员由地方政府委任，按照公务员管理。委员会主任由雅安市的政府主要领导兼任，其委员由政府相关部门（如旅游、交通、建设、林业等部门）的负责人组成。

4. 经营机制

经营机制决定了公司治理中的股权安排、利益分配等问题。在碧峰峡模式中，由雅安市政府和万贯集团共同组建万贯碧峰峡有限公司，政府以景区旅游资源使用权及其配套设施入股（不占最大股份），万贯集团以资金入股，并控股。政企双方成立董事会，董事长由出资企业——万贯集团的董事长陈清华担任。董事会为景区开发经营最高决策机构，决定景区的重大开发经营活动。但董事会决策的开发建设项目必须经管理委员会批准后才能实施。作为"承包人"的万贯碧峰峡有限公司向雅安市政府缴纳租赁费。旅游景区的经理人员由董事会聘任、向董事会负责。

（四）碧峰峡模式的风险分析

风险之一：政策法规风险。有人用"蛋壳论"来比喻碧峰峡模式的产生过程。蛋壳既孕育、保护生命，又束缚、限制生命。这里的"蛋壳"是指一些政策法规。碧峰峡开发模式从始至今都有人指责其"违规"。碧峰峡模式"啄破了蛋壳"，突破了现有风景名胜区的管理体制和要求，从政府手中获得了长期的独家经营权。

碧峰峡模式与当时的政策法规的冲突可能产生两种风险：其一是碧峰峡模式的推动者——雅安市主要领导的政治风险，即"公然"违反国家法规而有可能乌纱落地。其二是投资商——万贯集团的投资风险，因为项目"违规"而被强行中途叫停，其投资于基础设施、生态保护等项目前期投入的资金无法收回。幸而直到现在，这种冲突并没有激化，风险也没有转化为现实。

风险之二：监督与控制风险。旅游景区的整体租赁经营在当时是一种全新的委托代理关系，与发展比较成熟的公司委托代理关系不同，其本身还存在着不足与疏漏。因而，在此关系上建立的监督与控制机制就存在风险。其一是监督控制失效风险。因为旅游景区的监督者是碧峰峡模式的倡导者，在国家利益与企业利益发生矛盾时，可能会庇护开发商。再者，对碧峰峡的经营监督涉及财务、生态、环境、规划等专业知识，监督者可能不具备全面的专业知识，因而发生监督控制失效风险，这种风险一旦发生，企业经营的外部不经济行为就无法控制，就会发生破坏资源、危害生态的开发行为。其二是监督控制冲突风险。如果碧峰峡景区管理委员会的监督控制限制或阻碍了企业的经营开发，就会发生治理结构内部互相指责、互相拆台的现象。从碧峰峡模式的实际运行来看，前一种风险比后一种风险发生的可能性更大。

风险之三：合作的风险。由于旅游景区开发经营的关联性较强，涉及的合作对象也较复杂，任何一个合作对象的不合作都可能导致该模式的失败。涉及的主要合作对象包括：地方政府、景区管理机构、景区投资企业和当地居民。从景区投资企业来看，如果不能按照约定的投资规模和投入时间组织资金注入景区，或者由于企业领导的更替、战略目标的变化，合作关系就有可能被破坏。从地方政府及其景区管理机构来看，它是景区所有者的代表，也是景区保护的直接责任者，承担着景区规划的控制、景区项目的审批、景区经营的监督等职能，其风险主要来自于领导的更迭所引起的合作关系的中断。从景区所在地的居民来看，他们是景区经营的参与者，也是景区人文环境的营造主体。基于经济利益、文化冲突的关系，这些居民可能会破坏良好的合作关系。碧峰峡建设之初就遇到了这方面的阻力。碧峰峡模式在地方政府、景区管理机构、景区投资企业和当地居民之间安排了一个利益均衡机制，这种机制使得经营者有效地规避了合作风险。

二、安徽黄山模式

安徽黄山模式也被称为上市公司经营模式，是指旅游景区企业经过股份制改造上市后，受景区管理机构的委托，代理经营包括门票在内的一切旅游业务，成为景区内唯一负责旅游经营的机构，对旅游景区实行垄断经营。

（一）安徽黄山模式的产生

1. 产生条件

极品级的旅游资源是黄山模式产生的客观条件。黄山是我国旅游业的"元老"，是我国首批国家级风景名胜区，1990 年黄山成为世界文化与自然双重遗产（编号 200-007）。黄山的自然景观与人文景观俱佳，尤其以奇松、怪石、云海、温泉"四绝"著称于世。

强有力的管理主体是黄山模式产生的主观条件。1949 年，黄山解放，成立黄山管理处。1952 年正式成立中共黄山管理处委员会。1979 年，黄山管理处升级为安徽省黄山管理局（正厅级建制）。1987 年以前，黄山景区的旅游开发建设、经营管理由安徽省政府直接负责。1987 年 12 月，国务院批准设立地级黄山市。1988 年，在原省直黄山管理局级别与人员编制不变的基础上，改建制为黄山风景区管理委员会（正厅级）。1989 年，安徽人大颁布《黄山风景区管理条例》，授权黄山管理委员会代表黄山人民政府管理黄山风景区，其主任由黄山市政府市长兼任。黄山由管委会统一管理，景区经营授权给国有独资企业——黄山旅游发展总公司负责。1999 年 6 月，原黄山旅游发展总公司更名为黄山旅游集团公司。

2. 产生过程

安徽黄山市为了加快黄山旅游资源的开发利用，也为了落实邓小平"把黄山的牌子打出去"的指示，经安徽省体制改革委员会批准，1996 年 11 月 18 日，由黄山旅游发展总公司以其所属景区中的十余家旅游单位的经营性资产作为出资独家发起，并向境外投资者募集股份设立黄山旅游发展股份有限公司。

1996 年 11 月 22 日，黄山旅游 8000 万 B 股成功上市；1997 年 4 月 17 日，黄山旅游 4000 万股 A 股上网发行，5 月 6 日在上海证券交易所挂牌上市。黄山成为第一个真正意义上的以旅游资源为依托上市的旅游景区。也是我国旅游业上市公司中一家既发行 B 股又发行 A 股的旅游上市企业，成为旅游景区治理模式最成功的代表，是"中国第一支完整意义上的旅游概念股"。2020 年 6 月，黄山风景区位列"2019 年度 5A 级景区品牌 100 强"榜单第 2 位。

安徽黄山模式源于股份制企业经营模式，后发展为景区上市公司的经营模式。黄山模式的股本结构是典型的股权高度集中型，除了第一大股东还是黄山旅游集团公司外，还有股份比例很小的一些国际、国内的投资资本（如表 12-1 所示）。

（二）安徽黄山模式的特点分析

特点之一：安徽黄山模式是我国最早真正意义上的旅游景区上市公司。1996 年和 1997 年黄山旅游 B 股和 A 股成功上市，开创了我国旅游景区通过上市融资谋求发展的先河，上

表 12-1　2021 年 9 月 30 日黄山旅游主要股东

排名	股东名称	持股数量（股）	持股比例/%
1	黄山旅游集团有限公司	296 595 750	40.66
2	科威特政府投资局－自有资金	8 952 038	1.23
3	中国建设银行	8 673 718	1.19
4	兴业银行	8 047 479	1.10
5	中国工商银行	7 155 947	0.98
6	GAOLING FUNDL.P.	6 169 215	0.85

市公司第一次成为景区公共资源和经营性资产的独家经营主体，对景区实行垄断经营，而且这一垄断经营没有时间的限制。因而，该模式在我国旅游景区治理模式的探索过程中具有里程碑的作用，其后的峨眉山、桂林的治理模式都是在沿袭黄山模式的发展思路。

特点之二：强有力的、高度集权的管理主体保证了黄山模式的成功。当年陕西旅游股份有限公司"兵马俑"准备上市时所借鉴的就是"黄山旅游"的模式，从 1998 年 12 月酝酿到现在，只能说以失败告终，原因可能有很多，但与黄山模式比较起来，最大的原因就是缺乏黄山模式所拥有的强有力的、高度集权的管理主体。从 1949 年设立黄山管理处，到 1988 年设立正厅级的黄山风景区管理委员会，再到 1989 年授权管委会代表黄山市政府管理黄山，这一过程促成了黄山景区强有力的管理主体的形成。

黄山旅游发展股份公司成立后，按照现代企业制度的要求，建立了以公司股东大会、董事会、监事会为主要特征的法人治理结构。黄山风景区管理委员会是景区所有权的代表，负责景区资源的保护。景区经营开发权委托给上市公司，虽然从形式上看，景区管理权与经营权、开发权与保护权的"四权"分离，似乎削弱了强有力的管理主体。但实质上，黄山景区管理委员会主任、上市公司的最大股东、独家发起人——黄山旅游集团公司董事长和景区上市公司董事长三个最为重要的职位均由一个人兼任，其人选往往是黄山市政府的重要领导，由此产生的管理主体不但没有被削弱，反而更加高度集权了。景区的管理体制和经营机制，名义上是政企分开，实质上却政企不完全分开，景区管理委员会与上市公司之间名义上是委托代理关系，实质上却是自己委托、自己代理（如图 12-2 所示）。

有人批评这种模式是"借上市公司之名，行政府经营之实"。我们认为，尽管黄山旅游景区的治理结构并不严格符合上市公司的有关规定，但切合了我国目前乃至今后一段时间内旅游景区发展的客观现实。一方面旅游景区的资源价值高、经营风险大、管理体制不顺、当地农民问题突出；另一方面旅游需求巨大、发展建设资金匮乏、管理水平落后。该模式的治理结构，既解决了上述阻碍黄山景区发展的瓶颈，又利用了上市公司有效监督的特点（按照国家对上市公司的管理要求，向社会公布重要经营事项、重要经营决策、重大人事变动和定期的经营业绩，接受主管部门和全社会的监督管理）。

特点三："邓小平同志的重要指示"是黄山模式突破各种阻力的关键因素。"把黄山的牌子打出去"是邓小平在 1979 年 7 月 15 日同安徽省委、徽州地委负责人的谈话上，做出的重要指示。世纪伟人的这一指示成为黄山景区治理过程中用来克服各种政策和体制阻力

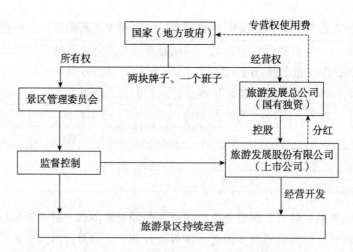

图 12-2 黄山模式的治理结构

的灵丹妙药。碧峰峡模式是刻意地借助媒体的力量造势，间接地化解了各种阻力与责难，而黄山模式顺理成章地借助更强大的力量——政治伟人的指示，成功地排除了各种困难与阻力。否则，黄山模式也很难顺风顺水。

（三）安徽黄山模式治理结构分析

安徽黄山模式具有上市公司治理结构的一般特点，同时又具有旅游景区的治理特征。

1. 治理的主体

黄山模式的治理主体与富春江模式类似，仍然是由地方政府代表国家对旅游景区进行治理。首先成立景区管理委员会，作为地方政府的具体代表，拥有景区的所有权与经营权；其次成立国有独资旅游发展总公司（或旅游集团），接受景区管理委员会对景区经营权的委托，负责景区的经营开发；再次，旅游发展总公司作为独家控股发起人，吸收有关的优质资本（景区的饭店、旅行社、车船公司居多，后来内容逐渐扩大），成立旅游股份有限公司，建立股份公司所必需的监督机制；最后，旅游股份公司上市。景区管理委员会主任、景区旅游发展总公司董事长和景区上市公司董事长集于一身，权力相对集中。黄山模式的治理主体规格高于富春江模式，从管委会的厅级建制到被授权相对独立的管理景区，都拥有较高的行政级别。

2. 所有权与经营权

彭德成（2003）认为黄山模式是"四权分离，各尽其职"，认为无论在黄山景区还是峨眉山景区，景区管委会是所有权的代表，主要职责是行使保护权，经营权、管理权委托给景区上市公司，上市公司统一负责旅游资源的开发利用。

我们认为彭德成的这一认识是不准确的。首先，其表述不清楚。既然所有权和保护权归景区管委会，经营权和管理权归景区上市公司，也只能说"四权两分离"，而且从所有权和经营权再衍生出来管理权和保护权这两个概念有没有必要，值得商榷。其次，从黄山模式治理主体结构来看，形式上，所有权和经营权实现了完全的分离，所有权由景区管理委员会行使，经营权委托给景区上市公司。但实质上，两权只是实现了部分分离，因为景区上市公司的最大股东是国有独资旅游发展总公司，其分离程度的大小取决于国有股所占股权比例的大小。

3. 监督与控制机制

尽管黄山模式产生的景区上市公司不是严格意义上的上市公司，但是，黄山模式是现有模式中监督与控制机制最为有效的模式。我们认为至少有三套监管机制：一是政府的监管，国有资产管理委员会从国有资产保值增值的角度监管，景区管理委员会从保护景区资源的角度监管；二是中国证监会依据《中华人民共和国证券法》等相关法律对景区上市公司的监督；三是景区上市公司的董事会、监事会、独立董事、股东对运营状况的监督。

其中第二套监管机制是其他模式所不具备的，也是非常有效的。因为《中华人民共和国证券法》规定上市公司必须进行持续信息的公开披露，从而上市公司的股东可以通过公司公开披露的信息来了解其经营情况和业绩，并据此监督公司管理层。此外，公司信息的公开也导致了景区上市公司的社会性，社会舆论也会监督公司的行为，这是一股很大的促进公司治理改进的力量。

4. 经营机制

黄山模式的经营机制决定了公司治理中的股权安排、利益分配等问题。黄山模式的股权安排上文已经述及，旅游集团公司是景区上市公司的最大股东，旅游集团公司又是国有独资公司。黄山旅游中其持股比例占到约 40.66%，一股独大（如表 12-1 所示）。黄山模式中，景区管理委员主任、旅游发展总公司董事长、景区上市公司董事长甚至监事会主席一般由一人兼任（三位一体），景区实行"五个统一"：统一价格、统一销售、统一采供、统一企业形象、统一财务。这种经营机制的安排，形成了强有力且高度集权的管理主体，杜绝了旅游景区建设中普遍存在的"各自为政、互相扯皮"的现象，景区管理委员会借助上市公司的平台自主经营，上市公司获取的营业税后利润以国有资源专营权的方式上缴国家（地方政府）。尽管黄山模式的经营机制不完全符合上市公司的相关要求，但在我国旅游景区的治理实践中却发挥了极大的作用。目前，该模式已经按照证监会的要求改善了董事会结构、完善了景区上市公司的经营机制和治理结构。

（四）安徽黄山模式的风险分析

安徽黄山模式与富春江模式的风险有两点相同之处：一是投资风险扩大化的风险，二是监管真空导致的资源破坏风险。其内容在此不再赘述。此外，黄山模式存在的最大风险是旅游经营风险，这种风险对于富春江模式当然也存在。但是，成功的黄山模式（黄山和峨眉山）所依据的旅游资源都是世界级的优质资源，其经营风险显得尤为突出。

强有力的、高度集权的管理主体虽然保证了黄山模式的成功，但这种高度集权的体制也给上市公司的经营带来了如下风险。

首先，高度集权产生的决策失误风险。尽管黄山模式的所有权和经营权没有完全分离，其主体还是国家（地方政府），不存在代理成本的问题，即恶意经营、破坏资源等问题，但在缺乏民主决策的环境下，极有可能发生"好心办坏事"的事情。

其次，景区多重目标造成的经营风险。对于旅游景区来说，经营的目标不仅是追求利润最大化、追求投资回报最大化，而且必须要考虑到社会效益和生态效益的实现。这三个目标受到政府官员、股东、当地居民、媒体等相关因素的影响，经常会发生矛盾和冲突。例如，景区管委会主任由地方官员担任，同时又兼任旅游集团总公司董事长和旅游股份公司董事长，如果他考虑自己在任期间的"政绩"，就可能"大干快上"，全力追求经济效益，而与其他两个目标发生冲突。如果他认为作为国家公职人员应该注重资源的保护和社会效益的发挥，那么就会与上市公司的经济利益发生一定程度的冲突。

再次，景区经营范围有限导致的经营风险。由于旅游景区属于公共资源产品，其经营必然受到景区规划、资源保护和环境保护等方面的制约。旅游景区发展到一定程度，其经营扩展的空间就会受局限。最大承载量、空间承载量、生态承载量、日承载量等容量标准划定了景区经营空间的大小。

如果景区上市公司的经营向景区以外的行业拓展，又可能增加其经营风险，危及旅游资源的安全。

三、浙江富春江模式

成立于 1993 年 12 月 8 日的浙江富春江旅游股份有限公司，是全国首家以风景旅游资源为主要资金投入的规范化的股份制企业。这种模式在浙江产生之后，被复制到我国的其他一些风景名胜区、国家级重点文物保护单位乃至世界遗产景区的治理结构之中。浙江富春江模式的本质是：对景区企业按照现代企业制度进行改造，并由政府委托股份制企业独家经营旅游景区。

（一）浙江富春江模式的产生

1. 产生条件

浙江省桐庐县位于浙江省的西北部，紧邻富春江，沿杭州的钱塘江（过了杭州就称为富春江）溯江而上即可到达桐庐县。该县具有优良的旅游资源、良好的交通区位和市场条件。溶洞景观瑶林仙境、桐君山、东汉古迹严子陵钓台是该县旅游资源的代表。同时，该县又处于浙江省"两江一湖"（富春江、新安江、千岛湖）的黄金旅游干线上，水路和陆路交通发达。

为了统一开发、建设、管理和经营桐庐县的旅游景区，该县成立了桐庐县旅游总公司，作为县旅游局的直属企业，统一负责全县旅游资源的开发和经营。在经营过程中，旅游总公司取得了一定的经营效益，但资金不足及其他中小国有企业固有的弊病也日益显露出来。桐庐县主管旅游的领导和旅游总公司的领导就通过何种融资手段取得景区发展急需的长期资金问题进行反复考虑。他们认为，旅游景区开发效益佳、前景好，但是投资大、周期长，需要巨额的稳定投资，如果仅仅依靠本行业自我积累及银行贷款等融资手段是无法满足景区的发展需要的，若对景区进行股份制改造，即可迅速吸收社会闲散资金，不仅可以长期使用，而且不用承担高额利息，同时又可使企业负债经营转化为自筹资金经营，何乐而不为呢？

桐庐县旅游产业的客观条件和发展旅游的主观动机创造了富春江模式的条件。

2. 产生过程

1993 年 8 月，桐庐县旅游总公司向县体改委提出改制申请，并经浙江省股份制试点协调领导小组批准，于 1993 年 12 月 18 日正式成立浙江富春江旅游股份有限公司。公司总股本 6000 万元，由国家股、发起人法人股、社会定向法人股、个人股组成，是全国首家以风景旅游资源为主要投入的股份有限公司。公司吸收了 300 多个股东参股，共吸引资金近 4000 万元，开创了国内股份制企业开发旅游景区的先河。

1996 年，浙江富春江旅游股份有限公司正式与桐庐县旅游局脱离，谋求公开上市发行。2000 年，浙江富春江旅游有限公司以部分经营性资产入股，进入上市公司"国旅联合"。后者于 2000 年 9 月 22 日上市，总股本 14000 万股，流通 A 股占 5000 万股。浙江富春江旅游股份有限公司占"国旅联合"12.23% 的股份。

从成立旅游股份公司到"借壳上市"，作为一个县级旅游景区，完成了以"景"建"景"的筹资方式，建成了一套旅游资源的治理新模式，被称为富春江模式。

3. 模式产生的影响

富春江模式诞生之初没有受到各方的激烈反对，而是相对地顺利，未遇到多大的阻力，这一点与碧峰峡模式截然相反。截至 2016 年，公司资产总值已达到约 10 亿元，经营规模逐渐扩大，除了成立之初拥有的"中国旅游胜地四十佳"中的瑶琳仙境、天目溪漂流、红灯笼乡村家园、"东汉古迹"严子陵钓台、"奇山异水"富春江小三峡、"中草药鼻祖圣地"桐君山、富春江七里扬帆、大奇山国家公园等国家风景名胜点外，还有桐庐中国旅行社、桐庐旅行社、富春江大酒店及控股经营的桐庐宾馆等 11 家分公司。公司食、行、游、购、娱配套成网，年接待旅游者 180 万人次，投资回报率达 20% 以上，名列浙江省县级旅游企业前茅。

在富春江模式取得成功之后，先后有多个旅游景区采取类似的治理模式，有成功的，也有失败的。成功的旅游景区是青岛琅琊台景区和浙江绍兴柯岩景区，失败的代表是曲阜的"三孔"景区。

青岛琅琊台景区是国家级风景名胜区（1982 年批准），是国家级文物保护单位（2001 年批准），归属青岛胶南市旅游局管理，旅游局下设琅琊台管理处。1995 年 8 月成立青岛琅琊台风景名胜区开发有限公司，负责景区的经营管理。胶南市国有资产经营公司为最大股东，占 50% 的股份，没有职工和个人股。1995 年以后，市政府每年拨款 100 万元投入景区建设，使国有资产的股份逐年增加，目前国有资产的比重已经超过了 51%。

浙江柯岩景区是省级风景名胜区，归属绍兴县建设局主管。1999 年，吸收了 47 个单位和个人成立柯岩风景区旅游开发有限公司，总资产 2 亿元，绍兴县国有资产管理公司作为景区国有资产的代表，占总股本 33.3% 的股份，为最大股东。公司上市吸纳的巨额资本投入景区，景区获得了发展，资本获得了丰厚的回报。

山东曲阜的"孔府、孔庙、孔林"景区，是世界文化遗产，极具历史价值和文化价值。2001 年 9 月 25 日，在曲阜市委、市政府的主导下，曲阜孔子国际旅游股份有限公司正式成立，总资本 6000 万元。其中，深圳华侨城出资 3000 万元，占 50%股份，曲阜孔子旅游集团公司以论语碑苑景点折资 2300 万元，山东三孔集团有限公司等四家企业共出资 700 万元。经曲阜市人民政府授权，该股份有限公司拥有了曲阜全部主要景区的专营权。根据协议，曲阜孔子国际旅游股份有限公司第一年要向当地政府缴纳 3200 万元的门票费，以后每年递增 4%。另外，公司还向文物管理部门每年缴纳 400 万元的文物保护费用，新成立的孔子国际旅游股份公司的最大股东——开发建设了锦绣中华、民俗文化村、世界之窗和欢乐谷等著名旅游景区的深圳华侨城集团，制定了雄心勃勃的发展目标：充分挖掘孔子文化内涵和"东方圣城"的精神底蕴，塑造中华人文旅游第一品牌。

但是，11 月发生的股份公司职工庞斌开车撞碎名为"御赐尚酝释尊之记"元代石碑事件，以及 12 月发生的"水洗孔庙"事件彻底断送了孔子国际旅游股份公司的生命（各方对两起事件的评说各异）。在文物部门和其他有关方面的压力下，最大股东——深圳华侨城集团悄然退出，"三孔"模式以失败而告终。

（二）富春江模式的特点分析

特点之一：最早以旅游资源入股，以股份制公司进行治理的旅游景区，这是富春江模式的核心内涵。1993 年产生的浙江富春江模式是迄今为止最早将旅游景区资源作价入股，建立现代企业制度性质的股份公司（如图 12-3 所示）。股份制公司在 20 世纪 90 年代的中国本来就属于新鲜事物，而以旅游资源入股成立股份制公司就更属于前所未有的事情。这种治理模式在国家、股东、董事会和相关利益者之间选择了一种均衡的制度安排。

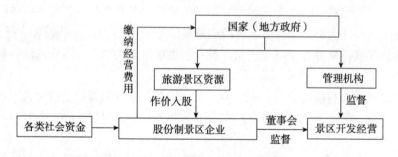

图 12-3　富春江模式的治理结构

开发权与保护权部分分离。在管理职能上，代表政府的管理机构对景区的开发经营行使监督管理权，负责景区的规划控制和项目报批，使景区旅游资源不被破坏或被不合理地利用。开发权形式上属于股份制企业所有，但实质上，由于最大的股份是国有股，绝大部分开发权还掌握在国家的手中。这种治理模式与我国通过股份制改造国有企业的制度安排类似，只是国有资源的性质不同。

特点之二：多渠道融资、独家长期经营获得了大量的建设资金和发展动力，是富春江模式成功的关键因素。富春江模式吸收了 300 多个股东参股，包括：国有股、发起人法人股、社会定向法人股、个人股等，短期内筹集了大量的景区建设资金。由政府筹划成立的景区股份公司独家长期经营保证了资本的安全，又反过来促使更多的资金投入景区，甚至通过上市的方式募集资金。

特点之三：良好的市场条件是催生富春江模式的客观基础。浙江桐庐的富春江、青岛的琅琊台和浙江绍兴的柯岩都位于东部沿海，与我国的中、西部不同，这些地区拥有良好的市场条件。①良好的客源市场条件。我国国内旅游的主要客源地是环渤海地区、长江三角洲地区和珠江三角洲地区，桐庐、琅琊台和柯岩位于前两个客源区域内。②所在地区经济发达。东南沿海是我国公认的经济活跃地区，资本市场发达、社会游资量大，投资风险低、回报高的旅游景区理所当然地成为资本追逐的对象。大规模的有效旅游需求加上资本的力量，富春江模式的产生就成为一种必然现象。

特点之四：开放的社会环境是富春江模式成功的外在因素。富春江模式的产生早于碧峰峡模式产生五年时间，但是，富春江模式并没有遇到碧峰峡模式诞生之初的种种阻力与责难，而是相对顺利，我们认为这应该归功于东部沿海开放的社会环境。东南沿海是我国改革开放的前沿地区，思想开放、意识超前的人文环境创造了一个市场化程度较高的社会环境。

（三）富春江模式治理结构分析

浙江富春江旅游股份有限公司具有独立的法人地位，其治理结构有一般工商企业股份公司治理结构的基本框架。

1. 治理的主体

与碧峰峡模式类似，富春江模式的治理主体仍然是地方政府。所不同的是，雅安市政府在 1998 年 1 月 8 日以后，即促成万贯集团整体租赁碧峰峡后"功成身退"，退出碧峰峡内部治理主体，只起到外部监督管理者的作用。而桐庐县地方政府通过"一股独大"的国有股一直扮演着治理主体的角色，这种制度安排杜绝了"出卖旅游资源"的嫌疑，也是富春江模式诞生之初没有遭遇舆论批评的原因之一。

2. 所有权与经营权

彭德成（2003）认为采取股份制企业经营的旅游景区，所有权与经营权是完全分离的。他认为，所有权代表为当地政府派出的景区管理机构，经营权由政府直接委托给股份制改造后的景区旅游开发公司长期持有。我们认为，采取股份制治理的富春江模式的所有权和经营权并没有完全分离，而是部分分离。因为富春江旅游股份有限公司及与其治理模式相同的青岛琅琊台景区开发公司、浙江绍兴柯岩景区开发公司的最大股东都是国有股，政府（国有资产管理局）仍然是所有权的主要拥有者。

3. 监督与控制机制

碧峰峡模式只有外部一套监控机制，与其不同的是，富春江模式有两套监督与控制机制。一套是由所在地政府设立专门的景区管理机构（委员会或归口管理局），进行景区建设的宏观监督控制；另一套是股份公司内部的股东、董事会、监事会组成的监督机制及由于信息公开披露所产生的社会舆论监督。从理论上讲，前者监督控制的重点在宏观的管理和协调，并不介入景区内部的管理工作。具体包括：负责旅游景区的规划编制和实施，按照规划审批旅游景区建设项目，对旅游景区日常经营管理及旅游资源与环境的保护措施进行有效监督，协调景区开发经营与地方政府和当地居民的关系。后者监督控制的重点则是投资收益。实际上，富春江模式的两种监督与控制机制又有交叉融合的特点，因为内部最大的股东是政府，外部的监控主体还是政府，"运动员"和"裁判员"的角色有重合的地方。

4. 经营机制

经营机制决定了公司治理中的股权安排、利益分配等问题。在富春江模式中，由地方政府和社会共同出资组建股份有限公司，政府以景区旅游资源作价入股成为控股的最大股东，政府任命股份公司的高层管理者，决定景区的重大开发经营活动。股份公司的经营收益按照股权比例进行分配，但在经营初期一般都规定一个相对固定的上缴数额（或提留）给政府。

（四）富春江模式的风险分析

富春江模式实质上是股份制企业经营模式，从实践上突破了我国旅游景区经营、管理的相关政策和体制，对相关利益者进行了新的制度安排。作为一种模式，它的推广应用客观上存在着一定的风险。

风险之一：政策法规风险。与碧峰峡模式一样，政策法规风险是富春江模式的首要风险。当时的《风景名胜区暂行条例》及国务院有关规定是："风景名胜资源属于国家所有，必须依法加以保护。各地区各部门不得以任何名义和方式出让或变相出让风景名胜资源及其景区土地。"这一规定随时都可能置该模式于死地。与碧峰峡模式所不同的是，富春江模式中旅游资源的所有权与经营权并没有完全分离，可以缓和政策法规与现实操作的矛盾。再加之富春江模式产生于思想开放、意识超前的东部沿海，冲突爆发的可能性被降到了最低程度。

风险之二：投资风险扩大化的风险。资本投资肯定存在风险，这一风险主要来自于经营管理过程中的市场风险。例如，产品问题、市场营销等问题导致的投资风险。对于以股份制经营为治理方式的富春江模式来说，投资风险有被扩大化的可能。扩大的投资风险可能来自于：首先，地方领导的更迭引起的旅游股份公司领导变更，从而导致景区投资建设项目的中断或景区经营方向的重大调整及其投资损失；其次，由政府推荐任命的景区管理者，往往是政府某职能部门的领导，因此有可能会由于其专业知识的欠缺、市场经营经验的不足造成决策失误，导致投资风险；再次，旅游景区经营的多重目标性，要求旅游景区的经营不仅仅要追求利润最大化，还必须将景区的社会效益和生态效益考虑进去。尤其是当经济利益与社会、生态利益发生矛盾时，必然牺牲景区的经济利益而保护社会和生态利益，因此，股东的投资损失也就在所难免。

风险之三：监管真空导致的资源破坏的风险。监管真空主要是政府对景区的监管存在漏洞。尽管富春江模式有两套监管机制，但正如我们前文所述，本来应该是各自独立运行的机制却纠缠在一起，产生了对景区监管的真空。"运动员"的角色有"裁判员"的影子，反之亦然。既然是国家（地方政府）同时在监管和经营景区，那么景区规划的控制、项目的审批就仅仅是程序的事情。所有者虚位和责任不清极有可能导致旅游资源的破坏。

四、长春净月潭模式

长春净月潭位于长春市东南部，是以自然旅游资源为主的大范围旅游景区。长春净月潭模式是借助景区管理机构的政府权威和各项优惠政策发展起来的，和陕西旅游集团模式有些相似，但其发展路径选择又有所差异。

（一）长春净月潭模式的产生

1. 产生条件

1934年，为建设长春市水源水库，当地人开始在这里人工造林、筑坝蓄水，逐渐形成净月潭景区。景区距长春市区中心12千米。景区面积84.3平方千米，其中80平方千米是人工森林，4.3平方千米是潭水。景区分为潭北山色、潭南林海、月潭水光和潭东村舍四个子景区，其中水景为主，山村衬托，植被丰富。由于它所在的地理位置和完美的森林景观以及清澈无瑕的一潭碧水。1989年，林业部批准其为国家级森林公园森林覆盖率96%以上，是国内距城市最近、面积最大的山水园林景区。

在当年景区发展的过程中，政出多门，相互掣肘、条块分割等问题困扰着景区的发展。景区内部的部门有：北方绿化中心（归林业部门管理）、净月潭水库管理处（归水利部门管理）、森林旅游城管理委员会（归旅游部门管理）。此外，景区所在的两个乡镇管理着景区内部及周边两万多名农户。各部门各自为政、互不沟通，为争夺资源产生的破坏生态环境的现象此起彼伏，景区的经营开发呈现极度混乱状态。景区发展的困难呼唤一种新的经营机制的产生。

2. 产生过程

长春市委、市政府意识到了景区无序开发及其导致的资源破坏等严重问题，也认识到了是管理体制的弊端制约了净月潭景区的发展。1995年，长春市委、市政府排除各方的干扰和阻力，对净月潭景区的管理体制和经营模式进行了全方位的改革。该模式的产生可以划分为两个阶段。

第一阶段：一是撤销净月潭森林城管理委员会，成立以净月潭风景名胜区为核心的净月潭旅游经济开发区（1995年8月28日成立）。开发区管理委员会作为长春市政府的派出机构，享受市级经济管理权力，对开发区内的自然资源、经济社会与行政事务实行统一领导、封闭管理、统一规划、统一开发。同时开发区享受省级开发区的各项优惠政策。二是收回北方绿化公司、净月潭水库管理等事业单位的行政管理权，划归净月潭旅游经济开发区管理。三是将北方绿化公司、水库管理处等单位的有关经营资产进行重组，于1996年12月成立净月潭旅游发展集团公司，下辖四个全资子公司、两个控股公司。其中包括按照现代企业制度建立的有完善法人治理结构的净月潭旅游发展股份有限公司。作为开发区的大型旅游骨干企业，公司全面承担开发区旅游景点的开发建设任务。四是将景区所在的两个乡镇（净月镇和月潭镇）划归开发区管理，使开发区具有一级政府的行政职权。

第二阶段：第一阶段的改革获得了较大的成功，长春市政府又进行了比较深入的改革。

1998 年和 2000 年，长春市政府将长春电影城和长春伪满皇宫两个景点整体划归净月潭旅游经济开发区经营管理。2000 年年初，将长春市旅游局与净月潭旅游经济开发区管理委员会合并，实行"一套机构、两块牌子"。

这样，在政府比较彻底的改革措施的推动下，借助一个强有力的管理委员会，依托一个净月潭旅游景区，利用经济开发区的政策优势，净月潭取得了区域旅游业治理的成功，被誉为"长春净月潭模式"。

3. 模式产生的影响

目前，在我国还没有产生第二个净月潭模式，其原因之一是借助开发区来发展地区旅游业要有一定的时代背景，1995 年前后正是我国各地开发区建设的高峰期，其后"开发区热"受到了国家宏观政策的控制。但该模式仍对区域旅游经济的发展产生了积极的影响。

模式运行后对景区的影响。以 2000 年为例，净月潭旅游开发区取得的总产值、国内生产总值、财政收入分别比改制之初的 1995 年增长 6.8 倍、11.3 倍和 24.3 倍。实现了超常规、跨越式的发展。景区环境也发生了根本的变化，从以前的私搭乱建、卫生脏乱的状况变成环境优美、秩序井然、生态优良的旅游景区。先后被国家评为首批 4A 级旅游景区和国家生态示范区，2011 年被正式授予国家 5A 级景区。

模式运行对区域旅游经济的影响。净月潭本来只是长春市的一个独立的旅游景区，但该模式运行后，以净月潭景区为中心，盘活了包括长春伪满皇宫、长春电影城等优势旅游资源，吸引了大量的资金投入景区建设。

（二）长春净月潭模式的特点分析

特点之一：彻底打破原有管理体制，成立全国最早的省级旅游经济开发区，建立强有力的景区管理委员会是该模式成功的关键。地方政府采取裁、撤、并、转的方式解决了"政出多门，相互掣肘、条块分割管理"的景区管理通病，以"一时之痛"取得景区治理的"长治久安"。成立的净月潭旅游开发区管理委员会拥有政府赋予的很高的行政权力，拥有统一了的净月潭景区的所有权和经营权，收回了有关部门的管理权，然后又将部分经营权转让给旅游发展集团公司（如图 12-4 所示）。凭借强有力的管理主体，快速、有效地解决了围绕景区发展的诸多问题。这一特点和黄山模式相似。

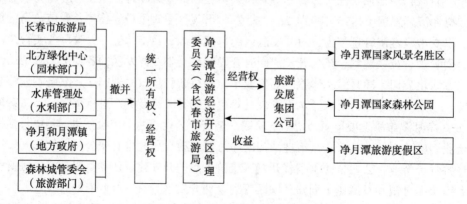

图 12-4　净月潭模式的治理结构

特点之二：景区所有权、经营权实行部分分离。净月潭景区的所有权由开发区管理委员会代表国家所有，部分经营权委托给国有旅游发展集团公司经营（主要负责净月潭国家森林公园的经营），净月潭国家风景名胜区和净月潭旅游度假区则由开发区管理委员会直接管理经营。

特点之三："人造"的旅游资源使净月潭景区的治理政策环境相对宽松。长春净月潭景区是人们在修水库的过程中逐渐形成的，不涉及文物旅游资源问题。因而在治理的过程中相关的法律法规限制较少，不存在突破政策限制的问题。碧峰峡模式、黄山模式、陕西旅游集团模式都受到了相关法律的限制。这一特点使净月潭模式避免了治理模式的政策风险，从而在短时间内获得了一个单点旅游景区治理的成功向区域旅游发展的成功过渡。

特点之四：以地方法规的方式确定了净月潭模式的权威性和合法性，有效地规避了模式的运营风险。本章论及的其他景区没有一家以通过立法的方式确定模式的权威性和合法性。长春市第十一届人民代表大会常务委员会第六次会议于 1998 年 10 月 23 日通过《长春净月潭旅游经济开发区管理条例》，并经吉林省第九届人民代表大会常务委员会第六次会议于 1998 年 11 月 28 日批准实施。其中规定："长春净月潭旅游经济开发区[①]（以下简称开发区）为省级开发区，含长春净月潭国家风景名胜区、长春净月潭国家森林公园、吉林省净月潭旅游度假区。区域范围包括农林乡、净月潭和长春电影城。""长春净月潭旅游经济开发区管理委员会（以下简称开发区管委会）是市人民政府的派出机构，享有市级经济管理权限，代表市人民政府对所辖区域内的自然资源、经济与行政事务实行统一管理。"还规定了治理模式中的其他相关制度安排。

（三）长春净月潭模式治理结构分析

1. 治理的主体

毋庸置疑，长春净月潭模式的治理主体依然是地方政府——长春市政府。与其他模式稍有区别的是，长春市政府通过成立净月潭旅游经济开发区管理委员会产生了一个新的、常设的管理主体，代表长春市政府全权负责景区的经营管理。

2. 所有权与经营权

从查阅的资料中分析，净月潭模式实行的是所有权与经营权部分分离的方式。净月潭旅游经济开发区管理委员会是净月潭景区所有权的代表，管委会将其属下的净月潭国家森林公园的经营权交给国有的净月潭旅游发展集团，再由净月潭旅游发展股份有限公司具体负责经营，而净月潭国家风景名胜区和净月潭旅游度假区则由开发区管委会直接管理经营。

3. 监督与控制机制

净月潭的监控主体和治理主体合二为一，原来由林业、建设、环保、水利、财政、税务等部门行使的管理和监督权利统一由管委会来行使，长春市旅游局也归并到管委会，管委会主任兼任旅游局局长。开发区的总体规划由开发区管委会组织编制，经长春市人民政府审查同意后，按照规定的程序报批。开发区管委会根据批准后的总体规划组织编制详细

---

① 2006 年 3 月更名为长春净月经济开发区，2012 年被批准为国家高新技术产业开发区。

规划，按照规定的程序上报批准后组织实施。

4. 经营机制

长春净月潭的经营机制相对比较简单。旅游经济开发区管委会代表一级政府负责景区的"国有国营"，除了国有企业旅游发展集团负责净月潭国家森林公园的经营外，其他旅游资源依据《长春净月潭旅游经济开发区管理条例》赋予管委会的具体权力开展经营活动。

（四）长春净月潭模式的风险分析

相对而言，净月潭模式存在的风险较小。可能存在的风险包括以下两项。

风险之一：监控失效的风险。该模式只有一套监控机制，而且管理主体与监控主体合二为一。尽管从理论上讲长春市政府具有更高一级的监控权，但实际上管委会主任是由市政府任命的公务员，政府对其的管理和经营行为的监控有失控的可能。对景区资源的有效保护开发是监控的重点，这一任务往往依靠有效的景区规划来实现，"开发区的总体规划由开发区管委会组织编制，经市人民政府审查同意后，按照规定的程序报批"，其制定和审批的过程都局限在政府系统内，进而可能发生规划的制定和审批过程流于形式，监控作用失效。

风险之二：管理效率降低、经营风险扩大的风险。净月潭模式最初是依靠净月潭景区发展起来的，但时至今日，其经营管理对象有扩大化的趋势。净月潭旅游经济开发区的管理对象包括：净月潭国家风景名胜区、净月潭国家森林公园、净月潭旅游度假区、净月潭旅游发展集团、净月潭旅游发展股份公司，其中净月潭旅游发展集团又有四家全资子公司、两家控股公司，净月潭旅游发展股份公司也有四家全资子公司。管委会的业务涉及旅游服务、国内贸易、餐饮娱乐、建设开发、种植业、养殖业、旅游产品加工、影视业等内容。经营内容的多元化和管理幅度的扩大可能导致效率降低和风险扩大。

五、陕西旅游集团模式

陕西旅游集团模式是文物大省在寻求旅游发展新突破中产生的，该模式实质上是当年陕西省旅游产业治理模式的一种尝试，其治理对象涉及旅游六要素的各个方面。但是，该模式治理的重点和难点还是旅游景区。限于篇幅，我们将研究的重点集中在旅游景区的治理上。

（一）陕西旅游集团模式的产生

1. 产生条件

陕西是全国的旅游资源（尤其是文物资源）大省。境内文物点 35750 处，其中国家级文物保护单位 55 处，省级重点文物保护单位 355 处。国家一级文物 3526 件组，国宝级文物 123 件组。古城西安曾是 20 世纪 80 年代四大旅游热点城市之一，当时接待海外旅游者人数曾连年以 40% 的速度增长。20 世纪 80 年代中期以前，陕西省海外旅游者接待量和旅游外汇收入一直处于全国第五、第六位。

进入 20 世纪 90 年代后，陕西的旅游发展速度减缓，在全国的位次也逐年下降，1997

年更是降到 10 名以后，排名第 11 位。一方面是丰富的旅游资源、巨大的旅游需求；另一方面是旅游增长缓慢、位次连年下滑、文物保护经费捉襟见肘。加之陕西省外部以云南、四川为代表的其他省市旅游业突飞猛进，陕西旅游的老市场得不到巩固，新市场得不到开发，陕西旅游发展面临空前的困境。内忧外患的发展环境为陕西旅游集团模式的产生创造了条件。

2. 产生过程

催生陕西旅游集团模式的主体是陕西省委、省政府。

第一步，1998 年 12 月 4 日，省委、省政府发布《中共陕西省委、陕西省人民政府关于深化旅游体制改革，加快旅游产业发展的决定》（陕政发〔1998〕16 号，以下简称《决定》），在该《决定》中提出了"一个强调""两个坚持""三个分开""四个整合""两个创新"的发展原则，其中"三个分开"是指"两分开、一分离"，即文博单位实行政企分开、事企分开以及文物所有权与经营权的分离。

第二步，根据《决定》中的原则，陕西省对全省主要的文物旅游景区的行政职能、事业发展职能、市场经营职能进行剥离。旅游景区文物管理的行政职能由省文物局行使，旅游管理的行政职能由省旅游局行使，景区的经营由组建的经营开发实体经营。具体内容：将秦兵马俑博物馆、秦始皇陵文管所、铜车马馆、铠甲坑馆等单位合并，成立秦始皇陵博物馆，划归省文物局管理；将秦始皇兵马俑博物馆、乾陵博物馆、法门寺博物馆的文物以外的资产剥离出来，分别成立秦始皇陵旅游开发有限责任公司、乾陵旅游开发有限责任公司和法门寺旅游开发有限责任公司；华山管理局与陕西华山旅游发展总公司实行政企分开，西岳庙文管所与陕西华山旅游发展总公司实行事企分开；华清池管理处与华清池旅游有限责任公司实行事企分开。

第三步，1998 年 12 月 21 日，陕西省政府通过国有资产无偿划拨的方式，组建国有独资的陕西旅游集团公司，直属省政府、厅级建制。其属下的全资子公司包括：秦始皇陵旅游开发有限责任公司、乾陵旅游开发有限责任公司、法门寺旅游开发有限责任公司、陕西华山旅游发展总公司、汉阳陵旅游开发有限责任公司、陕西关山草原旅游开发有限责任公司，还包括西安宾馆、陕西省文物总店等 13 家单位（后扩大为 18 家）。

第四步，组建秦兵马俑旅游股份有限公司，谋求上市。秦兵马俑旅游股份有限公司囊括陕西境内的优势旅游景区：华清池景区、秦兵马俑景区、乾陵景区、法门寺景区和华山景区，还包括西安中国国际旅行社有限责任公司、陕西中国旅行社有限责任公司、陕西海外旅游有限责任公司。

在谋求上市受挫后，陕旅集团将秦兵马俑旅游股份有限公司更名为陕西旅游股份有限公司，预备上市股票的名称也由"兵马俑"变为"陕西旅游"。计划中的"陕西旅游"发行前总股本为 8000 万股，发行价由发行时的市场决定。原计划 2002 年上市的"陕西旅游"直到现在还未上市成功。

3. 模式产生的影响

媒体用陕西旅游业"航空母舰"来比喻陕西旅游集团，社会各界对该模式也充满了热切的期望，期望该模式能从根本上改变陕西旅游发展的困境。在陕西旅游集团模式产生后的头三年，确实也取得了良好的成绩，在全国产生了巨大影响。

第一，取得了显著的经济效益。模式产生后的第一年，陕西旅游集团就实现营业收入6.9亿元，比上年增长19.05%，利润总额7211万元，比上年同期增长64.48%。在集团公司的带动下，陕西旅游业出现了少有的快速发展势头，1999年全省接待入境旅游者人数、人/天数、外汇收入三项指标均有两位以上的增长，重新进入全国前10名。

第二，促进了文物保护工作的开展。由于有国有独资企业有力的资金支持，一些重要的文物保护地及其周围的环境发生了根本性的变化。例如，汉阳陵完成了2400亩的征地，建成汉阳陵博物馆；华山西岳庙周围影响景观整体性的1万多平方米的建筑被一次性清除；陕西旅游集团公司从秦俑馆的收入中每年拿出500万元给临潼区作为景点维护费，给省文物局上缴3000万元，其中的2500万元用于全省的文物资源的发掘和保护，500万元作为流散文物征集费用，而在此以前，陕西省财政拨给文物局的全省文物保护费用不过700万元左右。另外还拨款数千万元用于乾陵、法门寺、华清池等处的文物修复和保护。陕西的文物保护逐渐从"有限保护"向"有效保护"过渡。国家文物局资助的中国社会科学院《新时期文物管理体制改革》课题报告认为："在寻求文物保护与经济建设协调的契合点上，陕西省进行了具有开拓意义的尝试……这种模式已使陕西省的文物旅游领域——尤其是文物保护领域——出现前所未有的崭新景象。"

但是，大约在2002年后，陕西旅游集团模式的发展遇到了一些困难。首先是与文物部门的矛盾越来越激烈，由汉阳陵景区脱离陕西旅游集团被文物部门收回、秦兵马俑博物馆原馆长吴永琪与陕西旅游集团的公开互相指责等事件就可见一斑；其次是景区所在地政府与陕西旅游集团的合作关系日益紧张，大有重新"各自为政"的趋势；再次是"曲江模式"的崛起，增加了陕旅集团在旅游行业"攻城略地""拓荒开疆"的难度。

经历了各种风云变幻，时至今日，陕旅集团麾下已经拥有二级集团公司7家，三级全资子公司、控股公司及参股公司47家。基本与成立之初的"王牌"景区脱钩，形成了以景区运营管理、城市旅游文化区投资建设、大型文化演出、旅游服务为一体，国内知名全旅游产业体系开发运营企业集团，实现了由过去依靠"政府"生存到现在的依靠"市场"发展的转型。

陕西旅游集团模式产生后，文物资源丰富的省市（如山西、河南、云南等省）都曾先后尝试过该模式。十几年前，用类似陕西旅游集团模式整合省内旅游业资源（包括旅行社、旅游运输公司、酒店、旅游景区），成立旅游集团公司的省份有：河南省、安徽省、广东省等。

（二）陕西旅游集团模式的特点分析

特点之一：省级政府部门由上而下推动诞生了陕西旅游集团模式。前文论述的其他模式在产生中也有政府的身影，但一般都是县级或地级市委、市政府的推动，而且往往还有民间资本的参与（例如碧峰峡模式）。而陕西旅游集团公司模式是在陕西省委、省政府的直接推动下产生的，其政府级别要高于其他模式的推动者，而且是单一主体的推动者。陕西省政府通过陕政发〔1998〕16号和陕发〔1998〕69号文件的发布，以政府行政力的方式宣布了陕西旅游产业治理（主要涉及旅游景区的治理）的方式与方法，这是一种自上而下的改革方法。

特点之二：陕西旅游集团模式从制度上建立了一套事企分开、所有权与经营权分开、涉及各利益集团和管理主体利益分配的治理机制。①事企分开。整合各旅游景区的经营性资产和经营实体，组建政府直属的独资国有旅游集团统一经营。将原来属于陕西省旅游局、文物部门等相关事业单位的经营性资产一次性、无偿划归省旅游集团公司。省旅游局行使旅游行业管理的行政职能，省文物局及下属单位行使文物管理和保护的行政职能。②所有权与经营权分开。在保证国家完全拥有文物所有权和有效保护的前提下，实行文物资产的所有权与经营权主体的分离。景区文物资产的所有权属于国家（省政府为代表），经营权由国有的省旅游集团公司行使。自然资源类景区的所有权和经营权也采取同样的做法（如图12-5所示）。③利益分配。省旅游集团上缴省财政的利润，按省政府规定分配，以1998年旅游集团公司所属企业（含景区企业）上缴的营业税、所得税为基数，营业税新增部分三年内全额返还，所得税新增部分五年内全额返还。以1998年上缴财政的净收入为基数，核定景区所在地方政府合理的既得利益基数，在保护地方利益和积极性的前提下，由省财政分配。

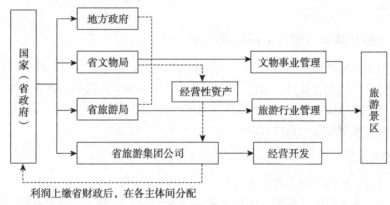

图12-5　陕西旅游集团模式的治理思路

由此形成的旅游景区的经营格局是：国家（省政府）是旅游景区所有权的主体，省文物局从行业角度（挖掘、研究、保护等）统一管理旅游景区中的文物资源，省旅游局对旅游景区市场经营实行行业管理，省旅游集团公司按照市场原则统一经营旅游景区。该模式中的省文物局、省旅游局和省旅游集团公司曾被比喻为拉动陕西旅游产业发展的"三驾马车"。

值得探讨的是，有学者认为陕西旅游集团模式实现了政府陕政发〔1998〕16号文件中提出的"政企分开"目标。其实，该模式并没有实现政企实质意义上的分开，至少没有完全分开。首先，旅游集团成立之初就是一个完全国有独资的企业，集团于2000年前投资的1.8亿元的资金完全来源于政府，甚至集团总部员工的工资都是财政拨款。直到酝酿秦兵马俑旅游股份有限公司（后更名为陕西旅游股份有限公司）股票上市，才吸收了陕西高等级公路管理局、西安咸阳国际机场、陕国投、西延铁路等企业的资金（大多数也是国有性质的企业）。其次，对于一个省来说，旅游产业自身综合性的特点决定了政府主导旅游业的客观必然性。要让省旅游集团公司按照政企分开的原则，完全按照"自由企业制度"（包括：创业权、签约权、交易权、经营权以及对剩余的自由索取权）的模式运行是行不通的，也许具体到某一个景区"政企分开"的治理目标还是可能实现的。

特点之三：陕西旅游集团模式的治理对象集中在文物类旅游景区上，这是该模式区别于其他模式的显著特点。黄山景区和峨眉山景区的治理虽然也涉及一部分文物资源（主要是一些宗教建筑）的问题，而在陕西旅游集团模式下涉及的所有景区（最早的六大景区），都与文物旅游资源有着千丝万缕的关系，当然也就与文物部门有着密切的关系。秦始皇陵景区、乾陵景区、汉阳陵景区、法门寺景区、华清池景区和华山景区治理过程的复杂性正是源于这一特点。

特点之四：采取由上至下、由面至点的方式治理旅游景区是陕西旅游集团模式的独特路径选择。首先从宏观层面上由政府理顺景区的管理体制、转换经营机制，然后逐层向下直到景区所在的地方政府，建立景区的管理主体，包括文物管理主体和经营主体（华山景区还多一个行政主体——华山管理局）。从表面上，各景区按照统一的治理模式运行，再具体到某一独立景区的日常经营。这一特点与碧峰峡的点式治理模式和净月潭由点到面的治理模式都不同。

（三）陕西旅游集团模式治理结构分析

陕西旅游集团模式是一类比较特殊的景区治理模式，原因之一是该模式产生的动因是基于全省旅游产业的重新整合，旅游景区的治理只是其中的一部分内容。其二是该模式的产生有着非常浓厚的政府色彩，其结构与一般工商企业的治理结构有很大的区别。本章只从旅游景区的角度分析其治理结构的问题。

1. 治理的主体

从形式上看，该模式的治理主体只有一个，即国有独资的省旅游集团公司，其属下的、设在各景区的全资子公司是各景区治理主体的代表。但实质上，该模式下的治理主体呈现出多样性的特征，"三驾马车"中，除了省旅游局实质上被架空以外，省文物局成为另一个非正式的"治理"主体。虽然从模式的制度设计上来看，省文物局只是行使文物事业管理的职能，但据我们调查，设在景区内的对文物局负责的管理处（所）或博物馆机构，从文物开发和保护的角度出发，行使着一部分治理职能。例如，当年汉阳陵景区要用文物的照片对外进行市场宣传，没有汉阳陵考古陈列馆的同意，汉阳陵旅游发展有限责任公司是无法进行市场宣传的。从旅游者需求的角度出发，开放一部分考古挖掘现场非常必要，但是，此要求遭到文物部门的严词拒绝，理由是"保护文物安全第一"，这一责任谁也担不起。所以，景区的治理主体是被限定在一个很小的范围内，是在戴着镣铐跳舞。

2. 所有权与经营权

从治理模式的设计上来看，该模式实现了旅游资源（主要是文物旅游资源）所有权与经营权的分离。按照我国现行法律，文物资源为国家所有，国家文物部门具体代表国家行使所有权。在该模式产生前，文物部门在乾陵景区、兵马俑景区等景区同时行使所有权和经营权。模式产生后，经营权被剥离出来，由国有独资的省旅游集团公司行使。

3. 监督与控制机制

相对于其他模式来说，该模式具有较复杂的监控机制。从图12-5可以看出，该模式下的旅游景区要受到3~4个主体从不同方面的监控，包括：省旅游局、省文物局、省旅游集团公司、地方政府派出机构（华山管理局）。按照各负其责、各行其是的原则监控旅游景区的运行。

4. 经营机制

由省政府组建国有独资的旅游集团公司，再在各景区设立全资子公司，在省旅游集团公司的统一领导下，负责景区的旅游经营和市场开发。文物部门负责文物资源的挖掘、整理和保护，省旅游局负责旅游市场管理。各景区的营业税按属地原则缴纳，统一上缴省财政，由省财政按所属企业效益专项返还地方和部门，以保护地方和各部门（主要是文物部门）的既得利益。

（四）陕西旅游集团模式的风险分析

陕西旅游集团模式是一个文物大省发展旅游产业的一种制度选择，其中主要涉及文物资源类旅游景区的治理问题，因而，除了类似于上文各模式存在的风险外，该模式存在的其他风险还包括以下几项。

风险之一：模式瓦解的风险。陕西旅游集团模式是在当年政府的极力推动下产生的，政府是该模式存续下去的主要力量。但是，众所周知的一个现象是，政府主要领导的更迭，往往会引起某项改革计划的中断（或重点转移）。支持该模式存续下去的力量或多或少地有所减弱，也就产生了该模式瓦解（或名存实亡）的风险。幸运的是，历经十几年的发展，陕旅集团已经成功化解了此项风险。陕旅集团已经形成自身的"造血机制"，在旅游服务、文化产业、景区运营等方面形成了一些自己独特的优势。

风险之二：模式内部主体矛盾激化的风险。尽管在酝酿陕西旅游集团模式的过程中，已经充分考虑了各方的利益和权利，但是，模式在运行的过程中还是出现了一些矛盾：省旅游局与集团公司的矛盾、旅游集团与文物局的矛盾、地方政府与旅游集团的矛盾等，其中旅游集团公司处于矛盾的焦点位置，任何一对矛盾的激化都会对该模式的存续产生威胁。2002年前后，文物局与省旅游集团的矛盾最为突出，正如国家文物局资助的《中国经济制度转型期文物事业管理体制改革问题》课题报告所指出的："集团公司实际上受到秦兵马俑博物馆的抵制，两者之间的契约关系现在形同虚设。"后来，秦兵马俑旅游股份公司上市的失败也与此矛盾密不可分。2003年，汉阳陵景区从旅游集团公司脱离，归属省文物局，而在脱离之前，集团公司曾投资1个多亿元建设该景区。

风险之三：文物保护的风险。模式本着"政企分开，事企分开"的思路，将文物保护的职能和市场经营的职能分离，省文物局（通过设在各景区的机构）负责保护文物，省集团公司（通过全资子公司）负责旅游景区产品的开发和经营，从制度安排上看是各司其职、各尽其责。但是，在景区实际运行中，很难按照制度的安排运行。因为景区企业经营开发的中心是文物资源，不可能不与文物资源发生或多或少的接触，这样就存在无意识破坏文物的可能，类似于山东的"水洗孔庙"事件。

文物的破坏造成国家稀缺公共资源的损失，但除此以外更严重的结果可能是陕西旅游集团模式的终结，其前车之鉴就是"水洗孔庙"和"元代石碑被撞"事件导致山东曲阜三孔景区治理模式的失败。时至今日，陕旅集团通过"远离"文物，"亲近"市场成功化解了这一风险。

六、旅游景区治理模式的特点分析

将以上五种治理模式进行分析比较（如表 12-2 所示），我国的旅游景区治理模式表现出以下五个特点。

表 12-2　旅游景区治理模式的综合比较

模式类别	所在省市	产生时间	治理主体		所有权与经营权	类似景区
碧峰峡模式	四川雅安	1998.1	宏观：雅安市政府	微观：万贯碧峰峡公司	完全分离	四川海螺沟、山西绵山等
黄山模式	安徽黄山	1997.4	宏观：黄山市政府	微观：黄山旅游集团	部分分离	四川峨眉山、广西桂林等
富春江模式	浙江桐庐	2000.9	宏观：桐庐县政府	微观：桐庐县旅游总公司	部分分离	青岛琅琊台景区、浙江绍兴柯岩景区等
净月潭模式	吉林长春	2000.1	宏观：长春市政府	微观：净月潭旅游经济开发区	部分分离	无
旅游集团模式	陕西	1998.12	宏观：陕西省政府	微观：陕西旅游集团	分离	河南、广州等

特点之一：从模式产生的地域来看，除陕西以外，各模式均处于传统的旅游冷（温）点地区。我国旅游业发展初期产生的旅游热点地区包括：北京、西安、桂林、上海等地区。这些地区是在我国优先发展入境旅游的政策下产生的，是我国传统观光产品的代表。而五大治理模式中，除陕西旅游集团模式外，其他都是我国旅游业发展的冷点（黄山景区是旅游景点）地区，这一特征也符合所谓的"蛋壳理论"，即一种新治理模式的产生总是要冲破重重阻力（蛋壳），阻力最小、蛋壳最薄的地方才能够产生新的治理模式。

特点之二：从产生的时间来看，都处于我国国内旅游迅猛发展的 20 世纪 90 年代末期，也是 1998 年 11 月党中央做出了把旅游业列为国民经济新的增长点的决策时期。从 1978 年至 80 年代末，我国的国内旅游市场一直处于冰冻状态，一方面与国家的旅游政策有关，另一方面更与居民的人均收入水平偏低有关。90 年代后，国内旅游市场需求开始萌动，继而出现所谓的"井喷"现象。以 1994 年国内旅游收入突破 1000 亿元大关为标志，国内旅游市场需求全面启动，旅游收入以年均 19.1% 的速度增长，旅游人次数以年均 10.7% 的速度增长，其增长幅度远远高于入境旅游。因而，在中央政府政策与市场需求的双重推动下，催生了各景区治理模式。

特点之三：各模式的治理主体都由"地方政府＋旅游公司"构成。各模式之间有所不同的是，宏观治理主体和微观治理主体之间界限的清晰程度不同。有的模式两个主体之间的界限比较清楚，表现为两个治理主体两套机构，例如碧峰峡模式和陕西旅游集团模式；有的模式两个主体之间界限模糊，表现为宏观治理主体实质性地介入微观治理主体，甚至两者实行"两块牌子，一套人马"，例如净月潭模式和黄山模式。

特点之四：旅游景区的治理模式表现为两种基本类型：点式治理和面式治理。本章研究的五类治理模式，其中碧峰峡模式、黄山模式、富春江模式和净月潭模式都是针对某一具体旅游景区进行治理，表现为点式治理的思路(净月潭模式表现为由点及面的治理特征)。而陕西旅游集团模式是针对某行政区域中多个旅游景区进行的统一治理，表现为面式治理的思路。从实践运行效果来看，前者要优于后者。旅游景区的治理不同于一般公司的治理，旅游景区的经营核心是具有公共资源性质的旅游资源，具有稀缺性、独特性和不可再生性，因而对多个旅游景区采取同一个治理方法是不恰当的，由陕西旅游集团模式在运行中出现的种种问题可见一斑。

特点之五：除碧峰峡模式外，其他治理模式下旅游资源的所有权和经营权均没有实现实质性的分离。实质性分离的判断标准是现代公司理论的占有权、处分权和使用权、收益权的分离。碧峰峡实现了真正意义上的两权分离，也是治理效果最好的景区。其他景区两权都没有实现完全分离，所有者代表——地方政府背后操纵的痕迹明显。这一特征是在有中国特色的市场经济条件下产生的。

第三节　中国旅游景区治理模式的探索

一、景区治理的推动力量

前文分析的我国的五类景区治理模式，虽然都在当时获得了或多或少的成功，但从我国旅游景区业发展的整体来看，还都属于个案，属于 2000 年前后"摸着石头过河"背景下的区域层面各方力量博弈的结果，不具有普遍适用性。进入新时代，景区治理力量在宏观层面更加多元也更加有力。

（一）政府力量的推动

在 1998 年 11 月召开的中央经济工作会议上，党中央做出了把旅游业列为国民经济新的增长点的决策，成为推动各地区发展旅游业的主要动力。各地区开发旅游资源，建设旅游景区的热情空前高涨。2000 年 6 月国务院办公厅转发国家旅游局等部门《关于进一步发展假日旅游若干意见的通知》(国办发〔2000〕46 号)，旅游业的三个黄金周又放大了旅游市场需求。2001 年第一次由国务院组织、由国务院直接发布《关于进一步加快旅游发展的通知》，该文件提出"把我国建设为世界旅游强国"的目标。2014 年 8 月，国务院发布《关于促进旅游业改革发展的若干意见》，其中提出推进建立国家公园体制、建立景区门票预约制度、统一国际国内旅游服务标准、推动设立旅游产业基金等要求。2017 年 9 月，由中共中央办公厅、国务院办公厅发布的《建立国家公园体制总体方案》是中华人民共和国成立后旅游景区产业最大规模、最大力度的一次体制机制改革。2017 年，旅游+首次被写入中央一号文件。2018 年 4 月，文化和旅游部正式挂牌成立，随后各省的文化和旅游厅、各地市县/区的文化和旅游局也陆续成立。文化是魂，旅游是体，魂体融合，诗和远方走在了一起。正部级的文化和旅游部有利于进行各种"破冰"的顶层设计、有利于增强做战略规划和实施大项目的整体性、有利于协调管理、资源互补、延长产业链等。2022 年发布的《"十四五"旅游业发展规划》从建立现代旅游治理体系的角度进行了规划，包括推进依法治旅、加强旅游安全管理、提升旅游信息化监管水平、推进旅游信用体系建设和推进文明旅游五个方面的工作。可以说，旅游景区治理遇到了政府力量推动最好的机遇期。

（二）民营资本力量的推动

目前，民营资本对旅游景区的投资持谨慎乐观态度，是未来景区治理过程最有力的市场推动力量。一方面，旅游产业是第三产业中增长最快、规模最大的产业，另一方面，旅游景区投资周期长、风险高已经是业界共识。目前，旅游投资中民间投资主体地位稳固，多元投资格局稳定。景区投资占主导地位，旅游基建和乡村旅游投资占比较大，投资收益参差不齐。以浙江为例，民营企业集团进入旅游领域的资金超过 10 亿元以上的就有 6 个集团，投资 6 亿元以上的有 10 个集团，总计 120 亿元的民营资本进入浙江旅游行业。

（三）旅游者需求力量的推动

中国特色社会主义进入新时代，我国社会主要矛盾已经转化为人民日益增长的美好生活需要和不平衡不充分的发展之间的矛盾。供给侧：旅游景区自身不平衡不充分的发展客观存在。需求侧：美丽景区日益成为美好生活新内容。如果说旅游景区是旅游业发展的物质基础，那么，旅游者追求美好生活的需求就是推动景区治理的基础力量。虽说旅游业本身就是经济产业，但是，离开旅游需求的前提，旅游经济产业就会成为无源之水、无本之木。宏观层面，出境旅游持续增长、国内旅游和入境旅游增速放缓的市场需求特征提示我们景区产品供给出现了问题；微观层面，国内外游客对景区的满意度处于"基本满意水平"，这也"倒逼"着相关各方通过治理手段来提高景区管理运营水平、优化景区产品结构、改善交通服务设施等供给能力。在此过程中，如何又好又快地促进旅游景区发展始终是摆在各级管理部门、投资主体、社区等相关主体面前的一个难解的"多元方程"问题，其中的很多问题都涉及治理模式问题。

二、旅游景区治理体系构建的建议

旅游景区治理体系是旅游目的地治理体系的核心构成，是"供给侧结构改革""治理体系现代化""实现旅游强国"等国家发展战略的具体化。通过构建制度化、规范化、程序化的治理体系，逐步解决旅游景区发展不平衡不充分的问题。

（一）治理主体：强化政府对旅游景区治理的干预力度

乍一看，这一点似乎与市场经济要求的"小政府大社会"相矛盾，但实际上，这是符合旅游业发展基本规律的，政府主导旅游业的发展模式是各国发展旅游产业的共同选择，只是在机构设置、运行方法、管理模式上各有特色。

米德尔顿（Middleton，1998）认为，政府可以通过五个方面的管理实现对旅游业的干预，即土地利用规划管理、建筑物管理、提供基础设施特别是道路建设、投资激励和财政调控及管理。中央政府已经设立了正部级的"文化和旅游部"，并通过机构改革逐步理顺建设、林业、环保、文化、文物、宗教、海洋、地质、旅游等部门的关系，强化米德尔顿所说的五个方面的管理，促进旅游景区的发展。国家公园试点等顶层设计方案也正在有序推进。

（二）治理目标：善治

借鉴"善治"[①]的治理体系评价标准，构建以景区资源有效配置、信息的有效利用、治理成本优化以及激励相容为评价目标的旅游目的地治理体系。善治体系构建的目标应该是合法性、透明性、责任性、回应性，而不仅仅是通过运动式的自上而下的"监管风暴"来治理旅游乱象；善治体系运行的目标应该是实现"让人民在改革发展中更有获得感""绿水青山也是金山银山"等新时代的施政理念。"创建全域旅游示范区，降低重点国有景区门票价格"被写入 2018 年的政府工作报告，就是"善治"理念落地的一个信号。

（三）治理途径：顶层设计，统一归口管理

目前，建立国家公园工作已经全面铺开。中共中央办公厅、国务院办公厅发布并实施的《建立国家公园体制总体方案》对治理途径已经进行了明确的顶层设计，统一归口管理是关键（建立统一事权、分级管理体制）。例如，整合相关自然保护地管理职能，结合生态环境保护管理体制、自然资源资产管理体制、自然资源监管体制改革，由一个部门统一行使国家公园自然保护地管理职责。再如，国家公园内全民所有自然资源资产所有权由中央政府和省级政府分级行使。条件成熟时，逐步过渡到国家公园内全民所有自然资源资产所有权由中央政府直接行使。

未来一段时间，很多自然资源类的景区将被会纳入国家公园体系，归属国家公园管理局管理。生态文明建设和社会公益功能是此类景区运营管理的两大目标。其他重点国有景区旅游景区也应该沿着这一思路治理，主要承担文化传承和社会公益的功能。例如，中国共产党第一次全国代表大会会址纪念馆发挥的红色文化基因传承的功能，各类博物馆承担的应该是社会公益的功能多些。

（四）治理范式：尽快形成多元行动者的网络化治理结构

治理范式倡导政府与私营部门以及公民社会的伙伴关系，主张政府、市场、公民社会以及个体公民共同参与管理一定范围内的公共事务，追求实现 4E（经济、效率、效益、公平）之目标[②]。立足于目前我国景区治理现状，政府应该是治理的中心。但是，随着整个国

---

① "善治"这一术语的意义并不确定。20 世纪 90 年代开始流行，当时是国际援助机构（或者国家）提供援助的先决条件，包括政治稳定、法治、腐败控制和责任性等方面（可参见丹佛大学法学院教授韦德·P 南达的论文："善治"概念再探）。后来国内学者俞可平等人将"善治"引入国家治理体系评价中。

② 曾峻. 公共管理新论：体系、价值与工具[M]. 北京：人民出版社，2006，107-140.

家治理体系和治理能力现代化水平的提高，去中心化的多元行动者的网络化治理结构应该是旅游景区治理体系构建的战略方向，重心下移的协作治理是降低治理成本，实现"景点旅游"向"全域旅游"升级的有效途径。

（五）治理保障：继续推进旅游法制体系建设

实践证明，任何一个国家旅游业的发展与成熟都离不开旅游基本法的指导。日本在1952年颁布《旅行业法》，韩国在20世纪70年代颁布《旅游基本法》，澳大利亚在1977年颁布《旅游法》，美国在1979年颁布《美国全国旅游政策法》。2013年，《中华人民共和国旅游法》终于在千呼万唤中出台了。《旅游法》的出台是中国旅游发展的里程碑，也是中国经济发展转型的大势所趋。它对旅游相关内容都做了明确规定，全面、科学、指导性强，对促进我国旅游业全面协调可持续发展意义重大。今后，应该以《旅游法》为旅游业的"母法"，建立起体系完备、细则明确、执行有力的旅游法制体系建设，类似于《建立国家公园体制总体方案》的发布实施，从而形成景区治理的规则体系，成为景区治理的制度保障。由此就可以解决过去想解决而没有解决的多头领导、部门掣肘、资源破坏、票价疯涨等景区治理的顽瘴痼疾，实现我国从全面小康型旅游大国跨越到初步富裕型旅游强国的目标。

本 章 小 结

旅游景区的治理是中国旅游业进一步发展面临的一个现实问题，也是提高景区经营管理水平的一个前提条件。本章从历史上中国旅游景区治理的五类模式入手，分别从治理模式的产生、治理特点、治理结构、潜在风险等方面展开分析，同时对美国国家公园和英国的旅游景区进行同一维度的比较研究，在此基础上提出优化我国旅游景区治理模式的思路，主张建立一套自上而下、分级式管理的景区治理模式。本章研究的五类旅游景区治理模式都是一种缺乏整体制度安排的、自发的治理途径的探索，类似于当年安徽省凤阳县对土地政策的有益尝试。这种尝试是复杂的、漫长的，对于寻找旅游资源的保护途径也是一种有益的探索。

本章重要概念

旅游景区治理模式（the governance model of tourist management）：是指一套有关旅游景区的制度安排，用来支配相关主体，包括政府监督部门、景区投资者、景区管理人员、社区居民甚至后代的关系，并从该模式中实现经济、社会和生态效益或其中的某方面的效益。

复习思考题

1. 影响旅游景区治理模式的因素有哪些？

2. 碧峰峡景区治理模式的特点是什么?
3. 请结合实际,谈谈优化我国旅游景区治理模式的改革思路。

"曲江模式",在争议中落幕

第十三章

国外旅游景区管理经验的借鉴

 **引入案例**

圆明园铺膜之争

在一片激烈的争议声中，圆明园防渗工程听证会2005年4月13日在北京如期举行。尽管此前曾遭到猛烈抨击，但听证会上，圆明园管理处仍坚持表示，在湖底铺设防渗膜是一项改善生态环境的节水工程。管理处还认为，圆明园现有1700多名职工，如不节水增收，职工工资都难以保证。反对方则认为，这种被管理处称为"生态保护"的做法，是一场"生态灾难"。"流水不腐，死水易臭"，所谓的防渗工程使湖水与地下水系相隔绝，产生大量腐败气体。"防渗、固化是河道、湖泊整修之大忌"。反对方还认为，管理处只是圆明园的"管家"，而非"主人"。在国家财政支持有限以及民间捐助机制尚未建立的情况下，作为"国宝"代管者的圆明园管理处，为了解决1700人的"吃饭"问题把圆明园当成了一个营利机构。为追求自身小集体利益而大搞的商业开发，与"国宝"的委托者——国家和公众要将其建成遗址公园的取向相背离。毕竟，圆明园不是管理处的圆明园。有学者指出，程序缺失是圆明园防渗工程合法性的"软肋"。圆明园管理处承认，防渗工程是作为圆明园环境整治工程的一部分展开的，没有进行单独立项。在圆明园这样一个全国重点文物保护单位进行一项耗资3000万元的"宏伟"工程，居然"疏忽"了报批手续，反映出管理者法制观念的淡薄。

据了解，在遗产保护机构设置上，我国目前采取的是地方管理的方式。而在许多遗产保护富有经验的国家，遗产是由国家统一管理的。例如，加拿大专门设有遗产部，美国的世界遗产和国家公园由联邦政府直接管辖。

文物保护专家、全国政协原委员罗哲文说，国内外的实践经验表明，如果没有中央政府的统一管辖，就很难实现对遗产的有效管理与保护。我国正处于转型期，体制尚未理顺，法制不够健全，经济发展速度又快，这一问题显得尤其迫切。

（资料来源：根据新华视点《圆明园防渗工程：迟到的听证》整理修改。）

引言

中国的旅游业起步相对比较晚，景区管理方面的技术和手段也相对滞后，只是到了近些年才出现了赶超的趋势。美国在国家公园的建设和管理方面走在了世界的前列，无疑是值得中国发展和建设国家公园借鉴的典型；英国人很善于对旅游资源中的文化因素进行开发和利用；日本的景区管理模式有别于北美和西欧，而且在很多方面与我国相近或相似，其景区的管理模式也是值得我们研究的。然而，在学习这些先进管理经验的同时，也要考虑中国的国情。在借鉴国外先进经验的基础上，与中国国情紧密结合，才会有助于相关类型景区运营管理水平的提高。

第一节　国家公园管理体系

一、国家公园基本情况

自然景观因其景观特点，大多分布在城市的郊区或乡村中，对国内外及周边城市居民都有较大的吸引力。自然景观作为旅游景区中的一个主要类别，其涵盖范围很广，包括国家公园、森林公园、地质公园、自然保护区、野生动物园及其他各类山、河、湖、海自然风景区。

国家公园（national park）是自然景区的一种类型，它兴起于美国，随后在世界范围内得到发展并逐步走向成熟。现在学术界对国家公园定义普遍认同的是 1969 年由国际自然保护及自然资源联盟（IUCN）提出的，即"一个国家公园，是这样一片比较广大的区域：①它有一个或多个生态系统，通常没有或很少受到人类占据及开发的影响，这里的物种具有科学的、教育的或游憩的特定作用，或者这里存在着具有高度美学价值的自然景观；②在这里，国家最高管理机构一旦有可能，就会采取措施，在整个范围内阻止或取缔人类的占据和开发并切实尊重这里的生态、地貌或美学实体，以此证明国家公园的设立；③到此观光须以游憩、教育及文化陶冶为目的，并得到批准"。

由于各国国情的差别，各国对国家公园的定义也有所不同，对国家公园使用的标准也不一样，但每个国家公园所具有的价值及功能相当一致。国家公园可以提供人类追求的健康环境、美丽环境、安全环境以及充满知识源泉的环境，这种环境提供人们健康、美丽、安全及充满智慧源泉的生态系统和景观，这时的国家公园具备健康的、精神的、科学的、教育的、游憩的、环保的以及经济方面的多种价值，并相应地具备以下几个方面的功能。[①]

①保护环境。

②保护生物多样性。

③公众游憩、繁荣地方经济。

④促进学术研究及国民环境教育。

早期的国家公园都是以保护性公园的形式存在的，而早期的保护都是为宗教服务的，一般是对野生动物的保护。欧洲在 15 世纪就建立了各种野生动物保护区。到 17 世纪中叶，国家公园理念开始在君主制国家兴起，但发展缓慢。到了 19 世纪，工业革命的高速发展促使人们产生了环境保护意识，保护大自然的呼声在美国日益高涨。1832 年，乔治·卡特林发表了《美国野牛和印第安人处于濒危状态》的文章，认为保护野牛和印第安人的有效途径是建立国家公园。1858 年 8 月哈瑞·大卫对国家公园保护方面的实证研究结果更具说服力，他谈道："我们为什么不建立我们的国家公园呢？在那里有熊、美洲狮，甚至还有打猎比赛，从而避免地球上到处都是建筑物。我们的森林不只提供食品，而且还是我们开展游

---

① 张凌云. 旅游景区景点管理[M]. 北京：旅游教育出版社，2004：14-15.

憩和产生灵感的地方。"

（一）第一个国家公园的建立

1832 年，美国国会批准在阿肯色州建立了第一个自然保护区——热泉保护区，是政府为了阻止私人开发而建立的，但没有人将其宣布为世界上第一个国家公园。1864 年 6 月 24 日，美国总统林肯签署一项法案，将约塞米蒂流域和加利福尼亚州的马里波萨巨杉森林划为永久公共用地，为公众浏览和游憩服务。

1872 年 3 月 1 日，经美国国会批准，在怀俄明州方圆 898 平方千米的区域建立了世界上第一个国家公园——黄石国家公园，并公布了《黄石公园法案》。

（二）国家公园的发展

自第一个国家公园成立以来，国家公园的概念传播到了世界各地，而且这个概念得到了不断地丰富和发展。西方学者根据美国和加拿大国家公园的发展情况把国家公园的发展历史分为三个阶段。

①1872—1933 年，国家公园早期概念形成阶段。第一个国家公园——黄石国家公园成立标志着这个阶段的开始。在这个阶段，国家公园的概念及其主要原则得到了确立，并在美国、加拿大、澳大利亚、新西兰等国家获得初步推广。

②1934—1972 年，国家公园体系的发展阶段。国家公园的概念和应用范围得到了拓展，人文历史遗迹被包括进国家公园系统，从而逐渐形成了一个新的国家公园体系。这个体系中包括三个基本构成部分，即具有自然风景价值的公园、具有历史人文价值的公园以及具有娱乐休闲价值和功能的公园。此外，在这个阶段，北美开始对国家公园规划实施公共听证并通过相关法案。

③1973 年至近期。在这个阶段，更多的人文历史类和娱乐休闲类公园被纳入国家公园系统。这个阶段的主要政策趋势是加强对公园开发规划的管理，强调公园环境和生态系统的保护。

2007 年之前，中国大陆并不存在真正意义上的国家公园，只有与此相类似的自然保护区和风景名胜区。

二、美国国家公园管理体系

美国在旅游景区特别是国家公园的建设和管理方面，走在了世界的前列，美国国家公园管理模式也是整个北美旅游景区管理模式的代表，无疑也是中国旅游景区可借鉴的典型。所以，我们有必要对美国国家公园的管理经验进行一定的梳理和探讨。

美国国家公园（United States National Parks）是美国最宝贵的历史遗产中的一个，它作为美国人的公共财产得到管理，并为让后代享用而得到保护维修。美国利用国家公园保护国家的自然、文化和历史遗产，并让全世界通过这个视窗了解美国的壮丽风貌、自然和历史财富以及国家的荣辱忧欢。

国家公园与国家公园体系在美国是相互联系的两个概念。国家公园是指面积较大的自然地区，自然资源丰富，有些也包括历史遗迹。禁止狩猎、采矿和其他资源耗费型活动。

美国的国家公园多数位于西部，现有 54 个，面积约 20 万平方千米。数量上仅占国家公园体系总数的 14%，但面积却占到总占地面积的 60%。美国的国家公园体系则是指由美国内政部国家公园管理局管理的陆地或水域，包括国家公园、纪念地、历史地段、风景路、休闲地等。美国国家公园体系目前包括 20 个分类，379 个单位。总占地面积 33.74 万平方千米，占美国国土面积约 3.64%。每年接待的旅游者接近 3 亿人次，2000 年财政预算为 20 亿美元。

（一）美国国家公园管理体系的产生

黄石公园的成立是美国国家公园管理体系产生的标志。其建立的最初指导思想是，壮丽奇特的原始景观是大自然赐予人类的遗产，作为世代享用它的人类必须认真加以保护，将它原貌完整无损地留给人们去观赏。后来，国家公园的概念不断拓展和深化，美国需要不断建立新的国家公园。当初建立天然公园只是为了游览观赏，后来则逐渐演变为特别强调保护自然生态环境，再后来，国家公园由最初的天然景观扩展到人文景观领域。1935 年，美国国会通过历史遗迹法案，规定将国家文化资源和自然资源统一交给国家公园局管理，从而形成了国家公园体系。美国国家公园体系的管理者为内政部国家公园管理局。该局成立于 1916 年，负责管理 384 个为数众多且体系错综复杂的美国国家公园体系属地（如表 13-1 所示），其中 59 个是国家公园。国家公园管理局局长由内政部长所指派，但人选须经过参议院认可。

表 13-1　美国国家公园体系分类一览表

分类名称（中文）	分类名称（英文）	数量
国际历史地段	International Historic Site	1
国家战场	National Battlefields	11
国家战场公园	National Battlefield Parks	3
国家战争纪念地	National Battlefield Site	1
国家历史地段	National Historic Sites	77
国家历史公园	National Historical Parks	38
国家湖滨	National Lakeshores	4
国家纪念战场	National Memorials	27
国家军事公园	National Military Parks	9
国家纪念地	National Monuments	73
国家公园	National Parks	59
国家景观大道	National Parkways	4
国家保护区	National Preserves	54
国家休闲地	National Recreation Areas	19
国家保留地	National Reserve	2
国家河流	National Rivers	6
国家风景路	National Scenic Trails	3
国家海滨	National Seashores	10
国家河流	National Wild and Scenic Rivers	9
其他公园地	Parks (other)	11
总计	TOTAL	384

资料来源：美国国家公园官方网站 www.nps.gov/。

（二）美国国家公园管理体系的特点

（1）清晰、明确地将不同的旅游资源划归于不同的类别、同一管理部门进行管理，这与我国纷繁多样的划分类别和错综复杂的管理关系形成鲜明对比。

美国国家公园体系将旅游资源划分为三大类：自然资源、人文资源和娱乐资源。对于这三类资源，美国政府都予以大力保护，世代供民众进行科学研究活动和娱乐旅游之用。第一类自然资源保护区，就是现在的 59 座国家天然公园，在美国简称为"国家公园"，多分布于美国西部和阿拉斯加、夏威夷等地。第二类人文资源保护区，其中包括五万年前印第安人活动的遗迹、15 世纪末哥伦布发现新大陆以来的古迹，以及美国建国以来的历史遗迹、城市、古建筑、文物等，在美国称之为"国家历史公园"。对这些资源，要求一律按原有历史面貌保护下来，并设立专门研究机构进行保护和修复，其重视程度远高于许多文明古国。第三类是国家娱乐资源保护区，由于美国国家天然公园的环境容量是有限的，为了满足大城市居民对大自然野外娱乐旅游生活的需要，政府把一些山岳、海滨、湖泊、森林、河川等辟为自然风景区，其资源价值低于国家天然公园，但环境容量却大于国家天然公园，人工的工程和建筑设施要多一些，满足了美国民众日常休闲娱乐的要求，因而这类景区也被称为"国家休闲娱乐区"。

三大类国家公园的每一类又细分为若干类别。在国家级以下，每个州都有州立公园，两者分工非常明确，国家公园以保护国家自然文化遗产和在保护的前提下，提供全体国民观光机会为目的；州立公园主要为当地居民提供休闲度假的场所。州立公园体系的建立既缓解了美国国家公园面临的巨大旅游压力，又满足了地方政府发展旅游、增加财政收入的需要。

（2）运用法律手段建立一套简明、高效的管理体系（如图 13-1 所示）。

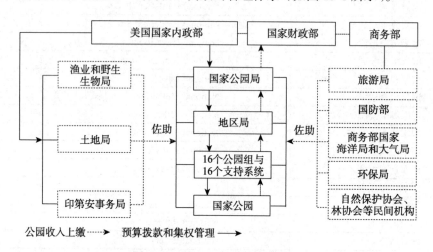

图 13-1　美国国家公园管理体系

1872 年美国国会通过建立黄石公园法案，1916 年国会通过法律成立国家公园局。同年，通过《国家公园事业法》。在美国制定的国家公园管理法规里，首先明确的是，美国国会是执行保护国家公园、娱乐及文化资源的主体。国会对国家公园等资源拥有绝对权威的处置权，并负责制定适合于各州属和全国的国家公园资产适宜的法律法规。管理所涉及的主要内容有：国家公园体系管理、国家公园项目管理、国家公园局自身管理。内政部部长主管国家公园，并负责提出制定有关公园法律的详细条文，以资"保护国家公园免受伐木者、矿业主、自然资源猎奇者或其他人员的损害和掠夺"。赋予国家公园开发旅游者食宿设施、建设游览道路或林间小路、驱逐非法进入者、保护资源免遭无规划的渔业或娱乐业破坏等管理功能。

国家内政部对国会负责，国家公园局又对内政部负责。国家公园实行中央、地区、基层三级管理，自上而下垂直领导。国家公园局代表国家直接管理全国各座国家公园的行政、人事任免、业务技术、旅游经营、规划建设等事宜。国家公园的运作与各州、市政府没有关系。国家公园的运转经费靠预算拨款、收支两条线，只管理，不经营。所需的经费由国家公园局直接拨给，公园的收入一律上缴财政部。

另外，美国的国家公园也得到内政部的渔业和野生生物局、土地局、印第安事务局、农业部林务局、商务部的旅游局、商务部的国家海洋和大气局、田纳西流域管理局、国防部、环保局、自然保护协会、林协会等部门和民间机构的佐助。这些部门和机构只是佐助国家公园的运行和管理，不具有实质性的隶属管理权力。

（三）美国国家公园管理体系的结构分析

1. 管理的主体

显而易见，美国国家公园的管理主体是美国的中央政府，并且采取中央集权型的管理体系管理国家公园。这个明确的、强有力的管理主体建立了一整套科学合理、网络健全、层次清晰的管理体系。

2. 所有权与经营权

美国的国家公园管理体系不存在所有权与经营权分离的问题。所有的有关国家公园的法律都强调国家公园内所有的资源属于全体国民，由政府统一保护、统一管理，供民众进行科学研究活动和娱乐旅游之用。国会对国家公园等资源拥有绝对权威的处置权，是所有权和经营权的代表。可以理解为，美国政府对国家公园不强调经营，而是更强调守护。

3. 监督与控制机制

美国国家公园体系虽然没有具体建立监控机制，但得益于美国三权分立的政体、发达的媒体、尽职尽责的各类协会和详细周全的法律法规等外在因素的存在，国家公园的运行已经被一张巨大的监督网络所覆盖，出现差错的可能性已被降到了最低。从1872年黄石公园建立到现在，还没有出现一例管理者人为地破坏资源的事件发生。

4. 经营机制

"经营机制"用在此处是不太合适的，因为美国政府是以一颗感恩的心去守护国家公园的所有资源，经营的概念在它们的管理理念里是非常模糊的。国家公园被用于旅游业只是国家公园的一个功能而并非其全部功能。如果说该体系有经营机制的话，那也只能是管理机制。美国国家公园的"不经营、只管理，收支两条线"的中央集权式管理方法，使得美国国家公园局能够紧紧围绕着切实保护好国家公园的自然资源和文化资源，向公众提供休闲、宣传、讲解、培训、科学知识等服务这两方面开展各项工作，把国家公园当作一个大自然博物馆来利用。国家公园局非常重视环境效益和社会效益，对于经济效益，无论是从法律上、政策上，还是从规划原则上，或在具体管理工作中，都没有什么具体要求，上级更不会对下级下达经济创收指标。

美国国家公园的管理者将自己定位于管家或服务员的角色，而不是业主的角色。他们认为，国家遗产的继承人是当代和子孙后代的全体美国公民，管理者对遗产只有照看和维护的义务，而没有随意支配的权利。这种遗产保护中的伦理观念，在我国的遗产保护中应予以提倡。中国的国家遗产是全中国人民以及后代子孙的共同财富，中国的世界遗产是中国人民以及世界人民的共同财富。任何个人、单位或地方政府都没有资格，也没有任何理由窃取遗产的继承权，任何管理政策和建设行为都要站在全体国民和子孙后代的立场上去权衡和取舍。

总结起来，美国的国家公园管理体系的精粹在于，国家公园的管理有完整的理论和法律体系，有明确的指导思想；全国有一个自成系统的、统一的管理机构；各国家公园根据各自资源保护的特点，有各种与专业紧密配合的专家长期进行资源保护及为游人服务的工作研究；大力进行科学普及和宣传教育工作。

（四）美国国家公园管理体系经验借鉴

杨锐（2001）在对美国的国家公园及公园体系进行研究时，总结了美国国家公园管理的经验教训。他认为，国家公园运动在不同国家有着不同的社会与文化背景，但作为一项国际性运动，它们又有着许多共通之处。其中很重要的一点就是它们所需要处理的矛盾与关系基本相同。这些矛盾与关系包括：资源保护与旅游发展之间的关系；中央政府与地方政府之间的关系；国家公园用地与周边土地之间的关系；不同政府部门之间的关系；立法机构、行政机构和民间团体之间的关系；管理者与经营者之间的关系以及国家公园管理机构与民间保护团体之间的关系。美国的经验教训也就是处理这些关系时的经验教训。

遗产保护中最主要的矛盾是保护与利用之间的矛盾，而保护与利用都是依靠管理这个手段来实现的。这时管理者的自身定位，将直接影响到遗产保护的最终效果。截至目前，美国采用的国家公园管理体系的管理方法已经产生了良好的效果，该体系也已经在世界范围内产生了巨大的影响。首先是国际自然及自然资源保护联盟（IUCN）已经于1974年正式接纳了美国国家公园管理体系的概念，并确立了一套国家公园的国际标准。其次是加拿大、日本、德国、挪威、泰国等国家也都相继采用了国家公园管理体系。

美国的遗产保护建立在较为完善的法律体系之上，几乎每一个国家公园都有独立立法，美国国家公园管理局的设立及其各项政策也都以联邦法律为依据。二十多部联邦法律，几十部规则、标准和执行命令保证了美国国家公园作为国家遗产在联邦公共支出中的财政地位，也避免了美国国家公园管理局与林业局等部门之间的矛盾。我国正在建立健全社会主义法制体系，将国家遗产的保护纳入法制轨道是有效保护国家遗产的长远之计。全国人大与政协在国家遗产保护中的作用是非常重要的。呼吁尽快出台《中华人民共和国自然与文化遗产保护法》[①]，将其作为国家遗产保护的总法。并以总法为依据，建立、完善、协调、

---

① 2017年起，中国将每年6月的第二个星期六由原来的"文化遗产日"调整为"文化和自然遗产日"，国家对文化和自然遗产保护的重视可见一斑。

充实有关风景名胜区、自然保护区、国家重点文物保护单位等的保护管理条例、标准和规范。

1965 年美国国会通过了《特许经营法》，要求在国家公园体系内全面实行特许经营制度，即公园的餐饮、住宿等旅游服务设施向社会公开招标，经济上与国家公园无关。国家公园管理机构是纯联邦政府的非营利机构，专注于自然文化遗产的保护与管理，日常开支由联邦政府拨款解决。特许经营制度的实施，形成了管理者和经营者角色的分离，避免了重经济效益、轻资源保护的弊端。建议国务院选择一两个国家重点风景名胜区作为试点，由中央政府而不是地方政府直接管理，并试行特许经营等先进的管理制度，取得经验后再向其他国家自然文化遗产地推广。我国一些旅游景区实行"事业管理、企业经营"的方式，使得景区管理者本身热衷于餐饮、住宿、游乐设施的建设，借此获得短期经济利益，却因此危及了旅游资源的安全。都江堰、张家界等景区申报世界遗产时都为此付出了巨额拆迁成本的代价。

美国的国家公园和州立公园分工明确，国家公园以保护国家自然文化遗产，并在保护的前提下提供全体国民观光机会为目的；州立公园主要为当地居民提供休闲度假场所，允许建设较多的旅游服务设施。州立公园体系的建立既缓解了美国国家公园面临的巨大旅游压力，又满足了地方政府发展旅游、增加财政收入的需要。这一经验对我们的启示是：严格限制我国国家遗产地内的旅游服务设施，尤其要将住宿、度假设施减少到最低限度；同时在税收、政策和技术等层面支持省级风景名胜区的建立；鼓励在国家遗产地边界以外的地区建立各级旅游度假区，通过对旅游者的分流减轻国家遗产地的旅游发展压力。

科学的规划决策系统是保证国家遗产有效管理的有力工具，这一方面美国积累了一些有益的经验，如用地管理分区制度、公众参与、环境影响评价、总体管理规划—实施计划—年度报告三级规划决策体系等。我国目前在遗产地规划决策方面与先进国家的差距较大，主要表现在规划的可操作性不够、决策过程科学性不够、公众参与强度不够等。学术界应与相关政府部门通力配合，尽快充实完善有关遗产保护管理方面的规范、指南、制度和其他政策性文件，最终形成符合我国实际的、切实有效的规划与决策体系。

自然与文化遗产地不能脱离它所处的周边环境，"鸡窝里面飞不出金凤凰"。美国在这一方面的教训也不少。美国国家公园管理局在很长时间内只是关注公园内部的管理事务，没能及早参与处理国家公园外围环境中存在的问题，给国家公园边界内遗产的保护造成了极大隐患。我国的遗产地保护中也存在着类似问题，程度甚至比美国更为严重。解决这一问题，有赖于我国的遗产管理者和规划者们积极参与遗产周边地区的规划决策事务，利用行政、资金、税收、教育等手段尽量减少外围环境对遗产地的不利影响。

第二节　英国的遗产管理体系

近代旅游业发端于英国。托马斯·库克早在 1841 年就组织了人类历史上真正意义上的旅游活动。就旅游资源来讲，与意大利、法国、埃及、中国相比，英国并不拥有多少令人叹为观止的旅游资源，但英国人很善于对旅游资源中的文化因素进行开发和利用，王室文化、博物馆文化等是英国旅游资源的主体。英国官方认可的 5552 个旅游景区，有 1513 座博物馆、1427 处历史遗迹、344 处园林、375 个工厂景点。此外，还有野生动植物园 261 处、旅游者中心 253 个、美术馆 246 座、乡村公园 209 处、农场 186 个，还有蒸汽机车旅游线 101 条、81 个葡萄园、62 个休闲公园、58 个手工艺中心，以及 26 个山洞。

英国景区的治理过程是一个随机、渐进的过程，没有一个清晰的产生过程。它是伴随着工业革命与英国的君主立宪制的建立逐步完善的。现在，旅游业是英国最重要的经济部门之一，旅游业年产值 700 多亿英镑，旅游收入占世界旅游收入的 5%左右，在世界旅游大国中位居第五。

一、英国的景区管理体系

（一）管理主体

英国各景区的管理主体往往各不相同。地方政府、私营组织、民间机构等是管理主体的主要组成部分。与我国旅游景区管理主体类似，地方政府在景区管理中扮演着重要的角色。不同的是，英国政府承认部分景区私有权，因而私人组织（公司或个人）也成为一些景区的管理主体。这些主体主要包括：①中央政府、准自治半官方组织，如英格兰遗产局、地方政府、苏格兰旅游局、威尔士旅游局；②涉及多个领域的跨国组织，如皮尔逊公司，大型休闲公司，如布莱克普快乐海滨公司，中小型私人公司，个体企业；③全国性机构，如英国国家信托基金、地区信托机构与专项信托机构。

（二）管理目的

1. 英国国有组织管理的景区

①保护国家或地区的文化遗产。
②为公众提供休闲设施。
③为民众提供受教育的机会。
④改善国家在国际上的形象，或提高某一地区在国内的知名度。
⑤作为发展经济或振兴城市的工具。
⑥出于政治目的。

2. 私营的旅游景区

其经营动机是使产品多样化、提高市场占有率、达到一定的投资返还率或增加利润。

3. 民办组织经营的旅游景区

其经营的动因有两点，即资源保护与教育。

国有的旅游景区主要由中央政府和地方政府提供财政支持，景区的经营任务就是努力达到政府规定的经营目的。私营和民营的旅游景区的经营机制与一般工商企业没有多大区别。

（三）所有权与经营权

对于英国某一个具体的旅游景区来说，所有权和经营权可以是分离的，如由地区信托基金经营的旅游景区所有权和经营权就是分离的；也可以是不分离的，例如国有的旅游景区，是由政府所有、政府经营的。

（四）监督与控制机制

英国旅游景区的外部并没有建立一套监控机制。外部的监控首先是依靠政府的法规和资质认证来监控，例如英格兰旅游委员会发布全国旅游景区工作准则（类似于我国发布的《风景名胜区管理暂行条例》）。英国政府还推行一套 BS5750 的认证系统（类似于 ISO 9004），着重对旅游景区的建设和运行过程进行监控。其次是各类协会对旅游景区运行的监控。如果是私营或民办的旅游景区，其主要的监控力量则来自各股东。

二、英国景区管理体系的特点分析

（一）景区协会成为英国景区管理的主要推动力量

英国目前至少有三个主要的全国性景区协会团体。最著名的景区协会（ALVA）成立于 1989 年，是由年接待超过 100 万旅游者的景区组成的机构。其成员包括英国的博物馆、大教堂、文化遗址和大规模娱乐景点等。令人意外的是，英国的两个政府机构（古皇宫管理局和英格兰遗产局）也是该协会的成员。另外两个协会团体是：古宅协会（由私人古宅邸的拥有者组成）和独立旅游集团。除此之外还有许多区域性的景点机构，如苏格兰景区协会等。这些协会的作用有两个：一是在议院外进行游说活动，要求政府采取一些有利于景区发展的政策；二是行业内的自我质量控制和自我调整，以使整个旅游景区行业在顾客和政府中享有更好的声誉。

（二）英国各地方政府是旅游景区管理的主角

英国的许多景区都属于地方政府和民办机构所有（如表 13-2 所示）。地方政府在景区开发、经营管理方面享有很大的自主权。英国的全国旅游机构——英国旅游局和英国旅游委员会主要负责英国旅游业的对外营销（这两个机构于 2005 年 4 月合并），不具体管理旅游景区。同样各州郡的旅游局和旅游委员会也主要负责旅游景区的营销工作，稍有不同的

表 13-2　英国的景区（景点）所有权

部　　门	所拥有的主要景点	拥有和经营景区的动机
国有的 如：中央政府、地方政府、国有企业	博物馆、美术馆、古代纪念碑、古代遗址、古建筑、乡村公园、森林	首要考虑的因素：环境保护 其次：①教育；②为社区居民提供和增加闲暇时的去处；③收入；④旅游者管理；⑤促进旅游的发展
私营的 如：商业组织	主题公园、动物园、小船坞、娱乐中心、购物中心	首要考虑的因素：利润 其次：①娱乐；②最大限度地增加旅游者数量和市场份额；③开发新的市场
民办的 如：信托、慈善机构、包括英国国家信托基金、地方经济博物馆	古建筑、文化遗产中心、露天博物馆、蒸汽机车	首要考虑的因素：用获得的收入进行环境保护 其次：①教育；②旅游者管理

是它们还从事地方旅游资源的统筹开发、计划研究和资料统计工作，对本地旅游业实施资金援助并提供信息咨询等。

英国景区管理体系一直处于变化之中，例如，2000 年 12 月，在由 20 余个机构和组织代表组成的指导小组的指导下，英格兰遗产委员会（英文简称 EH））[1]发布关于英格兰历史环境保护政策的研究报告《场所的力量》，开启了持续的至今尚在进行的遗产保护管理改革[2]。

三、英国景区管理体系的经验总结

从英国的管理实践来看，英国的"各方力量齐上阵"式的、松散的邦联式管理体系似乎能够在我国实行。但仔细分析，我国缺少几个非常关键的因素，如发达的行业协会、完备的法律体系、成熟的金融体系以及对旅游资源私有化的法律认可等。因此，从我国现有景区管理模式出发，吸取美英旅游景区管理的成功经验，提出我国景区管理的思路才是可行的。

第三节　日本的公园管理体系[3]

日本的公园有两种类型，一种是以《城市公园法》为依据而建立的都市公园，另一种是以《自然公园法》为依据建立的地域制自然公园。日本的国家公园属于后一种类型，它是人们接触自然的最佳场所，使人们获得感动和快乐，同时也为下一代人保留和提供与当代人一样的享受自然、保护自然的地方，并依照国家公园的规定开展相关活动。

一、国家公园的起源

在日本，国家公园的主要任务是对具有代表性的自然风景资源进行严格保护、合理利用和限制开发，同时为人们提供欣赏、利用和亲近自然的机会，以及必要的信息和利用设施。国家公园建立在《自然公园法》的基础上，接受日本环境省的指定与管理。截至 2015 年 3 月，日本已建立 32 处国家公园，面积合计约 211 万公顷，约占日本国土面积 5.6 %。

（一）自然公园制度

1931 年出台的《国立公园法》，标志着日本国家公园制度的创立。1934 年建立了第一批国家公园，包括濑户内海、云仙、雾岛等。1948 年日本厚生省成立国立公园部。1957 年《国立公园法》全面修订，并在此基础上制定了《自然公园法》，确定了日本的自然公园体系。随后日本经历了经济快速发展，自然资源过度开发的阶段。1971 年设立环境省，对自

---

① 英格兰遗产委员会（English Heritage）是由英国文化传媒体育部提供赞助的一个行政性非政府部门公共机构，主要负责保护英格兰自然署所辖以外的历史环境，并向英国国务大臣提供相关意见。

②杨丽霞. 英国文化遗产保护管理制度发展简史（下）[J]. 《中国文物科学研究》，2012（1）.

③ 引自宋瑞主编，金准，李为人，吴金梅. 2015—2016 年中国旅游发展分析与预测[M]. 北京：社会科学文献出版社，2016. 有删减。

然资源进行严格保护，并开始接管国家公园。随后，由于长期过度严格的保护政策又导致了人们对利用的轻视。经过长期探讨研究，在 20 世纪 80 年代后期，自然环境保护审议会将"野外体验型"作为自然公园的主要利用方式，并开始探索如何在自然公园内开展生态旅游。自此，基于保护和利用的各种制度相继完善细化，为国家公园的管理提供了便利。

日本的自然公园体系维护着国土的景观，由国立公园（国家公园）、国定公园和都道府县立自然公园三部分构成，其中国立公园等级最高。《自然公园法》明确，国家公园是自然公园体系中最能代表日本杰出的自然风景资源（海域景观地在内）的区域。

（二）国家公园的选定

日本国家公园的选定，主要包括区域选定、范围圈定、界限确定三个标准：在整个国土内该地域的重要性；依据该地域的资源禀赋特点和实际情况确定范围；依据明显地标确定边界。最终由环境大臣根据《自然公园法》第 5 条第 1 项的规定来确定。

国家公园选定的具体依据有四个方面：景观、要素、保护及道路。景观主要考虑的是特殊性和典型性，例如濑户内海、阿寒、大雪山等；要素则是指非常突出的地形地貌、森林温泉等自然要素；保护主要是指自然保护的必要性，将已受到或极有可能受到破坏的自然生态系统进行严格保护，例如钏路湿地；道路是借鉴美国风景道（parkway）的思想，利用风景道划定公园的范围或分区，例如阿苏和伊豆半岛公园。

（三）国家公园的特征

1. 地域制自然公园

日本国土狭窄，人口稠密，国家公园的土地权属非常复杂，同时还长期存在多种农林等产业的经济活动，像美国和澳大利亚等国家那样对国家公园的土地全面专用根本无法实现。这种复杂的土地所有制成分和经济活动的存在，使得公园的管理者无法拥有全部的公园土地所有权和使用权。因此，日本采用了不论土地所有权的地域制自然公园制度，即通过相应法律对权益人的行为进行规范和管理。环境省和地方政府制订详细且全面的管理计划，与公园各类土地所有者合作管理，以达到既能有效保护国家公园资源，又能兼顾当地居民生活生产活动的目的。

2. 风景资源的保护

日本国家公园保护的风景资源经历了从最初的名胜、史迹、传统胜地和自然山岳景观，到休闲度假地域、滨海风景资源、陆地海洋生态系统、生物多样性，以及大范围的湿地环境的改变。景观资源的尺度越来越大、概念范围也越来越广，保护的风景资源从点到面再到系统，逐渐发展成为对自然环境的整体性保护。因为人们感受到的风景不只是视觉风景，还包含基于五官的所感，即所谓五感景观或五感风景。这种全面整体性的保护理念，是对自然的全面认识，以及对自然环境保护和生物多样性保护的贡献。

3. 国家公园的活动

《自然公园法》第 1 条规定，在保护优美自然风景区的同时，也要追求其利用价值的提高，并完成为国民提供保健、休养、教化等目的。因此，国家公园承担着保护与游憩的双重任务，是人们接触自然、扩展自然知识和康体游憩的重要场所。日本国家公园内的活动以体验自然为主题，形式多样，如登山、徒步、滑雪、野营、皮划艇、潜水、观鸟、自然观察等。针对这些自然体验活动，国家公园建设一系列的配套设施，这些设施均以不破坏核心资源为前提进行的最简化设计。例如，尾濑国家公园的住宿设施主要是山小屋（即山上的小屋），屋内一律不用肥皂和牙膏，并采用严格的预约制度，以控制游客数量和对生态环境的破坏。此外，国家公园还时常开展自然观察等活动，让游客在认识自然的基础上，热爱自然，从而保护自然。

二、国家公园的规划

为了建设和管理的有效落实，每个国家公园都必须制定公园规划，并依照这个规划对园内服务设施的配置和行为限制的强弱做出规定。国家公园的规划分为分区规划和事业规划两部分。

（一）分区规划

1. 保护分区规划

保护分区规划是通过分区来设定不同限制强度的行为规范，使开发和利用服从于保护。分区规划的目的是保护自然景观，对无序的开发和利用加以限制。按照生态系统完整性、资源价值等级、游客可利用程度等指标，将海域公园分为海域公园地区和普通地域两大类；陆域划分为特别地域和普通地域两大类，其中特别地域又划分为特别保护区、一类、二类和三类保护区。特别保护区是自然公园中最核心的区域，禁止一切可能对自然环境造成影响的活动，未经允许不得变更地形地貌、新建或改建建筑物。国家公园中有13.2%的区域为特别保护区；国定公园中有4.9%的区域为特别保护区；都道府县立自然公园没有特别保护区。

2. 利用限制规划

利用者的增加或行为的不当会导致国家公园原始性的丧失，风景资源和生物多样性也会受到严重威胁。因此，为了确保生态系统的可持续发展，有必要在国家公园中设置利用调整区，并制定利用闲置规划。利用限制规划由环境大臣或都道府县知事限定利用者的人数上限和驻留天数上限，达到维护国家公园良好的自然景观的最终目的。

（二）事业规划

事业规划是为保护公园的生态系统和景观环境，制定的一系列生态系统保护和恢复措施，以及为了游客使用的安全性与舒适度，设置的一系列必要基础设施和服务设施。事业规划分为设施规划和生态系统保护恢复规划两大部分。

设施规划包括为了合理利用公园的可用资源、恢复被破坏的自然环境、保障游客安全而规划的设施及措施。其中，道路、公共厕所、植被恢复等公共事业的设施一般由国家或地方自治体投资建设，宾馆等营业性的设施由民间企业投资建设。

生态系统保护恢复规划是为保护生态系统而实施的一系列科学措施。例如，鹿和长棘海星等外来动植物会对乡土自然植被和珊瑚群造成侵害，从而引起生态系统受损。当采用传统的限制手法已经远远不能保证对当地自然风景地的保护时，国家、地方公共团体、民间团体等就要通力合作来捕获或通过预防性和顺应性等措施来驱除鹿和长棘海星，从而保护自然植被和珊瑚群集免受食害影响。

三、国家公园的管理

目前，现行国家公园管理模式有三种：以美国为代表的中央主导型，国家公园由中央专门机构统一规划和垂直管理；以澳大利亚为代表的地方主导型，地方自治管理，由原住民和地方相关政府部门平等参与、共同管理；以英国为代表的中央地方相结合型，由中央政府立法和监督，中央和地方政府会同社区居民共同管理。日本属于第三种，由环境省的自然保护局进行行政管理，下属的国家公园课负责具体工作，北海道东部地区、北海道西部地区、关东南部地区等10处地方设置自然保护事务所，执行《自然公园法》并落实实施细则，同时也有部分私营和民间机构参与公园的建设与管理。按照规定，每个国家公园都要有自己的管理计划书。管理计划书的内容主要是基于自然景观的保护原则来规定各个分区的性质、建筑物的色彩以及对动植物保护的注意事项，并以此为基准来合理设置公园内的设施，从而推进自然环境的保护和利用。

（一）对自然的保护

在日本现有的 32 处国家公园中，有 200 多处特别保护区。保护对象包括原始自然生态系统及其周边环境，具备完整生态系统的河流源头，反映植被系统性的自然区域，具备明显的植被垂直分布特征的山体，新的熔岩流上的植被迁移地等类型。

1. 自然再生项目

自然再生项目的原则是恢复健全的生态系统，对国家公园的特别区域实行严格保护，确保野生动物迁徙廊道的通畅和生物空间的稳定。包括恢复城市临海区域的海滩、森林再造、变直线型河流为自然型蜿蜒河流等具体措施。这些措施在实施时不仅是单纯地改善景观或维护特定的植物群落，而是最大限度地提高整个生态系统的质量，力求全面恢复该地区的生物多样性。

2. 风景地保护协议

由于日本国家公园内存在较多社区，土地所有权复杂，加之其对土地的使用不当，可能出现对国家公园风景资源保护不到位的问题。这种情况下，环境大臣可以与地方公共团体或公园土地所有者管理团体签署自然风景区保护协议，来代替土地所有者保护、管理自然风景区。签订风景地保护协议的土地所有者将享受税收优惠的福利。

3. 私有地收购事业

日本国家公园和国家指定的鸟兽保护区等常包含许多私有土地，这些私有地中有很多自然风景资源优美的区域。为了统一保护和管理国家公园内的自然资源，环境省可以在土地所有者提出申请的前提下购买这些土地。

（二）对行为的限制

1. 对开发行为的限制

依据《自然公园法》，国家公园的目的是保护高品质的自然风景区。为了达到这个目的，必须对可能影响现有自然景观的建筑物进行条件限制，并对木竹砍伐、土石方采挖、动植物捕捉和采集等行为加以规范。这种限制一般建立在公园保护分区规划和利用限制规划的基础上，根据不同的分区等级，行为限制的强弱和内容也存在差异。

2. 对动植物采集的限制

以国家公园为首的自然公园设立的目的是保护原始景观资源，包括诸如森林景观、珊瑚礁景观等营造的生态系统。因此，为了确保自然公园生态系统的多样性，必须有特别许可才能在国家公园或国定公园的特别地域进行动物捕获和植物采集。此外，国家公园的特别地域还采取全面禁止引入外来动植物的管理政策。

3. 对车辆进入的限制

一般情况下，国家公园无条件接受人和汽车的进入，但是近年来由于雪地车和越野车的快速普及，特别是节假日期间，公园道路和停车场的容量严重超标，对公园内自然植被和野生动植物种类的生长环境构成了威胁，一些自然区域还出现了一定程度的空气污染问题。为了防止这种问题的延续，从 1990 年 12 月开始，日本环境省出台了车辆适当化使用的措施，即车辆限制政策，在国家公园或国定公园的特别地区，分地域、分时间控制汽车的进入。

四、相关启示

（一）地域制——社区参与

根据日本《自然公园法》的规定，《自然公园法》的执行由国家公园管理者、公园其他工作人员、地方政府官员会同公园的各类土地所有者合作完成，这种地域制管理在客观上是对复杂土地权属的对策，但不是一种有效的社区参与形式。我国大部分的保护地内不可避免地会有社区存在，土地权属也多有集体成分，这与日本的国家公园是相似的。2015 年初国家发改委发布的《建立国家公园体制试点方案》中也明确提出要"妥善处理好试点区与当地居民生产生活的关系"。因此，中国国家公园的管理和运营应充分调动当地社区居民，构建长效的社区参与机制。根据社区参与者的不同角色，国家公园的社区参与模式可概括为以下三类。

1. 协议保护者角色

社区居民是国家公园的自然保护者，也是依托于资源生活的利用者。国家公园宜采取协议保护的技术手段，增强社区居民的身份认同感，提高其自发保护生态环境、积极参与公园管理建设的积极性与主动性。在不改变土地所有权的前提下，通过协议的方式，将土地附属资源的保护权作为一种权力移交给承诺保护的一方，确定资源所有者和保护者之间的责、权、利。构建由国家公园管理局、社区村委会、NGO 组织和当地民间环保组织组成的多方合作协议保护模式。

2. 决策参与者角色

国家公园的建设影响的不仅是居民的居住空间，其生存、谋生环境可能在国家公园的发展下发生改变，因此国家公园的各项建设计划和决策，都应听取社区的意见。主要包括：国家公园规划的编制；国家公园的保管模式；国家公园生态旅游发展的方向；生态旅游及周边产业的经营方向及策略；生态旅游发展利益分配机制等。参与形式有访谈、座谈会（咨询会议）、说明会听证会、问卷调查、参与性策略管理、开放空间论坛等。

3. 国家公园和相关服务业从业人员角色

根据社区居民所具备的不同技能和教育程度，国家公园可为其安排相应的工作岗位。例如，社区居民可作为投资者参与国家公园相关项目的经营投资、参股，还可作为经营者售卖特色商品。此外，还可参与国家公园管护员、服务员、向导等岗位。

（二）公众权利——生态旅游

日本建立国家公园的初衷，除了是自然保护的需要，同时也是为国民提供欣赏风景的场所和游憩机会。纵观世界上国家公园的发展史，总结概括起来，国家公园的核心思想无非两点：第一，公益，穷人与富人都可以领略到国家最精华的景观；第二，平等，人类与万类生物的平等，当代公众与子孙后代拥有平等享受公园的权利。这两点皆说明，不同于将核心资源严格保护起来的自然保护区，国家公园是国家的一种精神象征，是要在资源保护的前提下，让更多的人有机会欣赏、了解、热爱国家最具代表性和典型性的高品质资源，让每一位公众都有享受公共资源的权利。实现这一使命的途径就要依靠以探索人和自然和谐共处模式为宗旨的生态旅游。

国家公园的生态旅游功能应包括三方面：①向游客及居民宣扬国家公园自然保育理念，保护当地自然生态系统、传承发扬地域文化；②促进国家公园社区产业结构的调整，降低居民对传统资源利用型产业的依赖，缓解传统产业与国家公园生态保护之间的矛盾；③增强社区居民文化身份认同感、增加国家公园经济收入，保障园区自然和文化景观的永续保存。需要注意的是，国家公园的生态旅游是作为满足公众休闲游憩需求的方式，绝对不能作为国家公园盈利的产业，否则就会失去国家公园公益性的这一首要特性，违背国家公园的建设初衷。中国国家公园生态保育、科研监测、环境教育、生态旅游和社区发展这五大功能中，生态保育是首要任务和宗旨，环境教育是国家公园使命的传播工具，而生态旅游则是公众平等与公益体现的主要方式。

第四节　国家公园管理体制的中国方案

习近平指出，建立以国家公园为主体的自然保护地体系，目的就是按照山水林田湖草是一个生命共同体的理念，保持自然生态系统的原真性和完整性，保护生物多样性。要坚持生态保护第一，统筹保护和发展，有序推进生态移民，适度发展生态旅游，实现生态保护、绿色发展、民生改善相统一[①]。

一、中美两国相关情况比较

与我国一样，美国主要领土位于北纬 25～45 度，在自然地理条件、领土幅员和遗产资源分布上都与我国有很强的可比性。但这两个国家在自然文化遗产管理上差别明显（如表13-3 所示）。

表 13-3　中国和美国在自然文化遗产管理上的比较

比较内容	中国	美国
名称	自然保护区、风景名胜区、森林公园、地质公园、水利风景区、旅游风景区、自然状态下不可移动的文物、历史文化名城等八大类	国家公园、国家森林、国家野生动植物保护区、国土资源保护区、某些博物馆等五大类
所有权	名义上的国家所有，实际为部门和地方所有制。但相当数量的遗产管理机构并不掌握遗产资源的产权（如土地权、林权等）而只有对资源的部分管理权	大多数为联邦政府直接掌握产权并全权委托给遗产管理机构，少量为自治团体、企业和个人所有
规划体系	按部门管理，在部门内部进行评审	内务部国家公园管理局丹佛规划中心统一编制总体规划、专项规划、详细规划和单体设计，规划成果完成以后普遍征询公众意见
资金机制	以地方财政拨款和地方经营筹资为主	国家公园的建设运行经费进入联邦政府财政经常性预算，其他遗产为分级所有、分级出资，同时有大量的社会捐赠资金
管理机制	绝大多数为属地化管理的事业单位	垂直管理为主的非营利机构，同时有大量的志愿者参与
经营机制	①多数为政企合一、财政拨款加自收自支；②少数以经营权转让方式全盘转移给公司进行市场化经营	有限范围的特许经营
监督机制	地方政府监管为主，上级业务主管部门为辅	上级主管部门和公众共同监督

两国在自然文化遗产管理上存在较大差异，从管理效果来看，美国的以国家公园体系为代表的自然文化遗产资源管理优于我国。因此，借鉴美国的国家公园管理体系无疑在新时代背景下具有重大意义。

二、起步试点

我国建立国家公园管理体系从 1996 年开始酝酿孕育到正式提上国家议事日程历时将近 20 年。在这期间，相关各方由激烈争论到一致认同，不断取得思想和理论上的新突破与新进展。

2006 年，云南迪庆藏族自治州通过地方立法成立香格里拉普达措国家公园，并宣告原

---

① 2021 年 3 月，习近平在武夷山国家公园考察时强调。

已于 1988 年由国务院批准划入"三江并流国家重点风景名胜区"的有关地域为中国大陆地区的第一个"国家公园"。2007 年 6 月 21 日，中国大陆首个被定名为国家公园的保护区——香格里拉普达措国家公园正式揭牌[①]。

由国家政府部门在全国范围内统一管理的"国家公园"从 2008 年才真正起步。原环境保护部（现生态环境部）和原国家旅游局（现并入文化和旅游部）决定开展国家公园试点，主要目的是为了在中国引入国家公园的理念和管理模式，同时也是为了完善中国的保护地体系，规范全国国家公园建设，有利于将来对现有的保护地体系进行系统整合，提高保护的有效性，切实实现保护与发展双赢。

三、中国方案的顶层设计[②]

2013 年党的十八届三中全会首次提出"建立国家公园体制"，并将其列入了全面深化改革的重点任务。党的十九大进一步提出"建立以国家公园为主体的自然保护地体系"。2017 年 9 月 26 日中办国办印发《建立国家公园体制总体方案》（以下简称《总体方案》），比较清晰地给出了我国国家公园体制建设的指导思想和理论框架。

（一）中国方案的根本目的

1. 完成生态文明制度建设

建立国家公园体制是党的十八届三中全会提出的重点改革任务之一，是我国生态文明制度建设的重要内容。2013 年 11 月，党的十八届三中全会决定首次提出建立国家公园体制。2015 年 9 月，中共中央、国务院印发的《生态文明体制改革总体方案》（中发〔2015〕25 号）对建立国家公园体制提出了具体要求，强调"加强对重要生态系统的保护和利用，改革各部门分头设置自然保护区、风景名胜区、文化自然遗产、森林公园、地质公园等的体制"，"保护自然生态系统和自然文化遗产原真性、完整性"。

2. 解决多头管理的痼疾

各类自然保护地建设管理缺乏科学完整的技术规范体系，保护对象、目标和要求没有科学的区分标准，同一个自然保护区部门割裂、多头管理、碎片化现象还普遍存在，社会公益属性和公共管理职责不够明确，土地及相关资源产权不清晰，保护管理效能不高，盲目建设和过度开发现象时有发生。

因此，我国建立国家公园体制的根本目的，就是以加强自然生态系统原真性、完整性保护为基础，以实现国家所有、全民共享、世代传承为目标，理顺管理体制，创新运营机制，健全法制保障，强化监督管理，构建统一规范高效的中国特色国家公园体制，建立分类科学、保护有力的自然保护地体系。

---

① 1984 年在中国的台湾省建立了第一个"国家公园"，即"垦丁国家公园（Kenting National Park）"。这是中国第一个以"国家公园"为名称的保护区。

② 此部分内容参考自：国家发展和改革委员会负责同志就《建立国家公园体制总体方案》答记者问[J].生物多样性，2017，25（10）：1050–1053，作者有增加和删改。

（二）中国方案的定位特点

《总体方案》明确，国家公园是我国自然保护地的最重要类型之一，属于全国主体功能区规划中的禁止开发区域，纳入全国生态保护红线区域管控范围，实行最严格的保护，最终实现"国家所有，全民共享，世代传承"的目标。除不损害生态系统的原住民生活生产设施改造和自然观光、科研、教育、旅游外，禁止其他开发建设活动。与一般的自然保护地相比，国家公园的自然生态系统和自然遗产更具有国家代表性和典型性，面积更大，生态系统更完整，保护更严格，管理层级更高。

（三）中国方案的试点进展

1. 下好体制创新"先手棋"，实现自然资源资产分级统一管理

试点省市按照统一部署，抓住关键时刻、打通梗阻、突破藩篱，在体制机制方面进行了探索和创新，大多已对现有各类保护地的管理体制进行了整合，明确管理机构，整合管理资源，实行统一有效的保护管理。例如，青海省组建成立三江源国家公园管理局，将原来分散在林业、国土、环保、住建、水利、农牧等部门的生态保护管理职责划归三江源国家公园管理局，实行集中统一高效的生态保护规划、管理和执法。东北虎豹国家公园立足国有林地占比高的优势，探索全民所有自然资源所有权由中央政府直接行使，管理机构已正式组建。浙江省、福建省也已正式成立由省政府垂直管理的国家公园管理机构。

2. 突出生态保护"主旋律"，探索多样化保护管理模式

试点省市将自然生态系统和自然遗产保护放在第一位，试点各项工作最大限度服务和服从于保护。例如，吉林省对试点区承包经营活动进行严格规范，对到期的承包经营项目，一律暂停发包，对没有到期的经营项目，加强日常监管，最大限度降低人为干扰，有效改善了东北虎豹生存活动空间。四川省暂停受理大熊猫国家公园核心保护区、生态修复区内新设探矿权、开矿权等审批，积极探索已设矿业权的有序退出机制，除国家和省已规划的重大基础设施项目外，林业部门暂停受理核心保护区、生态修复区内征占用林地、林木采伐等审批。北京市积极探索以文化遗产保护带动自然生态系统的保育和恢复，实现多头管理向统一管理、分类保护向系统保护的转变。

3. 谋划政策规划"组合拳"，构建制度保障体系

试点省市从政策、规划、立法等多个方面创新制度供给，谋划总体设计、制定部署意见、落实配套政策。例如，青海省正式出台《三江源国家公园条例（试行）》，编制完成《三江源国家公园总体规划》，制定印发了三江源国家公园科研科普、生态管护公益岗位、特许经营、预算管理、项目投资、社会捐赠、志愿者管理、访客管理、国际合作交流、草原生态保护补助奖励政策实施方案等10个管理办法，形成了"1+N"制度体系。湖北省人大常委会将《神农架国家公园管理条例》列为2017年省人大立法"1号"议案，条例经省政府常务会议审议后已通过省人大常委会立法会一审。福建省出台《武夷山国家公园试点区财政体制方案》，将武夷山国家公园管理局作为省本级一级预算单位管理，按照管理权与经营权相分离的原则，试点区内企业包括武夷山市属国有企业管理权与税收等按属地原则归属武夷山市本级财政，试点区内的风景名胜区门票收入、竹筏和观光车等特许专营权收入、资源保护费收入等作为省本级收入，纳入预算管理，直接上缴省级财政。

4. 打好社区发展"攻坚战"，实现人与自然和谐共生

试点省市立足我国人多地少、发展仍处初级阶段的实际国情，在国家公园体制试点中，注重建立利益共享和协调发展机制，实现生态保护与经济协调发展，人与自然和谐共生。例如，福建省成立的联合保护委员会优先从村民中选聘相关服务人员，起草《武夷山国家公园管理条例》过程中多次组织召开社区座谈会，充分听取村委会和当地村民意见。湖北省利用网格管护小区将神农架国家公园社区居民优先聘为护林员、环卫工人等生态管护人员。

（四）中国方案的体制核心

针对我国自然保护地管理存在的突出问题，要在统一事权分级管理、强化自然生态系统保护、促进社区协调发展、完善法律制度四个方面取得实质性突破，补齐制度短板。

1. 以自然资源资产产权制度为基础，建立统一事权、分级管理体系

《总体方案》提出，要整合相关自然保护地管理职能，由一个部门统一行使国家公园自然保护地管理职责。部分国家公园由中央政府直接行使所有权，其他的由省级政府代理行使，条件成熟时，逐步过渡到国家公园内全民所有的自然资源资产所有权由中央政府直接行使。合理划分中央和地方事权，国家公园所在地方政府行使辖区（包括国家公园）经济社会发展综合协调、公共服务、社会管理和市场监管等职责。合理划分中央和地方事权，构建主体明确、责任清晰、相互配合的国家公园中央和地方协同管理机制。立足国家公园的公益属性，确定中央与地方事权划分和支出责任，建立财政投入为主的多元化资金保障机制。

2. 以系统保护理论为指导，强化自然生态系统保护管理

统筹制定各类资源的保护管理目标，着力维持生态服务功能，提高生态产品供给能力。严格规划建设管控，除不损害生态系统的原住民生活生产设施改造和自然观光、科研、教育、旅游外，禁止其他开发建设活动，不符合保护和规划要求的各类设施、工矿企业等逐步搬离，建立已设矿业权逐步退出机制。编制国家公园总体规划及专项规划，合理划定功能分区，实行差别化保护管理。建立国家公园管理机构自然生态系统保护成效考核评估制度，对领导干部实行自然资源资产离任审计和生态环境损害责任追究制。

3. 以社区协调发展制度为依托，推动实现人与自然和谐共生

明确国家公园区域内居民的生产生活边界，相关配套设施建设要符合国家公园总体规划和管理要求，周边社区建设要与国家公园整体保护目标相协调。建立健全国家公园生态保护补偿政策，加强生态保护补偿效益评估，完善生态保护成效与资金分配挂钩的激励约束机制。引导当地居民、专家学者、企业、社会组织等积极参与国家公园建设管理各环节和各领域。

4. 以国家公园立法为基础，保障国家公园体制改革顺利推进

在明确国家公园与其他类型自然保护地关系的基础上，研究制定有关国家公园的法律法规，明确国家公园功能定位、保护目标、管理原则，确定国家公园管理主体，合理划定中央与地方职责，研究出台国家公园特许经营等配套法规，做好现行法律法规的衔接修订工作。制定国家公园总体规划、功能分区、基础设施建设、社区协调、生态保护补偿、访客管理等相关标准规范和自然资源调查评估、巡护管理和生物多样性监测等技术规程。

（五）中国方案的公益体现

国家公园的全民公益性，主要体现共有共建共享。

1. 提高共有比例

国家公园应属全体国民所有，我国很多自然保护地存在集体土地占比较高的情况，必须按照法定条件和程序逐步减少国家公园范围内集体土地，提高全民所有自然资源资产的比例，或采取多种措施对集体所有土地等自然资源实行统一的用途管制。

2. 增强共建能力

国家公园应积极引导公众参与，要充分调动政府、市场和社会各方面力量，优化运行机制，创新管理模式，引导各类社会机构特别是当地社区居民参与国家公园体制建设。要通过政策宣讲、产业引导、专题培训等方式，提高社会公众参与共建的能力。

3. 提升共享水平

国家公园应着力突出公益属性，在有效保护前提下，为公众提供科普教育游憩的机会。要加大生态保护及相关设施的投入，不断提高生态服务和科普教育游憩服务的水平，为国民提供更多机会亲近自然、了解历史、领略祖国大好河山和深厚历史文化底蕴，进而增强保护自然的自觉意识，促进生态文明建设。

（六）中国方案的和谐发展

1. 合理划定功能分区

重点保护区域内居民要逐步实施生态移民搬迁，集体土地在充分征求其所有权人、承包权人意见基础上，优先通过租赁、置换等方式规范流转，由国家公园管理机构统一管理。其他区域内居民根据实际情况，实施生态移民搬迁或实行相对集中居住，集体土地可通过合作协议等方式实现统一有效管理。探索协议保护等多元化保护模式。

2. 建立社区共管机制

根据国家公园功能定位，明确国家公园区域内居民的生产生活边界，相关配套设施建设要符合国家公园总体规划和管理要求，并征得国家公园管理机构同意。周边社区建设要与国家公园整体保护目标相协调，鼓励通过签订合作保护协议等方式，共同保护国家公园周边自然资源。引导当地政府在国家公园周边合理规划建设入口社区和特色小镇。

3. 健全生态保护补偿制度

建立健全森林、草原、湿地、荒漠、海洋、水流、耕地等领域生态保护补偿机制，加大重点生态功能区转移支付力度，健全国家公园生态保护补偿政策。鼓励受益地区与国家公园所在地区通过资金补偿等方式建立横向补偿关系。鼓励设立生态管护公益岗位，吸收当地居民参与国家公园保护管理和自然环境教育等。

4. 完善社区参与机制

引导当地居民参与国家公园设立、建设、运行、管理、监督等各环节，以及生态保护、自然教育、科学研究等各领域，鼓励当地居民或其举办的企业参与国家公园内特许经营项目。鼓励设立生态管护公益岗位，吸收当地居民参与国家公园保护管理和自然环境教育等。

四、中国方案的发展规划

国家公园是旅游景区的重要构成部分，由于涉及面广、历史遗留问题多、生态问题复杂，是景区治理和管理过程中难啃的一块"硬骨头"。在国务院机构改革和生态文明建设的大背景下，构建国家公园体制被提高到国家治理层面：既有上文所述的顶层设计，也有下文所说的发展规划。这些计划既坚持了长远目标方向，又立足于我国人多地少的基本国情和发展所处的阶段性特征。

推进国家文化公园建设，生动呈现中华文化的独特创造、价值理念和鲜明特色，树立和突出各民族共享的中华文化符号和中华民族形象，探索新时代文物和文化资源保护传承利用新路径，把国家文化公园建设成为传承中华文明的历史文化走廊、中华民族共同的精神家园、提升人民生活品质的文化和旅游体验空间。加快建设长城、大运河、长征、黄河等国家文化公园，整合具有突出意义、重要影响、重大主题的文物和文化资源，重点建设管控保护、主题展示、文旅融合、传统利用四类主体功能区，实施保护传承、研究发掘、环境配套、文旅融合、数字再现五大工程，突出"万里长城""千年运河""两万五千里长征""九曲黄河"整体辨识度。推进优质文化旅游资源一体化开发，科学规划、开发文化旅游产品和商品。推出参观游览联程联运经典线路，开展整体品牌塑造和营销推介。

推进以国家公园为主体的自然保护地体系建设，形成自然生态系统保护的新体制新模式。充分发挥国家公园教育、游憩等综合功能，在保护的前提下，对一些生态稳定性好、环境承载能力强的森林、草原、湖泊、湿地、沙漠等自然空间依法依规进行科学规划，开展森林康养、自然教育、生态体验、户外运动，构建高品质、多样化的生态产品体系。建立部门协同机制，在生态文明教育、自然生态保护和旅游开发利用方面，加强资源共享、产品研发、人才交流、宣传推介、监督执法等合作。

《"十四五"旅游业发展规划》还专门列出专栏，规划了国家文化公园建设的具体内容。

①明确重点建设区。近期重点建设长城国家文化公园(河北段、青海段)、大运河国家文化公园(江苏段)、长征国家文化公园(贵州段、江西段、福建段、陕西段、甘肃段)、黄河国家文化公园(青海段、甘肃段、内蒙古段、河南段、山东段)。总结形成一批可复制推广的成果经验，为全面推进国家文化公园建设创造良好条件。

②确定重点支持方向。充分发挥中央投资关键带动作用，通过"十四五"时期文化保

护传承利用工程积极支持国家文化公园建设。遴选博物馆、纪念馆、重要遗址遗迹、特色公园非物质文化遗产、历史文化名城名镇名村和街区、文化旅游复合廊道等方面符合要求的保护利用项目，编制项目储备库，分年度安排中央预算内投资。

本 章 小 结

本章从国家公园的定义出发，介绍了国家公园通用的价值和功能，阐述了国家公园的发展历程，详细说明了美国国家公园及国家公园体系的概况，并阐述了美国国家公园管理体系的特点；介绍了英国的景区管理模式，同时，本章也从日本的保护政策、旅游服务政策等方面介绍了日本的国家公园管理概况；最后介绍了已经付诸实施的国家公园管理体制的中国方案。

本章重要概念

国家公园，是这样一片比较广大的区域：①它有一个或多个生态系统，通常没有或很少受到人类占据及开发的影响，这里的物种具有科学的、教育的或游憩的特定作用，或者这里存在着具有高度美学价值的自然景观；②在这里，国家最高管理机构一旦有可能，就会采取措施，在整个范围内阻止或取缔人类的占据和开发并切实尊重这里的生态、地貌或美学实体，以此证明国家公园的设立；③到此观光须以游憩、教育及文化陶冶为目的，并得到批准。

复习思考题

1. 借鉴美国的国家公园管理体系，论述中国建立国家公园体制的顶层设计内容。
2. 你认为英国与中国在景区管理方面有哪些相同点，怎样借鉴其经验？
3. 试论述日本的国家公园保护政策和旅游服务政策，并讨论其对我国有什么启示。

 **课后案例**

黄牌背后的思考

参 考 文 献

一、中文文献

（一）著作

[1]   盖尔·詹宁斯. 谢彦君等译. 旅游研究方法[M]. 北京：旅游教育出版社，2007，3.

[2]   唐·埃思里奇. 朱钢译. 应用经济学研究方法论[M]. 北京：经济科学出版社，2003，8.

[3]   斯洛博丹·翁科维奇. 旅游经济学[M]. 上海：商务印书馆，2000，18.

[4]   李洪波. 旅游景区管理[M]. 北京：机械工业出版社，2004.

[5]   约翰·斯沃布鲁克. 景点开发与管理[M]. 张文，等，译. 北京：中国旅游出版社，2001.

[6]   原国家旅游局政策法规司. 中国旅游区（点）概览[M]. 北京：中国旅游出版社，2004.

[7]   彭德成. 中国旅游景区治理模式[M]. 北京：中国旅游出版社，2003.

[8]   张凌云. 旅游景区景点管理[M]. 北京：旅游教育出版社，2004.

[9]   邹统钎. 旅游景区开发与管理[M]. 北京：清华大学出版社，2004.

[10]   王德刚. 现代旅游区开发与经营管理[M]. 青岛：青岛出版社，2000.

[11]   董观志. 旅游主题公园管理原理与实务[M]. 广州：广东旅游出版社，2000.

[12]   张建萍. 旅游环境保护学[M]. 北京：旅游教育出版社，2003.

[13]   克莱尔 A. 冈恩，特格特·瓦尔. 旅游规划理论与案例[M]. 大连：东北财经大学出版社，2005.

[14]   徐永祥. 社区发展论[M]. 上海：华东理工大学出版社，2000.

[15]   王兴斌. 旅游产业规划指南[M]. 北京：中国旅游出版社，2000.

[16]   魏小安. 旅游目的地发展实证研究[M]. 北京：中国旅游出版社，2002.

[17]   张晓，郑玉歆. 中国自然文化遗产资源管理[M]. 北京：社会科学文献出版社，2000.

[18]   尚晓春. 市场营销策划[M]. 北京：高等教育出版社，2000.

[19]   张俐俐. 旅游市场营销[M]. 北京：清华大学出版社，2005.

[20]   熊元斌. 旅游营销策划理论与实务[M]. 武汉：武汉大学出版社，2005.

[21]   约翰·斯沃布鲁克. 旅游开发与管理[M]. 北京：中国旅游出版社，2001.

[22]   约瑟夫·派恩. 体验经济[M]. 北京：机械工业出版社，2002.

[23]   张广瑞，等. 中国旅游发展：分析与预测[M]. 北京：社会科学文献出版社，2009.

[24]   郭亚军. 旅游者决策行为研究[M]. 北京：中国经济出版社，2012.

[25]   锁言涛. 西安曲江模式：一座城市的文化穿越[M]. 北京：中共中央党校出版社，2011.

[26]   中国社会科学院语言研究所. 现代汉语词典（第 6 版）[M]. 北京：商务印书馆，2012.

[27]   刘晓冰，李新然. 运营管理[M]. 北京：清华大学出版社，2011.

[28]   章小平，吴必虎. 智慧景区管理与九寨沟案例研究[M]. 北京：清华大学出版社，2013.

[29]   邹统钎. 旅游景区管理[M]. 天津：南开大学出版社，2013.

[30]   杨絮飞，蔡维英. 旅游景区管理[M]. 北京：北京大学出版社，2015.

[31]   李红，郝振文. 旅游景区市场营销[M]. 北京：旅游教育出版社，2016.

[32]   中国旅游研究院. 中国旅游景区发展报告（2015）[R]. 北京：旅游教育出版社，2015.

[33]   中国旅游研究院. 中国旅游景区发展报告（2015）[R]. 北京：旅游教育出版社，2015.

[34]   Abraham Pizam, Yoel Mansfeld. 旅游消费者研究[M]. 大连：东北财经大学出版社，2005.

[35] Alan Fyall，Brian Garrod，Anna Leask. 旅游吸引物管理新的方向[M]. 大连：东北财经大学出版社，2005.

（二）论文

[1] 钟行明，喻学才. 国外旅游目的地研究综述——基于 Tourism Management 近 10 年文章[J]. 旅游科学，2005，（3）.

[2] 陈才. 论旅游现象的基本矛盾[J]. 旅游学刊，2000，15（6）.

[3] 郭亚军. 旅游区引力系统分析[J]. 旅游科学，2004（4）.

[4] 潘肖澎. 旅游景区开发模式的创新思考[N]. 中国旅游报，2005（3）.

[5] 苏飞，莫潇杭，童磊，郑珂，曹轶蓉. 旅游地社会——生态系统适应性研究进展[J]. 地理科学，2020，40（2）.

[6] 朱竑，杨梦琪. 从旅游差异走向旅游认同（Tourist Identify）——中国旅游研究的本土化[J]. 旅游学刊，2019，34（10）.

[7] 张凌云，黎巎，刘敏. 智慧旅游的基本概念与理论体系[J]. 旅游学刊，2012，27（5）.

[8] 杨丽霞. 英国文化遗产保护管理制度发展简史（下）[J]. 中国文物科学研究，2012（1）.

二、外文文献

[1] Ching-Fu Chen，DungChun Tsai. How destination image and evaluative factors affect behavioral intentions[J]. Tourism Management，2007（28）.

[2] Woodside A. G. and DubelaarC. A. General theory of tourism consumption systems：a conceptual framework and an empirical exploration[J]. Journal of Travel Research，2000（11）.

[3] Lawson F，Boyd Bovy M. Tourism and recreation development：a handbook on evaluating tourism resources[M]. Architectural Press，2002.

[4] Lindsay J J. Carrying capacity for tourism development in national parks of the United States[J]. UNEP Industry and Environment，2000（1）.

[5] Mathieson A，Wall G. Tourism：economic，physical and social impacts[M]. Longman，2001.

[6] V T Middleton. Marketing in Travel and Tourism[M]. Oxford：Butterworth Heinemann，1988.

[7] B Mitchell. Resource Management and Development[M]. Toronto：Oxford University Press，1991.

[8] A Bull. The Economics of Travel & Tourism[M]. London：Longman Cheshire Pty Limited，1991.

三、相关网站

[1] 碧峰峡网站：http://www.bifengxia.com/.

[2] 美国国家公园服务网站：http://www.nps.gov/.

[3] 美国国家公园导览：http://www.chinesetraveler.com/nationalparks.php.

[4] 英国旅游局网站：http://www.visitbritain.com.

[5] 英国国家档案馆网站：http://www.nationalarchives.gov.uk.

[6] 美国政府网站：http://www.firstgov.gov.

教师服务

感谢您选用清华大学出版社的教材！为了更好地服务教学，我们为授课教师提供本书的教学辅助资源，以及本学科重点教材信息。请您扫码获取。

≫ 教辅获取

本书教辅资源，授课教师扫码获取

≫ 样书赠送

旅游管理类重点教材，教师扫码获取样书

 清华大学出版社

E-mail: tupfuwu@163.com
电话：010-83470332 / 83470142
地址：北京市海淀区双清路学研大厦 B 座 509

网址：http://www.tup.com.cn/
传真：8610-83470107
邮编：100084